Werkzeug Sprache

Deutsch und Kommunikation für Erzieherinnen und Erzieher

von
Gabriele Reinhardt

3., aktualisierte und erweiterte Auflage

Dr. Felix Büchner
Handwerk und Technik · Hamburg

ISBN 978-3-582-83521-5 Best.-Nr. 1439

Verlag Handwerk und Technik GmbH,
Lademannbogen 135, 22339 Hamburg; Postfach 63 05 00, 22331 Hamburg – 2024
E-Mail: info@handwerk-technik.de – Internet: www.handwerk-technik.de

Satz und Layout: KCS GmbH · Verlagsservice & Medienproduktion, 21435 Stelle
Umschlagmotiv: iStockphoto, Berlin: StockPlanets
Druck: Himmer GmbH Druckerei & Verlag, 86167 Augsburg

Vorwort

Werkzeug Sprache richtet sich an die Lernenden der Fachschulen für Sozialpädagogik. Als Fach der Allgemeinbildung vervollständigt der Deutschunterricht das für den zukünftigen Beruf benötigte Wissen und bildet die Grundlage für sprachlich korrektes und durchdachtes Handeln, sei es im täglichen Umgang mit Kindern, im Elterngespräch oder bei der Präsentation der eigenen Einrichtung beispielsweise über Portfolios, Plakate oder Flyer.
Hierzu finden Sie in sieben Kapiteln eine an der sozialpädagogischen Ausbildung der Erzieherinnen und Erzieher orientierte Aufbereitung der Fachinhalte, die zum Gelingen einer angemessenen Kommunikation beitragen.
Gleichzeitig werden in den entsprechenden Kapiteln alle Inhalte behandelt, die für das Fachabitur von Bedeutung sind. Zusätzliche Klausurtrainings bereiten Sie auf die Aufgabenformate vor, die Sie in der Deutsch-Prüfung zur Erlangung der Fachhochschulreife benötigen.
In diesem Buch sind übrigens immer alle Geschlechter gemeint: Das gilt, wenn weibliche und männliche Formen oder umfassende Formen wie „Auszubildende" genannt werden. Das gilt auch, wenn manchmal wegen der besseren Lesbarkeit nur eine weibliche oder nur eine männliche Form verwendet wird.

SACHTEXTE VERSTEHEN, BEARBEITEN, VERFASSEN

1

Situation:
Sergis hat gerade seine Ausbildung zum Erzieher beendet und ist seit drei Monaten in einer großen fünfgruppigen Kita. Milena, eine Freundin, die ihre Ausbildung zur Erzieherin begonnen hat, berichtet von ihren ersten Monaten in der Schule. Milena beklagt sich bei Sergis über die vielen Texte, die sie lesen müssen.

Sergis kann sie gut verstehen. „Und", fragt Milena, „brauchst du das jetzt auch im Beruf?" Sergis lacht. „Ja, das habe ich mich damals auch gefragt und jetzt bin ich froh, dass ich mich gezielt in neue Themen einarbeiten kann. Wir haben momentan Schwierigkeiten mit einem Mädchen. Sie ist vier Jahre alt und seit drei Monaten bei uns in der Kita. Sie spricht wenig, schlägt die anderen Kinder, kann kaum drei Minuten an einem Spielort bleiben und wir haben das Gefühl, dass sie uns nur auslacht und wir keinen Kontakt zu ihr bekommen. Im letzten Team haben wir überlegt, wie wir ihr Verhalten verstehen können. Dabei kam die Teamleitung auf die Idee, dass man sich intensiver mit dem Thema Bindung beschäftigen könnte. Das hatten wir auch in der Schule und ich habe angeboten, eine kurze Einführung in die Grundlagen zu geben. Damit das verständlich und strukturiert wird, habe ich eine Concept Map erstellt. An der kann ich mich orientieren und frei sprechen. Eine andere Kollegin stellt Verhaltensweisen von Kindern mit schweren Bindungsstörungen vor."

1 Sachtexte verstehen, bearbeiten, verfassen

1.1 Grundwissen: Sachtexte

Sachtexte sind Gebrauchstexte. Sie entstehen in der Regel aus einem konkreten Anlass, z. B. weil man
- einen Fachtext zu einem Thema verfassen,
- eine Einladung gestalten,
- eine Klausur schreiben oder
- einen Förderantrag stellen will.

Gleichzeitig dienen Sachtexte einer bestimmten Kommunikationsabsicht, d. h., man verfolgt ein bestimmtes Ziel mit ihnen. Dazu werden drei Bereiche der Kommunikationsabsicht von Texten unterschieden. Texte können
- informieren, mitteilen, dokumentieren (informative Texte),
- appellieren, auffordern (appellative Texte),
- die eigene Meinung oder Position ausdrücken, beeinflussen oder überzeugen (expressive Texte).

Hinweis:
Vergleichen Sie zur Kommunikationsabsicht auch das Vier-Seiten-Modell nach *Schulz von Thun*:
- informieren – Sachebene
- appellieren – Appellebene
- ausdrücken der eigenen Meinung – Selbstoffenbarung;

siehe Seite 62–63.

1

Es können immer mehrere Kommunikationsabsichten in einem Text miteinander vermischt sein, aber in der Regel ist das Hauptziel bzw. die Hauptabsicht eines Textes erkennbar.

Die Verfasserin bzw. der Verfasser eines Sachtextes macht eine Kommunikationsabsicht deutlich durch:

Sprache + Form + Inhalt.

Sachtexte sind in sprachlicher Gestaltung, Struktur und Inhalt aber sehr unterschiedlich. Um sie zu ordnen, können sie auf Grundlage ihrer Kommunikationsabsicht unterteilt werden.

Glosse: siehe Seite 36.

informative Texte	appellative Texte	expressive Texte
▪ Nachricht	▪ Werbetext	▪ Leserbrief
▪ Unfallbericht	▪ Gesetzestext	▪ Kommentar
▪ Lexikonartikel	▪ Predigt	▪ Glosse
▪ Fachartikel	▪ Aufruf zu Spenden	▪ Erörterung
▪ Reportage	▪ Einladung	▪ Leitbild/Konzept
▪ Elterninformation	▪ usw.	▪ usw.
▪ usw.		

Werkzeug Sprache – Deutsch und Kommunikation für Erzieherinnen und Erzieher ISBN: 978-3-582-83521-5

AUFGABE Lesen Sie die folgenden Textauszüge durch und ordnen Sie diesen jeweils eine Kommunikationsabsicht zu. Begründen Sie Ihre Zuordnung schriftlich.

Text ①:
Ihr wollt euren Kindern Wolken und Regen erklären? Dann holt euch unsere App „Lara Sturmwind und die Schäfchenwolke". Lara Sturmwind ist eine schöne App für Kinder ab fünf Jahren und kostet 4,49 € im App-Store. Sie ist zwar nicht kostenlos, aber es lohnt sich! Die App für Grundschulkinder ist sowohl eine Lern-App als auch eine interaktive Kinderbuch-App. Kindgerechte Erklärungen – vollgepackt mit witzigen Sounds und tollen Animationen!

Text ②:
Der vom Bundesgesundheitsministerium in Auftrag gegebenen Studie zufolge nutzen 70 Prozent der Kinder im Kita-Alter das Smartphone ihrer Eltern mehr als eine halbe Stunde täglich. Einer der Studienleiter, Uwe Büsching vom Vorstand des Berufsverbands der Kinder- und Jugendärzte, wies zudem darauf hin, dass 90 Prozent der Kinder digitale Medien unkontrolliert, also ohne Begleitung von Erwachsenen, nutzen würden. Dass es zwischen diesem unkontrollierten Konsum und Entwicklungsstörungen der Kinder einen Zusammenhang gibt, sieht er nun als erwiesen an. (Berliner Zeitung, 03.06.2017)

Text ③:
Schläft Ihr Kind nicht mehr richtig?
Das könnte auch am fehlenden Einschlafritual mit einem Buch liegen. Viele Kinder werden von einer Geschichte auf dem Tablett in den Schlaf begleitet. Aber Forschungsergebnisse weisen darauf hin, dass exzessiver Gebrauch von Smartphone oder Tablett zu Schlafstörungen, Konzentrationsdefiziten und kognitiver Beeinträchtigung führen kann. Kürzlich hat ein dänisches Team Studien der letzten 10 Jahre zu Schlafstörungen bei Kindern ausgewertet und kam zu dem Ergebnis, dass eine kürzere Schlafdauer mit der Nutzung elektronischer Medien in Verbindung stehe. Das soll insbesondere für Kinder unter fünf Jahren gelten. Das bestätigt, was ich schon immer gedacht habe: Wer möchte als Kind schon allein mit einem Tablett vor der Nase in den Schlaf finden? Egal wie toll die Geschichte ist, die da vor den Augen flackert. Und wir Eltern? Gibt es eine Studie über die Schlafstörungen bei Eltern, die immer beim Vorlesen einschlafen und dann aufwachen, wenn sie eigentlich ins Bett sollten?

(Lippinghauser Allgemeine Zeitung, 10.05.2024)

Trotz einer jeweils vorherrschenden Kommunikationsabsicht finden Sie in jedem der drei Texte gleichzeitig auch informative Elemente. In Text ① sind zum Beispiel Informationen über Inhalt und Kosten der App enthalten. In Text ③ wird sehr knapp über die Ergebnisse einer Studie zur Wirkung von elektronischen Medien auf das Schlafverhalten von Kindern informiert.

Unabhängig von der jeweils vorherrschenden Kommunikationsabsicht enthält jeder der Texte auch eine Argumentation. In einer Argumentation wird eine Behauptung aufgestellt und begründet. Diese Behauptung wird durch Beispiele, Fakten usw. gestützt, um sie glaubhaft zu machen. In einem nächsten Schritt wird dann eine Schlussfolgerung gezogen.

Aufbau einer Argumentation:
- **Behauptung** (These)
- **Begründung** (Argument)
- **Stützung des Arguments** (Beispiel, Beleg)
- **Schlussfolgerung**

Diese Elemente finden Sie in fast jedem Sachtext. Haben Sie beim Lesen eines Sachtextes Verständnisschwierigkeiten, können Sie ihn daraufhin untersuchen, über welche Aspekte er informiert, welche Behauptungen er aufstellt und welche Schlussfolgerungen er zieht.

1.2 Sachtexte im beruflichen Kontext

Als pädagogische Fachkraft kommen Sie auf vielen unterschiedlichen Ebenen mit Gebrauchstexten in Kontakt, zum Beispiel, wenn Sie

- Fachtexte lesen, um sich Fachwissen anzueignen;
- die Qualität von Fachtexten – z. B. im Internet – beurteilen, um seriöse von unseriösen Quellen zu unterscheiden;
- Fachtexte verfassen, um die eigene pädagogische Handlung fachlich zu begründen;
- Sachtexte für unterschiedliche Zielgruppen in unterschiedlichen Zusammenhängen anfertigen, beispielsweise um Eltern zu informieren, eine Pressemitteilung für die Öffentlichkeitsarbeit zu erstellen oder den Entwicklungsstand eines Kindes zu dokumentieren.

Kompetenz: Sachverstand, Handlungsfähigkeit auf Grundlage von Wissen und Fertigkeiten.

Intention: Absicht

Kommunikationsabsicht in Sachtexten:
- informativ (informieren),
- appellativ (zu etwas aufrufen),
- expressiv (Meinung darstellen);

siehe auch Seite 12.

Sie benötigen also besondere Kompetenzen, um aktiv mit Sachtexten umzugehen und diese für Ihren beruflichen Kontext zu **schreiben**.
Sachtexte werden – wie in Abschnitt 1.1 dargelegt – immer mit einer bestimmten Intention geschrieben: Sie sollen informieren, zu etwas aufrufen oder eine Meinung darstellen.

Aber ebenso **lesen** Sie einen Sachtext mit einer bestimmten Intention. Wenn Sie beispielsweise einen Kommentar zu einem Thema analysieren und dazu Stellung beziehen wollen, dann ist die Herangehensweise eine andere, als wenn Sie einen pädagogischen Fachtext zum Thema Sprachförderung lesen, um sich Wissen anzueignen oder um sich auf einen Informationsabend mit Eltern vorzubereiten.

Wenn Sie mit einem Sachtext arbeiten, sollten Sie also zunächst immer klären, mit welchem Ziel Sie an den Text herangehen.
Suchen Sie Fachinformationen, ist es in der Regel nicht sinnvoll, beispielsweise auf Blogs von Eltern zuzugreifen, da Sie hier mit großer Wahrscheinlichkeit subjektiv ausgewählte Informationen erhalten. Suchen Sie hingegen nach Formulierungen für einen Elternbrief und sind Sie bereits Expertin bzw. Experte für den Sachgegenstand, dann können Ihnen Blogs von Eltern durchaus weiterhelfen.

1.2.1 Strategien um Textinhalte zu erfassen

Wenn Sie wissen, mit welcher Absicht Sie einen Text aussuchen bzw. einen Text lesen wollen, dann sollten Sie strukturiert an den Text herangehen.
Vermutlich haben Sie schon die Erfahrung gemacht, dass Sie einen Text lesen und hinterher nichts darüber sagen können. Das kann daran liegen, dass der Text sehr schwierig war. Häufiger liegt es daran, dass man beim Lesen unstrukturiert vorgegangen ist. Aus diesem Grund ist das **aktive Lesen** eine wichtige Strategie zur Erfassung von Textinhalten.

Tipp:
Nutzen Sie die fünf Schritte des aktiven Lesens als Bearbeitungsgrundlage für alle Fachtexte, mit denen Sie arbeiten.

Das menschliche Gehirn behält etwas am besten in Erinnerung, wenn es an bereits Bekanntes anknüpfen kann und der Inhalt gleichzeitig eine emotionale Bedeutung

Werkzeug Sprache – Deutsch und Kommunikation für Erzieherinnen und Erzieher ISBN: 978-3-582-83521-5

aufweist. Daher ist es wichtig, dass Sie sich bewusst machen, was Sie bereits zu einem Thema wissen und welche Bedeutung dieses Thema für Sie hat.

Immer dann, wenn Sie sich einen ersten Überblick über einen Text verschaffen, entwickeln Sie eine **Leseerwartung**: Sie bekommen eine Idee davon, was Sie erwartet und können dann bereits erste Strategien entwickeln, wie Sie mit dem Text arbeiten wollen.

1.2.2 Arbeitstechnik: Aktives Lesen

1. Leseabsicht klären	Ziel des Lesens festlegen, z. B.: ▪ um sich einen Überblick zu verschaffen, ▪ um Informationen zu einer bestimmten Fragestellung zu finden, ▪ um unterschiedliche Positionen zu einem Thema zu erarbeiten, ▪ um den Text zu analysieren.
2. Vorwissen aktivieren	Klären, ▪ was Sie bereits zum Thema wissen, ▪ in welchem Zusammenhang Ihnen das Thema schon begegnet ist.
3. Sich einen ersten Überblick verschaffen	Lesen Sie die Überschrift sowie die ersten und die letzten Zeilen: ▪ Was könnte im Text stehen? ▪ Welche Absicht verfolgt der Autor möglicherweise? ▪ Passt der Text zu Ihrem Ziel?
4. Bezüge entwickeln	Versuchen Sie, während Sie lesen oder zuhören, Bezüge zu entwickeln: ▪ Was ist neu? ▪ Was kennen Sie bereits? ▪ Was fällt Ihnen auf?
5. Textinhalte aktiv im Gedächtnis verankern	Versuchen Sie den neuen Stoff aktiv im Gedächtnis zu verankern, indem Sie ▪ Bilder oder Szenen dazu finden, ▪ Beispiele entwickeln und ▪ über Anwendungsmöglichkeiten nachdenken. Je anschaulicher und emotionaler Ihnen das gelingt, desto leichter fällt es Ihnen, mit dem Text zu arbeiten.

1

1.3 Sachtexte aktiv lesen – Leseabsicht und Text zueinander in Beziehung setzen, Vorwissen aktivieren

Kommunikationsabsicht: hier: die Absicht (Intention), mit der ein Text gelesen wird; siehe auch Seite 146.

Leseabsicht: genauer Grund oder Anlass, warum jemand einen Text liest.

Sachtexte dienen unterschiedlichen Kommunikationsabsichten. Dies drückt sich auf ihrer sprachlichen, strukturellen und inhaltlichen Ebene aus.

Leserinnen und Leser wählen Sachtexte meist bewusst aus, weil sie mit dem Lesen des Textes ein bestimmtes Ziel verfolgen. Ist einem dieses Ziel vor dem Lesen bewusst, wird beim Lesen bereits die Wahrnehmung gesteuert. Die Aufmerksamkeit wird auf bestimmte Aspekte des Textes gerichtet und diese werden bewusster wahrgenommen und zur Leseabsicht in Beziehung gesetzt.

AUFGABE

1. Bestimmen Sie bei den folgenden Textausschnitten, zu welcher Leseabsicht sie passen. Wählen Sie dazu zwischen den folgenden drei Leseabsichten aus und begründen Sie Ihre Zuordnung:
   a) den Text auf seine sprachliche und inhaltliche Struktur hin analysieren und die Kommunikationsabsicht herausarbeiten,
   b) sich einen Überblick zum Thema Entstehung von Aggressionen verschaffen,
   c) gezielt Fachinformationen suchen, um die eigene berufliche Handlungskompetenz im Bereich Umgang mit Aggressionen zu erweitern.
2. Benennen und erläutern Sie Erfahrungen aus der Praxis oder aus fachtheoretischem Wissen zum Thema Aggression, auf das Sie zurückgreifen können, um die Textinhalte besser verstehen und einordnen zu können.

Destruktivität: zerstörerische Haltung oder Handlungsweise

Anthropologie: die Wissenschaft vom Menschen.

anthropologische Grundeigenschaften: Grundeigenschaften des Menschen

Libido: Begierde, Lust

persönliche Integrität: Übereinstimmung von persönlicher Überzeugung und eigenem Handeln.

Disposition: psychische, organische oder durch die eigene Lebensgeschichte erworbene Anfälligkeit für die Ausbildung von Krankheiten.

①

Gewalt und Destruktivität sind anthropologische Grundeigenschaften. Sie gehören ebenso zu uns Menschen wie unsere sexuellen und zärtlichen Wünsche, die Libido, die uns zueinander führt. Im menschlichen Leben stehen also immer beide Elemente, die libidinösen, beziehungssuchenden und die destruktiven Impulse, einander gegenüber. Andererseits jedoch muss Gewalt und Destruktivität in der menschlichen Entwicklung als etwas angesehen werden, das als Folge von traumatischen Erfahrungen entsteht. Traumatisierungen in der kindlichen Entwicklung, vor allem Gewalttraumatisierungen, schwere Vernachlässigungen oder Missachtung der persönlichen Integrität sind ein wichtiger Faktor für die Herausbildung von Gewaltdispositionen im Individuum.

(Günter, Michael (2011): *Gewalt entsteht im Kopf*, Stuttgart: Klett Cotta, S. 159.)

②

Auch das Thema Aggression beschäftigte die Fachkräfte sehr: Wie ist es zu bewerten, wenn Lisa morgens in die Gruppe kommt und die Bauwerke der anderen Kinder zerstört? Wenn sie scheinbar grundlos auf andere Kinder einschlägt und einen absoluten Besitzanspruch hinsichtlich aller Spielgegenstände geltend macht? Wenn ihr Verhalten bei gemeinsamen Aktivitäten hin- und herpendelt zwischen sich massiv in den Vordergrund drängen einerseits und offenes Desinteresse zeigen andererseits? Das entspricht so gar nicht den Vorstellungen von positivem Sozialverhalten, das geprägt ist von Einfühlungsvermögen, Engagement für andere und Konfliktfähigkeit. Nachdem sich Lisas Aggression sogar einmal als tätlicher Angriff gegen eine Erzieherin gerichtet hatte, war eine große Betroffenheit bei den Teammitgliedern zu spüren. Eine solche Situation betrifft das ganze Team! In einer eigens anberaumten Teamsitzung setzten sich die Fachkräfte deshalb intensiv mit dem Thema Aggression auseinander.

(Pfreundner, Michael (2015): *Auffälliges Verhalten von Kindern aus systemischer Sicht.* (Kindergarten heute. Wissen kompakt), Freiburg: Herder, S. 13)

③

Furcht verwandelt sich in Aggression

Kommentar von Lutz Heuken zur Globalisierung

Essen (ots) – Wird es meinen Job in drei Jahren noch geben? Verlagert mein Unternehmen seine Produktion ins Ausland? Kann ich mit meinen Qualifikationen künftig überhaupt noch auf dem Arbeitsmarkt konkurrieren? Es gibt gute Gründe, die Folgen der Globalisierung auch kritisch zu sehen. Es ist auch nur logisch, dass diese Furcht bei Älteren und weniger Gebildeten größer ist: Für sie ist es ungleich schwerer, sich den neuen Herausforderungen anzupassen. Einen akzeptablen Grund, seine Aversion oder gar Aggression gegen noch Schwächere zu richten, liefern die Ängste indes nicht.

Flüchtlinge, Hartz-IV-Bezieher, Obdachlose: Sie alle sind nicht Urheber oder Profiteure der Globalisierung, viele von ihnen aber sind deren Opfer. Natürlich haben sich die etablierten Parteien bislang viel zu wenig um die Schattenseiten des rasanten Wandels von Ökonomie und Gesellschaft gekümmert. Wo finden die „kleinen Leute" heute noch eine Heimat? Das muss sich – nicht nur, aber besonders – die SPD fragen lassen. Das Feld darf nicht den Vereinfachern und Hetzern überlassen werden, denen die Menschen und ihre Sorgen letztlich völlig egal sind.

(Westdeutsche Allgemeine Zeitung, 30.11.2016)

Globalisierung: weltweite Verbreitung und Verflechtung, die z. B. dazu führt, dass Arbeitsplätze von Deutschland ins Ausland verlegt werden, weil die Lohnkosten dort niedriger sind.

Aversion: Abneigung

1

1.4 Sachtexte aktiv lesen – Arbeitstechniken

Texte können auf sehr unterschiedliche Art gelesen werden. Wenn Sie wissen, mit welcher Absicht Sie einen Text lesen und wie Sie mit dem Textinhalt weiter verfahren wollen, dann sollten Sie sich zunächst einen kurzen Überblick über den Text verschaffen, um Ihr weiteres Vorgehen zu bestimmen. Dies kann auf unterschiedliche Art und Weise erfolgen:

- Benötigen Sie einen Gesamteindruck, wählen Sie die Arbeitstechnik **Überblick über Texte verschaffen**.
- Haben Sie bereits eine konkrete Fragestellung im Kopf, mit der Sie an den Text herangehen möchten, dann verwenden Sie die Arbeitstechnik **Punktuelles Lesen**.

1.4.1 Arbeitstechnik: Überblick über Text verschaffen

1. Überschrift lesen und Vorwissen aktivieren.	▪ Um welches Thema handelt es sich? ▪ Was wissen Sie bereits darüber?
2. Die letzten zwei bis drei Sätze lesen und die Quellenangabe anschauen.	▪ Mit welcher Kommunikationsabsicht könnte der Text geschrieben worden sein? ▪ Welchen Inhalt, welche Informationen bietet er? ▪ Welche Textart liegt vor?
3. Soweit vorhanden: Zwischenüberschriften, Fettgedrucktes, Grafiken und Schaubilder lesen.	▪ Konkretisieren Sie Ihre Vermutungen: ъ IstderersteEindruckzuKommunikationsabsicht und Inhalt richtig? ъ Was ist das Thema? ъ Wie ist der Text aufgebaut?

1.4.2 Arbeitstechnik: Punktuelles Lesen

1. Überschrift lesen und eigene Leseabsicht als Fragestellung formulieren.	▪ Z. B.: Wie entsteht aggressives Verhalten? Oder: ▪ Wie gehe ich mit einem Kind in der Kita um, das andere schlägt, anspuckt und beschimpft?
2. Text überfliegen und nach relevanten Schlagwörtern oder Gedanken suchen.	▪ Z. B.: „Ursachen für aggressives Verhalten." Oder: ▪ Fallbeschreibung von einem Kind, das andere schlägt, anspuckt.
3. Gefundene Textstelle(n) genauer lesen und auf Relevanz prüfen.	▪ Textstellen gegebenenfalls am Rand markieren oder das Schlagwort unterstreichen.

Werkzeug Sprache – Deutsch und Kommunikation für Erzieherinnen und Erzieher ISBN: 978-3-582-83521-5

AUFGABE

1. Verschaffen Sie sich einen Überblick über den Artikel.
   a) Lesen Sie die Überschrift und formulieren Sie, was Ihnen dazu einfällt.
   b) Lesen Sie die beiden ersten und die beiden letzten Zeilen sowie die Quellenangabe. Bestimmen Sie die Kommunikationsabsicht, mit der dieser Text geschrieben sein könnte. Bestimmen Sie auch die Textart. Erläutern Sie Ihre Vermutungen, womit sich der Text im Weiteren auseinandersetzt.
   c) Formulieren Sie das Thema des Textes.
   d) Lesen Sie den gesamten Text.
   e) Geben Sie den Inhalt des Textes in eigenen Worten wieder.
   f) Vergleichen Sie Ihre Zusammenfassung der Textinhalte mit Ihren Vermutungen zum Text. Erklären Sie die Übereinstimmungen und Abweichungen.

Die „einfache" und die „doppelte" Sprachlosigkeit

Wenn Kinder massive Gewalterfahrungen gemacht oder Gewalt gesehen haben, dann ist das eine traumatische Erfahrung, unabhängig davon, ob sie hier aufgewachsen sind oder mit einem Fluchthintergrund zu uns kommen. Die Kinder spüren, dass diese Erlebnisse ungeheuerlich sind und finden keine Worte dafür. Sie sind sprachlos, obwohl sie, wenn sie hier aufgewachsen sind, die deutsche Sprache beherrschen. Gleichzeitig haben sie Angst, was passiert, wenn sie versuchen, darüber zu sprechen. Wird ihnen ihr Gegenüber glauben? Kann die Person das aushalten? Wie wird es weitergehen? Sie beobachten die Erwachsenen ganz genau, um herauszufinden, was sie erwartet und wie das Zusammenleben hier funktioniert.

Und was ist mit den Kindern, die aus einem anderen Land kommen und kein Deutsch sprechen? Manche von ihnen haben ebenfalls traumatische Erfahrungen. Sie haben in ihrem Heimatland und/oder auf der Flucht Unaussprechliches gesehen und gehört. Sie haben erlebt, dass sich die Welt um sie herum, so wie sie sie kennen, auflöst. Sie haben die Angst der Erwachsenen gespürt, deren Hilflosigkeit gesehen und gelernt, dass sie als Kind nicht noch eine zusätzliche Belastung sein dürfen. Nun sind sie in einem neuen Land. Alles ist anders: Gerüche, Essen, Sprache. Sie finden sich Menschen gegenüber wieder, die sie nicht verstehen und von denen sie nicht verstanden werden. Und sie tragen Erinnerungen in sich, für die sie in ihrer eigenen Sprache schon kaum Worte hätten. Sie sind also doppelt sprachlos. Und in den ersten Monaten sind sie auf ihre Beobachtungen angewiesen, sie versuchen zu verstehen und sich Zusammenhänge zu erklären. Sie haben Angst vor Missverständnissen, wollen wissen, wie das Zusammenleben funktioniert.

Deshalb sind beide Kinder, die „einfach sprachlosen" und die „doppelt sprachlosen", sehr abhängig von Gesten, dem Tonfall, der Atmosphäre und einer eindeutigen Körpersprache. Denn sie stehen beide unter einer dauerhaften Anspannung, etwas falsch gemacht oder falsch verstanden zu haben.

(Reinhardt, Gabriele: *Traumatisierte Kinder im Alltag der Kita*, Fachartikel, 15.5.2024)

1

Arbeitstechnik anwenden: Punktuelles Lesen

AUFGABE

Hinweis: Verwenden Sie einen Ausdruck / eine Kopie des Textes.

1. Lesen Sie den Text punktuell.

a) Ihre Leseabsicht lautet: Welche Kompetenzen benötigt eine pädagogische Fachkraft, um gezielt im Alltag die Sprache der Kinder zu fördern?

b) Lesen Sie nur die Interviewfragen und markieren Sie alle Fragen, die für Ihre Leseabsicht relevant sein könnten.

c) Lesen Sie die entsprechenden Stellen gründlicher und markieren Sie diese, wenn darin Antworten auf Ihre Frage (vergleichen Sie die Leseabsicht) enthalten sind.

d) Fassen Sie zusammen, welche Kompetenzen eine pädagogische Fachkraft für die alltagsintegrierte Sprachförderung benötigt.

e) Lesen Sie nun den gesamten Artikel und ergänzen Sie die Ergebnisse aus Aufgabe d).

f) Bestimmen Sie das Verhältnis von Leseaufwand und die Quantität der Ergänzungen: Hat sich der zusätzliche Leseaufwand gelohnt oder hätten die durch das punktuelle Lesen gewonnenen Ergebnisse zur Beantwortung der Fragestellung ausgereicht?

dezidiert: bestimmt, entschieden

Evaluation: sach- und fachgerechte Bewertung

Elementarbereich: Kindertagesstätte

Primarbereich: Grundschule

Perspektiven der Sprachförderung – Prof. Dr. Katja Koch im Interview

[...]

① Grundsätzlich können ja zwei Bereiche bzw. Ansätze der Sprachförderung unterschieden werden: Auf der einen Seite steht die fast undurchschaubare Vielzahl dezidierter Sprachförderprogramme, die in der Regel durch externe Fachkräfte durchgeführt werden. Deren Effektivität wird in jüngster Zeit durch die wenigen vorhandenen Evaluationen allerdings in Frage gestellt. Ist hier jahrelang ohne System viel Aufwand für wenig Ertrag getrieben worden?

Koch: Mhm, die Frage ist nicht ganz leicht zu beantworten. Die bisherigen Forschungen zur Sprachförderung im Elementar- und Primarbereich deuten schon darauf hin, dass rein additive, das heißt von externen Fachkräften durchgeführte Sprachförderprogramme nicht die erhoffte Wirkung bei den geförderten Kindern erzielen. Das kann nun an den Förderprogrammen an sich liegen, die nur einige wenige sprachliche Teilleistungen fördern, es spricht aber vieles dafür, dass es eher die Art der Durchführung ist, die nicht stimmt. Die oftmals gewählte Form der externen Sprachförderkraft, die von außen in den Kindergarten kommt, meist nur für wenige Stunden in der Woche und die sich dann einige Kinder „herauspickt“, um diese dann kurzfristig zu fördern, ist meines Erachtens nach ineffektiv. Dies bedeutet aber nicht, dass eine systematische Förderung der Kinder z. B. mit einem Sprachförderprogramm an sich nichts bringt. Unsere Forschungen deuten darauf hin, dass vor allem Kinder mit einer anderen Herkunftssprache schon von diesen systematischen Sprachfördereinheiten profitieren, aber nur dann, wenn ihnen ein entsprechend gutes Angebot gemacht wird. Also wenn ErzieherInnen da sind, die ihr Sprachverhalten auf die sprachliche Kompetenz der Kinder abstimmen. Wir erleben häufig, dass in den Förderstunden einfach ein Programm abgearbeitet wird, unabhängig davon, was die Kinder sprachlich schon können.

② Auf der anderen Seite steht eine alltagsorientierte Sprachförderung, wie sie auch in den niedersächsischen Handlungsempfehlungen und Förderrichtlinien zur Sprachbildung und -förderung favorisiert wird. Was ist darunter genauer zu verstehen und wo sehen Sie vielversprechende Ansätze?

Koch: Den Begriff „alltagsorientiert" finde ich zu schwammig. Wenn damit gemeint ist, dass die Sprachanlässe am Alltag der Kinder orientiert sein sollen, dann ist das banal, weil das eh der Anspruch elementarpädagogischen Denkens ist. Früher kam dann aus den Einrichtungen immer der Satz „Bei uns ist ja alles Sprachförderung", was so natürlich nicht stimmt, weil wir uns ja sonst keine Gedanken machen müssten, wie wir die sprachlichen Kompetenzen von Kindern am besten fördern.
Ich bevorzuge eher den Begriff „alltagsintegriert", das bedeutet, dass sprachliche Förderung in die alltäglichen Interaktionen eingebettet wird. Das würde dann bedeuten, dass man die im Kindergartenalltag vorfindlichen Situationen gezielt nutzt, um die sprachlichen Kompetenzen der Kinder weiter auszubilden. D.h., man muss solche sprachlichen Interaktionen schaffen, die den Kindern die Möglichkeit bieten, ihre bereits vorhandenen sprachlichen Kompetenzen auszubauen. Dazu braucht es einen kompetenten Erwachsenen, der die Kinder zum Sprechen anregt, ihre Äußerungen aufnimmt und ihnen mit seinen Antworten hilft, neue sprachliche Strukturen zu erlernen.

③ Welche neuen Anforderungen werden in der alltagsorientierten Sprachförderung an die ErzieherInnen gestellt, die ja hier die Rolle des Sprachvorbildes einnehmen und ganz bewusst Sprechanlässe schaffen und nutzen sollen?

Koch: Die ErzieherInnen müssen zunächst einmal Sprachvorbild sein, das heißt, sie sollten schon weitgehend korrekt sprechen. Dann wäre es gut, wenn sie fachliches Wissen über Sprache und Sprachentwicklung, gerade auch im Hinblick auf mehrsprachige Kinder hätte. Wichtig ist auch, so etwas wie eine diagnostische Kompetenz zu haben, also zu wissen, was die einzelnen Kinder schon können, welche sprachlichen Meilensteine sie schon erreicht haben. Und schließlich sollten sie über bestimmte Strategien verfügen, die dann in der sprachlichen Interaktion mit den Kindern angewendet werden. Eine Strategie wäre beispielsweise, die Äußerungen des Kindes aufzunehmen und eine Erweiterung anzubieten oder offene Fragen zu stellen, statt nur Fragen zu benutzen, auf die man mit ja und nein antworten kann.

(Herrmann, Dr. Karsten (2016): *Perspektiven der Sprachförderung – Prof. Dr. Katja Koch im Interview*, nifbe (Niedersächsisches Institut für frühkindliche Bildung und Entwicklung))

1.4.3 Arbeitstechnik: Textlupe

Sie werden in Ihrer Ausbildung mit den unterschiedlichsten Fachtexten konfrontiert, die zum Ziel haben, möglichst präzise und komprimiert Wissen zu vermitteln. Dabei bedient sich jede Fachrichtung ihrer eigenen Fachsprache. Je stärker der Fachtext von der Standardsprache abweicht, umso schwieriger wird es, diesen zu verstehen. Die Schwierigkeiten, bei denen Ihnen die Arbeitstechnik *Textlupe* helfen kann, betreffen vier Bereiche:

1. Morphologie

Die Morphologie ist ein Teilgebiet der Sprachwissenschaft. Dieses Teilgebiet behandelt den Aufbau und die Zusammensetzung von Wörtern. Wenn man beispielsweise das Wort „tierisch" auf der morphologischen Ebene untersucht, lässt sich feststellen, dass es aus dem Wort *Tier* und der Adjektiv-Endung *-isch* besteht. Das Wort ist also genau so zusammengesetzt wie vergleichsweise das Wort *menschlich (Mensch + -lich)*, nur dass hier ein anderes Nomen und eine andere Adjektiv-Endung enthalten ist. Mit dieser Information ist es leichter, sich die Bedeutung des Wortes zu erschließen.

Schwierigkeiten auf der morphologischen Ebene entstehen in Fachtexten häufig dadurch, dass es sich um lange, zusammengesetzte Wörter handelt.

Beispiel: *Teilleistungsstörung*
Das Wort besteht aus drei Bestandteilen: *Teil-Leistung-Störung*. So zerlegt, wird nachvollziehbar, dass es sich um eine Störung der Leistung in bestimmten Teilen handelt. Was genau das Wort *Teil* in diesem Zusammenhang bezeichnet, ist eine Frage der Wortbedeutung. Die Wortbedeutung ist ein weiteres Teilgebiet der Sprachwissenschaft, das als *Semantik* bezeichnet wird (siehe nächste Seite).

2. Syntax

Syntax ist ein Fachwort aus der Sprachwissenschaft, mit dem die Untersuchung des Satzbaus bezeichnet wird. Wenn Sie von komplexen Satzgebilden den Satzbau analysieren, dann können Sie Haupt- oder Nebensätze erkennen. So wird deutlich, wie Sätze zueinander in Beziehung stehen.

In Fachtexten sind die Satzkonstruktionen deutlich komplexer als in der Alltagssprache. Sätze sind oftmals lang und es kann viele Nebensätze geben. Nicht immer wird beim ersten Lesen deutlich, was Subjekt und Prädikat des Hauptsatzes sind. Die Sätze sind ineinander verschachtelt. Sie müssen erkennen, auf welche Aspekte des Satzes sich eine Aussage im Folgesatz bezieht.

Dazu müssen Sie besonders auf Wörter achten, die Nebensätze einleiten, wie z.B. Konjunktionen und Relativpronomen.

Standardsprache: auch: Hochsprache; allgemein verbindliche Sprachform, die in der Öffentlichkeit gesprochen und geschrieben wird. Sie unterscheidet sich sowohl von der im privaten Bereich gesprochenen Umgangssprache wie auch von einer Fachsprache, wie sie in bestimmten Berufsgruppen verwendet wird.

Syntax: auch Satzlehre; beschäftigt sich mit Satzbau und Satzstruktur.

Prädikat: Satzteil, das eine Aussage über das Subjekt (siehe Seite 20) macht; enthält immer mindestens ein Verb, kann aber auch aus mehreren Teilen bestehen, z. B. in der zusammengesetzten Vergangenheitsform *„hat ... gesehen"*.

Konjunktion: auch: Bindewort, Fügewort; eine Wortart, die syntaktische Verbindungen zwischen Wörtern, Satzteilen oder Sätzen herstellt und damit auch logische Verbindungen zwischen den einzelnen Teilen. Beispiele: *und, oder.*

Relativpronomen: auch: bezügliches Fürwort. Wort, das einen Relativsatz einleitet, z. B.: *Das Kind,* ***das*** *befragt wurde, war ...* Siehe auch Seite 20.

3. fachspezifische Sprachstrukturen – Schwerpunkt Semantik

Die Semantik ist ebenso ein Teilgebiet der Sprachwissenschaft. Sie beschäftigt sich unter anderem mit der Wortbedeutung. Zum Beispiel hat in dem zusammengesetzten Wort *Teil/leistungs/störung* das Wort *Teil* die Bedeutung von *Bereich* und nicht von *Anteil* oder *kleines Stück.*

Semantik: auch Bedeutungslehre; Wissenschaft von der Bedeutung von Wortteilen, Wörtern und Sätzen

Fachspezifische Sprachstrukturen sind sehr stark vom jeweiligen Fach abhängig. Zum einen gibt es Fachbegriffe, die einen komplexen Sachverhalt mit einem Wort ausdrücken und häufig spezifisches Wissen voraussetzen. Z. B. ist der Begriff *Bindungssicherheit* nur dann vollständig verständlich, wenn man die Bindungstheorie kennt. Zum anderen bekommen alltagssprachliche Ausdrücke eine neue Bedeutung. Das Wort *umkippen* bezeichnet im Alltag einen anderen Vorgang als in der Biologie, wenn dort das *Umkippen* eines Gewässers gemeint ist.

4. komplexe Fachinhalte

Eine weitere Schwierigkeit bieten komplexe Fachinhalte. Gerade in der Pädagogik und Psychologie werden Phänomene beschrieben, die zunächst ganz alltäglich erscheinen, aber bei genauerem Hinsehen sehr komplex werden – zum Beispiel die Kompetenzen, die ein Kind benötigt, um einem Bilderbuch mit Genuss folgen zu können. Der Vorgang *zuhören und Bilder anschauen* wird in unterschiedliche Teilschritte zerlegt. Das Kind muss zuhören und eine Beziehung zu den Bildern herstellen. Dazu muss es die Wörter verstehen und einen Zusammenhang mit den Bildern erkennen. Um das zu können, greift es auf Erfahrungen zurück. Das Alltagswissen, das eine angehende pädagogische Fachkraft mitbringt, wird also in neue Zusammenhänge gesetzt und Selbstverständlichkeiten werden zu komplexen Vorgängen.

1

Auf den nächsten Seiten werden Sie anhand von Beispieltexten Techniken kennenlernen, um mit den genannten Schwierigkeiten umzugehen, die Fachtexte mit sich bringen können.

1.4.4 Schrittweise Texterschließung auf den vier Ebenen

Die Analyse des folgenden Satzes soll als Beispiel dienen. Er stammt aus einem Artikel zum Einsatz von Bilderbüchern in der Grundschule.

> Zabak (2006, S. 81 f.) hat, in Anlehnung an kognitionspsychologische Erkenntnisse, spezifische Kompetenzen für das literarische Verstehen benannt, die hier aus meiner Sicht durchaus angewendet und um die Teilkomponenten des Bildverstehens ergänzt werden können.
>
> (Klenz, Stefanie (2003): *Fremdheit im Bilderbuch – Text und Bildeindrücke verhandelbar machen;* in: Jantzen, Christoph; Klenz, Stefanie (Hrsg.): *Text und Bild – Bild und Text – Bilderbücher im Deutschunterricht,* Stuttgart: Klett, S. 92–93.)

Kognitionspsychologie: Wissenschaft, die die psychischen Vorgänge untersucht, die der Wahrnehmung, der Erkenntnis und dem Wissen zugrunde liegen.

① Morphologischen Ebene

Betrachten wir zunächst die morphologische Ebene. Um komplexe, zusammengesetzte Wörter verstehen zu können, sollte man sie zunächst in ihre Bestandteile zerlegen:

kognitionspsychologisch	Hier finden Sie die Wörter *Kognition* und *psychologisch*.
Teilkomponente	Hier sind die Wörter *Teil* und *Komponente* enthalten.
Bildverstehen	Hier haben Sie die Wörter *Bild* und *verstehen*.

Subjekt: Satzglied, über das mit dem Prädikat eine Aussage getroffen wird; erschließt sich über die Frage „Wer oder was?"

Objekt: Satzglied, das sich über die Frage „Wen?", „Was?", „Wem?", selten „Wessen?" erschließt.

Adverbiale Ergänzung: bezeichnet die genaueren Umstände des Satzgeschehens. Sie sind für die Vollständigkeit eines Satzes grammatisch nicht notwendig, tragen aber zur Genauigkeit der übermittelten Informationen bei.

Relativpronomen: bezügliches Fürwort; ein Pronomen, das einen Nebensatz einleitet und für ein oder mehrere Substantive oder Pronomen im dazugehörigen Hauptsatz steht.

Partizip: Verbform, die im Passiv und bei zusammengesetzten Zeiten verwendet wird.

spezifisch: für jemanden oder etwas besonders charakteristisch, typisch oder eigentümlich.

literarisches Verstehen: hier: Kompetenzen, die man benötigt, um Literatur zu verstehen.

② Texterschließung auf der syntaktischen Ebene

Der Satz ist sehr lang, daher ist es sinnvoll, ihn in seine Bestandteile zu zerlegen. Dabei stellt sich als erste Frage, was Subjekt und Prädikat des Satzes sind. Danach bestimmen Sie Objekte und ihre Ergänzungen. Weiterhin müssen Sie sich Haupt- und Nebensatz und ihr Verhältnis zueinander erschließen.

Zabak	Subjekt: Wer?
hat … benannt	Prädikat des Hauptsatzes: Was hat Zabak gemacht?
spezifische Kompetenzen für das literarische Verstehen	Objekt: Wen oder was hat Zabak benannt?
in Anlehnung an kognitionspsychologische Erkenntnisse	Adverbiale Ergänzung: Zusatzinformationen zum Objekt: Bezug zur Kognitionspsychologie.
die	Relativpronomen, leitet den Nebensatz ein. Es bezieht sich auf das Objekt des Hauptsatzes: *die spezifischen Kompetenzen …*
angewendet …(und) ergänzt werden können	Prädikat des Nebensatzes, bestehend aus zwei durch „und" miteinander verbundenen Partizipien, passiv.
hier aus meiner Sicht durchaus	Adverbiale Ergänzung: eine zusätzliche Information
um die Teilkomponenten des Bildverstehens	Adverbiale Ergänzung: eine zusätzliche Information

Das Ergebnis auf der syntaktischen Ebene lässt sich folgendermaßen zusammenfassen:

> Zabak (ein Wissenschaftler) hat spezifische Kompetenzen für das literarische Verstehen benannt. Diese spezifischen Kompetenzen hat er aus kognitionspsychologischen Erkenntnissen abgeleitet. Die Kompetenzen, die das literarische Verstehen benennen, können aus Sicht der Autorin angewendet werden. Und die Autorin ergänzt diese noch um einen weiteren Aspekt, den sie als Teilkomponenten des Bildverstehens bezeichnet.

Werkzeug Sprache – Deutsch und Kommunikation für Erzieherinnen und Erzieher ISBN: 978-3-582-83521-5

③ Texterschließung auf der semantischen Ebene

In dem Satz gibt es eine Reihe von Begriffen, die Ihnen eventuell nicht geläufig sind. Das sind vermutlich Fremdwörter, wie *kognitionspsychologische*, aber auch Begriffe wie das *literarische Verstehen* oder *Teilkomponenten des Bildverstehens*.

Auf der morphologischen Eben wurden diese Begriffe schon in ihre Einzelteile zerlegt. Nun gilt es auf der semantischen Ebene, die Bedeutung der Begriffe zu erschließen. Hier genau liegt eines der für Fachtexte typischen Probleme: Die Bedeutung eines Wortes allein deckt nur einen Teil ab, der andere Teil ist das wissenschaftliche Konzept, das mit dem einen Wort verbunden ist.

Kognition bezeichnet Prozesse, die mit Wahrnehmung und Erkenntnis zu tun haben. In der Kognitionspsychologie beschäftigt man sich damit, wie das menschliche Denken funktioniert. Dabei geht es darum, wie Reize aufgenommen und so weiterverarbeitet werden, dass damit Gedanken, Gefühle und Handlungen verbunden werden.

Nun müssen Sie das Wort *Kompetenzen* ergründen. Unter Kompetenz versteht man die Fähigkeit, auf der Grundlage von Wissen und Können sach- und fachgerecht zu handeln.

Kompetenz: Sachverstand, Handlungsfähigkeit auf Grundlage von Wissen und Fertigkeiten

Jetzt bleibt zu klären, was mit *literarischem Verstehen* gemeint ist. Das Wort *literarisch* leitet sich von *Literatur* ab (morphologische Ebene). Es geht hier also um das Verstehen von Literatur – dahinter steht allerdings noch ein wissenschaftliches Konzept, das Sie zum vollen Verständnis kennen müssen.
Des Weiteren werden im Nebensatz *Teilkomponenten des Bildverstehens* erwähnt. Hier handelt es sich um einzelne Teile, die in ihrer Gesamtheit zum Verstehen eines Bildes führen.

1

④ Ebene der komplexen Fachinhalte

Diese Ebene erschließt sich nicht durch einen Satz, sondern entwickelt sich innerhalb eines gesamten Fachtextes. An der Erschließung der Bedeutung (semantische Ebene) können Sie bereits erkennen, dass Fachinhalte häufig Fachwissen voraussetzen. Dieses Fachwissen wird dann durch einen Fachartikel ergänzt, erweitert oder in Frage gestellt. Ob Sie einen Text komplex und schwierig finden oder ihn gut verstehen können, das hängt also immer von Ihrem Fachwissen ab. Je mehr Fachwissen Sie haben, desto leichter fällt es Ihnen, Fachtexte zu lesen.

1.4.5 Textverstehen mithilfe von Signalwörtern

Signalwörter: hier: Wörter, die Informationen aus Sätzen und Satzteilen zueinander in Beziehung setzen und miteinander verbinden.

Fachbegriffe sowie verschachtelte Satzkonstruktionen stellen in Sachtexten eine besondere Schwierigkeit dar.
Der Aufbau eines Fachtextes kann aber dabei helfen, schwierige Begriffe zu verstehen. Dafür muss man die einzelnen Satzstrukturen erschließen und den gedanklichen Zusammenhang erkennen.

Hierzu zunächst ein Blick auf die Satzstruktur und deren gedankliche Zusammenhänge:
Bestimmte Wörter sind Gliederungssignale im Text, zum Beispiel: *jedoch, sowohl … als auch, zum einen … zum anderen, z. B. (zum Beispiel).* Sie signalisieren den gedanklichen Zusammenhang. Das heißt, sie erklären der Leserin bzw. dem Leser, wie das, was im weiteren Text folgt, zu verstehen ist. Daher werden diese Wörter im Folgenden als ***Signalwörter*** bezeichnet.

Hierarchie: Rangfolge

Es lassen sich drei Arten von Signalwörtern unterscheiden:
1. Signalwörter, die eine Abfolge, Hierarchie oder Erweiterung anzeigen, z. B.: *erstens, zweitens, drittens, später, seitdem, außerdem, darüber hinaus.*
2. Signalwörter, die den Text in seinem gedanklichen Aufbau strukturieren, z. B.: *weil, damit, sowohl … als auch.*
3. Signalwörter, die sich auf einen anderen Satzteil beziehen und vor- oder rückverweisend wirken, z. B.: Relativ- und Demonstrativpronomen wie *der, diese.*

Relativpronomen: bezügliches Fürwort; siehe Seite 20.

Demonstrativpronomen: hinweisendes Fürwort; ein Pronomen, das auf ein Substantiv, einen Satzteil oder einen Satz verweist.

AUFGABE

1. Übertragen Sie die folgende Tabelle auf ein Blatt Papier oder in Ihr Heft, um die Signalwörter der Funktion nach geordnet notieren zu können.

Abfolge, Hierarchie, Erweiterung	…
Gedanklicher Aufbau	…
auf andere Satzteile verweisend	…

2. Lesen Sie den Textauszug und notieren Sie die darin enthaltenen Signalwörter in der entsprechenden Spalte in der Tabelle.

Text und Bild stehen in einem Bilderbuch in einem engen Zusammenhang. Sie liefern somit auf zwei Ebenen Informationen: visuell und über den Textinhalt. Das hat zur Folge, dass Kinder diese Informationen miteinander verknüpfen müssen. Sie müssen also lernen, die Bedeutung der Bilder und die Bedeutung des vorgelesenen Textes aufeinander zu beziehen und einen Zusammenhang herzustellen. Gleichzeitig müssen sie diese Informationen mit ihren Erfahrungen verbinden, um eine emotionale Beziehung zum Bilderbuch zu entwickeln.

Werkzeug Sprache – Deutsch und Kommunikation für Erzieherinnen und Erzieher ISBN: 978-3-582-83521-5

INFOBOX

Signalwörter und ihre Funktion

Konjunktionen, Adverbien, Präpositionen, Redewendungen	signalisierter Zusammenhang	Satzbeispiel
erstens; zweitens; zuerst; zunächst; schließlich; zuletzt	Hierarchie, Abfolge	**Zunächst** lautiert das Kind.
und; auch; darüber hinaus	Erweiterung	**Darüber hinaus** sucht es den Blickkontakt.
weil; daher; denn; nämlich; wegen; mit; aus diesem Grunde; das ist die Ursache	Begründung	**Daher** kommt dem Austausch von Blicken und Worten eine Bedeutung zu.
(be)vor; nach(dem); als; während; gleichzeitig	(zeitliche) Abfolge	**Gleichzeitig** brauchen Kinder der Anregungen.
aber; jedoch; während (im Sinne von hingegen); demgegenüber; sondern; umgekehrt; nicht nur … sondern auch; im Gegensatz zu; dem widerspricht	Gegenüberstellung, Gegensatz, Widerspruch	**Nicht nur** verbale Interaktion ist wichtig, **sondern auch** die deutliche nonverbale Begleitung des Gesagten.
sodass; also; infolge; zur Folge haben	Folge, Wirkung	Diese nonverbalen Gesten haben **also** eine wichtige Funktion.
um … zu; damit	Absicht, Ziel	Kleinkinder benutzen nonverbale Gesten, **damit** sie die Aufmerksamkeit des anderen lenken können.
wenn … dann; falls; sofern; andernfalls; unter der Bedingung, dass; bei	Bedingung	**Wenn** niemand reagiert, **dann** lautiert das Kind immer weniger.
allerdings; obwohl; trotz; selbst bei	Einschränkung	**Allerdings** dauert es lange, bis Kinder resignieren.
ebenso … wie; so … als ob	Vergleich	Die Blicke und Laute wirken **so**, **als ob** die Kinder mitreden wollten.
d. h. (das heißt); der/welcher; wobei dies …; damit will ich sagen, dass	Erläuterung	Lautieren, **d. h.** die Stimme benutzen und Laute bilden, sind Vorstufen des Sprechens.
der; diese; sie	Bezüge zu anderen Satzteilen/Sätzen herstellen	Die nonverbalen Signale werden bewusst eingesetzt. **Sie** dienen der Verständigung.

lautieren: Der Säugling macht Laute, wie z. B. „mamamam".

resignieren: beispielsweise aufgrund von Enttäuschung oder Misserfolg sich mit etwas abfinden oder darauf verzichten.

1

1.5 Sachtexte bearbeiten – Inhalte grafisch darstellen und schriftlich wiedergeben

Fachtexte werden gelesen, um sich über etwas zu informieren. In Kapitel 1.3, Seite 12 wurde dargestellt, dass die Leseabsicht wichtig ist, um die Lesestrategie (punktuelles Lesen, diagonales Lesen) zu bestimmen.

diagonales Lesen (Querlesen): Lesetechnik, bei der der Text kurz überflogen wird, um die wichtigsten Informationen (Schlüsselwörter) zu erfassen und einen Überblick über den Text zu erhalten.

Wenn Sie Inhalte eines Sachtextes darstellen wollen, ist es ebenso wichtig zu wissen, welches Ziel Sie damit verfolgen. Bereiten Sie Inhalte für eine Klausur auf, werden Sie andere Schwerpunkte setzen als bei der Vorbereitung eines Vortrags. Das spiegelt sich auch in der Art der Textwiedergabe wider.

Im Folgenden werden drei Formen zur Aufbereitung von Inhalten dargestellt:

1. **Grafische Darstellungen:** Sie eignen sich besonders gut, wenn Sie sich auf einen Vortrag vorbereiten oder einen komplexen Sachverhalt strukturieren und im Gedächtnis verankern wollen.
2. **Exzerpieren:** Diese Art der schriftlichen Wiedergabe von Textinhalten ist sinnvoll, wenn Sie eine Fach- oder Hausarbeit vorbereiten. Also immer dann, wenn Sie mit längeren Texten oder Büchern arbeiten, deren Inhalte Sie weiterverwenden wollen. Exzerpieren kann bei sehr schwierigen Zusammenhängen auch helfen, diese zu verstehen und sie für eine grafische Darstellung auszuarbeiten.
3. **Inhaltsangabe:** Sie gibt einen Überblick über die Struktur des Textes und dessen wichtigsten Aussagen. Häufig wird sie auch als Einleitung für eine folgende intensive Auseinandersetzung mit dem Text verwendet.

exzerpieren: aus einem Text wichtige Aspekte herausschreiben.

Der Unterschied zwischen Inhaltsangaben und Exzerpten besteht darin, dass Inhaltsangaben deutlich zusammenfassender und somit kürzer sind. Beim Exzerpieren bleiben Sie enger am Originaltext und übernehmen sogar wichtige Zitate. Ein Exzerpt ist also umfangreicher und enger am Originaltext als eine Inhaltsangabe.

1.5.1 Grafische Darstellungen

Clustering: ein Brainstorming-Verfahren bei dem Assoziationsketten notiert werden, die von einem Zentralwort ausgehen. Hierfür wird ein Wort (oder ein Satz) in die Mitte eines Blattes geschrieben und darum ein Kreis gezogen.
Von diesem „Kern“ ausgehend werden nun Assoziationen notiert. Jede Assoziation wird wieder umkreist und mit der vorangehenden durch einen Strich verbunden. Jede neue Assoziationskette beginnt beim Kern.

Es gibt unterschiedliche Formen der grafischen Darstellung: Cluster, Mindmaps, Skizzen, Strukturdiagramme, Prozessdiagramme, Bilder und viele mehr. Welche gewählt wird, hängt von der Struktur und dem Inhalt des Textes, der Leseabsicht und den eigenen Vorlieben ab.

Wenn solche grafischen Darstellungen weiterverarbeitet werden, muss das Gehirn zunächst auf Grundlage der Darstellung die Inhalte rekonstruieren. Durch diese Leistung werden die Inhalte aktiv ins Gedächtnis gerufen und dort miteinander verknüpft. Das führt dazu, dass sie immer besser abrufbar werden und auch die damit verbundene Fachsprache nach und nach in den aktiven Wortschatz übergeht.

Aus diesem Grunde eignen sich grafische Darstellungen sehr gut, um einen ersten Überblick über ein Thema zu bekommen, aber auch, um beispielsweise für eine Klausur zu lernen. Weiterhin können sie als Grundlage für eine eigenständige schriftliche Textwiedergabe sowie für mündliche Vorträge genutzt werden.

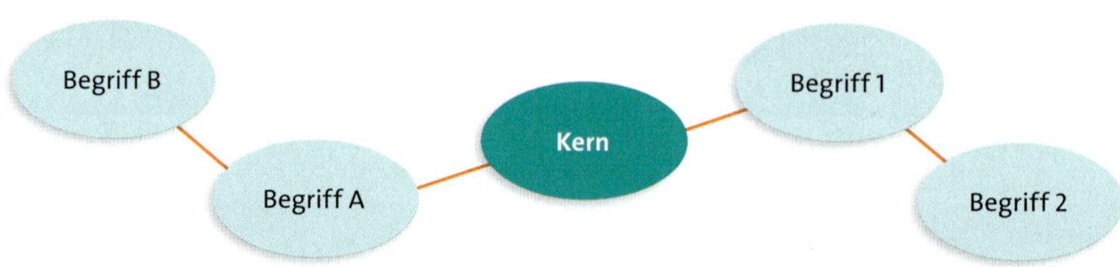

Werkzeug Sprache – Deutsch und Kommunikation für Erzieherinnen und Erzieher ISBN: 978-3-582-83521-5

1.5.2 Arbeitstechnik: Mindmapping

Eine Mindmap beschreibt eine grafische Darstellung, die man beispielsweise zum Erschließen und visuellen Darstellen eines Themengebietes nutzen kann. Sie eignet sich aber ebenso zum Planen oder für Mitschriften. Die Mindmap wird nach bestimmten Regeln erstellt – diesen Prozess bezeichnet man als Mindmapping.

- Beim Mindmapping notieren Sie Ihre Gedanken nicht wie üblich hinter- oder untereinander, sondern schreiben das Hauptthema Ihrer Notizen in die Mitte eines Blattes.
- Kreisförmig um dieses Zentrum notieren Sie Ihre Gedanken (z. B. Schlüsselwörter), die Sie ebenso einkreisen *(Knotenpunkt)* und durch eine Linie *(Zweig)* mit dem Hauptthema verbinden.
- Themen von nachgeordneter Wichtigkeit (untergeordnete Knotenpunkte) werden durch Unterzweige mit dem jeweiligen Hauptzweig verbunden.
- So entsteht eine bildhafte Darstellung Ihrer Gedanken in Form einer Gedanken[land]karte.

Hinweis
Mindmaps sollten nicht mit Clustern (siehe links) verwechselt werden. Cluster können als Vorstufe zu einer Mindmap verstanden werden. Bei einem Cluster ordnen Sie zunächst nur Begriffe einander zu, die inhaltlich miteinander zu tun haben. Sie bilden noch keine gedankliche Struktur ab, so wie es bei der komplexeren Mindmap der Fall ist.

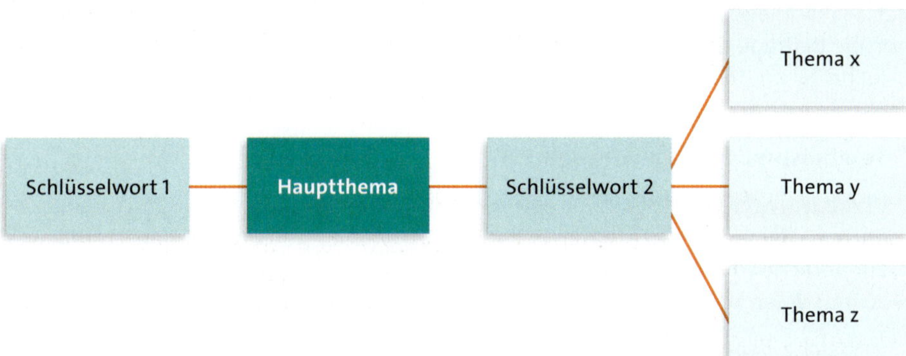

Vorgehen, um einen Text mithilfe einer Mindmap zu strukturieren:

- Text lesen.
- Hauptthema benennen und diesen Kernbegriff als Stichwort in die Mitte eines Blattes schreiben.
- Schlüsselwörter im Text markieren.
- Signalwörter im Text markieren, um die Textstruktur zu erfassen.
- Mindmap erstellen, indem die Schlüsselwörter miteinander verbunden werden (siehe die folgende Seite).

Schlüsselwörter: Die Wörter im Text, die wichtig bzw. von zentraler Bedeutung sind, um einen Text zu verstehen.

Signalwörter: siehe Seite 22.

1.5.3 Eine Mindmap erstellen – Schritt für Schritt

Mit einer Mindmap können besonders gut Texte bearbeitet werden, in denen unterschiedliche Begriffe erklärt, voneinander unterschieden oder zueinander in Beziehung gesetzt werden. Sie helfen, eine Struktur in den Text zu bringen und dessen Inhalte auf Schlagworte und ihre Beziehungen zueinander zu reduzieren.

Textbeispiel: (siehe auch Seite 16)

① Grundsätzlich können ja zwei Bereiche bzw. Ansätze der Sprachförderung unterschieden werden: Auf der einen Seite steht die fast undurchschaubare Vielzahl dezidierter Sprachförderprogramme, die in der Regel durch externe Fachkräfte durchgeführt werden.

dezidiert: bestimmt, entschieden, energisch

Kommentar:
Zentrales Thema des Textes ist die Sprachförderung. Für das Anlegen der Mindmap heißt das: Der Begriff Sprachförderung ist der entscheidende Schlüsselbegriff und steht im Mittelpunkt. Von diesem Mittelpunkt gehen alle Zweige mit weiteren Knotenpunkten ab (siehe unten).

Sie wissen aus dem Text bereits, ohne ihn vollständig zu Ende zu lesen, dass zwei Bereiche der Sprachförderung einander gegenübergestellt werden. Einer dieser Bereiche umfasst „dezidierte Sprachförderprogramme". Diesen tragen Sie als ersten abzweigenden Knotenpunkt ein.

Grafische Darstellung:

Bei dem vorliegenden Text (siehe Seite 16) handelt es sich um ein Interview. Sie können die Beiträge des Interviewenden zuerst lesen und prüfen, ob sich aus diesen eine Struktur für die Mindmap ergibt.

Textbeispiel: Interviewfragen

② Auf der anderen Seite steht eine alltagsorientierte Sprachförderung, wie sie auch in den niedersächsischen Handlungsempfehlungen und Förderrichtlinien zur Sprachbildung und -förderung favorisiert wird. Was ist darunter genauer zu verstehen und wo sehen Sie vielversprechende Ansätze? [...]

③ Welche neuen Anforderungen werden in der alltagsorientierten Sprachförderung an die ErzieherInnen gestellt, die ja hier die Rolle des Sprachvorbildes einnehmen und ganz bewusst Sprechanlässe schaffen und nutzen sollen?

Kommentar:
In Beitrag ② des Interviewers finden Sie das Schlüsselwort für die Beschriftung des zweiten Knotenpunktes. In der Frage von Beitrag ③ signalisiert Ihnen das Wort „neu", dass es einen zusätzlichen Gedanken zur alltagsintegrierten Sprachförderung gibt.

Nun wissen Sie bereits, dass Sie bei dem Knotenpunkt „alltagsintegrierte Sprachförderung" einen untergeordneten Knotenpunkt mit der Beschriftung „Anforderungen an Erzieherinnen und Erzieher" (bzw. Fachkräfte) setzen müssen.

Grafik:

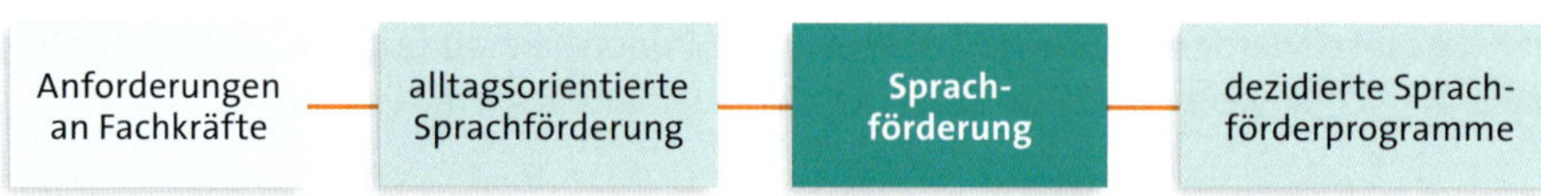

Jetzt haben Sie für die Mindmap bereits eine Grundstruktur und können beim Lesen darauf achten, wie die weiteren Informationen eingeordnet werden können.

Im weiteren Verlauf der Visualisierung eines Textes mithilfe einer Mindmap müssen Sie auch Textinhalte mit einem Begriff zu einem Knotenpunkt zusammenfassen. Wie dies gemacht werden kann, lässt sich mithilfe der folgenden Aufgabe nachvollziehen:

AUFGABE

Hinweis: Die vorliegende Mindmap ist eine grafische Darstellung der Textinhalte des Textes *Perspektiven der Sprachförderung – Prof. Dr. Katja Koch im Interview* (siehe Seite 16).

1. Stellen Sie Kriterien für die Auswahl von Schlüsselwörtern für die Knotenpunkte der Mindmap auf. Vergleichen Sie hierzu den Text (auf Seite 16) und die Mindmap miteinander und arbeiten Sie heraus, wie die Begriffe für die Knotenpunkte gewählt wurden.

2. Arbeiten Sie in Partnerarbeit:
Eine Person fasst den Text mündlich mithilfe der Mindmap zusammen, ohne auf den Interviewtext zurückzugreifen. Die andere Person kontrolliert mithilfe des Textes Vollständigkeit und Richtigkeit.

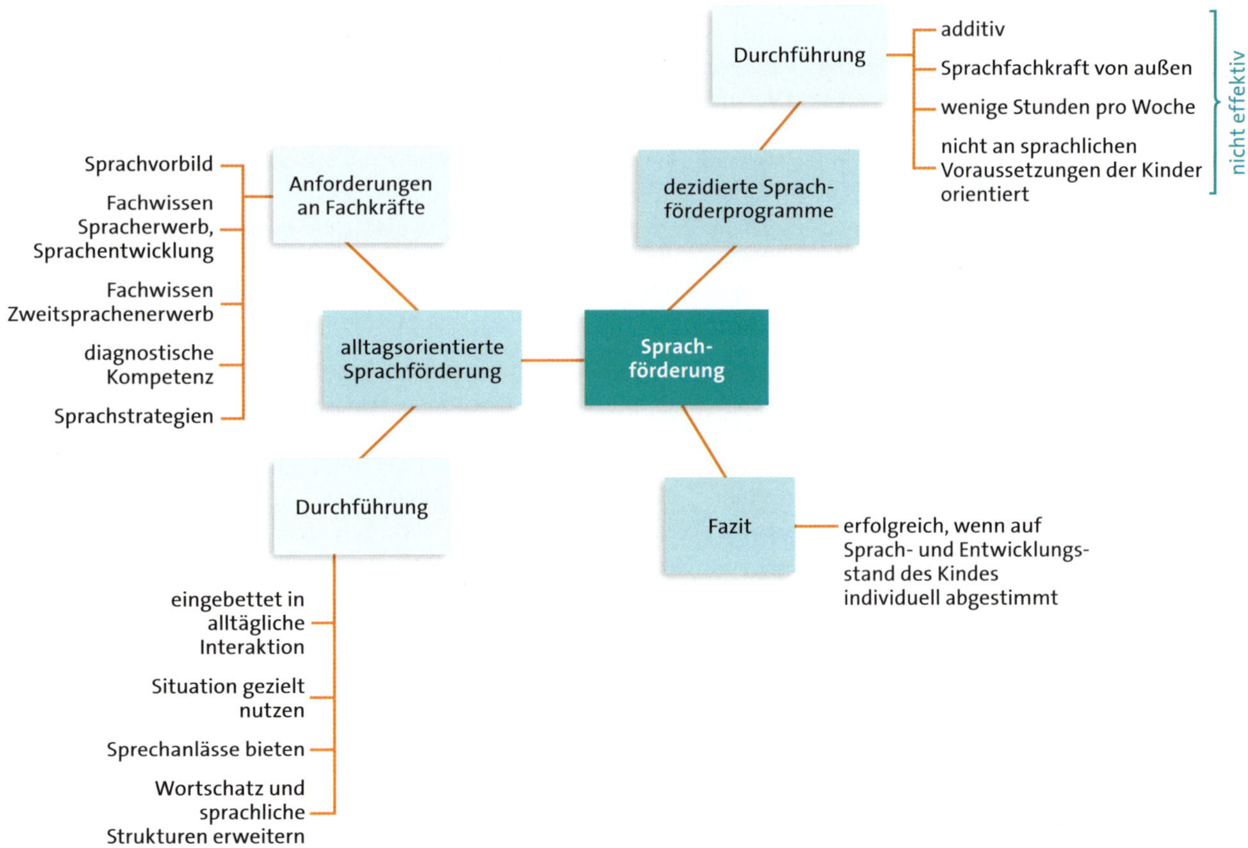

1

1.5.4 Eine Mindmap zu einem Fachtext erstellen

AUFGABE

Erstellen Sie eine Mindmap zum Thema *Die Bedeutung von Zeigegesten im Spracherwerb.*

Tipps zum Vorgehen:
- Verschaffen Sie sich einen ersten Überblick über den Text, indem Sie die Überschrift und die ersten und letzten Zeilen lesen.
- Schreiben Sie Schlüsselwörter heraus, die im Zusammenhang mit der Fragestellung wichtig sind.
- Notieren Sie wichtige Signalwörter, die den Text strukturieren.
- Beginnen Sie jetzt mit der Mindmap, indem Sie den Begriff *Zeigegesten* in die Mitte eines Blatts schreiben und dann mit Blick auf die Schlüssel- und Signalwörter Zweige bilden und die wichtigsten inhaltlichen Aspekte strukturiert einfügen.

Die Bedeutung der Zeigegesten

Nicht zufällig beginnen Kleinstkinder mit zehn bis 14 Monaten, die Aufmerksamkeit der Erwachsenen auf Dinge zu lenken, indem sie Zeigegesten verwenden. Dieses einfache Deuten zur Aufmerksamkeitsteilung ist ein einzigartiges menschliches Verhalten aus dem Bereich des Bewegungshandelns. Solche Gesten sind Versuche, Erwachsene dazu zu bringen, etwas in Bezug auf ein Objekt oder Ereignis zu tun oder ein Objekt oder Ereignis anzuschauen und zu benennen. Wenn das Baby oder Kleinstkind dem Erwachsenen etwas zeigt, erwartet es ein geteiltes Interesse, das heißt, der Erwachsene soll anschauen und kommentieren, was er gezeigt bekommt („Ein Ball!"). Bleiben die Reaktionen des Erwachsenen auf die Zeigegesten aus, verliert das Kind schnell die Motivation, ihm künftig etwas mitzuteilen, und damit auch die Chance, Informationen zu erhalten.

Mit Zeigegesten kann das Kind die Aufmerksamkeit seiner Bezugsperson für etwas gewinnen, was es interessiert, worüber es mehr wissen oder was es haben möchte. Das ist jedoch nicht alles. Die Zeigegesten von Einjährigen gehen über die Bitte um Hilfe beim Erreichen eines Ziels weit hinaus. Sie umfassen bereits die Absicht, Gefühle und Einstellungen mit dem „Angesprochenen" zu teilen sowie – was absolut verwundert – den Wunsch, dem anderen Hilfestellung zu geben oder ihn über nützliche und interessante Dinge zu informieren.

Menschen lernen Kommunizieren nicht erst durch Sprache, sondern schon durch Gesten. Gesten scheinen auf den ersten Blick schwache Kommunikationsmittel zu sein, da in der Zeigegeste selbst wenig Information steckt. „Wie kann etwas so Einfaches wie ein ausgestreckter Finger auf so komplexe Weise etwas mitteilen – und das bei verschiedenen Gelegenheiten auf so verschiedene Weise?" […] Der Informationsgehalt einer Geste steckt sowohl in den vorangegangenen geteilten Erfahrungen (dem geteilten Wissen) als auch in der gemeinsamen Aufmerksamkeit für die momentane Situation.

Bis Kinder ihre frühesten Sprachäußerungen präsentieren, haben sie fast immer bereits einige Wochen oder Monate kommunikative Gesten verwendet. So ist die kooperative Infrastruktur der Kommunikation bereits vollständig ausgebildet, bevor der stimmliche Spracherwerb beginnt.

Ein Kind, das regelmäßig und intensiv deutet, hat zweierlei begriffen:
- Ich kann mit meiner Zeigegeste (meinem Verhalten) das Wahrnehmen, Denken und Handeln anderer beeinflussen.
- Das funktioniert aber nur, wenn der andere sich mir zuwendet und aufmerksam ist.

Mit dem Sprechen erhöhen Kinder sogar die Häufigkeit ihrer Zeigegesten und lassen sie vielfältiger werden. Auch Geste-Sprache-Kombinationen treten auf: Mal zeigen die Kinder auf einen Gegenstand und benennen ihn gleichzeitig (redundant kombiniert) oder sie zeigen auf einen Gegenstand, z. B. eine Schere und sagen etwas über ihn, wie etwa „schneiden" (ergänzend kombiniert) – was zeigt, dass in den Zeigegesten bereits grammatische Grundstrukturen enthalten sein können.

Arm an Gesten = arm an Worten
Mithilfe der Zeigegesten erobern Kinder neue Worte. Nur durch die „gezielte" Abfrage ist gewährleistet, dass ein Kind ein Wort zu dem Zeitpunkt kennenlernt, wenn es sich dafür interessiert. Deshalb sind Worte für Dinge, Personen oder Phänomene, auf die gedeutet werden kann, früher vorhanden und präsent. […] Immer mehr Forschungsergebnisse zeigen, dass eine vielfältige Gestik die Vorstufe zu einem großen Wortschatz ist. Gesten gehören auch zur Sprache der Erwachsenen. Lebhafte Menschen sind eindeutig bessere Sprachvorbilder: Hände modellieren, akzentuieren, beschreiben, beschwichtigen oder verstärken. Mit Gesten werden Denkstrategien nachgezeichnet, begleitet und vielleicht sogar angeregt.

(Haug-Schnabel, Gabriele; Bensel, Joachim (2012): *Wie kommt das Kind zum Wort? Sprachentwicklung und -förderung*, Freiburg: Herder Verlag (Kindergarten heute, Nr. 138), S. 9–12.)

1

Concept-Map: ein Diagramm oder grafisches Hilfsmittel, das Beziehungen zwischen Konzepten und Ideen visuell wiedergibt.
Sie eignet sich besonders dazu, zu überprüfen, ob alles verstanden wurde sowie zum nachhaltigen Lernen von komplexen Inhalten.

Hinweis:
Materialbedarf für eine Concept-Map:
- großes Blatt Papier,
- kleine Karteikarten oder Post-it-Karten,
- Papierkleber,
- Lineal,
- Bleistift.

1.5.5 Die Concept-Map – eine erweiterte Mindmap

Mit einer Mindmap werden Inhalte grafisch strukturiert und so dargestellt, dass sich Zusammenhänge erschließen. Mit einer Concept-Map werden diese Zusammenhänge durch zusätzliche Beschriftung noch genauer bezeichnet.

Die meisten Concept-Maps stellen Ideen oder Schlüsselbegriffe als Kästchen oder Kreise dar (auch als Knoten bezeichnet), die hierarchisch strukturiert und mit Linien oder Pfeilen verbunden sind. Zur Darstellung dieser Knoten können auch kleine Zettel verwendet werden.
Eine zusätzliche Beschriftung dieser Linien und die Richtung von Pfeilspitzen verdeutlichen logische Verknüpfungen.

Wenn Sie in der Lage sind, eine Concept-Map zu einem Unterrichtsthema oder einem Text zu erstellen, haben Sie die Inhalte wirklich durchdrungen – und nicht nur einzelne Fakten auswendig gelernt, die nach kurzer Zeit sofort wieder vergessen sind. Mit einem solchen „flexiblen" Wissen fällt Ihnen das Bearbeiten von Texten und das Schreiben von Klausuren leichter, weil Sie so lernen, neue Informationen besser mit Ihrem Vorwissen zu verknüpfen – und somit länger zu behalten!

1.5.6 Arbeitstechnik: Concept-Mapping

1. Sie benötigen zunächst die wichtigen Schlüsselbegriffe des Themas oder Textes, um diese auf kleine Zettel zu schreiben (ein Begriff pro Zettel).
2. Anschließend legen Sie ein großes Blatt (DinA3) vor sich hin.
3. Formulieren Sie das Thema und schreiben Sie dies auf einen Zettel.
4. Sortieren Sie nun die Karten mit den Schlüsselbegriffen so auf dem großen Blatt, dass Beziehungen deutlich werden.
5. Fügen Sie den Zettel mit dem Thema entweder als Überschrift oder im Zentrum als Knotenpunkt ein. Das hängt vom Aufbau der Concept-Map ab.
6. Wenn Sie mit der Anordnung der Überschrift und der Kärtchen zufrieden sind, kleben Sie diese fest. Sie können auch selbstklebende Post-it-Karten verwenden.
7. Dann verbinden Sie die Begriffe miteinander und beschriften die Verbindungen so, dass die inhaltliche/logische Beziehung der Begriffe zueinander deutlich wird.
8. Überprüfen Sie Ihre Concept-Map, indem Sie folgende Fragen stellen:
   - Sind die wichtigsten Elemente enthalten?
   - Werden die Zusammenhänge deutlich?
   - Liefert die Concept-Map einen strukturierten Überblick?
   - Sind alle Informationen integriert?
   - Können Knoten erklärt und Beispiele dazu gegeben werden?

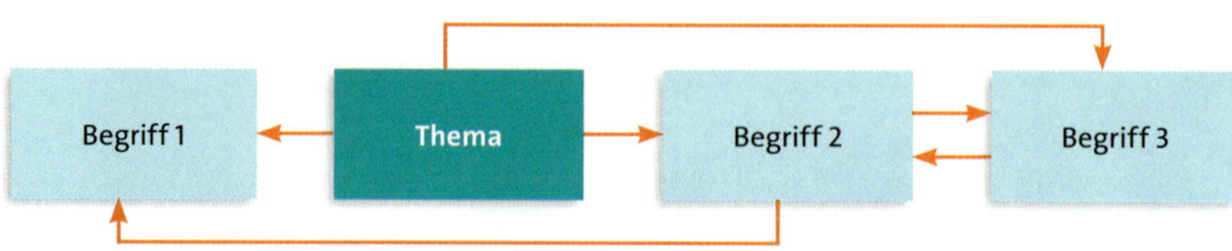

Werkzeug Sprache – Deutsch und Kommunikation für Erzieherinnen und Erzieher ISBN: 978-3-582-83521-5

AUFGABE Erstellen Sie für den vorliegenden Text eine Concept-Map. Nutzen Sie dafür die Anleitung und die Hilfen in der rechten Spalte.

Aus der Forschung

In jedem Gruppengeschehen gibt es aktiv beteiligte Kinder, die Teil der Gruppe sind, das Geschehen mit steuern, sich in die Dynamik einfügen und mit Äußerungen und Aktivitäten am Interaktionsverlauf teilhaben. Eine Gruppe hat eine hohe Attraktivität auf „Nicht-Gruppenmitglieder". Es gibt ein grundsätzliches Bestreben, zu einer Gruppe zu gehören, das einerseits erklärt werden kann durch den Wunsch nach Anerkennung und Geltung […], andererseits durch das Bedürfnis nach Kooperation und Austausch […].

In Bezug auf Gruppenbildung gibt es jedoch Barrieren und Hemmschwellen, die die soziale Teilhabe erschweren. Hat sich erst einmal eine Gruppe gebildet (sitzen z. B. schon alle am Tisch und sind in ein gemeinsames Spiel involviert), ist es für Nicht-Gruppenmitglieder schwerer, sich dieser Gruppe anzuschließen. Nach Erkenntnissen der Kleingruppenforschung besteht bei Gruppen nämlich grundsätzlich eine Tendenz, sich nach außen abzugrenzen […]. Je deutlicher die Abgrenzung nach außen gelingt, desto größer werden Zusammenhalt und Kooperationsbereitschaft innerhalb der Gruppe. […]

Beliebte und selbstbewusste Kinder stehen […] selten oder nur für kurze Zeit am Rande eines Geschehens und schauen zu, sondern sie mischen aktiv mit.

Im Vergleich zu diesen gruppenkonformen Kindern oder eine Gruppe anführenden Kindern gibt es häufig „Zaungäste". Diese werden vom Gruppengeschehen angezogen, beobachten die Gruppe, hören zu, kommen langsam näher, imitieren das Handeln der anderen oder gehen wieder weg. Zuweilen kommen sie auch mit eigenen (anderen) Interessen dazu, fordern Aufmerksamkeit und Unterstützung ein oder suchen Orientierung und Sicherheit bei der Fachkraft. Es gibt auch „Zaungäste", die mit ihrem Verhalten die Gruppe herausfordern und durch Lautstärke und Aggressivität Störungen und Konflikte verursachen. Auch diese Form von Nonkonformität ist aus dem Bedürfnis nach Aufmerksamkeit und Zugehörigkeit heraus zu erklären. Herausforderndes Verhalten wird in der entwicklungspsychologischen Forschung daher auch als vorweggenommene Reaktion auf die Zurückweisung einer Gruppe angesehen, die sie (häufig zu Recht) implizit erwarten.

(Weltzien, Dörte (2016): *Interaktions- und Beziehungsgestaltung mit Kindern*, Freiburg: Herder Verlag (Kindergarten heute, Nr. 177), S. 15.)

1. Schritt:
Lesen Sie den Text aktiv (siehe die Lesestrategie *aktives Lesen*, Seite 11).

2. Schritt:
Schreiben Sie das Thema des Textes und wichtige Schlüsselwörter für die Concept-Map jeweils auf kleine Zettel.

3. Schritt:
Legen Sie ein DIN-A3 Blatt vor sich hin und ordnen Sie Ihre Schlüsselworte auf den Zetteln auf dem Blatt so an, das Beziehungen deutlich werden (mögliche Schlüsselwörter sind im Text markiert).

4. Schritt:
Verbinden Sie die Schlüsselworte miteinander und drücken Sie durch Verben auf den Verbindungslinien die inhaltlichen und logischen Beziehungen aus.

Mögliche Verben könnten sein:
- führt zu
- wird erschwert durch
- integrieren sich leicht
- suchen
- fürchten
- zeigen deshalb
- verursachen dadurch

1

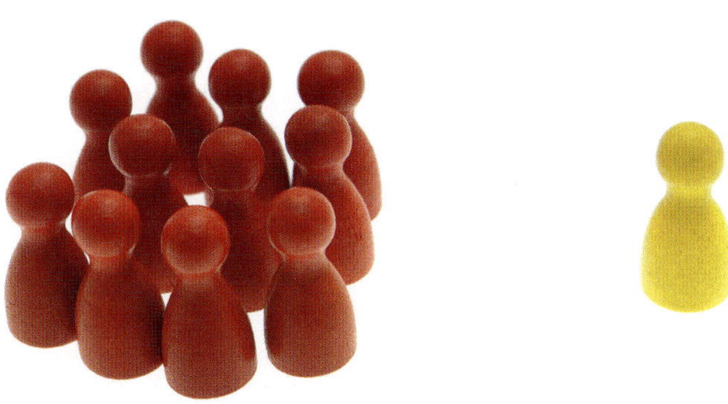

1.5.7 Exzerpieren

Das Exzerpieren, also das Herausschreiben von wichtigen Aspekten innerhalb eines längeren Artikels oder Fachbuches, ist wichtig, wenn Sie die Informationen im Anschluss noch weiterverarbeiten. Beim Exzerpieren fassen Sie Textinhalte zusammen, aber Sie folgen dabei dem Aufbau des Textes. Außerdem übernehmen Sie zentrale Aussagen im Text als Zitate, damit Sie später darauf zurückgreifen können.

Arbeitstechnik: Exzerpieren

1. Notieren Sie die Angaben zur Quelle.
2. Verschaffen Sie sich einen Überblick über den Text, indem Sie die Überschrift, Zwischenüberschriften und die ersten und letzten Sätze lesen.
3. Bestimmen Sie das zentrale Thema des Textes.
4. Markieren Sie den Text, indem Sie Randnotizen machen und Signal- und Schlüsselwörter markieren.
5. Gliedern Sie den Text nach Themenbereichen.
6. Bereiten Sie den Text schriftlich auf, sodass Sie die Informationen nachvollziehbar mit einem kurzen Blick erfassen können.

Exzerpieren – Schritt für Schritt

Es ist sinnvoll, die Textwiedergabe mit der vollständigen Quellenangabe zu beginnen. Dann wissen Sie auch noch Wochen später genau, woher Ihre Informationen kommen und können dies entsprechend im Literaturverzeichnis angeben.
Der folgende Beispieltext stammt von Marshall B. Rosenberg und ist ein Ausschnitt aus einem Ratgeber zum Kommunikationsverhalten.

Hinweis:
Zentrale Begriffe und wichtige Textstellen werden im Text farblich hervorgehoben. Auf den folgenden Seiten sehen Sie ein Beispiel, wie dies dann in ein Exzerpt eingeht.

Eine Art lebensentfremdender Kommunikation sind moralische Urteile, die anderen Leuten unterstellen, dass sie unrecht haben oder schlecht sind, wenn sie sich nicht unseren Wünschen gemäß verhalten. Beispiel für solche Urteile sind z. B.: „Das Problem mit dir ist, daß du zu selbstsüchtig bist"; „Sie ist faul"; „Die haben Vorurteile"; „Es ist unangemessen". Schuldzuweisungen, Beleidigungen, Niedermachen, in Schubladen stecken, Kritik, Vergleiche und Diagnosen sind alles Formen von Verurteilungen.

Der Sufi-Poet Rumi schrieb einst: „Jenseits von richtig und falsch liegt ein Ort. Dort treffen wir uns." Lebensentfremdende Kommunikation jedoch lockt uns in die Falle einer Welt von Annahmen darüber, was richtig und was falsch ist – eine Welt der Urteile. Dazu gehört eine Sprache, reich an Worten, die Handlungen damit abstempelt und wertend voneinander trennt. Wenn wir diese Sprache sprechen, verurteilen wir andere und ihr Verhalten, während wir damit beschäftigt sind, wer gut oder böse ist, normal, unnormal, verantwortlich, unverantwortlich, gescheit, ignorant usw.

Dschalāl ad-Dīn Muhammad ar-Rūmī
(1207–1273): kurz: Rumi; ein islamischer Mystiker und einer der bedeutendsten persischen Dichter des Mittelalters.

Sufi-Poet:
Dichter, der dem Sufismus (einer bestimmten Strömung innerhalb des Islams) anhängt.

Lange bevor ich erwachsen wurde, lernte ich, in einer unpersönlichen Art zu kommunizieren: Es war nicht nötig, das, was in mir vorging, anderen zu zeigen. Wenn mir Leute begegneten, deren Verhalten ich entweder nicht mochte oder nicht verstand, dann reagierte ich darauf, indem ich ihr Fehlverhalten definierte. Wenn meine Lehrer mir eine Aufgabe zuwiesen, die ich nicht tun wollte, waren sie „gemein" oder „unvernünftig". Wenn jemand im Verkehr direkt vor mir ausscherte, war meine Reaktion: „Du Idiot!" Wenn wir diese Sprache sprechen, dann kommunizieren wir in Kategorien von „was mit den anderen nicht stimmt, wenn sie sich so und so verhalten", oder auch gelegentlich „was mit uns selbst nicht stimmt, wenn wir etwas nicht verstehen oder nicht so reagieren, wie wir es gerne tun würden". Unsere Aufmerksamkeit richtet sich eher darauf, zuzuordnen, zu analysieren und Ebenen des Fehlverhaltens zu identifizieren, als darauf, was wir und andere brauchen und nicht bekommen. So ist dann auch meine Partnerin „bedürftig und abhängig", wenn sie mehr Zärtlichkeit möchte, als ich ihr gebe. Aber wenn ich mehr Zärtlichkeit möchte, als sie mir gibt, dann ist sie „unnahbar und unsensibel". Wenn sich mein Kollege mehr Gedanken über Details macht als ich, ist er „pingelig und zwanghaft". Andererseits, mache ich mir mehr Gedanken über die Details als er, ist er „schlampig und schlecht organisiert". [...]

Es kommt hier darauf an, *Werturteile* nicht mit *moralischen Urteilen* zu verwechseln. Wir treffen alle Werturteile im Einklang mit den Eigenschaften, die uns im Leben wichtig sind; wir können z. B. Wert legen auf Ehrlichkeit, Freiheit oder Frieden. *Werturteile* reflektieren unsere Überzeugung darüber, wie das Leben am besten zu seiner vollen Entfaltung kommen kann. *Moralische Urteile* über andere Menschen und ihr Verhalten geben wir dann ab, wenn sie unsere Werturteile nicht mittragen. Wir sagen dann z. B.: „Gewalt ist schlecht. Menschen, die andere töten, sind böse." Wären wir mit einer Sprache aufgewachsen, die den Ausdruck von Einfühlungsvermögen unterstützt, dann hätten wir gelernt, unsere Bedürfnisse und Werte direkt zu benennen, statt auf das Fehlverhalten eines anderen Menschen anzuspielen, wenn sie nicht erfüllt werden. Wir können z. B. statt: „Gewalt ist schlecht" sagen: „Es macht mir Angst, Gewalt einzusetzen, um Konflikte zu lösen; mir ist es wichtig, dass zwischenmenschliche Konflikte mit anderen Mitteln gelöst werden."

(Rosenberg, Marshall B. (2005): *Gewaltfreie Kommunikation. Eine Sprache des Lebens*, Paderborn: Junfermann Verlag, S. 35–37.)

Hinweis:
Wichtige Schlüsselwörter sind hier orange markiert.

1

Exzerpt des Textes von Marshall B. Rosenberg

1. Quellenangabe

Autor/in, Erscheinungsjahr, Titel, Erscheinungsort, Verlag, Seitenzahl	Rosenberg, Marshall B. (2005): Gewaltfreie Kommunikation. Eine Sprache des Lebens, Paderborn: Junfermann Verlag, S. 35–37.
wenn sinnvoll, wichtige Informationen zum Autor/zur Autorin	Begründer des Konzeptes der gewaltfreien Kommunikation, 2015 verstorben.
Thema	Sprache der „lebensentfremdenden“ Kommunikation und Sprache der Kommunikation, in der Bedürfnisse direkt formuliert werden.

Sie haben mit einer solchen Maske bereits wichtige Informationen gesammelt.

2. Überblick verschaffen

3. Thema bestimmen

Um das Thema zu bestimmen, lesen Sie Anfang und Ende des Textes. Dabei zeigt sich, dass der Autor am Anfang etwas zu der „lebensentfremdenden“ Kommunikation sagt und am Ende ein Beispiel für eine Kommunikation gibt, in der die Bedürfnisse direkt benannt werden.

1

4. Textmarkierungen vornehmen

Im Text sind bereits wichtige Schlüsselwörter markiert. Zusätzlich können Sie (in einer Kopie des Textes) am Rand die Beispiele mit einer Lesenotiz markieren (siehe auf der rechten Seite den Hinweis).

5. Gliederung nach Themenbereichen

Im Text finden Sie Informationen zu zwei unterschiedlichen Formen der Kommunikation. Diese Informationen werden mit Beispielen veranschaulicht.

6. Schriftliche Aufbereitung

Unter der Maske mit der Quellenangabe könnte nun Folgendes stehen:

> Moralische Urteile sind Bestandteil der „lebensentfremdenden“ Kommunikation. Sprache dient dazu Personen und ihre Handlungen zu verurteilen. Beispiele erläutern dies. Zentrale Aussage: „Unsere Aufmerksamkeit richtet sich eher darauf zuzuordnen, zu analysieren und Ebenen des Fehlverhaltens zu identifizieren, als darauf, was wir und andere brauchen und nicht bekommen.“ (S. 35)
> Der Autor unterscheidet zwischen moralischen Urteilen und Werturteilen. Letztere sind berechtigt, weil sie die innere Haltung wiedergeben. Moralische Urteile werden sprachlich so formuliert, dass weder Einfühlungsvermögen noch das direkte Äußern von Bedürfnissen möglich ist. Am Schluss kommt dazu ein Beispiel.

So haben Sie alle wichtigen Inhalte des Textes in ihrer Chronologie dargestellt. Damit können Sie beispielsweise für ein Referat auf diesen Text zurückgreifen, ohne ihn nochmals komplett lesen zu müssen.

1.5.8 Eine Inhaltsangabe erstellen

Sicherlich haben Sie in Ihrer bisherigen Schullaufbahn viele Inhaltsangaben verfasst. Hier lernen Sie eine Struktur kennen, mit der Sie informierende Sachtexte gut zusammenfassen können. Das kann hilfreich sein, wenn Sie den Text für eine Analyse aufbereiten. Aber Sie können damit auch wichtige Informationen knapp festhalten, um später zu entscheiden, ob Sie sich mit dem Text nochmals genauer beschäftigen wollen.

Arbeitstechnik: Inhaltsangabe für informierende Texte

1. Verschaffen Sie sich einen Überblick über den Text, indem Sie die ersten und letzten Sätze lesen.
2. Lesen Sie den Text gründlich und machen Sie am Rande Lesenotizen.
3. Notieren Sie Stichworte zum Text. Strukturieren Sie Ihre Notizen mit folgenden Fragen:
   a) Welches Thema/Problem liegt vor?
   b) Was sind die wichtigsten Informationen dazu?
   c) Woher stammen diese Informationen?
   d) Welche Konsequenzen ergeben sich daraus?
4. Formulieren Sie die Inhaltsangabe aus. Verwenden Sie zum Einstieg eine Einleitung aus Quellenangabe und Thema.

Hinweis:
Lesenotizen sind Abkürzungen am Textrand. Z. B.
- **Th** für These,
- **Begr** für Begründung,
- **Bsp** für Beispiel,
- **Kon** für Konsequenz,
- **?** für nicht verstanden,
- **!** für wichtig

Verwenden Sie stets identische Zeichen für Ihre Lesenotizen, so kommen Sie nicht durcheinander oder vergessen gar deren Bedeutung!

Inhaltsangabe Schritt für Schritt

Als Textgrundlage dient der Text von Rosenberg auf Seite 32–33. Steigen Sie hier mit dem 3. Schritt ein. Die Ergebnisse der ersten zwei Schritte können Sie auf Seite 32 im Zusammenhang mit dem Exzerpieren nachvollziehen.

Thema	Sprache der lebensentfremdenden Kommunikation versus Sprache, die Bedürfnisse direkt ausdrückt
Informationen	Sprache der lebensentfremdenden Kommunikation drückt moralische Urteile aus und ist abwertend und verurteilend. Sie lässt kein Einfühlungsvermögen zu und vermeidet es, Bedürfnisse direkt auszudrücken. Man lernt diese Sprache von klein auf.
Woher stammen Informationen?	Der Autor macht die Informationen anhand von Beispielen deutlich und bezieht eigene Erfahrungen mit ein.
Konsequenzen	Die Sprache muss verändert werden.

Hinweis:
Weitere Informationen zur Arbeitstechnik *Inhaltsangabe* finden Sie im Kapitel zur Sachtextanalyse auf den Seiten 41–43.

AUFGABE
Verfassen Sie eine Inhaltsangabe für den Text von Marshall B. Rosenberg.

1

Sachtexte: auch als pragmatische Texte oder Gebrauchstexte bezeichnet, z. B.
- Kommentare,
- Zeitungsartikel,
- Beiträge in Internetforen
- Blogs,
- Kochrezepte,
- Werbeanzeigen.

Kommentar: Bewertung eines Sachverhaltes steht im Vordergrund; muss nachvollziehbar formuliert und begründet sein.

Kolumne: erscheint periodisch (z. B. wöchentlich) immer an der gleichen Stelle in einer Zeitung, häufig von bekannten Autorinnen und Autoren geschrieben. Es wird ein pointierter Schreibstil verwendet, um die eigene Meinung anschaulich zu machen.

pointiert: gezielt, scharf zugespitzt

Glosse: witzige, bissige, häufig satirische Form, die eigene Meinung kundzutun; dient mehr der Unterhaltung als der Information.

1.6 Klausurtraining Fachabitur – Sachtextanalyse und textgebundene Erörterung

1.6.1 Grundlagen: Sachtexte analysieren und erörtern

Der Begriff *Sachtext* umfasst unterschiedlichste Texte, die sich auf Sachverhalte aus der Wirklichkeit beziehen und über diese etwas vermitteln wollen.
Im Folgenden stehen klassische journalistische Formen im Vordergrund, in denen die Autorinnen und Autoren ihre Meinung darlegen. Dabei handelt es sich insbesondere um den Kommentar, die Kolumne und die Glosse.

1.6.2 Sachtextanalyse

Bei einer Sachtextanalyse geben Sie den Inhalt eines Textes wieder und erläutern, welche besonderen Merkmale der Text aufweist. Dazu werden Textsorte, Textintention, Aufbau und Argumentation in den Blick genommen und am Ende bezüglich ihrer Wirkung und Aussage bewertet.

Das Kernstück einer Sachtextanalyse ist jedoch die Auseinandersetzung mit den sprachlichen Mitteln. Deshalb werden Textsorten wie die Kolumne und die Glosse, aber auch die politische Rede häufig analysiert. Denn in diesen Textsorten werden sprachliche Mittel gezielt eingesetzt, um zu unterhalten, zu überzeugen oder pointiert auf etwas aufmerksam zu machen. Gerade Kolumnen und Glossen weichen in der sprachlichen Gestaltung oft von der sachlichen Form der Informationswiedergabe ab. Daher sollten Sie für die Sachtextanalyse die wichtigsten sprachlichen Mittel und deren Wirkung erkennen und zuordnen können.

Am Ende Ihrer Sachtextanalyse steht ein Fazit, in dem Sie die Wirkung der sprachlichen Mittel – bezogen auf Thema und Textintention – beurteilen sowie kurz Stellung zu der dargestellten Problematik nehmen.

Aufbau einer Sachtextanalyse:

1. Einleitung:	Textsorte, Titel, Autor, Quelle, Thema und Textintention, Erscheinungsjahr
2. Hauptteil a):	Einführung in die Problematik, kurze Inhaltsangabe
Hauptteil b):	<u>Erläuterung der besonderen Merkmale:</u> Aufbau, Argumentation, Sprache, Wirkungsabsicht (Textintention)
3. Schluss:	Bewertung des Textes unter Berücksichtigung der Ergebnisse des Hauptteils, kurze, eigene Stellungnahme zur Problematik

Werkzeug Sprache – Deutsch und Kommunikation für Erzieherinnen und Erzieher ISBN: 978-3-582-83521-5

1.6.3 Textgebundene Erörterung

In einer textgebundenen Erörterung setzen Sie sich überwiegend mit der Inhaltsebene und dem argumentativen Aufbau eines Textes auseinander. Sie erklären die Argumentation und arbeiten die vertretene Meinung heraus. Im Vordergrund steht jedoch die argumentative Entfaltung Ihrer eigenen Meinung. Daher ist es hilfreich, wenn Sie mit dem Thema der Textgrundlage vertraut sind und eigene Argumente haben, mit denen Sie eine im Text vertretene Position widerlegen oder unterstützen können.

Argumentation: Darlegung, Beweisführung

Hinweis:
Eine textgebundene Erörterung ist eine eigenständige Argumentation, die sich auf die Argumentation eines Textes bezieht.

Aufbau einer textgebundenen Erörterung

1. Einleitung:	Textsorte, Titel, Autor, Quelle, Thema, Erscheinungsjahr
2. Hauptteil a):	Einführung in die Problematik, kurze Inhaltsangabe, Argumentationsaufbau des Textes darstellen und darin enthaltene Position deutlich machen.
Hauptteil b):	eigene Stellungnahme, dabei die Argumente des Textes aufgreifen und durch eigene Argumente stärken, entkräften oder Zustimmung und Ablehnung gegeneinander abwägen.
3. Schluss:	Zusammenfassung/Fazit der eigenen Position sowie eine abschließende Stellungnahme oder auch ein persönlicher Appel.

Aufbau einer Argumentation:

- These (Behauptung),
- Begründung und Stützung der Behauptung durch eine Erläuterung, ein Zitat, Fakten, ein Beispiel, ...
- Schlussfolgerung

Unabhängig davon, ob Sie eine Sachtextanalyse oder eine textgebundene Erörterung schreiben: Grundvoraussetzung ist, dass Sie den Inhalt richtig erfasst haben. Es fällt jedoch bei der Auseinandersetzung mit Sachtexten häufig schwer zu verstehen, wovon der Text handelt und welche Absicht jemand damit verfolgt. Erst wenn Sie die Inhaltsseite verstanden haben und Ihnen klar ist, welche Intention der Text hat, können Sie mit dem Text weiterarbeiten.

Intention: Absicht

Im schulischen Kontext haben Sie es bei der Analyse von Sachtexten häufig mit Kommentaren, Kolumnen, Glossen oder Reden zu tun. Solche Sachtexte wollen die Leserinnen und Leser nicht nur informieren, sondern auch auf ein Problem, einen Missstand aufmerksam machen. Sie wollen an die Leser appellieren und meinungsbildend wirken. Daher ist die in ihnen vertretene Position ein zentraler Aspekt, um zu verstehen, welche Intention der Text verfolgt.

1.6.4 Sachtexte analysieren – Sprachhandlungen und ihre Satzmuster

Sprachhandlung: Eine kommunikative Handlung wie Schreiben, Sprechen, Lesen, Zuhören, die das Ziel der gegenseitigen Verständigung hat.

Meinungsäußernde Sachtexte lassen sich leichter verstehen und bearbeiten, wenn Sie sich klar machen, dass diese Texte die Funktion haben, die Leser so über einen Sachverhalt zu informieren, dass die Meinungsäußerung nachvollziehbar ist. Deshalb müssen bestimmte Sprachhandlungen in diesen Texten vorhanden sein.

Am Anfang des Textes wird in der Regel in das Thema eingeführt, häufig indem Bezug zum Schreibanlass genommen wird. Dann muss der Text informieren, erklären und erläutern, damit Zusammenhänge nachvollziehbar werden.

Die Autorin bzw. der Autor veranschaulicht die eigene Argumentation durch sprachliche Mittel, Beispiele, Vergleiche, Fakten und Zitate. Am Ende wird in der Regel die Position auf den Punkt gebracht. Nach diesen Sprachhandlungen im Text müssen Sie suchen. Wenn Sie wissen, was sprachlich umgesetzt wird, dann fällt es Ihnen leichter, den Inhalt zu verstehen.

Auch die Analyse eines Sachtextes folgt einem bestimmten Aufbau:

- Einleitung
- Hauptteil
- Fazit

} besteht jeweils selbst aus Bausteinen: teilweise festgelegt und teilweise von den besonderen Merkmalen des jeweiligen Textes abhängig

Die **Einleitung** besteht zum Beispiel aus dem Baustein Einleitungssatz, in dem Autorin bzw. Autor, Textsorte, Titel und Quelle benannt werden.
Der **Hauptteil** besteht aus zwei Elementen. Zum einen führen Sie in die Problematik ein und schreiben eine kurze Inhaltsangabe. Zum anderen erläutern Sie, wie der Text strukturiert ist. Das heißt, Sie arbeiten den Aufbau, die Argumentation und die sprachlichen Mittel heraus.
Am Ende steht ein **Fazit**, also die Zusammenfassung Ihrer Analyseergebnisse sowie eine kurz Darstellung Ihrer eigenen Position.
In jedem Baustein müssen bestimmte Sprachhandlungen realisiert werden.
Zunächst finden Sie Sprachhandlungen und Satzmuster für die Analyse von Sachtexten. Wenn Sie beim Verfassen der Analysen auf diese zurückgreifen, dann werden Sie strukturierter schreiben. Die folgende Struktur folgt dem Aufbau der Sachtextanalyse.

Baustein	Sprachhandlungen	Satzmuster
Einleitung/ Einleitungssatz	Informieren: ▪ Welche Textsorte liegt vor? ▪ Wer hat den Text verfasst? ▪ Wie lautet der Titel? ▪ Wann und wo ist der Text erschienen?	Bei dem vorliegenden Text handelt es sich um eine/n [Kommentar, Kolumne, Glosse, …] mit dem Titel „…“, verfasst von … und erschienen am … in …
Hauptteil a): ▪ Einführung in die Problematik ▪ Intention der Autorin/des Autors ▪ Adressaten	Darstellen: ▪ Um welche Problematik handelt es sich? ▪ Was war der Anlass des Textes? ▪ Welche Intention verfolgt die Autorin/der Autor? ▪ An wen richtet sich der Text?	Der Text setzt sich mit der Frage auseinander, … Der Text nimmt Bezug auf … Die Autorin/der Autor nimmt … zum Anlass um sich kritisch mit … auseinanderzusetzen. Der Text richtet sich an … Mit dem Text will die Autorin/der Autor deutlich machen, dass … Mit dem Text will die Autorin/der Autor aufrütteln / aufmerksam machen auf … / sensibel machen für … / Kritik üben an …

▪ Kurze Inhaltsangabe	Struktur durch W-Fragen (Wer? Wann? Wo? Was? Wie? Wozu? Warum?)	Die Autorin/der Autor beschreibt, … Die Autorin/der Autor stellt dar, … Sie/er informiert über, … Zunächst wird erklärt, … Im weiteren Verlauf schildert …
Hauptteil b): Analyse des Textes	Beschreiben und erklären: ▪ Wie ist der Text aufgebaut? Welche sprachlichen Mittel werden eingesetzt? ▪ Wie wirken die sprachlichen Mittel? ▪ Welche Position/Meinung wird dadurch deutlich?	Der Text lässt sich in … Abschnitte teilen. Im ersten Abschnitt wird beschrieben, … Im zweiten Abschnitt wird dargestellt, … Hier ist auffallend, dass die Autorin/der Autor sprachliche Mittel verwendet, die anschaulich/ironisierend/übertreibend/… wirken. Mit den rhetorischen Fragen wird an die Leserschaft appelliert, sich Gedanken zu machen. Die zahlreichen Neologismen, wie z. B. … zeigen die ironische Haltung der Autorin/des Autors, da dieses Synonym für … diese lächerlich macht. Mit diesem Ausruf wendet sich die Autorin/der Autor an die Leserschaft und versucht diese wachzurütteln. Die Autorin/der Autor untermauert seine Position mit anschaulichen Beispielen wie in Zeile xx: „…“. In dem Text wird gegen … polemisiert. Das zeigt sich insbesondere in Zeile xx: „…“.
Fazit und eigene Meinung	Darstellen: Welche Meinung vertritt der Autor/ die Autorin? Argumentieren: Welche Position vertreten Sie?	Die Autorin/der Autor kommt zu dem Schluss, dass … Zusammenfassend lässt sich sagen, dass die Autorin/der Autor der Meinung ist, dass … In dem Text wurde deutlich, dass sich etwas ändern muss, weil … Ich stimme der Position der Autorin/des Autors zu. Es ist richtig, dass …, weil … Ich kann der Position nur in einigen Aspekten zustimmen. Beispielsweise habe ich bisher nicht beobachten können, dass … Daher vertrete ich in diesem Punkt die Meinung, dass …

Hinweis: Die Einleitung und der Hauptteil a) sind für die Sachtextanalyse und die textgebundene Erörterung identisch!

1

Tipp zur Erschließung der Inhaltsseite:
Es handelt sich um einen argumentativen Text (vergleiche hierzu die Seiten 37 sowie 90–91 hier im Buch), daher sind die Thesen (Behauptungen) wichtig für die Inhaltsseite des Textes.

1.6.5 Schrittweise zur Sachtextanalyse

Erste Informationen sammeln und den Inhalt erschließen

Im Folgenden werden Sie anhand von Textanfang und -ende
- die Textart bestimmen,
- erste Ideen formulieren, was das Thema sein könnte,
- eine Erwartungshaltung an den Text entwickeln.

Nutzen Sie den Textanfang, um sich einen ersten Überblick zu verschaffen und vorhandenes Wissen zu aktivieren.
Beim folgenden Textausschnitt handelt es sich um den Anfang des Textes.

> **Facebook-Konzern Meta: Soziale Medien sind nicht an allem schuld**
>
> von Philipp Bovermann, 22.11.2021 in der Online-Ausgabe der Süddeutschen Zeitung
>
> Die Kritik am Facebook-Konzern Meta ist zu einem Reflex geworden. Ist ja auch schön bequem. Doch mit Regulierungswut lassen sich längst nicht alle Probleme lösen.
>
> (Quelle: https://www.sueddeutsche.de/wirtschaft/instagram-risiken-gefahren-facebook-1.5470398, am 16.1.2024 abgerufen)

Welche wichtigen Informationen können Sie der Überschrift und dem Vorspann entnehmen?
1. Es geht um den Konzern Meta und Kritik daran.
2. Der Autor heißt Philipp Bovermann.
3. Quellenangaben: Online-Ausgabe der Süddeutschen Zeitung vom 22.11.2021.
4. Der Autor stellt eine Behauptung auf: Die Kritik an Meta ist zu einem Reflex geworden. Er begründet die Behauptung: „Ist ja auch schön bequem."
5. Er bewertet den Reflex: „Doch mit Regulierungswut lassen sich längst nicht alle Probleme lösen."

Reflex: automatische Reaktion, über die man nicht nachdenkt.

Regulierungswut: Das Wort setzt sich aus Regulierung und Wut zusammen; es soll deutlich machen, dass wild (mit Wut) Regeln erlassen werden.

Kommentar: Zu einem aktuellen Thema wird eine Position formuliert (schriftlich in Form eines Artikels oder mündlich als Kommentar, z. B. in Radiosendungen und im Fernsehen), der Name der Autorin oder des Autors wird immer genannt.

Als nächstes überlegen Sie, was Sie bereits zum Thema wissen. Die Begriffe „Meta" und „soziale Medien" werden Ihnen vertraut sein. Und vermutlich kennen Sie schon genügend Texte, in denen die sozialen Medien kritisiert werden.
Gibt es etwas, was Ihnen ungewöhnlich erscheint?
Das könnte zum einen die Behauptung sein, dass Kritik an Meta zu einem bequemen Reflex geworden sei. Auch das Wort „Regulierungswut" ist nicht alltäglich. Dies sind bereits erste Hinweise, dass es sich um einen Kommentar handeln könnte, weil hier bereits eine Meinung zu erkennen ist.
Zum Schluss könnten Sie sich Fragen stellen: Wie geht der Text weiter? Wer äußert Kritik an Meta? Für wen ist das bequem? Was hat das mit Regulierungswut zu tun?

Durch Ihr Vorwissen und die Fragen haben Sie bereits eine Erwartungshaltung an den Text entwickelt. Jetzt lesen Sie die letzten Zeilen des Textes, um zu prüfen, ob Sie dort bereits erste Antworten auf Ihre Fragen bekommen.

> Die Gesetzgebung wird den neuen digitalen Realitäten wohl wieder um mindestens zehn Jahre hinterherhinken.
> Man darf aber davon ausgehen, dass auch die Datenbrillen wieder schuld daran sein werden, dass keiner mehr seriösen Politikern glaubt oder junge Frauen sich zu dick finden.

Werkzeug Sprache – Deutsch und Kommunikation für Erzieherinnen und Erzieher ISBN: 978-3-582-83521-5

Sie finden den Begriff „Gesetzgebung". Gesetze regulieren, also könnte die Gesetzgebung mit „Regulierungswut" zu tun haben. Und Sie lesen „auch wieder schuld daran sein werden". Hier ist das Wort „wieder" ein Hinweis darauf, dass etwas nicht zum ersten Mal passiert, in diesem Fall, dass etwas oder jemand schuld sein soll.

Lesen Sie nun den ersten Teil des Textes.

Gesetzgebung – Regulierungswut: erste Antwort auf die Frage, was das Thema mit Regulierungswut zu tun haben könnte.

AUFGABE

1. Notieren Sie, welche Behauptungen der Autor aufstellt.

Wenn Mark Zuckerberg die Augen zusammenkneift, kann er sie wahrscheinlich am Horizont schon sehen: Die Kavallerie rückt an, und zwar von allen Seiten. Die EU ist seit Jahren wild entschlossen, die Macht seines Social-Media-Konzerns zu brechen, zwei weitreichende Regelungspakete sind so gut wie fertig. Auch die Amerikaner, bei denen Zuckerberg sich lange durchlavieren konnte, sind inzwischen stinksauer auf ihn. Und das sogar über Parteigrenzen hinweg, was schon etwas heißen will in den USA.

Dass die Öffentlichkeit durch Zuckerbergs soziale Plattformen vor die Hunde geht, ist, so scheint es, der letzte verbliebene gesellschaftliche Konsens in der westlichen Welt. Meta ist Metastase, ist bösartig, da sind sich alle einig. Der Konzern, an dessen bescheuerten neuen Namen man sich so schnell wohl nicht gewöhnen wird, hat sich über die Jahre in etwas verwandelt, das Politiker lieben: ein einfacher Schuldiger für komplexe Probleme.

Vergangene Woche leiteten Generalstaatsanwälte mehrerer US-Bundesstaaten Ermittlungen ein. Meta nehme billigend in Kauf, dass Instagram die psychische Gesundheit von Kindern und „die Öffentlichkeit" gefährde. Wer würde da nicht gerne ein paar ordentliche Watschn verteilen? Aber ganz so eindeutig ist die Lage nicht. Der Konzern selbst hatte untersuchen lassen, wie sich die Fotoplattform auf die psychische Gesundheit junger Menschen auswirkt. Heraus kam: Vielen jungen Mädchen, die sich mit ihrem Körper unwohl fühlen, geht es noch schlechter, wenn sie regelmäßig Zeit auf Instagram verbringen - wo sie sich durch Bilder Yoga machender Fitnessgirls scrollen. Oh Wunder. Aber bekämen sie im Fernsehen nicht auch „Germany's Next Topmodel" zu sehen? Sollte man ihnen also auch den Fernseher verbieten?

Kavallerie: Soldaten, die zu Pferd kämpfen; aus der Zeit, als es noch keine Panzer und Raketen gab.

durchlavieren: durchschummeln

vor die Hunde gehen: zugrunde gehen

Metastase: Ableger von Krebszellen, die sich im Körper ausbreiten

Watschn: Ohrfeige

1

Kavallerie: Soldaten, die zu Pferd kämpfen

Die Position des Autors erschließen

Der Text auf der letzten Seite war vermutlich nicht einfach für Sie. Das liegt daran, dass sehr viele sprachliche Mittel verwendet werden. Zu diesen kommen wir später. Zunächst müssen Sie den Inhalt des Textes verstehen.
Folgende Behauptungen im Text sind wichtig.

EU will durch zwei Regelungspakete die Macht von Meta brechen.
Der Gedanke der ersten Sätze des Artikels wird aufgegriffen.
Ermittlungen in den USA.

Eigene Untersuchungen des Konzerns zur psychischen Gesundheit von Nutzerinnen.

- Die EU ist seit Jahren wild entschlossen, die Macht seines [Mark Zuckerbergs] Social-Media-Konzerns zu brechen, zwei weitreichende Regelungspakete sind so gut wie fertig.
- Der Konzern, […], hat sich über die Jahre in etwas verwandelt, das Politiker lieben: ein einfacher Schuldiger für komplexe Probleme.
- Vergangene Woche leiteten Generalstaatsanwälte mehrerer US-Bundesstaaten Ermittlungen ein. Meta nehme billigend in Kauf, dass Instagram die psychische Gesundheit von Kindern und „die Öffentlichkeit" gefährde.
- Der Konzern selbst hatte untersuchen lassen, wie sich die Fotoplattform auf die psychische Gesundheit junger Menschen auswirkt. Heraus kam: Vielen jungen Mädchen, die sich mit ihrem Körper unwohl fühlen, geht es noch schlechter, wenn sie regelmäßig Zeit auf Instagram verbringen – wo sie sich durch Bilder Yoga machender Fitnessgirls scrollen.

Die Behauptungen liefern Informationen rund um den Umgang mit dem Konzern Meta. Und der Autor formuliert in Form einer Behauptung seine Position: Der Konzern habe sich in einen einfachen Schuldigen für komplexe Probleme entwickelt. Da diese Formulierung bereits am Anfang des Textes steht, ist das vermutlich ein Kerngedanke des Artikels, dem Sie folgen sollten. Bisher hat der Autor noch nicht erklärt, begründet oder belegt, was er damit meint. Das müsste im folgenden Text kommen, damit seine Argumentation schlüssig und nachvollziehbar wird.

AUFGABE

2. Notieren Sie, welche Behauptungen der Autor aufstellt.

Regulierungspopulismus: Regulierung: durch Regeln und Gesetze etwas ordnen;

Populismus: Stimmungen in der Bevölkerung aufgreifen, um dann entsprechend vereinfachende Antworten auf komplexe Probleme zu geben, um z. B. Wählerstimmen zu bekommen.

Es gibt auch einen Regulierungspopulismus

Meta ist ein Unternehmen, das eine öffentliche Tracht Prügel redlich verdient hat. Dass es diese Untersuchungen unter Verschluss gehalten hat, fügt sich ein in eine viel zu lange Reihe von Entscheidungen, mit denen es seine gesellschaftliche Verantwortung missachtet. Auch heute noch unternimmt der Konzern in Teilen der Welt, die keinen politischen Druck machen, kaum etwas gegen die Verbreitung von Lüge und Hetze. Aufrufe zum Völkermord zirkulieren auf Facebook. Das ist ungeheuerlich. Gleichwohl gilt es, den Zeitpunkt nicht zu verpassen, an dem sich die Kritik an Meta in einen Reflex verwandelt.

Werkzeug Sprache – Deutsch und Kommunikation für Erzieherinnen und Erzieher ISBN: 978-3-582-83521-5

Sind etwa an den viel diskutierten gesellschaftlichen Spaltungstendenzen wirklich die „Echokammern“ und „Filterblasen“ der sozialen Medien schuld? Wenn ja, wie sehr? Darüber ist sich die Sozialwissenschaft längst nicht so einig wie die Tech-Feuilletons. Medienkritik hatte für Politiker und Kolumnisten schon immer etwas Verlockendes: für diffuse Entwicklungen, an deren Ursachen man nicht herankommt (oder herankommen will), einfach das Medium verantwortlich zu machen, in dem sie sich darstellen. Um Regulierung zu fordern, und dann wieder zur Tagesordnung übergehen zu können. Es gibt auch etwas, das man Regierungspopulismus nennen könnte.

Derweil werden die Armen immer ärmer, die Reichen reicher. Die Zukunft bietet Versprechen nie geahnter Möglichkeiten für die einen, Visionen von Leid und Verderben durch die Klimakatastrophe für die anderen. Sind wirklich nur die sozialen Medien schuld daran, dass die Gesellschaft auseinanderbricht, dass Verunsicherung herrscht? Diese Frage sollte viel öfter, mit mehr Lust auf komplizierte Antworten gestellt werden.

Die Zeit des Wilden Westens ist vorbei

Vielleicht wird das möglich sein, wenn die Kavallerie endlich da ist – es hat ja lang genug gedauert. Vielleicht ist dann Raum dafür. Die Zeit des Wilden Westens in den sozialen Medien geht jedenfalls endlich zu Ende. Mark Zuckerberg hat schon die Koffer gepackt. Er hat seinen Konzern, diese riesige Zauberbude, auf einen Wagen geladen, einen neuen Namen draufgepinselt und fährt damit nun weiter gen Westen. Datenbrillen sollen die Smartphones ersetzen, eine dreidimensionale virtuelle Welt entstehen. Wenn ihm die Flucht gelingt, ist er dort erst mal sicher vor der Kavallerie. Die Gesetzgebung wird den neuen digitalen Realitäten wohl wieder um mindestens zehn Jahre hinterherhinken.

Man darf aber davon ausgehen, dass auch die Datenbrillen wieder schuld daran sein werden, dass keiner mehr seriösen Politikern glaubt oder junge Frauen sich zu dick finden.

Machen Sie sich nochmals klar, welche Position der Autor vertritt. Ausgangspunkt dafür ist der Satz am Anfang: „Die Kritik am Facebook-Konzern Meta ist zu einem Reflex geworden. Ist ja auch schön bequem. Doch mit Regulierungswut lassen sich längst nicht alle Probleme lösen.“ Die Regulierungswut geht von der Politik aus (EU und USA). Welche Probleme meint der Autor? Die Antwort darauf finden Sie im Text in einer rhetorischen Frage: „Derweil werden die Armen immer ärmer, die Reichen reicher. […] Sind wirklich nur die sozialen Medien schuld daran, dass die Gesellschaft auseinanderbricht, dass Verunsicherung herrscht?“

Echokammer: Informationen werden technisch (Algorithmus) so gefiltert, dass Nutzende das angezeigt bekommen, was ihren Nutzungsgewohnheiten entspricht.

Filterblase: eine Art sozialer Filter, Nutzende kommunizieren in den Netzwerken nur mit Gleichgesinnten; Echokammern und Filterblasen können zu einer sehr einseitigen Sicht führen und extreme Positionen bzw. Weltanschauungen begünstigen.

Tech-Feuilleton: Ein Feuilleton ist ein Teil einer Zeitung, der sich mit kulturellen und gesellschaftlichen Aspekten auseinandersetzt. Seit einiger Zeit werden dort auch Folgen der Digitalisierung und Social Media erklärt und diskutiert.

Kolumnisten: Verfasserinnen und Verfasser von Kolumnen. Kolumnen sind regelmäßig wiederkehrende Meinungsbeiträge zu aktuellen Alltagsereignissen.

diffus: unklar, verwirrend, nebulös

1

Einleitung und Inhaltsangabe

Mit der Inhaltsangabe sollten Sie darstellen, worüber der Autor schreibt. Dabei sollte die Hauptaussage deutlich werden. Lesen Sie nochmals die Unterzeile mit Vorspann am Beginn des Textes:

Tipp:
Die meisten Artikel haben nach der Überschrift einen Vorspann. Gerade bei Meinungstexten ist in diesem Vorspann die Hauptaussage verkürzt und teilweise provozierend zusammengefasst, um zum Weiterlesen zu motivieren.

> „Die Kritik am Facebook-Konzern Meta ist zu einem Reflex geworden. Ist ja auch schön bequem. Doch mit Regulierungswut lassen sich längst nicht alle Probleme lösen."

Zu diesem Vorspann muss der Text passen. Aus diesem Vorspann können Sie, nachdem Sie den ganzen Text kennen, wichtige strukturierende Fragen entwickeln, um sich die Kernaussage des Textes deutlich zu machen.

1. Frage: Wer kritisiert Meta? Antwort: Politiker
2. Frage: Warum ist das ein Reflex? Antwort: Weil es bequem ist.
3. Frage: Welche Probleme sind gemeint? Antwort: gesellschaftliche Probleme.

Die dritte Antwort ist aus dem Text abgeleitet. Folgende Stelle ist für diese Antwort zentral:

> „Derweil werden die Armen immer ärmer, die Reichen reicher. Die Zukunft bietet Versprechen nie geahnter Möglichkeiten für die einen, Visionen von Leid und Verderben durch die Klimakatastrophe für die anderen. Sind wirklich nur die sozialen Medien schuld daran, dass die Gesellschaft auseinanderbricht, dass Verunsicherung herrscht? Diese Frage sollte viel öfter, mit mehr Lust auf komplizierte Antworten gestellt werden."

Hier können Sie erkennen, um welche Probleme es aus Sicht des Autors geht: Um das Auseinanderbrechen der Gesellschaft. Die Gesellschaft bricht aus seiner Sicht auseinander, weil es große Unterschiede zwischen Armen und Reichen gibt. Diese Unterschiede haben zur Folge, dass die einen „ungeahnte Möglichkeiten haben", während die anderen ungeschützt mit den Folgen der Klimakatastrophe konfrontiert sein werden. Jetzt wissen Sie, warum es aus Sicht des Autors bequemer ist, soziale Medien für das Auseinanderbrechen der Gesellschaft verantwortlich zu machen.

Das Problem der großen gesellschaftlichen Ungerechtigkeit ist nicht so einfach in den Griff zu bekommen, weil es keine einfachen Antworten auf dieses schwierige Problem gibt.
Wenn Sie sich nun an die Inhaltsangabe machen, sollten Sie diesen Kerngedanken berücksichtigen. Sie haben bereits die wichtigsten Behauptungen des Autors herausgeschrieben. Diese müssen Sie nun so zusammenfassen, dass der Textinhalt verständlich ist, auch wenn der Text nicht vorliegt. Da Sie im Anschluss an die Inhaltsangabe auf die Argumentation im Text abschnittweise eingehen, sollte die Inhaltsangabe kurz sein. Für Sie ist dieser Arbeitsschritt auch die Vergewisserung, dass Sie alles verstanden haben.

Tipp:
Zum Aufbau einer Sachtextanalyse siehe Seite 38.
Für Formulierungshilfen siehe Seite 38.
Zur Strukturierung von Inhaltsangaben siehe Seite 35.

AUFGABE

3. Formulieren Sie die Einleitung und eine Inhaltsangabe.

Werkzeug Sprache – Deutsch und Kommunikation für Erzieherinnen und Erzieher ISBN: 978-3-582-83521-5

Argumenttypen

Bezeichnung	Beschreibung	Beispiel
Faktenargument	Fakten wie Zahlen, Statistiken, Untersuchungsergebnisse sollen die Behauptung belegen.	Nach einer neuen DAK-Studie erfüllen 2,6 Prozent der Kinder und Jugendlichen in Deutschland die Kriterien für eine Abhängigkeit nach der sogenannten „Social Media Disorder Scale".
Autoritätsargument	Der Beleg für eine Behauptung wird dadurch geliefert, dass eine auf dem Gebiet anerkannte Autorität zitiert wird.	„Viele Kinder und Jugendliche chatten, posten und liken von früh bis in die Nacht", sagt Andreas Storm, Vorstandschef der DAK-Gesundheit.
Normatives Argument	Der Verweis auf allgemein anerkannte Werte wie Chancengleichheit, Transparenz, Gerechtigkeit, Fairness oder Nachhaltigkeit sind typisch für normative Argumente.	Hier sind Erwachsene als gute Vorbilder gefragt. Wir alle wollen medienkompetente Kinder und Jugendliche.
Plausibilitätsargument	Hier wird damit argumentiert, dass die Behauptung völlig logisch sei, die Begründung und die Erklärungen dazu gelten als plausibel und das ist Beleg genug für die Richtigkeit der Behauptung.	Wenn Kinder Erwachsene die ganze Zeit am Handy sehen, dann machen sie die Erwachsenen nach. Also werden sie abhängig vom Handy, weil sie das nicht anders kennengelernt haben.
Analogisierendes Argument	Der Beleg erfolgt über die Bildung einer Analogie, d.h., ein Rückschluss auf einen Bereich wird auf einen anderen übertragen.	So wie die Muskulatur verkümmert, wenn man sich nicht bewegt, verkümmert das Gehirn, wenn es nur digitale Erlebnisse hat.
Erfahrungsargument	Eigene Erfahrungen gelten als Beleg für die Behauptung.	Meine Tochter sitzt nur noch am Handy, sie geht nicht mehr raus und schläft schlecht.

Neologismus (Wortneuschöpfung): ein (in den allgemeinen Gebrauch übergegangenes) neu geschaffenes Wort bzw. ein neu geschaffener Ausdruck, z. B.: *Problembär* für den 2006 in Bayern abgeschossenen Braunbären. Oder z.B.: *Nacktnase* für eine Person, die während der Corona-Pandemie ihre Mund-Nasen-Bedeckung nur über dem Mund trägt und die Nase heraushängen lässt.

Metapher: siehe Seite 47.

Argumentationsstruktur und sprachliche Mittel im ersten Abschnitt

Sie haben den Inhalt des Textes dargestellt. Nun müssen Sie die Argumentationsstruktur und die sprachlichen Mittel analysieren. In der Regel ist es sinnvoll, dabei abschnittweise vorzugehen.

Der vorliegende Text beginnt mit einem sprachlichen Bild, einer Metapher: „Wenn Mark Zuckerberg die Augen zusammenkneift, kann er sie wahrscheinlich sehen: Die Kavallerie rückt an, und zwar von allen Seiten." Um dieses Bild zu verstehen, müssen Sie einiges an Vorwissen haben. Sie müssen wissen, dass Mark Zuckerberg der Besitzer des Konzerns Meta ist. Weiterhin müssen Sie wissen, wie das aussieht, wenn eine Kavallerie am Horizont gesichtet wird. In Filmen sieht man dann oft den Anführer einer Gruppe auf dem Pferd sitzen, wie er mit der einen Hand seine Augen beschattet und in die Ferne blickt. Dort sind dann Staubwolken zu sehen, die ankündigen, dass sich eine Reiterschar nähert. Jetzt ist klar, dass mit der Kavallerie die EU mit ihren Gesetzespaketen und die USA gemeint sind, die Mark Zuckerberg nun ernsthaft verfolgen. Dieser Anfang soll belustigen und die Neugier wecken durch den Gegensatz von Medienkritik als modernes Thema und EU/USA als Reitertruppe aus dem Jahr 1850.

„Dass die Öffentlichkeit durch Zuckerbergs soziale Plattformen vor die Hunde geht, ist, so scheint es, der letzte verbliebene Konsens in der westlichen Welt. Meta ist Metastase, ist bösartig, da sind sich alle einig." Hier formuliert der Autor zunächst eine Übertreibung. Es gibt noch einige Punkte mehr, in denen man sich einig ist. Mit der Übertreibung will er deutlich machen, dass der Konzern Meta und Zuckerberg als Besitzer von allen westlichen Staaten als Bedrohung gesehen werden. Mit dem Wortspiel „Meta ist Metastase" veranschaulicht er, wie böse diese sind.

Im darauffolgenden Satz stellt er eine Behauptung auf: „Der Konzern habe sich in etwas verwandelt, das Politiker lieben: ein einfacher Schuldiger für komplexe Probleme." Der Autor informiert weiterhin darüber, dass in den USA Generalstaatsanwälte mehrerer Bundesstaaten Ermittlungen gegen Meta wegen Gefährdung der Öffentlichkeit einleiten würden. Damit belegt er, dass Meta wirklich gefährlich sei. Um dann zu behaupten, so einfach sei das nicht, weil Meta selbst schon untersuchen lassen habe, wie sich Instagramm auf die psychische Gesundheit junger Nutzerinnen auswirke. Er fasst das Ergebnis der Untersuchung zusammen. Man habe herausgefunden, dass junge Mädchen, wenn sie sich unwohl in ihrem Körper fühlten, noch unwohler fühlen würden, wenn sie sich regelmäßig durch Bilder mit „Fitnessgirls" scrollen.
Mit dem Ausruf „Oh Wunder." zeigt der Autor Ironie. Dann setzt er die Wirkung von Germany´s Next Topmodell mit der von Instagramm gleich und fragt, ob jetzt auch das Fernsehen verboten werden solle. Mit dieser Gleichsetzung will er seine Behauptung plausibel machen, dass es nicht ganz so leicht sei, nur Meta als große Gefahr zu sehen.

Sprachliche Mittel für die Sachtextanalyse

sprachliches Mittel	Beispiel	Beschreibung und Wirkung
Anapher	Es ist ein Skandal, dass … Es ist ein Skandal, dass …	Dadurch, dass aufeinanderfolgende Sätze mit gleichen Wörtern beginnen, wird die Aussage unterstrichen, das Gesagte wirkt eindringlich.

Werkzeug Sprache – Deutsch und Kommunikation für Erzieherinnen und Erzieher ISBN: 978-3-582-83521-5

Anrede	Liebe Leserinnen und Leser! Liebe Eltern!	Die Zielgruppe wird direkt angesprochen. Das wirkt kommunikativ und stellt Nähe zum Leser her.
Ellipse	Je gesünder, desto besser und völlig ohne Rücksicht auf die Produktionsbedingungen.	Die Auslassungen von Wörtern (Telegrammstil) bringen eine Aussage auf den Punkt, dadurch wirkt das Gesagte eindringlich.
Hyperbel	Der Run auf die Fleischtöpfe kann beginnen.	Ein Aspekt wird übertrieben dargestellt. Dadurch wirkt die Aussage anschaulich, unterhaltsam oder auch ironisch.
Klimax	Das ist ein Skandal … Das ist ein viel größerer Skandal … Der größte Skandal aber ist, dass	Wort- oder Satzreihen beinhalten eine Steigerung. Das wirkt eindringlich und steigert die Spannung.
Metapher	Mark Zuckerberg hat schon die Koffer gepackt. Er hat seinen Konzern, diese riesige Zauberbude, auf einen Wagen geladen, einen neuen Namen draufgepinselt und fährt damit nun weiter gen Westen.	Es handelt sich um ein sprachliches Bild, bei dem eine Wort- oder Bildbedeutung auf einen anderen Bereich übertragen wird.
Paradoxon	Juvenile Greise auf dem Skateboard Optimales Ergebnis bei minimalem Einsatz	Behauptungen, die widersinnig sind, machen auf eine widersprüchliche Situation aufmerksam. Sie wirken spannend und überraschend.
Personifikation	Das vermeintliche Superfood kommt meist großspurig daher: »HIGH PROTEIN« prangt in fetten Lettern auf Pudding, Eiscreme oder Pizza.	Ein Gegenstand wird vermenschlicht, indem ihm menschliche Eigenschaften oder Verhaltensweisen zugesprochen werden. Das wirkt anschaulich und einprägsam.
Rhetorische Frage	Sind etwa an den viel diskutierten gesellschaftlichen Spaltungstendenzen wirklich die „Echokammern" und „Filterblasen" der sozialen Medien schuld? Wenn ja, wie sehr?	Eine Scheinfrage, auf die der Text bereits eine Antwort gegeben hat oder geben wird. Weil die Autorin / der Autor mit der Leserschaft in eine Kommunikation tritt, diese direkt anspricht, wirken rhetorische Fragen kommunikativ oder aufrüttelnd.
Synekdoche	Hotzenplotz-Verlag Schaschlik-Brüder Latte-Macchiato-Eltern	Ein Begriff aus einem Wortfeld wird durch einen anderen des Wortfeldes ersetzt. Hier z. B. steht das Buch *Räuber Hotzenplotz* für den Verlag, der es herausgebracht hat. Oder Imbissbesitzer werden auf ein Produkt reduziert und damit bezeichnet. Häufig entstehen dadurch auch Wortneuschöpfungen. Das wirkt ironisierend, anschaulich und unterhaltsam.
Vergleich	Mit diesem Konzept ist TikTok in kurzer Zeit zu einem Weltprodukt geworden, wie der Big Mac oder die Harry Potter-Romane.	Durch einen Vergleich mit „wie" wird etwas anschaulicher. Vergleiche können ein Problem auf den Punkt bringen. Mit Vergleichen lässt sich ein Sachverhalt auch ironisch darstellen.

Argumentationsstruktur und weitere sprachliche Mittel – Beispiele

Der zweite Abschnitt trägt die Überschrift „Es gibt auch Regulierungspopulismus". Wenn Sie verstehen, was mit diesem Satz gemeint ist, dann werden Sie sich die Argumentationsstruktur leicht erschließen. Das Wort setzt sich zusammen aus „Regulierung" und Populismus. Es ist eine Wortneuschöpfung – sinngemäß: Regierungen greifen den Wunsch der Wählerschaft nach Regulierung auf und erlassen viele Gesetze. So wollen sie vermitteln, dass sie das tun, was die Wähler wollen. Die Überschrift enthält also in sehr verkürzter Form die Begründung, warum es für die Politiker bequem geworden ist, sozialen Medien, in diesem Fall Meta, die Schuld für Probleme zu geben.

AUFGABE

4. Analysieren Sie die Argumentationsstruktur und die sprachlichen Mittel im zweiten Abschnitt.

Strukturierende Fragen zur Unterstützung für Aufgabe 4:

1. Welche Kritik hat der Autor an Meta und wie begründet er diese?
2. Vor was warnt der Autor?
3. Was meint der Autor, wenn er schreibt: „Sind etwa an den viel diskutierten Spaltungstendenzen wirklich die „Echokammern" und „Filterblasen" der sozialen Medien schuld?"
4. Warum hat Medienkritik für Politiker etwas Verlockendes?
5. Welche Spaltung sieht der Autor in der Gesellschaft? Welche Probleme sind mit dieser Spaltung verbunden?
6. Zu welchem Verhalten ruft der Autor am Ende des Absatzes auf?

Der dritte Abschnitt trägt die Zwischenüberschrift „Die Zeit des Wilden Westens ist vorbei". Damit knüpft der Autor an das Bild zu Beginn des Artikels an. Zuckerberg wird mit einem Zauberbudenbesitzer im Wilden Westen verglichen, dessen Zaubertricks nicht mehr so funktionieren, weil zu viel geregelt wird. Aber wenn er gen Westen weiterzieht, dann findet er wieder eine Region, in der er sich ohne Gesetze und Einschränkungen hemmungslos bereichern kann. Der Autor ist sich sicher, dass die Gesetzgebung wieder 10 Jahre zu spät kommen wird.

Schauen Sie auf den Anfang des Abschnitts: „Vielleicht wird das möglich sein, wenn die Kavallerie endlich da ist – es hat ja lange genug gedauert. Vielleicht ist dann Raum dafür." Das klingt hoffnungsvoll. Aber worauf hofft der Autor? „Sind wirklich nur die sozialen Medien schuld daran, dass die Gesellschaft auseinanderbricht, dass Verunsicherung herrscht? Diese Frage sollte viel öfter, mit mehr Lust auf komplizierte Antworten gestellt werden." Darauf bezieht sich der Autor. Er hofft, dass eine Regulierung von Meta einen Freiraum für diejenigen schafft, die kritisch nachfragen und keine einfachen Antworten wollen.
Die letzten zwei Zeilen machen deutlich, dass er nicht davon ausgeht, dass sich in der Politik sowie am Wunsch der Öffentlichkeit nach einfachen Antworten viel ändern wird. „Man darf aber davon ausgehen, dass auch die Datenbrillen wieder schuld daran sein werden, dass keiner mehr seriösen Politikern glaubt oder junge Frauen sich zu dick finden."

Widmen Sie sich zum Schluss der Sprache des Artikels. Für welche Zielgruppe eignet sich der Artikel, wenn Sie die Sprache betrachten? Ergänzen Sie Ihre Einleitung um diese Information.

AUFGABE

5. Analysieren Sie die sprachliche Gestaltung des Textes und leiten Sie daraus ab, welche Zielgruppe diesen Text interessant und amüsant finden könnte.

Werkzeug Sprache – Deutsch und Kommunikation für Erzieherinnen und Erzieher ISBN: 978-3-582-83521-5

Das Fazit – die eigene Stellungnahme

Am Ende einer Sachtextanalyse steht Ihr Fazit. Das Fazit enthält eine Zusammenfassung der Position der Autorin/des Autors und Ihre Meinung.
Für den vorliegenden Text könnte die Position des Autors folgendermaßen formuliert werden: Der Autor vertritt die These, dass soziale Medienkonzerne wie Meta nicht die alleinige Ursache für die Spaltungstendenzen in der Gesellschaft seien. Er sieht vielmehr Hetze und Hass in den sozialen Medien als Ausdruck dieser Spaltungstendenz und der gesellschaftlichen Verunsicherung. Er wirft der Politik vor, nicht Ursachen wie die Spaltung in Arm und Reich in den Blick zu nehmen, sondern aus Bequemlichkeit mit dem Finger auf Konzerne wie Meta zu zeigen. Wenn ein einfacher Schuldiger für die gesellschaftlichen Probleme gefunden ist, würde die Politik mit jahrelanger Verspätung eine Flut von Gesetzen erlassen, um die Wählerschaft zu beruhigen und zu zeigen, dass etwas getan wird.

Jetzt müssen Sie Ihre Position formulieren.
Sie könnten dem Autor Recht geben. Dafür bräuchten Sie dann Argumente, die z.B. die soziale Spaltung der Gesellschaft deutlich machen oder sich mit der Aussage auseinandersetzen, dass die Armen den Konsequenzen des Klimawandels ausgeliefert seien, während die Reichen in eine vielversprechende Zukunft schauen.

Sie könnten der Position des Autors widersprechen, d.h. Sie sehen die sozialen Medien als Ursache für die extreme Spaltung, für Hass und Hetze. Auch dafür müssten Sie Argumente finden.

Als dritte Möglichkeit könnten Sie eine Position wählen, die zwischen den beiden liegt. Sie könnten dem Autor in Teilen Recht geben, aber die Rolle der sozialen Medien nochmals sehr viel stärker betonen.

Weiterhin könnten Sie sich mit der Frage auseinandersetzen, ob der Autor einem so schwierigen Thema gerecht wird, wenn er so ironisch über die Auseinandersetzung von EU und USA mit einem Konzern wie Meta schreibt. Dabei würden Sie dann die Rolle von Meta bei der Verbreitung von Lüge, Fake News und Hetze deutlich machen. Gleichzeitig müssten Sie die Konsequenzen der gesellschaftlichen Spaltung, die der Autor benennt, hervorheben.

AUFGABE

6. Formulieren Sie Ihre Position zur Meinung des Autors. Nutzen Sie dabei Informationen aus seriösen Quellen im Internet.

„Die Reichen werden immer reicher: Seit Beginn der Corona-Pandemie hat das reichste Prozent der Weltbevölkerung rund zwei Drittel des weltweiten Vermögenszuwachses kassiert. [...] Erstmals seit 25 Jahren haben extremer Reichtum und extreme Armut gleichzeitig zugenommen."

(aus: Oxfam Bericht, 16. Januar 2023)

„Geht es jedoch um einen Zusammenhang zwischen sozialen Medien und Jugendkriminalität, spielen TikTok und Co. nach Einschätzung der Wissenschaftler vom Leibniz-Institut für Medienforschung nur eine mittelbare Rolle – nämlich die, Menschen zur selben Zeit am selben Ort zu versammeln."

(aus: Welt-Online: 13.4.2023)

Seriöse Quellen:
siehe hierzu die Seiten 158 und 159.

1

1.6.6 Textgebundene Erörterung – Argumentationsstruktur untersuchen und eigene Position entwickeln

Typische Meinungstexte: Kommentar, Kolumne, Leserbrief

Bei einer textgebundenen Erörterung steht Ihre Meinung im Vordergrund. Sie müssen, damit Ihre Position nachvollziehbar wird, zunächst den vorliegenden Text zusammenfassen und die Argumentationsstruktur darstellen. Dann beziehen Sie Position zu der im Text geäußerten Meinung. Diese Position müssen Sie erklären und begründen.

AUFGABE

1. Lesen Sie den Anfang und das Ende des vorliegenden Textes. Machen Sie sich zu folgenden Punkten Notizen:
   - Autorin, Quelle, Textart.
   - Um welches Thema könnte es gehen?
   - An wen könnte sich der Text richten?
   - Was könnte die Intention der Autorin sein?

Zu Thema, Zielgruppe und Textintention können Sie nur Vermutungen formulieren, die Sie durch die Arbeit mit dem Text überprüfen.

Narzisstin/Narzisst: Im psychologischen Sinne eine Person, die bewundert werden will, sich selbst überschätzt, empfindlich gegen Kritik ist und soziale Interaktionen dominiert.

Depression: psychische Störung, die durch negative Grundeinstellung, Antriebslosigkeit, Interessenlosigkeit und Freudlosigkeit gekennzeichnet ist.

Stigmatisierung: Individuen werden durch andere Individuen aufgrund von Krankheit, Herkunft oder anderer Eigenschaften in eine Kategorie eingeordnet, die mit einer negativen Wertung verbunden ist.

Entstigmatisierung: Von dem Stigma befreien.

valide: durch Fakten gesichert

eine Sprache ventilieren: mit Begriffen um sich werfen.

Psychologie – Der Schmerz hinter der Phrase

von Franca Cerutti, in: DER SPIEGEL, 21.10.2023, Nr. 43, S. 41

Beziehungen sind »toxisch« und wir ständig »getriggert«. Therapeutin Franca Cerutti erklärt, wann sie an solchen Begriffen im Alltag verzweifelt – und wo sie Chancen sieht.

Unhöfliche Menschen sind »Narzissten«, ein mieser Tag macht »depressiv«, eine kleine Vergesslichkeit ist ein Indiz für »ADHS«, das wiederum nervt Mitmenschen nicht, sondern »triggert« sie. Auf Instagram, TikTok und YouTube pathologisieren selbst ernannte ExpertInnen in Sekunden Menschliches – allzu Menschliches, finde ich.

Zuhörerinnen und Zuhörer haben sie reichlich: In Deutschland sind jährlich 27,7 Prozent der Erwachsenen von einer psychischen Erkrankung betroffen. Viele Menschen sprechen inzwischen offen und öffentlich darüber. Das hat psychologische Fachtermini an die Küchentische, in die Büros und Social-Media-Feeds der Nation katapultiert. Unser Vokabular hat sich in den Mainstream verlagert.

Als Psychotherapeutin begrüße ich das grundsätzlich: Menschen, die vorher sprachlos ihrem Innenleben gegenüberstanden, können nun ausdrücken, was sie bewegt. Insofern hilft der Psychotalk, Notlagen wahrzunehmen und psychische Erkrankungen zu entstigmatisieren.

Allerdings fällt es irgendwann vielleicht schwer, das eigene Empfinden valide einzuordnen: Was bedeutet es, wenn jetzt alle alles haben? Hilft es wirklich, wenn Influencerinnen und Influencer eine Sprache ventilieren, ohne die dahinterliegenden Konzepte erklären zu können? Welche Worte haben wir noch für Traumaüberlebende, wenn nichtige Situationen zum »Trauma« deklariert werden? Welche Ungeheuerlichkeit darin liegen kann, bringt meine Kollegin Mila Ould Yahoui, Kinder- und Jugendlichenpsychotherapeutin, auf den Punkt: »Es ist, als würde man einer Person im Rollstuhl sagen: ›Ja, sitzen – das kenn ich doch auch!‹«

Worin liegt der Reiz solcher Begriffe? Alltäglichen Unpässlichkeiten eine Diagnose anzupappen, erzeugt Drama und Aufmerksamkeit. Zudem scheint Psychotalk von jeglicher Eigenverantwortung zu entbinden: »Kein Bock!« heißt nun »Prokrastination« und gilt als »Traumareaktion«. Letztlich wirkt das informiert, eloquent und »deep«. Eine gebeutelte Gesellschaft sucht ihren Ausdruck und wünscht sich Linderung. So weit – so nachvollziehbar. Und dennoch argwöhnt die Fachwelt: Was bedeutet die pop-psychologische Pathologisierungswelle für Menschen, die wirklich psychisch krank sind? Und was bedeutet das für uns als Behandelnde?

Begeben sich Menschen mit krankheitswertiger Symptomatik seltener in Therapie, weil sie glauben, nichts weiter zu haben als eine TikTok-Bagatelle? Nehmen sie sich selbst weniger ernst? Oder bekommen Betroffene noch schlechter einen Therapieplatz, weil unsere Praxen belegt sind mit selbst ernannten Trauma- und ADHS-Patienten?

Diese Sorgen halte ich für unbegründet. Vielleicht kommen wir jetzt da an, wo andere heilkundliche Berufsgruppen schon lange sind: Wir treffen auf informierte Patienten, die oft in die richtige Richtung denken. Manchmal haben sie wichtige Symptome schon bewusst wahrgenommen. Oder sie zeigen uns Gedankengänge auf, die wir nicht beleuchtet hätten. Und zugleich schätzen sie hin und wieder falsch ein, wie dringend sie behandelt werden müssen, oder stellen fachlich nicht haltbare Zusammenhänge her – das ist nicht zu verurteilen.

Letztlich diagnostizieren Fachleute die Patienten. Wir würden keine »Eigendiagnosen« übernehmen, wenn sie nicht offiziellen Kriterien entsprechen. Und sollten wirklich Menschen Therapieplätze belegen, die nichts haben, gilt der Vorwurf uns.

Mein Problem mit Therapietalk liegt woanders: Ich befürchte eine Banalisierung unserer Profession. Denn die Menschen kommen, nach dem Ausflug über Küchentische und durch soziale Medien, zurück in unsere Praxen und bringen ihre Sprache mit. Meine Patientinnen möchten jetzt über »toxische« Beziehungen sprechen, über »Schattenkinder«, »Daddy-Issues« und »Gaslighting«. Diese Phrasen beschreiben allenfalls Phänomene, keine Symptome – und waren dadurch nie Thema in der psychotherapeutischen Ausbildung.

»So geht echte Therapie nicht!«, möchte ich rufen, verzweifelt, weil offenbar vielen schwerfällt, den Unterschied zwischen wissenschaftlicher Psychologie und Kalendersprüchen zu erkennen. Natürlich ist es nicht meine Aufgabe, meine Patientinnen für ihre Wortwahl zu kritisieren. Letztlich nutze ich die Sprache, die sie selbst nützlich finden – und gemeinsam entblättern wir das Gemeinte hinter dem Gesagten.

Insgeheim ringen viele meiner Kolleginnen und Kollegen und ich dabei um Fassung und um eine Haltung. Wir müssen anerkennen: Sprache hat sich nie einschränken lassen. So wie jetzt anscheinend »alle alles haben«, können auch alle über alles sprechen, wie es ihnen beliebt. Und manchmal überholt die Küchen- und TikTok-Psychologie sogar die »echte« in puncto Aktualität und Problembewusstsein – und schafft dadurch sprachliche Bilder, die nicht nur hip klingen, sondern Menschen deutlich besser abholen.

Ich wünsche mir eine vorurteilsfreie Kommunikation, in der poppsychologische Phrasen nicht das Ende, sondern den Beginn von tieferen Gesprächen bilden. Lasst uns deep talken! Psychotherapeutische Konzepte sind nur tauglich,

Trauma: ein Ereignis, das zutiefst erschüttert und häufig mit einer Bedrohung von Leib und Leben einhergeht.

deklarieren: verkünden

eloquent: sprachgewandt

Pathologisierung: etwas zu einer Krankheit erklären.

Hinweis:
In der Psychologie gibt es international anerkannte Diagnosekriterien (siehe: Diagnostisches und Statistisches Manual Psychischer Störungen (DSM)).

Banalisierung: Etwas Besonderes zu etwas Alltäglichem machen.

Profession: Beruf

toxisch: vergiftend

Schattenkinder: Kinder, die ein stark erkranktes Geschwisterkind haben und deshalb ihre eigenen Bedürfnisse stark zurückstecken müssen.

Daddy-Issues: Begriff für Frauen, die einen Vaterkomplex haben und deshalb mit sehr viel älteren Männern zusammen sind.

Gaslighting: Form psychischer Gewalt, bei der eine Person versucht, eine andere durch massive Abwertung und infrage stellen der Wahrnehmung zu verunsichern.

1

suggerieren: vorspielen, vorgaukeln

Phrase: leere Worte, Worthülsen

wenn sie Menschen erreichen – und dafür dürfen sie sprachlich entstaubt werden. Vielleicht ist der Psychohype unsere kollektive Lösung, um mit der Belastung fertigzuwerden, unter der wir alle leiden? Sprachlich suggerieren wir: Wir haben es begriffen und damit im Griff! Aber ist das so? Anstatt Phrasen zu dreschen, könnten wir also vielleicht ehrlicher über Schmerz sprechen, über Wut und Ohnmacht. Authentisch und ohne Sprachschablonen. Warum nicht auch auf TikTok?

AUFGABE

2. Lesen Sie den gesamten Text. Notieren Sie sich Ausdrücke und Textstellen, die Sie nicht verstehen.

3. Verfassen Sie eine Einleitung und eine kurze Inhaltsangabe.

Werkzeug Sprache – Deutsch und Kommunikation für Erzieherinnen und Erzieher ISBN: 978-3-582-83521-5

Die Wiedergabe der Argumentationsstruktur

Nach einer kurzen Inhaltsangabe können Sie sich nun der Argumentationsstruktur widmen.

Schon in der Unterzeile wird deutlich, dass die Autorin beide Seiten des Problems beleuchtet – die Risiken und die Chancen. Daher sollten Sie zunächst die Anfänge der einzelnen Abschnitte lesen und darauf achten, an welchen Stellen Sie Zustimmung, Einschränkung oder Widerspruch erkennen.

Im dritten Abschnitt lautet der Anfang „Als Psychotherapeutin begrüße ich …". Das leitet eine Zustimmung ein. Der darauffolgende Absatz beginnt mit dem Wort „Allerdings …". Hier finden Sie also eine Einschränkung. Der erste Satz des siebten Abschnittes lautet: „Diese Sorge halte ich für unbegründet." Hier widerspricht die Autorin einer vorher beschriebenen Sorge. „Mein Problem mit Therapietalks liegt woanders", schreibt die Autorin am Anfang des neunten Abschnittes. Damit leitet sie ihre persönliche Perspektive ein. Im letzten Abschnitt kommt sie dann in Form einer Wunschäußerung („Ich wünsche mir eine vorurteilsfreie Kommunikation, in der …") zu einer Lösung des Problems.
Nun können Sie den Text abschnittweise durchgehen, inhaltlich zusammenfassen und die Argumentationsstruktur verdeutlichen.

Beispiel:

Die Autorin steigt zunächst mit Beispielen für die psychologischen Begriffe in der Alltagssprache ein. „Unhöfliche Menschen sind „Narzissten", ein mieser Tag macht „depressiv", …". Sie will damit deutlich machen, dass auf den sozialen Kanälen Menschen alltägliche Probleme zu Krankheiten machen.
Im zweiten Abschnitt erklärt sie, dass es mittlerweile viele Menschen gebe, die diese psychologischen Fachtermini in ihrem Alltag benutzten, weil immerhin jährlich 27,7 Prozent aller Erwachsenen von psychischen Erkrankungen betroffen seien. Das begrüße sie als Psychotherapeutin, weil die Menschen eine Sprache für ihr Innenleben finden würden, die sie vorher nicht zur Verfügung gehabt hätten. Sie sieht aber auch die Gefahr, dass hier einfach Wörter vermittelt werden, wie das Wort „Trauma", hinter denen ein ganzes Konzept und viel Leid auf der Seite der Betroffenen stünden. Mit einigen rhetorischen Fragen versucht sie, dieses Problem deutlich zu machen, sucht aber auch nach Ursachen dafür. Sie schreibt: „Eine gebeutelte Gesellschaft sucht ihren Ausdruck und wünscht sich Linderung." und fragt nach der Bedeutung dieser „poppsychologischen Pathologisierungswelle" für die Betroffenen und die Behandelnden. Cerutti teilt nicht die Befürchtung der Fachleute, dass es nun viel mehr Menschen geben könnte, die in Therapie wollen und dadurch den ernsthaft Erkrankten notwendig gebrauchte Therapieplätze wegnehmen könnten, denn Fachleute würden die Diagnose erheben und nicht die Patienten selbst.

Tipp:
Argumentationen sind immer ähnlich aufgebaut. Die Sprachhandlungen (behaupten, begründen, erläutern, beweisen, schlussfolgern) orientieren sich an diesem Aufbau. Darauf können Sie in der Beschreibung der Sprachhandlung zurückgreifen.

Satzanfänge, die

- Zustimmung signalisieren:
  Auch ich stimme …
  Ich begrüße, dass …
  Auch ich vertrete die Meinung, dass …
- Einschränkung signalisieren:
  Allerdings; zum Teil …, teilweise; nicht nur, aber auch …
- Widerspruch signalisieren:
  Diese Position ist nicht nachvollziehbar.
  Das sehe ich anders.
  Auf gar keinen Fall …
  Aber …

1

AUFGABE

4. Beenden Sie die Wiedergabe der Argumentationsstruktur.

Sprachhandlungen und Satzmuster für die textgebundene Erörterung

Baustein	Sprachhandlungen	Satzmuster
Hauptteil a): Argumentationsaufbau des Textes darstellen	Darstellen und am Text belegen/ begründen: ▪ Wie ist die Argumentation aufgebaut? ▪ Welche Argumente werden verwendet? ▪ Welche Position vertritt die Autorin / der Autor?	▪ Die Autorin / der Autor beginnt die Ausführungen mit der These, dass … ▪ Sie/er begründet die These mit einem rationalen Argument, indem sie/er auf eine Statistik zu … verweist. ▪ In den Zeilen xx – xx wird deutlich, dass plausibel argumentiert wird. Die Autorin / der Autor beruft sich auf den gesunden Menschenverstand und führt zwei Beispiele für … an. ▪ Auch der dritte Abschnitt ist geprägt durch eine moralische Argumentation. Mit dem Satz „…" (Zeile xx – xx) wird an das Gewissen der Leserschaft appelliert. ▪ Zum Abschluss fasst die Autorin / der Autor ihre/seine Position nochmals zusammen mit den Worten: „…" (Zeile xx – xx). Daraus wird ersichtlich, dass …
Hauptteil b): die eigene Argumentation entwickeln	Darstellen, erklären und begründen: ▪ Welche Position im Bezug auf den Text vertreten Sie? ▪ Wie begründen Sie diese?	▪ Zunächst beziehe ich mich auf das Argument, dass … Dem kann ich nicht zustimmen, weil … ▪ Durch dieses Gegenbeispiel wird deutlich, dass … ▪ Ich möchte besonders hervorheben, wie … ▪ Andere Untersuchungen haben gezeigt, dass … ▪ Die Argumentation im Text greift hier zu kurz, weil … Daher vertrete ich die Meinung, dass … ▪ Ferner wird im Text dargestellt, dass … Dieser Zusammenhang macht deutlich, dass … Daher kann ich der Argumentation folgen. ▪ Kritisch sehe ich, dass … Denn damit wird nicht berücksichtigt, wenn … ▪ Problematisch finde ich, wenn damit argumentiert wird, dass … Denn diese Argumentation berücksichtigt nicht, dass …
Fazit: Position im Text und eigene Position kurz zusammenfassen und einander gegenüberstellen, abschließende Stellungnahme oder persönlicher Appell	Darstellen, aufrufen: ▪ Zu welchem Ergebnis kommen Sie? ▪ Welchem wichtigen Aspekt stimmen Sie zu, welchen lehnen Sie ab? ▪ Welche Lösung bzw. welchen Appell entwickeln Sie daraus?	▪ Abschließend lässt sich die Position der Autorin/des Autors zusammenfassen mit dem Satz: … xxx … ▪ Dem gegenüber steht meine Position, dass … ▪ Ich komme zu dem Schluss, dass … ▪ Ich vertrete zwar in dem Punkt die Meinung, dass …, aber aus meiner Sicht muss die Lösung anders aussehen. Deshalb würde ich vorschlagen, dass …

 Werkzeug Sprache – Deutsch und Kommunikation für Erzieherinnen und Erzieher ISBN: 978-3-582-83521-5

Eine eigene Argumentation entwickeln

Um eine eigene Argumentation zu entwickeln, müssen Sie auf die Hauptthese(n) des Textes eingehen. In dem vorliegenden Text wäre Ihr Ausgangspunkt dann folgender: Es ist problematisch, dass durch die sozialen Medien eine psychologische Fachsprache im Alltag verwendet wird, obwohl die damit verbundenen Konzepte nicht bekannt sind. Aber darin steckt auch eine Chance, weil Menschen ihr Innenleben besser beschreiben können. Doch diese Chance kann nur genutzt werden, wenn im therapeutischen Gespräch authentisch über die Gefühle gesprochen wird und man sich nicht hinter den Worthülsen des neuen Psychotalks versteckt.

Da diese These aus mehreren Teilen besteht, haben Sie nun die Möglichkeit, die einzelnen Teile in den Blick zu nehmen, bevor Sie zu dieser differenzierten Meinung insgesamt Stellung nehmen.
Wenn Sie auf einzelne Teile eingehen, müssen Sie immer auch die Gesamtaussage im Blick behalten.

Sie könnten sich mit dem ersten Teil auseinandersetzen: Psychologische Fachsprache wird zur Sprache am Küchentisch.
- Erleben Sie das auch so? – Kennen Sie Beispiele dafür?
- Wie bewerten Sie das?
- Nutzen Sie selbst viele dieser genannten Begriffe?

Diese Fragen müssten Sie in einer eigenen Argumentation beantworten. Anschließend würden Sie – wenn Sie das auch so sehen – auf die Wirkung eingehen. Was halten Sie von dem Vergleich der Autorin: „Welche Worte haben wir noch für Traumaüberlebende, wenn nichtige Situationen zum »Trauma« deklariert werden? Welche Ungeheuerlichkeit darin liegen kann, bringt meine Kollegin Mila Ould Yahoui, Kinder- und Jugendlichenpsychotherapeutin, auf den Punkt: »Es ist, als würde man einer Person im Rollstuhl sagen: ›Ja, sitzen – das kenn ich doch auch!‹«"

Die Autorin zählt auch positive Konsequenzen auf: Die Therapiesuchenden sind informierter, ihnen steht eine Sprache zur Verfügung, mit der sie ein Phänomen beschreiben können. Sehen Sie diese Vorteile auch? Oder denken Sie, dass dadurch eine Flut von Menschen der Meinung ist, eine psychische Erkrankung zu haben, nur weil sie von dem ein oder anderen Phänomen gehört haben? Und dass Sie das dann an sich wiederentdecken und sich als Betroffene sehen, die unbedingt Hilfe brauchen?

Was ist mit dem Vorwurf, dass sich Menschen auch hinter diesen Begriffen verstecken und so vermeiden, über ihre wirklichen Ängste, den Schmerz und die Ohnmacht zu reden?
Sie könnten in Ihre Argumentation auch Fachwissen einbringen, wenn Sie im Unterricht z. B. über psychische Erkrankungen bei Jugendlichen und jungen Erwachsenen gesprochen haben.
Ihre Argumentation sollte etwa 50 % des Klausurtextes einnehmen. Sie sollten auf Argumente im Text eingehen und Ihre eigene Position nachvollziehbar und in sich logisch formulieren.

Aufbau einer Argumentation:
- These (Behauptung)
- Begründung
- Beleg (Fakten, Erfahrungen, Sachwissen, Plausibilität, Analogien) für die Behauptung
- Schlussfolgerung

Hinweis:
Siehe Seite 45 zu den Argumenttypen.

Hinweis:
Siehe die Satzmuster für den Hauptteil und das Fazit auf Seite 54.

Anschauen – Aneignen – Anwenden

Die folgende Mindmap gibt Ihnen einen Überblick, welche Themen Sie in diesem Kapitel behandelt haben. Betrachten Sie diese Mindmap und bearbeiten Sie dann die Aufgabe.

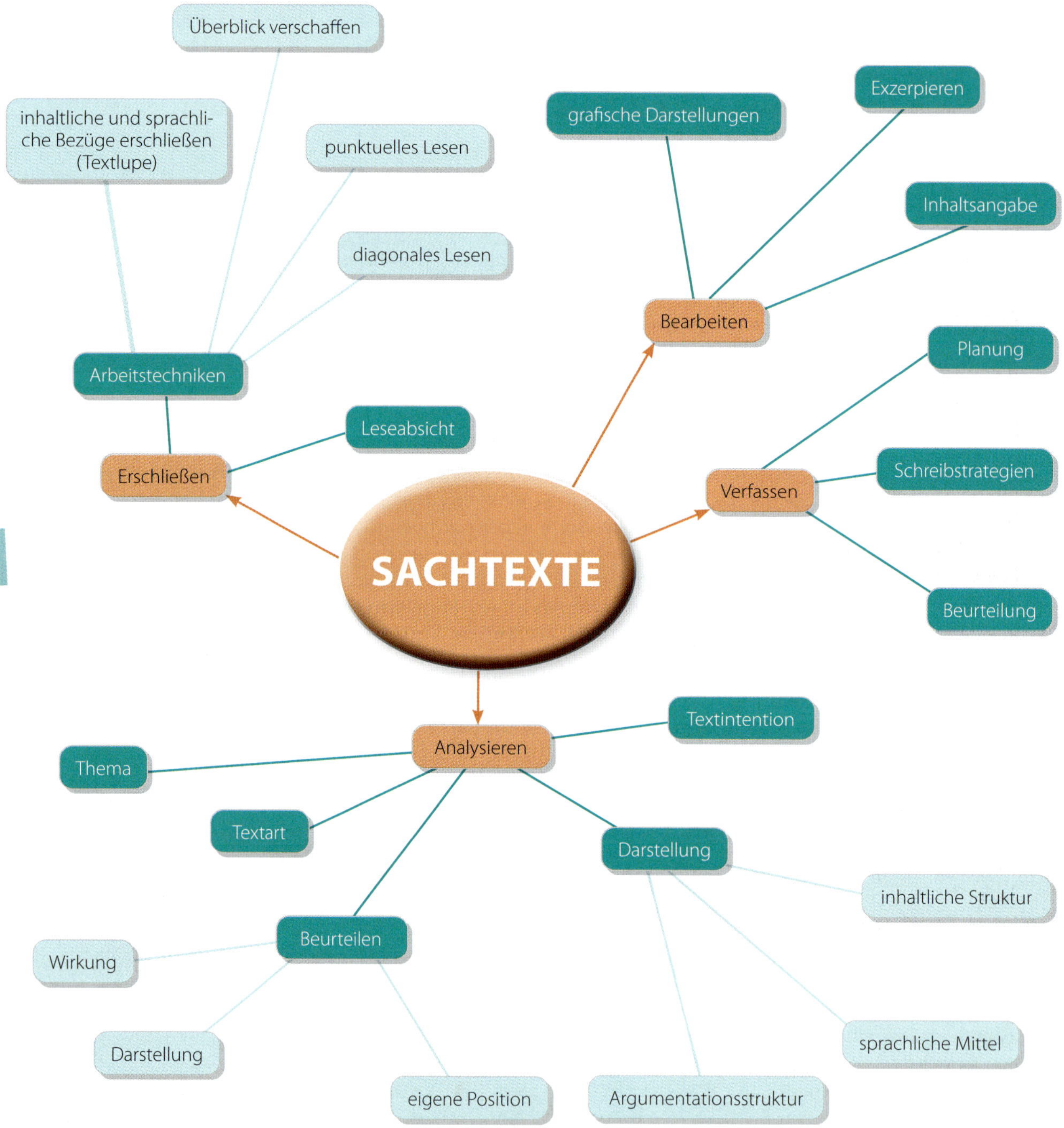

AUFGABE

„Wo und wie kann ich das Gelernte im Alltag, in der Ausbildung oder im Beruf anwenden?" Beantworten Sie diese Frage, indem Sie für die jeweiligen Endpunkte der Mindmap in der Klasse gemeinsam Beispiele zusammentragen.

2 KOMMUNIKATION ANALYSIEREN UND PROFESSIONELL GESTALTEN

Situation:
Es ist 8:15 Uhr am Mittwochmorgen. Viele Eltern bringen ihre Kinder gerade in die Mäusegruppe, die Gruppe für Kinder von zwei bis fünf Jahren in der viergruppigen Kita „Sonnenland". Paul und Nesrin nehmen die Kinder in Empfang.
Koray, der gestern vier Jahre alt geworden ist, kommt stolz mit einem neuen Bagger und will ihn mit in die Gruppe nehmen. Paul sagt: „Koray, das ist wirklich ein schöner Bagger, aber den kannst du nicht mit in die Gruppe nehmen. Wir haben heute keinen Spielzeugtag." Der Vater mischt sich ein: „Das verstehe ich nicht. Hier ist immer alles so streng. Was ist denn dabei, wenn ein Kind mal etwas mitbringt, auch wenn kein Spielzeugtag ist?"
Da kommt schon Milena (vier Jahre und vier Monate) mit ihrer Mutter. Die Mutter zieht Milena die Jacke aus, gibt ihr einen Kuss und schiebt sie in den Gruppenraum. Dann wendet sie sich Paul zu und sagt: „Milena hatte gestern wieder eine dreckige Jacke. Ich weiß gar nicht, was hier immer los ist. Den einen Tag ist die Jacke dreckig, dann sind die Schuhe nass oder die Jeans hat Farbflecken. Können Sie nicht besser aufpassen?" Paul entgegnet ihr: „Milena muss nicht ihre besten Sachen anziehen. Das haben wir schon häufiger gesagt."
Milenas Mutter antwortet ärgerlich, dass sie jetzt keine Zeit habe und erwarte, dass die Erzieherinnen und Erzieher sich besser um die Kinder kümmern.
Paul ist ratlos.

2 Kommunikation analysieren und professionell gestalten

2.1 Grundwissen: Kommunikation analysieren

Das Wort „Kommunikation“ stammt aus dem Lateinischen. Es leitet sich aus dem Wort *communicatio* ab, ein Substantiv, das so viel wie *Mitteilung* bedeutet.
Im Alltag versteht man unter Kommunikation den Austausch von Informationen zwischen mindestens zwei Beteiligten. In der Regel denken wir dabei an den Austausch von Informationen zwischen Menschen.

Dieser Informationsaustausch kann in sehr unterschiedlichen Situationen stattfinden, z. B.

- in einem ernsten Gespräch zwischen engen Freunden,
- in einem Streit zwischen Mutter und Tochter,
- in einem kurzen Gespräch bei der Übergabe des Kindes in die Kita.

Diese Beispiele aus dem Alltag sind Kommunikationssituationen zwischen Menschen. Auch wenn Sie einen Brief lesen, findet ein Austausch von Informationen statt.

Man kann also zwischen **mündlicher und schriftlicher Kommunikation** unterscheiden. Und neben dem gesprochenen Wort gibt es auch Gestik und Mimik, die das Gespräch beeinflussen. Kommunikation kann also **verbal und nonverbal** ablaufen.

verbal: sprachlich, mit Worten.

nonverbal: ohne Worte, mit Körpersprache.

Gestik: Gesamtheit der Gesten, die als Bewegungen der zwischenmenschlichen Kommunikation dienen.

Mimik: die sichtbaren Bewegungen der Gesichtsoberfläche.

Regelkreis: Begriff aus der Kybernetik (Theorie von der Aufnahme, Übertragung und Verarbeitung von Informationen, z. B. zwischen Zellen, um einen Prozess zu steuern), bezeichnet ein sich selbst regulierendes geschlossenes System.

Der Bereich der *Kommunikation* hat eine eigene Wissenschaft, die Kommunikationswissenschaft. Im Rahmen dieser Wissenschaft sind Modelle aufgestellt worden, mit denen man Kommunikationsprozesse beschreiben, analysieren und Störungen innerhalb dieser Prozesse erkennen kann.

2.1.1 Kommunikation als Regelkreis

Beim Kommunizieren gibt es Sender, Empfänger sowie Signale. Die Senderin oder der Sender sendet ein Signal – auch als Information oder Nachricht bezeichnet. Dieses Signal wird von der Empfängerin bzw. dem Empfänger aufgenommen und entschlüsselt – das heißt, dem Signal wird eine Bedeutung zugesprochen. Da mündliche Kommunikation in der Regel ein Prozess zwischen mindestens zwei Beteiligten ist, reagiert die Empfängerin oder der Empfänger auf die empfangene Nachricht, indem sie antwortet, also selbst ein Signal sendet.

Wenn eine Person etwas zu einer anderen sagt, dann geschieht dies zielgerichtet. Die Person verfolgt damit eine Absicht. Zur Entschlüsselung des Signals gehört dann ebenso, diese Absicht zu verstehen und angemessen darauf mit einem Signal zu antworten. Daraus ergibt sich ein Kreislauf. Beim Kommunizieren wechseln die Beteiligten immer zwischen dem Senden einer Nachricht, dem Empfangen und dem Entschlüsseln.

Werkzeug Sprache – Deutsch und Kommunikation für Erzieherinnen und Erzieher ISBN: 978-3-582-83521-5

Wie dieser Kreislauf sich genauer beschreiben und analysieren lässt, ist ein zentrales Thema der Kommunikationswissenschaft.

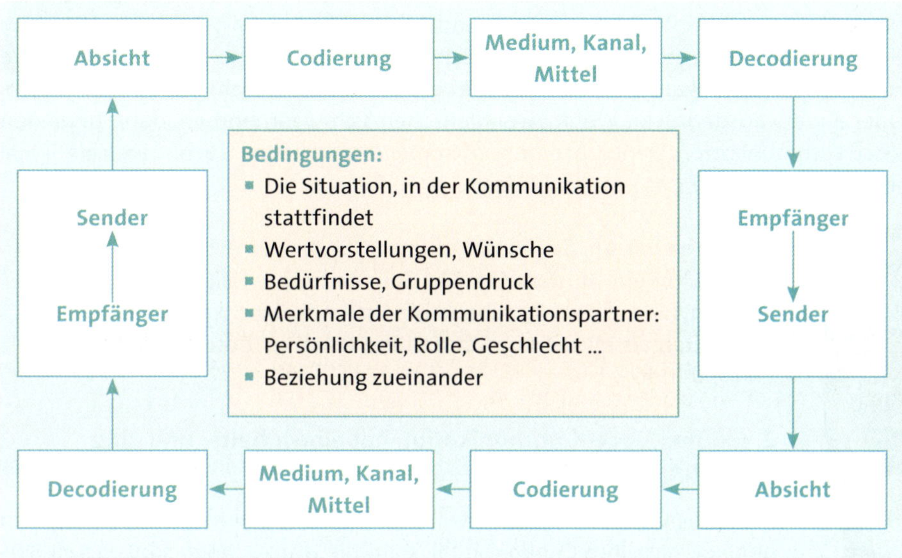

Karl Bühler (1879–1963) : Mediziner, Psychologe, Philosoph und Sprachwissenschaftler.

Platon (ca. 427–347 v. Chr): griechischer Philosoph.

Friedemann Schulz von Thun (*1944): Psychologe und Kommunikationswissenschaftler.

Paul Watzlawick (1921–2007): Kommunikationswissenschaftler, Psychotherapeut und Mitbegründer der systemischen Familientherapie.

Dabei kann zum einen die Absicht des Senders in den Blick genommen werden. Einer der ersten, der sich damit auseinandergesetzt hat, war Karl Bühler. Als Mediziner, Psychologe und Philosoph war er kein klassischer Sprach- oder Kommunikationswissenschaftler. Trotzdem hat ihn interessiert, wie Menschen Sprache einsetzen, um Dinge mitzuteilen. Er war dabei stark von Platon beeinflusst, der Sprache als Werkzeug auffasste. Bühler entwickelte ein Modell, in dem er zwischen drei Absichten des Senders unterschied:

Darstellung – Ausdruck – Appell

Diese drei Aspekte des Kommunizierens wurden von dem Kommunikationswissenschaftler Friedemann Schulz von Thun in seinem Modell der *vier Seiten einer Nachricht* weiterentwickelt. Dabei beschäftigte er sich unter anderem damit, was bei der Entschlüsselung passiert. Denn durch das, was der Empfänger antwortet, wird deutlich, wie er die Botschaft entschlüsselt hat. Insofern enthält jede Antwort auch eine Information darüber, wie der Empfänger die Nachricht des Senders verstanden hat. Darüber hinaus hat Schulz von Thun auch die Ergebnisse des Kommunikationswissenschaftlers Watzlawick in sein Modell einbezogen.

Watzlawick hat sich intensiv mit der Frage auseinandergesetzt, wie Menschen in kommunikativen Prozessen gemeinsam eine Wirklichkeit konstruieren. Er betrachtet daher insbesondere Gesetzmäßigkeiten im Kommunikationsprozess.

Die Kenntnis dieser Gesetzmäßigkeiten sowie die Fähigkeit, das Modell von Schulz von Thun als Werkzeug für die Analyse von Kommunikationssituationen zu nutzen, sind die Grundlagen für eine professionelle Gestaltung von Kommunikationsprozessen.

2.1.2 Paul Watzlawick: die fünf Axiome der Kommunikation

Axiom: als richtig erkannter Grundsatz, der nicht weiter bewiesen werden muss und als Grundlage für weitere Rückschlüsse gilt.

1. Axiom: „Man kann nicht nicht kommunizieren"

Nach Watzlawick hat Verhalten eine grundlegende Eigenschaft: Verhalten hat kein Gegenteil. Daher ist es unmöglich, sich nicht zu verhalten. Wenn aber Verhalten eine Form von Kommunikation ist, dann ist es ebenso unmöglich, nicht zu kommunizieren. Oder anders ausgedrückt: Wenn zwei Menschen sich wahrnehmen, dann beginnen sie zu kommunizieren. Denn der eine wird immer das Verhalten des anderen als Signal sehen und versuchen, es zu entschlüsseln.

Nehmen wir an, Sie kommen um 8:05 Uhr zur Arbeit und genau in dem Moment, in dem Sie das Haus betreten, fällt Ihr Blick auf Ihre Chefin, die auf die Uhr schaut. Die Wahrscheinlichkeit, dass Sie dieses Verhalten als Mitteilung wahrnehmen und vermutlich auf sich beziehen, ist hoch.

2. Axiom: „Jede Kommunikation hat eine Inhalts- und eine Beziehungsebene"

Mit dem Inhalt ist die Ebene der Sachinformation gemeint. Stellen Sie sich nun vor, dass Ihre Chefin mit Blick auf die Uhr zu Ihnen sagt: „Es ist 8:05 Uhr." Damit haben Sie eine Information über die Uhrzeit. Aber vermutlich werden Sie auch eine Information darüber wahrnehmen, welche Einstellung Ihre Chefin dazu hat, dass Sie um 8:05 Uhr ankommen. Diese Einstellung berührt auch Ihr Verhältnis zueinander. Das ist die Beziehungsebene.

Watzlawick sagt, dass jede Mitteilung auch einen Hinweis darauf enthalte, wie ihr Sender sie vom Empfänger verstanden haben möchte. Im oben genannten Beispiel könnte die Chefin bestätigen, dass Sie pünktlich sind. Sollte der Arbeitsbeginn um Punkt 8:00 Uhr sein, könnte ihr Verhalten aber auch als Tadel dafür verstanden werden, dass Sie es nicht pünktlicher geschafft haben.

3. Axiom: „Die Natur einer Beziehung ist durch die Interpunktion der Kommunikationsabläufe seitens der Partner bedingt."

„Der Mensch", schreibt Watzlawick, „trachtet danach, dem Strom kommunikativer Vorgänge eine Ordnung zu geben, mit der er vertraut ist und die ihm Vorhersagen ermöglicht."[1] Ein wichtiges Element dieser Ordnung ist die Zuschreibung von Ursache und Wirkung.

Jeder Kommunikationspartner sieht in seinem Verhalten die Reaktion auf das Verhalten des anderen. Dabei wird übersehen, dass Kommunikation ein Regelkreis ist, d. h.: Es ist nicht möglich zu sagen, wer angefangen hat.

Auf das Beispiel bezogen: Sie werden morgens immer hektischer und schaffen es deshalb nicht, pünktlich zu sein. Ihre Chefin bemerkt, dass Sie ständig unpünktlich sind und achtet daher besonders auf die Uhrzeit. Das macht Sie nur hektischer usw.

1 Watzlawick, Paul; Weakland, John H. (Hrsg.) (1990): *Interaktion. Menschliche Probleme und Familientherapie*, München: Piper (Serie Piper, 1222), S. 106–107.

4. Axiom: „Menschliche Kommunikation bedient sich digitaler und analoger Modalitäten."

Mit dem Begriff digitale Kommunikation bezeichnet Watzlawick den sprachlichen Teil der Kommunikation, denn hier werden Objekten willkürlich Begriffe zugeordnet. Mit welchem Begriff wir welches Objekt bezeichnen, ist letztendlich eine Vereinbarung, die wir im Rahmen des Spracherwerbs verinnerlichen.

Die analoge Kommunikation ist die direkt wahrnehmbare Kommunikation. Diese teilt sich vorwiegend in der Tonlage, der Körpersprache, der Gestik und der Mimik mit.

Die analoge Kommunikation hat den Beziehungsaspekt zum Thema. Wenn analoge und digitale Kommunikation nicht übereinstimmen, führt das zu Irritationen.

> Bleiben wir bei dem Beispiel von vorhin. Ihre Chefin hat gesagt: „Es ist 8:05 Uhr." Nun fügt sie noch den Satz hinzu: „Wie schön, dass Sie fast pünktlich sind." Auf der digitalen Ebene erhalten Sie die Information, dass sie sich freut, dass Sie fast pünktlich sind. Aber Stimmlage und Lächeln verraten, dass der Satz ironisch gemeint ist. Analoge und digitale Aspekte widersprechen sich also gegenseitig.

5. Axiom: „Zwischenmenschliche Kommunikationsabläufe sind entweder symmetrisch oder komplementär."

Unter symmetrischen Kommunikationsabläufen versteht Watzlawick, dass die Kommunikation auf Gleichheit beruht. Die Kommunikationspartner streben nach einer Verminderung der Unterschiede und streben nach einem Gleichgewicht.

Komplementäre Kommunikationsabläufe hingegen beruhen auf Gegensätzlichkeit, d. h., das Verhalten des einen Kommunikationspartners ergänzt das Verhalten des anderen. Dabei können komplementäre Kommunikationsabläufe auch aufgrund von Rollenzuschreibungen innerhalb gesellschaftlicher und kultureller Kontexte entstehen.

> In unserem Beispiel ist das Verhältnis zwischen Ihnen und der Chefin komplementär, denn es beruht schon aufgrund seiner Definition nicht auf Gleichheit. Auf diesem Hintergrund werden Sie die Äußerung auch entsprechend interpretieren und eine eher entschuldigende Bemerkung machen. Wäre Ihre Chefin aber gleichzeitig auch Ihre Freundin, dann würden Sie vermutlich anders reagieren, weil Sie das Verhältnis nicht unbedingt als komplementär definieren, sondern eher die Gleichheit betonen.

analog: ähnlich, vergleichbar, gleichartig, entsprechend

symmetrisch: gleich-, ebenmäßig

komplementär: gegensätzlich, sich aber ergänzend

AUFGABE

Erklären Sie das Ihnen zugeordnete Axiom mithilfe des dazugehörigen Bildes. Erklären Sie zunächst das Axiom. Stellen Sie kurz die Kommunikationssituation im Bild beschreibend dar und erläutern Sie auf dieser Grundlage, wie das Axiom in der Kommunikation sichtbar wird.

2.1.3 Schulz von Thun: Das Nachrichtenquadrat

Friedemann Schulz von Thun: siehe Seite 59.

Intention: Absicht

Friedemann Schulz von Thun, ein bekannter Psychologe und Kommunikationswissenschaftler, hat

- die Gesichtspunkte der Intention des Senders sowie
- die Axiome von Watzlawick

als Grundlage zur Erforschung der zwischenmenschlichen Kommunikation genommen.

Sein Ziel war es, herauszufinden, welche Störungen in der Kommunikation auftreten und wie diese beseitigt werden können. Sein Modell der *vier Seiten einer Nachricht* hat ebenso Eingang in die Analyse von Kommunikation im Alltag wie auch in die Analyse von Kommunikationssituationen in der Literatur gefunden.

Schulz von Thun geht davon aus, dass jede Nachricht vier Seiten enthält: Sachebene, Beziehungsebene, Selbstoffenbarungsebene und Appellebene.

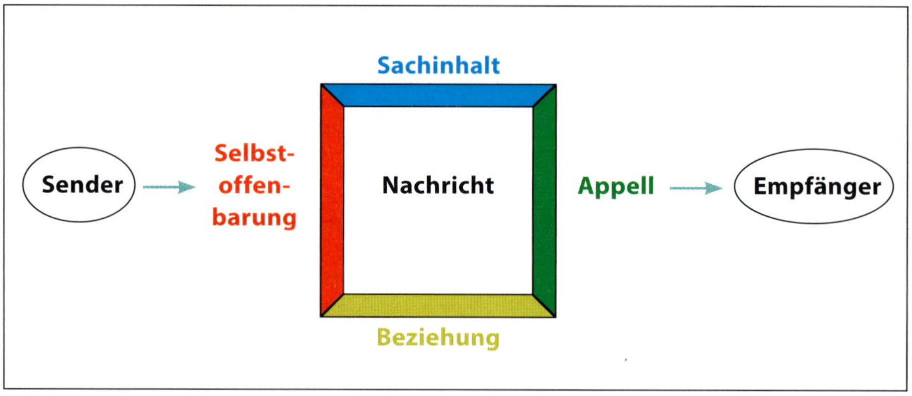

1. **Sachebene:**
   Der Sprecher informiert, z. B.: „Es ist kalt hier."
2. **Ebene der Selbstkundgabe:**
   Der Sprecher drückt seine Gefühle oder Empfindungen aus, z. B.: „Ich friere."
3. **Beziehungsebene:**
   Der Sprecher drückt aus, in welcher Beziehung er zum Kommunikationspartner steht. Wird der Satz „Es ist kalt hier" beispielsweise sehr vorwurfsvoll ausgesprochen, könnte damit ausgedrückt werden: „Du hast es hier extra kalt gemacht, damit ich friere. Du willst mich ärgern."
4. **Appellebene:**
   Der Sprecher möchte den anderen veranlassen, etwas zu tun, das heißt, er möchte damit ausdrücken: „Bitte mach das Fenster zu."

Der Empfänger der Nachricht hat ebenfalls vier „Ohren". Aus seiner Antwort lässt sich schließen, wie die Nachricht verstanden wurde. Hier ist also deutlich der Regelkreis der Kommunikation zu erkennen.

Formulierungshilfe für die Analyse:

Sachebene:
Aussagesatz verwenden, ohne Sender oder Empfänger einzubeziehen.
Beispiel: *Es sind 18 Grad. – oder: Es fühlt sich kalt an.*

Selbstkundgabe:
Satz mit „Ich" beginnen.
Beispiel: *Ich friere. Ich finde es kalt hier.*

Beziehungsseite:
Satz mit „Du" beginnen:
Beispiel: *Du willst mich ärgern und machst es extra kalt.*
Oder: *Du kümmerst dich nicht um mich.*

Appellseite:
Satz als Handlungsaufforderung formulieren.
Beispiel: *Tu was! Nimm mich in den Arm! Schließe das Fenster!*

Werkzeug Sprache – Deutsch und Kommunikation für Erzieherinnen und Erzieher ISBN: 978-3-582-83521-5

Die vier Seiten einer Nachricht – die Ohren des Empfängers

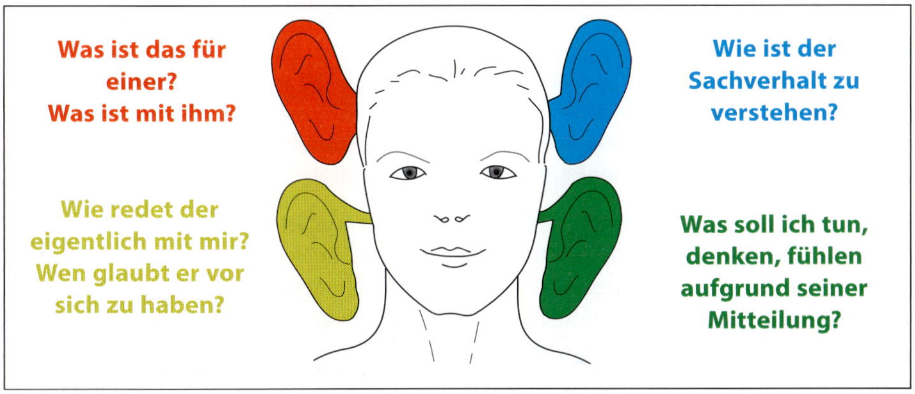

Bleiben wir bei dem Satz „Es ist kalt.“:

1. **Sach-Ohr:** Der Empfänger hört die Sachebene der Nachricht, z. B.: *Der Sender findet es kalt hier.*
2. **Beziehungs-Ohr:** Der Empfänger hört die Nachricht auf dem Beziehungs-Ohr, z. B.: *Der Sender wirft mir vor, dass ich keine Rücksicht nehme und immer lüfte.*
3. **Selbstkundgabe-Ohr:** Der Empfänger hört, was der Sender über sich sagt, z. B.: *Der Sender sagt, dass er sich unwohl fühlt, dass er friert.*
4. **Appell-Ohr:** Der Empfänger hört auf die Appellebene, er möchte verstehen, wozu ihn der Sender veranlassen möchte, z. B.: *Der Sender möchte, dass ich das Fenster schließe.*

In dem Modell von Schulz von Thun wird das Axiom der Interpunktion deutlich. Die „Ohren“ des Empfängers sagen immer etwas darüber aus, wie die Botschaft verstanden wurde, wie also die Interpunktion vorgenommen wurde. Auch der Unterschied zwischen Beziehungs- und Inhaltsebene wird deutlich.

Axiom der Interpunktion: siehe Seite 60.

digitale Modalität: siehe Seite 61.

Schulz von Thun bezieht nicht nur die digitale Modalität – also das gesprochene Wort – mit ein, sondern auch die analoge Modalität. Wenn jemand lächelnd behauptet, dass ihm sterbenselend sei, dann widersprechen sich die Aussagen in den Modalitäten. Mit dem Widerspruch kann der Sender auf der Ebene der Selbstoffenbarung sagen: „Ich will nicht darüber reden.“ Oder er möchte zum Ausdruck bringen, dass es ihm egal sei.

Für den Empfänger wird es nun schwierig, das richtige „Ohr“ zu wählen, um die Botschaft zu entschlüsseln und seinerseits eine Antwort in Form einer Nachricht zu geben. Auf diese widersprüchliche Nachricht könnte der Empfänger antworten: „Geht auch wieder vorbei. Unkraut vergeht nicht.“ Damit hätte er mehr auf das Lächeln geantwortet.

Er könnte aber auch sagen: „Wenn du dabei so lächelst, muss es dir wirklich schlecht gehen. Was ist denn los?“ Damit äußert er auf der Selbstoffenbarungsebene, dass er den Widerspruch zwischen Aussage und Mimik wahrgenommen hat und den Sprecher gut genug kennt, um das einschätzen zu können. Gleichzeitig zeigt er, dass er mit dem Appellohr gehört hat und bietet eine Handlungsaufforderung an.

2.1.4 Analyse von Alltagskommunikation

Authentizität: natürliches Erscheinen oder Auftreten einer Person, deren Handeln nicht durch äußere Einflüsse bestimmt wird, sondern von der Person selbst.

Es gibt zwei Einwände gegen die Analyse von Alltagskommunikation, die häufig geäußert werden:

- Zum einen sei man nicht in der Lage, einen Prozess so schnell zu analysieren und gleichzeitig zu interagieren.
- Zum anderen würde man nicht authentisch reagieren können, wenn man vorher zu genau über das nachdenkt, was man sagen will.

Eine Kommunikation lässt sich auch im Nachhinein analysieren, um herauszufinden, wie diese bei der nächsten Begegnung besser gestaltet werden könnte. Außerdem verhält es sich mit der Kommunikationsanalyse ähnlich wie mit der Fähigkeit zu beobachten: Mit der Übung wächst die Routine und damit auch die Kompetenz, Muster zu erkennen, schneller etwas einzuordnen und entsprechend zu reagieren.

Authentizität ist eine Grundhaltung, die zu den Schlüsselkompetenzen wertschätzender Kommunikation gehört. Sich dessen bewusst zu sein und trotzdem ein tieferes Verständnis davon zu entwickeln, was das Gegenüber will, ist kein Widerspruch.

Stellen Sie sich vor, ein Vater oder eine Mutter beschweren sich sehr ärgerlich bei Ihnen, dass die Jacke des Kindes ein Loch bekommen hat. Was könnte die Person damit ausdrücken wollen? Sicherlich möchte sie appellieren, dass Sie als pädagogische Fachkraft besser aufpassen. Gleichzeitig vermittelt Sie Ihnen auf der Beziehungsebene den Vorwurf, Sie hätten nicht genügend aufgepasst. Auf der Selbstoffenbarungsebene gibt es unterschiedliche Möglichkeiten. Die Person könnte damit mitteilen: „Ich mache mir Sorgen, ob mein Kind gesehen wird, wenn so etwas nicht bemerkt wird". Es könnte aber auch sein, dass die Person damit sagt, dass ihr das Aussehen und Auftreten des Kindes wichtig sei und sie deshalb neue Kleidung in der Kita bevorzuge. Sie kann damit aber auch zeigen, dass sie nicht so genau weiß, was in der Kita geschieht und aus welchem Grund die Jacke kaputtgegangen ist.

Erst wenn Sie als pädagogische Fachkraft erkennen können, was diese Person Ihnen auf den einzelnen Ebenen mitteilen möchte, können Sie angemessen darauf reagieren. Dann kann es auch zu einem guten Gespräch kommen, in dem es um mehr als die Jacke geht.

In der linken Spalte finden Sie einige mögliche Antworten der pädagogischen Fachkraft.

- In Antwort 1 reagiert sie eher verärgert. Sie lehnt die Verantwortung für das Loch in der Jacke ab. Sie hat den Vorwurf auf der Beziehungsebene sehr stark wahrgenommen und reagiert überwiegend darauf.
- In Antwort 2 wird deutlich, dass die Fachkraft nach dem Aspekt der Selbstoffenbarung fragt und herausfinden möchte, welche Bedeutung die kaputte Jacke für die Person hat.
- In Antwort 3 wird auf den Appell geantwortet, der in der Nachricht steckt.
- Antwort 4 bietet eine Selbstoffenbarung der pädagogischen Fachkraft darüber, was aus ihrer Sicht Kinder brauchen, um sich gut entfalten zu können.

Vater in Kita:
„Die Jacke meiner Tochter hat ein Loch. Und die war sehr teuer."

Antwort 1:
„Dann ziehen Sie ihr demnächst, wie vereinbart, ältere Sachen an. Dann ist das auch nicht so ein Problem. Schließlich haben wir hier 75 Kinder zu beaufsichtigen."

Antwort 2:
„Sie wirken verärgert. Machen Sie sich Sorgen, dass wir vielleicht nicht alles mitbekommen und deshalb auch nicht gesehen haben, wie die Jacke ein Loch bekommen hat?"

Antwort 3:
„Das tut mir leid. Ich passe demnächst besser auf."

Antwort 4:
„Glückliche Kinder sind dreckige Kinder, und dazu gehört auch schon mal ein Loch in der Jacke."

AUFGABE

a) Analysieren Sie die folgenden Alltagskommunikationen mithilfe der vier Ebenen einer Nachricht. Machen Sie dabei auch deutlich, auf welchem Ohr die empfangende Person die Nachricht hört und auf welcher Ebene sie antwortet.

b) Halten Sie Ihre Arbeitsergebnisse in Stichworten in einer Tabelle fest.

Situation 1: Übergabesituation in der OGS

Päd. Fachkraft: Guten Tag, schön, dass ich Sie noch sehe. Marie hat mir erzählt, dass sie jeden Abend noch Hausaufgaben machen muss. Das verstehe ich nicht. Die Hausaufgaben werden hier in der Hausaufgabenbetreuung gemacht.
Mutter: Ja, aber die sind voller Fehler und schlecht geschrieben. Da bekommt sie doch nur schlechte Noten.
Päd. Fachkraft: Wir betreuen die Kinder bei den Hausaufgaben und Maries sind immer sehr gut.

Situation 2: In der Kita

Kind: Ich habe Bauchweh.
Päd. Fachkraft: Schon wieder! Immer ist was mit deinem Bauch.
Kind: Das tut weh. Hier. *(zeigt auf seinen Bauch)*
Päd. Fachkraft: Ist dir auch schlecht?
Kind: *nickt*
Päd. Fachkraft: Dann müssen wir wohl den Opa anrufen, damit er dich abholt.

Situation 3: Jugendwohngruppe

Jugendlicher: Ich komme heute nicht mit zum Kinoabend.
Päd. Fachkraft: Warum?
Jugendlicher: Kein Bock! Kopfschmerzen.
Päd. Fachkraft: Beim letzten Kinoabend hattest du auch Kopfschmerzen. Gibt es noch andere Gründe?
Jugendlicher: *schweigt*
Päd. Fachkraft: Ich könnte mir vorstellen, dass es uncool ist, mit so einer Gruppe ins Kino zu gehen.
Jugendlicher: Das geht dich nichts an.
Päd. Fachkraft: Ok, darüber willst du also nicht reden. Ich finde es schade, dass du nicht mitkommst.

Situation 4: Pause im Teamzimmer einer Kita

Fachkraft 1: Du lässt Miriam alles durchgehen. Das geht so nicht.
Fachkraft 2: Dir geht sie doch nur auf die Nerven, weil sie so lebendig ist.
Fachkraft 1: Es kann eben nicht jeder so viel Energie haben wie du.
Fachkraft 2: Danke! War schon klar.

2.2 Grundwissen: Kommunikation professionell gestalten

Die Analyse der Kommunikation in Alltagssituationen hat gezeigt, dass die Beziehungsebene die Ebene ist, auf der Kommunikationsstörungen am häufigsten auftreten. In den Beispielen 1, 2 und 4 auf der vorhergehenden Seite haben beide Gesprächspartner mehr oder minder deutlich auf die Zurückweisung oder Abwertung auf der Beziehungsebene reagiert.

In der Regel kommt es in einer Kommunikationssituation auf der Beziehungsebene dann zu Störungen, wenn das Gegenüber ein (negatives) Werturteil vermittelt. Der Empfänger fühlt sich dann abgelehnt und abgewertet. Darauf reagieren die meisten Menschen mit Rückzug oder indem sie ebenfalls das Gegenüber durch Werturteile abwerten.

Marshall B. Rosenberg: siehe Seite 32–33.

Marshall B. Rosenberg, der sich mit gewaltfreier Kommunikation beschäftigt hat, schreibt dazu: „Wären wir mit einer Sprache aufgewachsen, die den Ausdruck von Einfühlungsvermögen unterstützt, dann hätten wir gelernt, unsere Bedürfnisse und Werte direkt zu benennen, statt auf das Fehlverhalten eines anderen Menschen anzuspielen, wenn sie nicht erfüllt werden."[2]

Carl Rogers (1902–1987): amerikanischer Psychologe und Psychotherapeut, der die Humane Psychologie vorangetrieben hat.

Grundlagen für diese Art der gewaltfreien Kommunikation wurden in therapeutischen Zusammenhängen von Carl Rogers, dem Begründer der personenzentrierten Therapie entwickelt. Auch Thomas Gordon, der sich mit Kommunikation zwischen Erwachsenen und Kindern in Familie und Schule beschäftigt hat, zeigt, welche Gesprächsstrategien zu einer gelingenden Kommunikation führen können.

2.2.1 Bedingungen für eine gelingende Kommunikation

Eine gute Beziehung ist eine der Grundlagen für eine gelingende Kommunikation. In einer guten Beziehung fühlen sich die Gesprächspartner akzeptiert, verstanden und wertgeschätzt. Sie müssen nicht immer gleicher Meinung sein, aber sie können auf der Sachebene um Positionen und Lösungen ringen, ohne dass es auf der Beziehungsebene zu Störungen kommt.

Nonverbale Signale als förderliche Aspekte

Auf der nonverbalen Ebene geben Sie Ihren Gesprächspartnern durch Blickkontakt zu verstehen, dass Sie Ihnen zuhören. Häufig wird dieser Blickkontakt durch ein Nicken unterstützt. Damit signalisieren Sie, dass Sie ganz Ohr sind. Dieses Nicken muss nicht unbedingt heißen, dass Sie mit allem einverstanden sind, was das Gegenüber sagt.

Ihre Sitz- oder Stehposition ist möglichst auf einer Augenhöhe und offen und zugewandt. Wenn Sie schon die Türklinke in der Hand haben oder sich halb vom Gesprächspartner wegdrehen, dann wird dieser versuchen, sich zu beeilen, um Sie nicht weiter zu stören.

Thomas Gordon (1918–2002): amerikanischer Psychologe.

2 Rosenberg, Marshall B. (2005): *Gewaltfreie Kommunikation. Eine Sprache des Lebens*, Paderborn: Junfermann Verlag, S. 37.

Haltung: Wertschätzung, Empathie und Kongruenz

Auf der verbalen Ebene gibt es Gesprächstechniken, die es Ihnen erleichtern, Ihrem Gegenüber richtig zuzuhören und auf dessen Äußerungen einzugehen.

Diese Gesprächstechniken können jedoch nur dann erfolgreich sein, wenn
- die Grundhaltung wertschätzend,
- die Hinwendung zum Gegenüber empathisch und
- das Verhalten kongruent sind.

empathisch: einfühlend

kongruent: übereinstimmend

Diese drei Komponenten einer Grundhaltung in der Kommunikation sind von Rogers formuliert worden.

In einer wertschätzenden Begegnung gehen Sie davon aus, dass Ihr Gegenüber Gründe hat, sich so zu verhalten, wie Sie es gerade erleben. Wertschätzung heißt nicht, dass man alles gut und richtig findet, was der andere sagt und tut. Aber es heißt, dass man davon ausgeht, dass der andere mit seinem Verhalten Bedürfnisse ausdrückt und – wenn auch manchmal sehr ungeschickt – in Kontakt treten möchte.

Zur Empathie gehört auch die Fähigkeit, die Perspektive des anderen einzunehmen. Stellen Sie sich vor, Sie werden zu einem Gespräch in die Schule geladen, weil Ihr Kind ein aggressives Verhalten zeigt. Ihr Beziehungsohr wird weit offen für die Botschaft „Sie sind eine schlechte Mutter / ein schlechter Vater" sein. Fallen Äußerungen, die in diese Richtung gehen, dann werden Sie entweder „brav" nicken oder zum Gegenangriff ausholen. Wenn Sie als pädagogische Fachkraft versuchen, die Situation aus den Blickwinkeln der Eltern zu sehen, dann werden Sie empathischer mit deren Ängsten, Sorgen und Forderungen umgehen können.

Empathie: Fähigkeit, sich in andere Menschen einzufühlen.

Perspektivwechsel: Änderung der Sichtweise, um die Situation mit dem Blick des Anderen wahrzunehmen.

Haltung: Einstellung gegenüber der/dem Gesprächspartner/-in.

Der Aspekt der Kongruenz zeigt, dass Haltung und Gesprächstechnik übereinstimmen müssen. Wenn Sie über Ihr Gegenüber irritiert sind und dann sagen: „Ich kann Sie gut verstehen, aber …", dann wird das, was nach dem „aber" kommt, beim Gesprächspartner viel deutlicher wahrgenommen werden, als der Anfang.

Beispielsweise achten Kinder sehr stark auf die Körpersprache. Stimmt diese nicht mit dem Gesagten überein, empfinden sie das als äußerst irritierend.

Trennung von Empfang der Botschaft, Interpretation und Emotion

Die vier Seiten einer Nachricht machen sehr deutlich, dass das Wahrnehmen/Empfangen einer Botschaft und deren Interpretation zwei Vorgänge sind. Im Anschluss an die Interpretation folgt das Gefühl. Interpretation und Gefühl bilden die Basis für die Antwort. Wenn Sie eine Botschaft bewusst empfangen und insbesondere der Seite der Selbstoffenbarung große Aufmerksamkeit schenken, dann verstehen Sie besser, welche Gefühle und Gedanken Ihr Gegenüber hat. Ängste und Bedürfnisse werden häufig hinter Vorwürfen und Forderungen versteckt. Letztere sind Äußerungen auf der Beziehungsebene und werden oft als Abwertung verstanden.

Hinweis:
Wahrnehmung, Deutung (Interpretation) und Emotion (Fühlen) sind drei unterschiedliche Aspekte.

2.2.2 Gesprächsstrategien

Gesprächsstrategie: Ich-Botschaften

Ich-Botschaft: Sender spricht über die eigenen Gefühle und Empfindungen; deutliche Trennung von Empfangen, Interpretieren und Bewerten einer Nachricht.

Du-Botschaft: Sender klagt den Empfänger an, wertet ab „Du bist ...", „Du hast ..."

Drei Teile der Ich-Botschaft:

1. Aussage zum eigenen Empfinden;
2. Nichtwertende Beschreibung des Verhaltens, das diese Empfindungen auslöst;
3. Auswirkungen des Verhaltens.

Eine Ich-Botschaft verdeutlicht der Gesprächspartnerin bzw. dem Gesprächspartner, wie Sie die Situation erleben. Dadurch wird Ihr Gegenüber nicht abgewertet oder abgelehnt. Vielmehr kann es die Empfindungen des anderen erkennen und bekommt dadurch mehr Klarheit über die eigenen Empfindungen. Außerdem weiß die Person jetzt, wie ihr Verhalten wirkt und welche Konsequenzen es hat. Sie erhält die Verantwortung über das eigene Verhalten und kann dieses nun verändern.

Eine Ich-Botschaft besteht aus drei Aspekten. Alle drei Aspekte müssen formuliert sein.

1. Das als schwierig empfundene Verhalten wird beschrieben, ohne es zu werten.
   Beispiel: *Ich finde deine Stimme ist sehr laut.*
2. Die dadurch entstehenden Gefühle werden ehrlich benannt.
   Beispiel: *Das macht mich ärgerlich.*
3. Die Auswirkung des Verhaltens wird formuliert.
   Beispiel: *Weil ich es hier eh schon sehr laut finde und ich deshalb gar nicht verstehen kann, was die anderen Kinder sagen.*

Im Gegensatz zu Ich-Botschaften stehen Du-Botschaften. Bei Du-Botschaften wird das Gegenüber angegriffen und gemaßregelt.
Beispiel: Du schreist ständig hier rum. Lass das, sonst gehst du raus.

Besonders störend auf der Beziehungsebene sind Du-Botschaften, wenn Ihr Gegenüber das Gefühl bekommt, nicht akzeptiert zu werden.
Ich-Botschaften sind nicht leicht zu formulieren, weil man über die eigenen Gefühle spricht.

Tipp:
Achten Sie beim Umformulieren auf die Vollständigkeit der Ich-Botschaft! Sie müssen sowohl Gefühle des Senders als auch mögliche Konsequenzen entwickeln.

AUFGABE

Formulieren Sie die folgenden Du-Botschaften in Ich-Botschaften um.

a) Pädagogische Fachkraft ärgerlich: „Hör auf Julian rumzuschubsen." (Situation: Viktor (5 Jahre) rangelt mit Julian (4 Jahre) in der Garderobe beim Anziehen.)

b) Mutter kommt nach Hause. Sie sieht müde und erschöpft aus. Beim Anblick des Zimmers der Tochter sagt sie: „Das ist ein Saustall hier. Du bist doch keine 10! Räum gefälligst auf!"

c) Pädagogische Fachkraft zu einer Mutter, die immer wieder zu spät ihr Kind abholt. „Na, dann habe ich jetzt ja auch endlich Feierabend."

d) Lehrer zu einem Schüler: „Hör auf, deinen Sitznachbarn zu stören. Der muss die nächste Klausur ja nicht auch so schlecht schreiben wie du."

Gesprächsstrategie: Aktives Zuhören und Spiegeln

Die Fähigkeit aktiv zuzuhören zeigt sich darin, dass sich die oder der Zuhörende ganz auf die Botschaft der oder des Sprechenden einstellt. Insbesondere der Selbstoffenbarungsseite und den damit verbundenen Gefühlen wird Beachtung geschenkt.

In einem weiteren Schritt werden diese Aspekte der Nachricht vom Zuhörenden versprachlicht und gleichzeitig vermittelt er die eigenen Gefühle. Das heißt, die Selbstoffenbarungsseite der Nachricht wird betont. Oder es werden vertiefende Fragen gestellt, um das Gegenüber besser zu verstehen.

Die Worte des Gegenübers werden also nicht nur wahrgenommen, sondern die weiteren Kommunikationssignale wie Körpersprache, Stimme und Tonfall werden mit einbezogen. Darin finden sich die unausgesprochenen Gefühle. Diese werden dann versprachlicht. Damit wird das Gegenüber gespiegelt und bekommt einen besseren Zugang zu seinen eigenen Gefühlen. Außerdem fühlt es sich akzeptiert und angenommen. Dadurch wird es offener und entwickelt die Bereitschaft, sich mit seinen Gefühlen und Bedürfnissen auseinanderzusetzten.

Aktives Zuhören:

1. Stufe wirkt auf der Beziehungsebene:
Nonverbale Signale wie Körperhaltung und Blickkontakt signalisieren dem Gegenüber „Ich bin jetzt ganz auf dich konzentriert."

2. Stufe wirkt auf der Inhaltsebene:
Die zuhörende Person fasst die Kernaussagen des Gesagten nochmals in eigenen Worten zusammen.

3. Stufe verstärkt die Selbstoffenbarung der sprechenden Person:
Die zuhörende Person verbalisiert die Gefühle der sprechenden Person als Vorschlag, Frage oder Vermutung.

AUFGABE

a) Analysieren Sie das Gespräch und arbeiten Sie heraus, an welchen Stellen die pädagogische Fachkraft die Gesprächsstrategien Spiegeln und aktives Zuhören einsetzt.

b) Beurteilen Sie begründet, wie sich dies auf die Kommunikation auswirkt.

Beispiel: Aktives Zuhören und Spiegeln
Beteiligte: Maren (5 Jahre); pädagogische Fachkraft

Maren mit trauriger Stimme: „Ich habe Kopfschmerzen."
Päd. Fachkraft: „Das tut bestimmt weh und deine Stimme klingt auch ganz traurig."
Maren: „Lea und Nesrin lassen mich nicht mitspielen."
Päd. Fachkraft: „Das scheint dich traurig zu machen, dass die beiden dich nicht mitspielen lassen wollen."
Maren: „Ja, und ich bin wütend. Ich habe gestern mit Lea gespielt und heute will sie nur mit Nesrin spielen."
Päd. Fachkraft: „Dann bist du also traurig und wütend gleichzeitig. Davon kann man schon mal Kopfschmerzen bekommen."
Maren: „Ja, das ist alles doof. Ich will nach Hause."
Päd. Fachkraft: „Du bist so wütend und traurig, dass du am liebsten nach Hause möchtest? Das kann ich verstehen, aber dein Papa kommt erst nach dem Essen, um dich abzuholen."
Maren: „Ja, ich weiß."
Päd. Fachkraft: „Jetzt klingst du wieder traurig. Was möchtest du denn jetzt machen?"
Maren: „Kannst du mir ein Buch vorlesen?"

Gesprächsstrategie: Offene Fragen

offene Frage: lässt sich nicht mit Ja oder Nein beantworten. Offene Fragen bieten Gesprächsanlässe.

W-Fragen (Wann? Was? Wie? Wo? ...) sind offene Fragen.

geschlossene Frage: lässt sich mit Ja oder Nein beantworten.

In dem Gespräch zwischen Maren und der pädagogischen Fachkraft auf Seite 69 nutzt die Fachkraft nicht nur aktives Zuhören und Spiegeln, sondern sie stellt auch offene Fragen.
Offene Fragen sind Fragen, die nicht nur mit Ja oder Nein beantwortet werden können.

Erwachsene neigen sehr stark zu geschlossenen Fragen, auf die Kinder und Jugendliche nur mit Ja oder Nein zu antworten brauchen. Diese Kommunikationsform hat Nachteile. Zum einen entsteht schnell eine Verhörsituation: „Hast du deine Hausaufgaben gemacht?" „Hast du schon gefrühstückt?" „Hast du das kaputt gemacht?"
Zum anderen geben sie keine Gesprächsanlässe. Wenn dann noch Vorschläge formuliert werden, z. B. „Soll ich dir ein Buch vorlesen?", dann verliert das Gegenüber die Möglichkeit, selbst auf Lösungen zu kommen.

Hinweis:
Die Frage „Warum?" kann auch zur Rechtfertigung aufrufen, wenn durch sie die Erklärung eines negativ bewerteten Verhaltens erfragt wird.

AUFGABE

Partnerarbeit

Formulieren Sie die folgenden geschlossenen Fragen in offene Fragen um und geben Sie eine mögliche Antwort des Gegenübers.
Stellen Sie anschließend die Dialoge der Klasse vor.

a) Hast du schon gefrühstückt?

b) Seid ihr mit dem Auto in die Kita gekommen?

c) Holt dich die Oma ab?

d) Hast du mit den Hausaufgaben angefangen?

e) Willst du rausgehen, wenn du fertig bist?

f) Bist du müde?

g) Hat Miriam dich geärgert?

Feedback: Rückmeldung

Gesprächsstrategie: Feedback

Eine Rückmeldung kann sich auf ein Verhalten beziehen. Dann sollte es in Form einer Ich-Botschaft erfolgen. Aber die Rückmeldung kann auch in einem Gespräch der sprechenden Person deutlich machen, was das Gegenüber verstanden hat.

Die zuhörende Person kann ihrem Gegenüber mitteilen, welche Aspekte des Gesagten sie verstanden hat und welche nicht. Das kann pauschal für eine ganze Aussage formuliert werden: „Wie meinst du das?"
Man kann aber auch konkret nachfragen: „Ich habe verstanden, dass du dich durch den Blick auf die Uhr unter Druck gesetzt gefühlt hast. Aber ich habe noch nicht verstanden, was daran dich so ärgerlich gemacht hat."
Ein Feedback verlangt von der Person, die es gibt, Ehrlichkeit und die Bereitschaft, auch die eigenen Gefühle und Bedürfnisse zu äußern.
Die Person, die das Feedback erhält, sollte offen sein und sich nicht sofort angegriffen fühlen.

Feedback-Regeln

Häufig werden Rückmeldungen indirekt gegeben. Das Verhalten des Gegenübers ärgert einen und man zeigt dies in Körperhaltung und Tonfall. Doch gerade bei Konflikten im Team ist es wichtig, sich gegenseitig ein echtes Feedback zu geben, denn dadurch können Sie etwas darüber erfahren, wie Sie wirken und Ihr Auftreten so verändern, dass Kontakte positiv verlaufen.

Das Hauptziel eines Feedbacks ist es, die Zusammenarbeit zu verbessern. Ein Feedback soll eine Person nicht grundsätzlich ändern, sondern bestimmte Verhaltensweisen sowie deren mögliche Änderung in den Blick nehmen. In einem solchen Fall sind Ich-Botschaften sehr wichtig. Nur wenn es Ihnen gelingt, Ihre Gefühle und Bedürfnisse zu äußern, kann ein Feedback auch ankommen. Daher gibt es Regeln für das Geben und Empfangen eines Feedbacks.

Regeln beim Geben eines Feedbacks
1. Fordern Sie keine Änderung (der Person).
2. Werten Sie das Gegenüber nicht ab.
3. Seien Sie konstruktiv und beschreiben Sie möglichst konkret das Verhalten, das Ihnen eine Zusammenarbeit erleichtern würde, sowie das Verhalten, mit dem Sie Schwierigkeiten haben.
4. Formulieren Sie Ihre Gefühle und Bedürfnisse.
5. Benennen Sie konkret, welches Problem für Sie in der Zusammenarbeit besteht. (Ich-Botschaft).
6. Geben Sie das Feedback zeitnah und warten Sie nicht, bis „das Fass übergelaufen" ist.

Regeln beim Empfangen eines Feedbacks
1. Lassen Sie das Gegenüber ausreden.
2. Rechtfertigen oder verteidigen Sie sich nicht.
3. Beziehen Sie die Kritik auf ein Verhalten und nicht auf Ihre gesamte Person.
4. Halten Sie Ihr „Ohr" für die Selbstoffenbarungsebene offen und versuchen Sie zu verstehen, was Ihr Gegenüber Ihnen sagen will.
5. Vergewissern Sie sich durch aktives Zuhören, ob Sie alles verstanden haben.
6. Seien Sie dankbar für das Feedback. Es hilft Ihnen, Ihre Kommunikation zu verbessern.

AUFGABE

in Kleingruppenarbeit

a) Sammeln Sie Verhaltensweisen, die Sie in einer Zusammenarbeit mit anderen bereits einmal gestört haben.

b) Formulieren Sie zu diesen jeweils ein echtes Feedback und eine angemessene Antwort darauf.

c) Präsentieren Sie Ihre Mini-Dialoge in Form eines Rollenspiels.

2.2.3 Kommunikationssperren

Sie haben bisher erfahren, wie Sie durch eine wertschätzende Haltung, Empathie und Authentizität eine gute Ausgangsbasis für ein Gespräch schaffen. Sie haben Strategien kennengelernt, die förderlich für ein Gespräch sind. In diesem Abschnitt werden Sie Kommunikationssperren kennenlernen.

Thomas Gordon: siehe Seite 66.

Der Psychologe Thomas Gordon hat sich nicht nur mit den Aspekten einer gelingenden Kommunikation beschäftigt. Er hat auch durch seine Forschungen dazu beigetragen zu erkennen, warum Kommunikationen misslingen.
Seine Grundannahme ist, dass ein Gespräch dann blockiert wird, wenn der andere das Gefühl hat, sich verändern zu müssen, nicht akzeptiert und wertgeschätzt zu sein. Die Angst, abgewertet und verletzt zu werden, verhindert eine offene Kommunikation. Bestimmte Äußerungen in einem Gespräch wirken als Kommunikationssperren.

Kommunikationssperren nach Gordon

① **Befehlen, anordnen, auffordern:**
Beispiel: „Hör auf zu jammern und suche dir eine andere Beschäftigung."

② **Warnen, mahnen, drohen:**
Beispiel: „Wenn du weiter so rumheulst, kannst du in den Flur gehen."

③ **Moralisieren, predigen:**
Beispiel: „Du weißt doch genau, dass ihr immer Stress bekommt. Da musst du dich nicht auch noch bei mir beschweren."

④ **Ratschläge geben, Lösungen vorschlagen:**
Beispiel: „Wenn die dich nicht mitspielen lassen, dann frag doch mal Mira, die sitzt dahinten ganz allein und schaut sich ein Buch an."

⑤ **Urteilen, kritisieren, beschuldigen, Vorwürfe machen:**
Beispiel: „Du hast selbst schuld, wenn dich keiner mitspielen lassen will. Du machst ja auch immer alles kaputt."

⑥ **Belehren, durch Logik begründen:**
Beispiel: „Du hast gestern auch Alina nicht mitspielen lassen. Heute lässt sie dich nicht mitspielen. Das ist eben so."

⑦ **Beschämen, beschimpfen, lächerlich machen:**
Beispiel: „Du bist aber auch echt eine Heulsuse."

⑧ **Interpretieren, analysieren, diagnostizieren:**
Beispiel: „Du erzählst mir das doch nur, damit ich den Kindern sage, dass sie dich mitspielen lassen sollen."

⑨ **Ablenken, ausweichen**
Beispiel: Kind weint. Reaktion: „Komm, wir gehen mal in die Küche und schauen, was es heute zu Essen gibt."

Werkzeug Sprache – Deutsch und Kommunikation für Erzieherinnen und Erzieher ISBN: 978-3-582-83521-5

AUFGABE

a) Lesen Sie das Teamgespräch.

b) Analysieren Sie die Kommunikation und arbeiten Sie die Kommunikationssperren nach Gordon heraus.

Drei Kolleginnen planen für die Kita „Sonnenwinkel" das Sommerfest

Britta (23 Jahre, Erz.) seit fünf Monaten im Team, leitet die Mäusegruppe; Marion (28 Jahre, Erz.) seit sechs Jahren im Team, leitet die Elefantengruppe; Martina (45 Jahre, Kinderpflegerin) seit 15 Jahren im Team.

Ausschnitt aus dem ersten Treffen:

Britta: „Das Planen von Sommerfesten haben wir im Rahmen eines Freizeitprojektes in unserer Ausbildung gelernt. Wir sollten uns als Erstes den Zielen widmen. Was wollen wir erreichen? Dann …"
Marion: „Meine Güte, das hört sich ja wieder super an. Außerdem klingelt mein Handy. Das ist bestimmt meine Tochter."
Martina: „Ich bin ja nur Kinderpflegerin, aber um ein Sommerfest zu planen, muss man nicht wie Du ewig zur Schule gehen. Auch wenn Du von Zielen sprichst, die Leute wollen …"
Marion: „Bei mir zu Hause ist die Hölle los, unsere Tochter will was und meine Mutter will das nicht und … Könnten wir das Ganze nicht kurz machen? Ist doch jedes Jahr nett und Martina, Du machst das schon!"
Martina: „Das sieht Dir ähnlich, immer wenn es etwas Unangenehmes zu planen gibt, dann macht Deine Tochter Chaos."
Marion: „Du weißt doch … Tut mir leid … Ich backe auch wieder Waffeln und …"
Britta: „Wer hat denn gesagt, dass zu einem Sommerfest Waffeln gehören? Wir sollten zunächst überlegen, welches Motto das Fest haben soll und welche Ziele wir verfolgen. Dann könnte man über die Ausgestaltung diskutieren und wenn diese Aspekte konkretisiert sind, wäre die Frage der Verpflegung zu klären."
Martina: „Wenn das hier so weitergeht, kommen wir zu gar nichts. Du, Britta, hältst mit Deinem umständlichen Gelaber nur den Laden auf. Du bist noch so neu hier, Du kannst noch gar nicht wissen, wie das hier so läuft."
Britta: „Ich bin die Leitung der Mäusegruppe und möchte, dass dieses Fest ein Erfolg wird. Meine Kinder sollen diesen Tag in guter Erinnerung behalten und der Erfolg bei den Eltern ist wichtig für die Außendarstellung. Wir sollten nicht vergessen, dass so ein Fest eine Chance für Öffentlichkeitsarbeit ist."
Martina: „Das kann ja alles sein, aber wir haben jetzt noch 30 Minuten, um zu klären, wer für Getränke sorgt, wer die Eltern wegen Kuchen anspricht und wer mit den anderen drei Kolleginnen die Spiele abspricht und noch Materialien besorgt."
Marion: „Das mit dem Kuchen, das mache ich so wie letztes Jahr, … Wartet mal, ich muss gerade mal … Also, teilt mich ein und …"
Britta: „Es fällt mir schwer, so zu arbeiten. Ein Sommerfest ist aus meiner Sicht mehr als nett Kaffee und Kuchen ..."
Marion (bereits an der Tür)**:** „Bin gleich wieder da …"
Martina: „Ich habe bisher immer das Sommerfest organisiert und es ist gut gelaufen. Du hast da völlig überhöhte Ansprüche."

2

2.3 Kommunikation mit Kindern und Jugendlichen partizipativ gestalten

Partizipation: Teilhabe, Mitwirkung, Einbeziehung bei Entscheidungsprozessen.

Um in Entscheidungsprozessen mitreden zu können, brauchen Kinder und Jugendliche auf mehreren Ebenen Unterstützung. Dabei hat eine wertschätzende, unterstützende und reflektierende Kommunikation einen großen Einfluss.

Zunächst müssen Sie sich als pädagogische Fachkraft darüber bewusst sein, dass durch Sprache Macht ausgeübt wird. Sprache kann abwertend, befehlend und einengend sein.
Sie können durch Sprache aber auch vermitteln, dass Ihr Gegenüber Ihnen wichtig ist, dass Sie zuhören und nachfragen, um die Perspektive des anderen zu verstehen.

In partizipativen Prozessen, also in Prozessen der Mitwirkung an Entscheidungsprozessen, spielt Sprache eine große Rolle. Die Kinder und Jugendlichen lernen dabei, ihre Wünsche und Vorstellungen auszudrücken. Sie müssen ihre Position anderen gegenüber argumentativ vertreten und gemeinsam aushandeln.
Dazu benötigen sie folgende Kompetenzen:
- Selbstwahrnehmung, d. h. die eigenen Bedürfnisse und Wünsche wahrnehmen;
- Sprachkompetenz, d. h. die Fähigkeit, eigene Bedürfnisse, Wünsche und Überlegungen in Worte fassen können;
- Selbstbewusstsein, d. h. diese Bedürfnisse und Wünsche, die eigene Position auch vor einer Gruppe verbalisieren können;
- Kommunikative Kompetenzen, d. h. zuhören, sich in andere einfühlen, das Gehörte nachvollziehen, eigene Gedanken und Interessen so formulieren, dass das Gespräch weitergehen kann;
- Argumentationsfähigkeit, d. h. die sprachliche Fähigkeit, eigene Gedankengänge für andere nachvollziehbar formulieren und mit Argumenten untermauern können sowie Kompromissfähigkeit besitzen und die Bereitschaft haben, sich auf Aushandlungsprozesse einzulassen.

Hinweis:
aktives Zuhören, Spiegeln und offene Fragen: Vergleiche Seite 69–70.

Aktives Zuhören, Spiegeln und offene Fragen fördern Kinder darin, ihre eigenen Wünsche und Bedürfnisse wahrzunehmen und zu artikulieren. Denn durch das Spiegeln werden die Kinder sich ihrer Gefühle und Bedürfnisse bewusst. Beim aktiven Zuhören erfahren sie, wie das Gesagte verstanden wurde und können es konkretisieren. Durch offene Fragen werden sie zum Sprechen angeregt und erweitern so ihren Wortschatz.

AUFGABE

a) Lesen Sie den folgenden Fachartikel.

b) Fassen Sie mit eigenen Worten die Grundgedanken zusammen.

c) Begründen Sie auf Grundlage Ihrer Kenntnisse über Kommunikationsprozesse, warum wertschätzende Kommunikation bereits bei Kindern unter drei Jahren eine zentrale Rolle für das Thema Partizipation spielt.

Werkzeug Sprache – Deutsch und Kommunikation für Erzieherinnen und Erzieher ISBN: 978-3-582-83521-5

Kommunikation mit Kleinkindern: Wertschätzende Kommunikation

Grundsätzlich fungiert die Fachkraft als sichere und authentische Begleitung in der Exploration der Jungen und Mädchen. Der Aspekt der wertschätzenden und respektvollen Interaktion und Kommunikation kommt hierbei besondere Wichtigkeit zu, denn Kinder von null bis drei Jahren üben sich noch in der verbalen Kommunikation, signalisieren aber dennoch deutlich ihre Interessen und Entscheidungen auf nonverbaler Ebene. Hier ist die Fachkraft gefragt nicht nur ein sensibles Augenmerkt auf die individuellen Ausdrucksformen der Kinder zu haben (vgl. Malaguzzis „100 Sprachen der Kinder"), sie muss auch ihre eigene nonverbale Kommunikation reflektiert anwenden. Dazu gehört es unter anderem zu erkennen, wenn man z. B. mit Suggestivfragen die Meinung des Kindes versucht zu beeinflussen: „Bist du sicher, dass du da hoch willst, ist das nicht viel zu gefährlich?" ist nur ein Beispiel, dass sich hierbei wieder auf den Sicherheitsaspekt bezieht. Auch die eigene Körperhaltung kann dazu beitragen mehr oder weniger wertschätzend wahrgenommen zu werden. Steht die Fachkraft hoch über dem Säugling, streckt die Hände in die Hüfte und kommentiert mit lauter Stimme, so wird dies durchaus anders von Kindern wahrgenommen, als wenn Gespräche tatsächlich auch körperlich „auf Augenhöhe" stattfinden. Körpergesten wie verkrampfte Schulterhaltung, unentspannte Atmung, gerunzelte Stirn, aber auch Stimmlage oder hektische Bewegungen werden hierbei von Säuglingen als Beobachtungskünstler ihrer Umgebung bereits wahrgenommen und mit Bedeutung belegt.

Nonverbale Kommunikation spielt daher eine zentrale Rolle beim Thema Partizipation in der Krippe. Gesten, Mimik und Handbewegungen ermöglichen es der Fachkraft und dem Kind in eine soziale Beziehung zu treten und eine Verständigung aufzubauen. Möchte die Fachkraft das Kind hochnehmen, so kann sie dies mit ausgestreckten Händen deutlich machen, das Kind kann das Angebot annehmen oder ablehnen. Ebenso kann das Kind signalisieren, dass es „hoch" möchte. Das Interesse an Dingen oder an dem, was die Fachkraft sagt, kann das Kind durch Blickkontakt deutlich machen, worauf die Fachkraft wieder etwas erwidern kann. Grundgedanke ist dabei, dass das Kind, obwohl noch nicht verbal sprachfähig, wahrnimmt, dass es mit seinen Ausdrücken, Interessen und Bekundungen von der Beziehungsperson wahrgenommen und akzeptiert wird. Es ist ein Wechselspiel von Reaktionen, Antworten, Fragen, Kommentaren, die dem Kind verdeutlichen, dass es gehört wird von seinem Gegenüber und dass tatsächlich ein Dialog zwischen zwei (unterschiedlich großen) Personen stattfindet und kein Monolog der erwachsenen Person.

(Grieper, Elena (2016): *Partizipation in der Krippe*, Nifbe (Niedersächsisches Institut für frühkindliche Bildung und Entwicklung))

fungieren: wirken als

authentisch: hier: glaubwürdig

Exploration: hier: Erkundung

Suggestivfrage: Frage, die dem Gefragten die Antwort bereits in den Mund legt.

Gestik und Mimik: siehe Seite 58.

Dialog: Gespräch zwischen zwei Menschen.

Monolog: Ein Mensch spricht.

2.4 Kommunikation im Team

Fluktuation: Wechsel, Schwankung

Hierarchie: Rangfolge

Hinweis:
Ein Team ist eine bestimmte Form der formellen Gruppe.
Ein Team entwickelt sich in denselben Phasen wie eine Gruppe (Orientierung, Machtkampf (Positionsfindung), Vertrautheit, Differenzierung, Trennung).
Ein Team entwickelt Strukturen:
- Wer arbeitet mit wem gern zusammen? (Sympathie)
- Wer spricht mit wem oft? (Kommunikation)
- Wer beeinflusst wen? (Macht)

Teams sind Gruppen von Mitarbeitern, die auf einen meist unbefristet angelegten Zeitraum zur gemeinsamen Aufgabenerledigung zusammenkommen. Die Zusammensetzung der Gruppen kann sich dabei im Laufe der Zeit durch Fluktuation einzelner Mitarbeiter immer wieder verändern.

In vielen sozialpädagogischen Einrichtungen gibt es kleinere Teams, die die Gruppenarbeit machen. Alle kleineren Teams zusammen bilden das Gesamtteam. In diesem gibt es in der Regel eine Hierarchie, die sich aus Ausbildung, Qualifikation und Erfahrungsstand ergibt. Wie stark diese Hierarchie ausgeprägt ist, variiert in den einzelnen Teams. Manche Einrichtungen sind stark leitungsbezogen, in anderen tritt die Leitung als solche kaum in Erscheinung und alles wird im Team entschieden.

Die Kommunikation im Team prägt die Kommunikation mit Kindern, Jugendlichen und Eltern. Neben der Qualität der Arbeit in den einzelnen Gruppen ist es vor allem die Gesamtatmosphäre einer Einrichtung, die das Image nach außen hin prägt – und dies hängt ganz wesentlich von den Beziehungsqualitäten im Team ab.

Außerdem üben zum Beispiel in einer Kindertagesstätte sowohl das Teil-, als auch das Gesamtteam eine wichtige Vorbildfunktion für Eltern und Kinder aus. Wie kann ein Team Kindern glaubwürdig vermitteln, dass Zusammenarbeit eine zwar schwierige, aber lohnende Sache ist, wenn die pädagogischen Fachkräfte gegeneinander arbeiten? Wie sollen Kinder und Eltern erleben, dass das konstruktive Austragen von Meinungsverschiedenheiten und das Aushandeln von Kompromissen Bestandteile kreativer Problemlösung sind, wenn zwischen den Mitarbeitern und Mitarbeiterinnen Spannungen, Streitigkeiten oder latente Konflikte herrschen, die nicht offen angesprochen werden?

Kennzeichen guter Teamarbeit:
- Die Gruppe ist konsensfähig ohne harmoniesüchtig zu sein.
- Informationen werden nicht unterdrückt.
- Probleme werden von allen analysiert.
- Strategien für Problemlösungen werden ohne Machtkämpfe erörtert.
- Alle identifizieren sich mit der Durchführung.
- Es findet eine Selbstkontrolle statt.

Wenn die Kommunikation in einem Team wertschätzend und konstruktiv ist, können durch den gebündelten Sachverstand Fehler und Schwierigkeiten eher erkannt werden und es kann mehr Kreativität bei der Problemlösung entwickelt werden. Wenn eine entsprechende Struktur besteht, gibt es einen guten Informationsfluss und die individuelle Belastbarkeit des Einzelnen ist höher, weil er oder sie sich auf die anderen verlassen kann. Veränderungsprozesse lassen sich besser realisieren und umsetzen. Mit im Team gefassten Beschlüssen können sich dann alle Teammitglieder identifizieren und die Durchführung wird für jeden wichtig.

Konformitätsdruck: Gruppenzwang

Hindernisse für eine gute Teamarbeit liegen vor, wenn einzelne Teammitglieder einem Konformitätsdruck unterliegen. Auch eine abwertende Kommunikation, die von Kommunikationssperren geprägt ist, führt zu Angst und Rückzug des Einzelnen. Deshalb ist das Reflektieren der Teamkommunikation eine wichtige Fachkompetenz.

Werkzeug Sprache – Deutsch und Kommunikation für Erzieherinnen und Erzieher ISBN: 978-3-582-83521-5

AUFGABE

Analysieren Sie auf der Grundlage Ihres Fachwissens zum Thema Kommunikation das Gesprächsverhalten im Team und arbeiten Sie die Erfolgschancen der Kinderkonferenz unter den gegebenen Umständen heraus.

Das Team der OGS, die zur Grundschule „Hansaring" gehört, beschäftigt sich mit dem Thema „Partizipation". Eine Erzieherin der OGS, Frau Lange, möchte im Rahmen der Grundschulbetreuung die Schülerinnen und Schüler in ihrem Demokratievermögen stärken und mehr Möglichkeiten der Mitbestimmung einräumen.

Partizipation: Teilhabe

Frau Lange (Erzieherin): „Partizipation stärkt die Kinder in ihrem Selbstbewusstsein. Kinder brauchen Entscheidungsfreiräume. Sie können und wollen lernen, Entscheidungen mitzutreffen, sich mit den Konsequenzen auseinanderzusetzen und ihren Alltag mitzugestalten."

Frau Heusch (Leitung): „Das ist eine gute Idee. Ich habe auch schon gesehen, dass man dafür Mittel beantragen könnte."

Frau Wichmann (Erzieherin): „Ach, hört auf! Nur weil da jemand auf einer Fortbildung war, müssen wir nicht die nächste Kuh durchs Dorf jagen."

Herr Meier (Erzieher): „Ich weiß auch schon, wie das ausgeht. Hausaufgaben werden gestrichen, ihr Frauen sitzt nett beim Basteln und ich bin den ganzen Tag mit den Fußballern draußen."

Frau Schön (Erzieherin): „Ja, und dann haben wir die Lehrer auf der Matte, weil die Kinder keine Hausaufgaben machen."

Frau Lange: „Ihr wisst ja gar nicht, wovon ich spreche. Ihr seid immer gegen Neuerungen. Man könnte doch mit einer Kinderkonferenz montags nach dem Mittagessen beginnen. Da wird dann die Woche geplant."

Frau Wichmann (Erzieherin): „Wie willst du denn mit 80 Kindern eine Kinderkonferenz machen? Die Hälfte spricht nicht mal richtig Deutsch und mittags sind die fertig von der Schule."

Frau Heusch (Leitung): „Schluss mit der Diskussion. Ich werde die Mittel beantragen und Frau Lange wird einen Entwurf machen, wie das mit der Kinderkonferenz gehen kann. Jetzt geht es zum nächsten Tagesordnungspunkt."

2.5 Kommunikation mit Eltern

2.5.1 Rechtliche Grundlage

Laut Grundgesetz liegen die Erziehungspflicht und das Recht bei den Eltern: „Pflege und Erziehung der Kinder sind das natürliche Recht der Eltern und die zuvörderst ihnen obliegende Pflicht“ (Artikel 6 Absatz 2 GG, vergleiche § 1 Absatz 2 SGB VIII). Aus diesem Gesetz leitet sich die Forderung im Jugendhilferecht ab, dass die Fachkräfte mit den Erziehungsberechtigten zusammenarbeiten und diese an wesentlichen Entscheidungen beteiligen sollen.
Daraus ergibt sich das Verständnis der Zusammenarbeit mit Eltern insbesondere im Bereich der Kindertagesstätten als Erziehungs- und Bildungspartnerschaft.

Jugendhilferecht: „Bei der Ausgestaltung der Leistungen und der Erfüllung der Aufgaben sind 1. die von den Personensorgeberechtigten bestimmte Grundrichtung der Erziehung [...] zu beachten“ (§ 9 SGB VIII). Deshalb sollen „die Fachkräfte in ihren Einrichtungen zusammenarbeiten [...] mit den Erziehungsberechtigten ... zum Wohl der Kinder und zur Sicherung der Kontinuität des Erziehungsprozesses“, sind die „Erziehungsberechtigten [...] an den Entscheidungen in wesentlichen Angelegenheiten der Erziehung, Bildung und Betreuung zu beteiligen“ (§ 22a Abs. 2 SGB VIII).

2.5.2 Gespräche mit Eltern

In den verschiedenen Arbeitsfeldern sind die Bedürfnisse der Eltern und die Gesprächsanlässe sehr unterschiedlich. Eltern, die ihr kleines Kind das erste Mal in die Fremdbetreuung geben, haben andere Bedürfnisse als Eltern, deren Kind ergänzend zur Schule im offenen Ganztag betreut wird. Für Eltern, die ihr Kind in eine Einrichtung der Jugendhilfe abgeben mussten, weil sie den Erziehungsaufgaben nicht mehr gerecht werden konnten, stellt sich die Situation wiederum anders dar.
Doch in jedem Fall handelt es sich um ein Beziehungsdreieck zwischen Eltern, Kind und pädagogischen Fachkräften.
Für das Kind ist es wichtig, dass die Erwachsenen in diesem Beziehungsdreieck nicht in gegenseitige Konkurrenz zueinander treten, da es sonst in einen Loyalitätskonflikt gerät.
Daher ist es wichtig, den Eltern zu vermitteln, dass sie bei allen Schwierigkeiten, die sie vielleicht haben, Experten für ihr Kind sind. Sie kennen das Kind vom ersten Tag an, sie waren von Anfang an für seine elementare Bedürfnisbefriedigung zuständig, haben dem Kind Schutz geboten, sind die primären Bezugspersonen.

Als pädagogische Fachkraft haben Sie Fachwissen über die Entwicklung eines Kindes, über Erziehung und die Anregung von Bildungsprozessen. Insofern sind Sie das fachkompetente Gegenüber für die Eltern.
Respekt und Wertschätzung sollten nicht nur die Kommunikation mit Kindern und Jugendlichen prägen, sondern auch die mit den Eltern. Dabei sind die Gesprächsstrategien des aktiven Zuhörens, Spiegelns, der Ich-Botschaften und eines angemessenen Feedbacks wichtig.

Gesprächsstrategien: siehe Seite 68–71.

Das Nachrichtenquadrat von Schulz von Thun (siehe Seite 62 f.) ist ein zentrales Instrument, um die Kommunikation zu analysieren und gegebenenfalls herauszufinden, wodurch Missverständnisse entstehen.

Werkzeug Sprache – Deutsch und Kommunikation für Erzieherinnen und Erzieher ISBN: 978-3-582-83521-5

2.5.3 Planung verschafft Sicherheit in Gesprächssituationen

Pädagogische Fachkräfte, insbesondere Berufsanfängerinnen und -anfänger, fühlen sich häufig unwohl in Gesprächen mit Eltern, insbesondere wenn es um Konflikte und Kritik seitens der Eltern geht.

Eine gute Vorbereitung des Gesprächs ist hilfreich.

Gesprächsvorbereitung
1. Was ist Anlass des Gesprächs?
2. Welches Ziel hat das Gespräch?
3. Welchen zeitlichen Umfang sollte das Gespräch haben?
4. Wer sollte an dem Gespräch beteiligt sein?
5. Wo sollte das Gespräch stattfinden?
6. Welche Vorbereitungen müssen getroffen werden? (Raumvorbereitung, Sitzordnung, Getränke, Materialien)
7. Gesprächsleitfaden

Gesprächsanlässe in Kindertageseinrichtungen:
- Aufnahmegespräch
- Eingewöhnungsgespräch
- Entwicklungsgespräch
- Beschwerdegespräch
- Rückmeldegespräch

Bedürfnisse von Gesprächspartnern:
- Respekt
- Transparenz
- Rollenklarheit

Bei der Durchführung des Gespräches vermittelt ein Gesprächsleitfaden, der auf den Anlass des Gesprächs abgestimmt ist, Sicherheit. Für die einzelnen Phasen des Gesprächs können Sie sich bereits im Vorfeld Fragen und Formulierungen notieren. Dadurch haben Sie mehr Sicherheit in der Gesprächsführung. Sie wissen, wann Sie welche Punkte ansprechen wollen und wie. Durch die Gesprächsführung haben Sie eine klare Rolle. Sie leiten das Gespräch, übernehmen die Verantwortung für Ablauf und Zeitmanagement und das Zusammenfassen der Gesprächsergebnisse.

Fünf Phasen des Gesprächs

Begrüßung und Warming-up: Zunächst kommen die Gesprächspartnerinnen und -partner zusammen. In dieser ersten Phase sind nach der Begrüßung sogenannte „Türöffner" wichtig. Das sind Fragen, die vermitteln, dass das Gegenüber wahrgenommen und wertgeschätzt wird. Wenn Sie sich schon besser kennen, können das auch Fragen sein, die sich auf Aspekte des letzten Gesprächs beziehen. Diese sollten jedoch nicht direkt mit dem Gesprächsanlass zu tun haben.

Zielvereinbarung: Sie, als Gesprächsführung, geben einen Überblick über den geplanten Gesprächsverlauf, das heißt, Sie fassen den Gesprächsanlass zusammen, informieren über die Dauer und gegebenenfalls besondere Merkmale im Ablauf und das Ziel.

Arbeitsphase: Die Fragen und Informationen in der Arbeitsphase orientieren sich an Gesprächsanlass und den Zielen.

Arbeitsergebnis/Vereinbarung(en): Sie fassen die wichtigsten Aspekte und Vereinbarungen des Gesprächs zusammen und fragen Ihr Gegenüber, ob Sie das so richtig verstanden haben und darüber ein Konsens besteht. Falls es unterschiedliche Meinungen gibt, können diese ebenfalls formuliert werden.

Verabschiedung: Sie beenden das Gespräch, bedanken sich und verabschieden die Gesprächspartner.

Phasen des Gesprächs:
- Begrüßung und Warming-up
- Zielvereinbarung
- Arbeitsphase
- Arbeitsergebnis/ Vereinbarung(en)
- Verabschiedung

2.5.4 Offene Fragen – der Schlüssel zur Perspektive des Gegenübers

Wahrnehmungen und Einschätzungen werden durch Erfahrungen geprägt. Um sich schnell orientieren, etwas einordnen und handeln zu können, entwickeln wir innere Vorstellungen. Diese bilden die Basis für unsere Handlungen. Das vermittelt Routine und Handlungssicherheit, aber führt auch dazu, dass wir auf der Grundlage von Vermutungen handeln und nicht wahrnehmen, wie die Situation sich für das Gegenüber darstellt.

Zur Gesprächsvorbereitung und während des Gespräches sind aus diesem Grund offene Fragen zur Familienkultur wichtig. Der Begriff „Familienkultur" bezeichnet hier Normen, Werte, Regeln und Erziehungsgrundsätze innerhalb einer Familie – unabhängig von der Herkunft. Denn nicht jede türkische Familie legt Wert darauf, dass Verwandte in einer Gruppe untergebracht sind und nicht alle deutschen Eltern von Zwillingen wollen, dass diese getrennt werden. Auch sind Einzelkinder nicht immer verwöhnt und Mehrsprachigkeit ist nicht für jedes Kind ein Bildungshemmnis.

Offene Fragen können zum gegenseitigen Verständnis beitragen, wenn sie wertschätzend gestellt werden. Die Kunst besteht darin, dass aus diesen Fragen kein Verhör wird. Wenn Ihre Gesprächspartner das Gefühl bekommen, dass hier „schlechte" Gewohnheiten und Erziehungsfehler offengelegt werden sollen, dann werden sie nicht viel von sich preisgeben.

Überlegen Sie vor einem Gespräch, was Sie über das Kind und seine Familiensituation wissen und was Sie vermuten. Formulieren Sie Fragen, die dazu beitragen, dass Sie nicht auf der Grundlage Ihrer Vermutungen urteilen und handeln.
Offene Fragen beinhalten nicht schon die Antworten und Vermutungen des Fragenden, sondern sie erkunden Sichtweisen, Einstellungen und Hintergründe und dienen damit einem Perspektivwechsel.

Offene Fragen, um die Sichtweise des Gegenübers zu verstehen
Sind Sie selbst in einen Kindergarten gegangen? Wie war es dort?
Was erzählt Ihnen Ihr Kind vom Kindergarten?
Wie ist das für Sie, wenn Sie Ihr Kind hier abgeben und es weint bei der Verabschiedung?
Was denken Sie über ...?
Was machen Sie mit der Familie gern am Wochenende?
Was tut Ihr Kind besonders gern zu Hause?
Mit wem spielt Ihr Kind gern?
Ich habe verstanden, dass Sie nicht wollen, dass Ihr Kind ... Können Sie mir erklären, was daran schwierig ist?
Ihr Kind wirkt manchmal ... (z. B. tagsüber müde), wie ist es, wenn Sie es von der Kita abholen?

AUFGABE

a) Entwerfen Sie für die dargestellten Situationen jeweils eine Planung für ein Elterngespräch, indem Sie die Vorbereitung skizzieren, Gesprächsziel(e) bestimmen und einen Gesprächsleitfaden sowie geeignete Fragen und Beiträge formulieren.

b) Führen Sie das Gespräch anschließend in einem Rollenspiel im Plenum vor.

c) Reflektieren Sie gemeinsam den Gesprächsverlauf mit folgenden Fragen:
- Welche Aspekte sind in der Vorbereitung wichtig?
- Was hat dazu beigetragen, dass Ziel(e) und Ablauf für die Eltern transparent sind?
- Welche Aspekte führen zu einem guten Kontakt und einem guten Gesprächsverlauf?
- Ist das Gespräch so verlaufen, dass die pädagogischen Fachkräfte genügend wissen, um sich in die Rolle der Eltern hineinversetzen zu können?

Gespräch 1: Aufnahmegespräch

Die Leitung des Kindergartens will ein Aufnahmegespräch mit den Eltern von Samira führen. Samira ist Einzelkind. Sie ist 18 Monate alt. Die ersten 9 Monate hatte die Mutter die Elternzeit genommen, dann der Vater. Die Mutter ist also seit 9 Monaten wieder in ihrem Beruf als Polizistin tätig. Der Vater ist Krankenpfleger in einer Fachklinik für Herzerkrankungen und möchte seine Arbeit ebenfalls wieder aufnehmen. Beide Schwiegereltern wohnen in der Nähe und verbringen gern Zeit mit Samira.

Tipp: Machen Sie sich im Internet kundig, welche Leitfäden es zu Aufnahmegesprächen gibt oder fragen Sie in Ihrer Einrichtung nach.

Gespräch 2: Gespräch zum Ende der Eingewöhnungszeit

Die Gruppenleitung möchte gern mit den Eltern von Adam ins Gespräch kommen, weil sie sich unsicher ist, ob Adam sich im Kindergarten wohlfühlt.

Adam ist seit zwei Monaten im Kindergarten. Er ist drei Jahre und vier Monate alt und ein eher zurückhaltendes Kind. Auffallend ist, dass er so gut wie gar nicht spricht. Er schaut oft mit großen Augen, wenn jemand etwas zu ihm sagt. Aber man weiß nicht, wie viel er versteht. Er hält sich auch von den beiden anderen Jungen in der Gruppe, die zu Hause ebenfalls neben Deutsch Russisch sprechen, fern. Als ihn eine Erzieherin, die ein wenig Russisch kann, auf Russisch begrüßte, erstarrte er und wirkte sehr verunsichert. Im Aufnahmegespräch sagten die Eltern, dass sie zu Hause Russisch sprechen, aber Adam unbedingt gut Deutsch lernen solle. Beide Eltern sind seit ca. zehn Jahren in Deutschland. Der Vater spricht gut Deutsch, wenn auch mit einem sehr starken Akzent. Er betreibt ein Versicherungsbüro. Die Mutter war sehr zurückhaltend im Gespräch und bei Tür-und-Angel-Kontakten hat man den Eindruck, dass sie sich in der deutschen Sprache sehr unwohl fühlt, obwohl ihr Deutsch keine Fehler aufweist.

Tipp: zum Thema Mehrsprachigkeit siehe Seite 127.

2

Virginia Satir (1916–1988): amerikanische Familientherapeutin. Sie lehrte von 1959 bis 1966 am *Mental Research Institute* in Palo Alto – an jenem Institut, an dem auch Watzlawick von 1960 bis 2007 lehrte.

Nachrichtenquadrat: siehe Seite 62.

2.5.5 Schwierige Elterngespräche

Gespräche werden häufig dann schwierig, wenn die Gesprächspartner sich angegriffen fühlen und in eine Verteidigungshaltung geraten. Satir, eine der ersten systemischen Familientherapeutinnen in Amerika, hat sich intensiv mit der Bedeutung des Selbstwertes in der Kommunikation auseinandergesetzt. In ihrem Buch „*Kommunikation, Selbstwert, Kongruenz*“ (1988) beschreibt sie, kommunikative Verteidigungsmuster, auf die Menschen zurückgreifen, wenn sie sich in ihrem Selbstwert angegriffen fühlen.

Der Begriff „Selbstwert“ beschreibt die Bewertung des Bildes, das ein Mensch von sich hat. Nehmen wir an, Sie haben es mit Eltern zu tun, die ihr Kind in eine Einrichtung der Jugendhilfe geben müssen, weil sie nicht mehr mit der Erziehungssituation zurechtkommen. Was werden diese Eltern über sich und ihre Qualitäten als Eltern denken und wie werden sie sich bewerten? Vermutlich werden sie davon ausgehen, dass zumindest die anderen denken, dass sie schlechte Eltern seien. Vielleicht fühlen sie sich selbst auch schlecht und haben ein schlechtes Gewissen und das Gefühl, versagt zu haben. Wenn Sie als pädagogische Fachkraft mit diesen Eltern ein Gespräch führen, werden diese sehr sensibel sein für Botschaften, die ihnen vermitteln, schlechte Eltern zu sein. Um es mit dem Modell des Nachrichtenquadrates von Schulz von Thun zu sagen: Das Beziehungsohr wird sehr offen sein.

Sie als Gesprächspartnerin oder -partner merken das an Irritationen im Gespräch. Sie sagen zum Beispiel: „Wir im Team freuen uns, dass Lisa gut hier angekommen ist, Freunde gefunden hat und auch Fortschritte in der Schule macht.“ Die Eltern verstehen auf dem Beziehungsohr: „Ihr habt nicht gut für Lisa gesorgt. Jetzt geht es ihr viel besser.“ Sie haben aber mitteilen wollen: „Sie müssen sich keine Sorgen machen. Lisa geht es gut.“ Die Eltern verstehen Ihre Äußerung auf der Selbstoffenbarungsebene vielleicht als „Wir sind viel besser für Lisa.“ Dabei wollten Sie sagen: „Wir freuen uns, dass es Lisa gut geht und wir gemeinsam an dem Problem arbeiten können.“ Der niedrige Selbstwert der Eltern macht es schwierig, eine „gemeinsame“ Sprache zu finden.

Verteidigungsmuster nach Virginia Satir:
- anklagend
- rationalisierend
- beschwichtigend
- ablenkend

Spiegeln: siehe Seite 69.

Aktives Zuhören: siehe Seite 69.

Offene Fragen: siehe Seite 70.

Die Eltern befinden sich in einer Verteidigungshaltung. Eine Möglichkeit der Verteidigung liegt im Angriff. Also werden sie kritisch nachfragen, was eigentlich passiert, anmerken, dass Lisa vorher in der Schule viel besser war. Vielleicht beschweren sie sich auch über etwas. Nun fühlen sich die pädagogischen Fachkräfte angegriffen und schon wird das Gespräch schwierig. Wenn es den pädagogischen Fachkräften aber gelingt, die Botschaft der Eltern nicht mit dem Beziehungsohr, sondern auf der Selbstoffenbarungsebene zu hören, dann können sie ganz anders auf die Eltern eingehen. Statt sich zu rechtfertigen, können sie sagen: „Sie klingen ärgerlich. Gibt es etwas, das Sie ärgert oder Ihnen Sorgen macht?“ Damit haben Sie auf die Gesprächstechniken des Spiegelns, des aktiven Zuhörens und der offenen Frage zurückgegriffen.

Irritationen im Gespräch sollten für Sie also ein Hinweis darauf sein, dass Ihnen jemand etwas über sich selbst mitteilen möchte, aber die Beziehungsebene nutzt, um zu kommunizieren. Denn die Person fühlt sich angegriffen und verteidigt sich. Also ist es Ihre Aufgabe, aktiv zuzuhören, zu verstehen, warum Ihr Gegenüber sich verteidigt und was sie oder er Ihnen damit über sich selbst sagen will.

Konflikt: vom lateinischen „*conflictus*“ – Zusammenstoß; zwei oder mehrere unterschiedliche Interessen oder Wünsche, die unvereinbar scheinen, treffen aufeinander.

Auch Konflikte können zu schwierigen Gesprächen führen. Grundsätzlich sind Konflikte normal, weil jeder Mensch seine Sichtweise und seine Interessen hat. Wenn diese Interessen miteinander kollidieren, kommt es zu einem Konflikt. Kinder kommen krank in die Kita, weil die Eltern arbeiten müssen. Pädagogische Fachkräfte ärgern sich darüber. Schon ist der Konflikt da. Die Mutter oder der Vater des kranken

Kindes haben ein schlechtes Gewissen und können sich nicht anders helfen. Die pädagogischen Fachkräfte finden das Verhalten dem Kind gegenüber rücksichtslos und leiden mit. Vielleicht fühlen sie sich auch nicht ernst genommen, weil sie schon so oft gesagt haben, dass kranke Kinder zu Hause bleiben sollten.

Damit haben Sie auf zwei Ebenen eine schwierige Situation. Beide Parteien befinden sich in einer Verteidigungshaltung und fühlen sich in ihrem Selbstwert angegriffen, nicht wertgeschätzt. Außerdem gibt es einen Interessenkonflikt.

Ich-Botschaften: siehe Seite 68.

Das **Harvard-Konzept** ist eine Methode des sachbezogenen Verhandelns. Die erste Regel lautet, dass Sach- und Beziehungsebene getrennt werden sollten. Das heißt, wenn Sie sich über Eltern (auch Jugendliche, Kinder und Teamkollegen/-innen) ärgern, dann sollten Sie sich klarmachen, dass ein bestimmtes Verhalten Sie ärgert und nicht die ganze Person. Entsprechend benennen Sie im ersten Schritt das Problem. Dabei sind klare Ich-Botschaften hilfreich.

Harvard-Konzept: die Methode des sachbezogenen Verhandelns.
Ihr Ziel ist eine nutzbringende und friedliche Einigung in Konfliktsituationen. Im Vordergrund steht ein Win-Win-Ergebnis, das über einen Kompromiss hinausgeht, also der größtmögliche beiderseitige Nutzen.

Im zweiten Schritt geht es um die Positionen der Parteien. Es geht nicht darum zu gewinnen, sondern die Perspektive des Gegenübers zu verstehen. Hier wird mit offenen Fragen kommuniziert: *„Was hindert Sie daran, das Kind, wenn es krank ist, zu Hause zu behalten? Wie ist das für Sie, wenn Sie merken, dass Ihr Kind krank ist?"* Damit zeigen Sie Interesse an der Situation des Gegenübers, auch wenn Sie in der Sache unterschiedliche Auffassungen haben.

In einem dritten Schritt geht es darum, Entscheidungsalternativen zu suchen. Hier sind Kreativität und Perspektivwechsel gefragt. Zunächst kann es hilfreich sein, alle Möglichkeiten zu sammeln (Brainstorming), ohne diese sofort zu bewerten.

Erst im vierten und letzten Schritt einigen Sie sich auf eine Lösung. Dabei haben Sie Kriterien vereinbart, mit deren Hilfe Sie die Lösungsvorschläge bewerten und sich für eine Möglichkeit entscheiden. Dadurch, dass Sie sich vorher auf Kriterien geeinigt haben, können Sie aufeinander zugehen. Beide Parteien haben dann den Eindruck, gemeinsam zu einer Lösung gekommen zu sein, ohne dass sich jemand durchgesetzt hat und der andere nachgeben „musste".

2.5.6 Übungen zu schwierigen Elterngesprächen

AUFGABE

a) Analysieren Sie das folgende Gespräch und arbeiten Sie die Kommunikationsschwierigkeiten heraus.

b) Formulieren Sie das Gespräch um, indem Sie die Beiträge der pädagogischen Fachkraft so gestalten, dass die Kommunikation wertschätzend und konstruktiv ist. Passen Sie die Antworten der Eltern den neu formulierten Beiträgen an.

Tipp: Analysieren Sie unter Berücksichtigung der Ihnen bekannten Kommunikationsmodelle. Achten Sie auf die eingesetzten Gesprächsstrategien (siehe Seite 68–71) und Kommunikationssperren (siehe Seite 72).

Beteiligte: Frau Beckmann – Gruppenleitung; Herr Hans – Vater

Thema: Vater findet, dass nicht genügend auf die Schule vorbereitet wird, hat Tochter in Kita (fünf Jahre und sechs Monate alt)

Frau Beckmann: „Herr Hans, Sie hatten um ein Gespräch gebeten."

Herr Hans: „Ja, genau. Wie ich schon gesagt habe, als ich Lena gestern abgeholt habe. Ich finde, dass Sie überhaupt nicht auf die Schule vorbereiten. Meine Nachbarin hat mir Arbeitshefte aus der Kita ihres Sohnes gezeigt. Der kann schon Buchstaben schreiben und rechnen üben die auch. Hier passiert da ja gar nichts. Ich finde, …"

Frau Beckmann: „Hier muss ich Sie jetzt erst mal unterbrechen. Wir sind eine Kindertagesstätte mit einem eigenständigen Bildungsauftrag. Die von Ihnen beschriebene Form der Schulvorbereitung gehört nicht dazu."

Herr Hans: „Ich kann Ihnen nichts zu Bildungsaufträgen sagen und ich sehe auch keine Bildung hier, die Kinder spielen den ganzen Tag und Sie …"

Frau Beckmann: „Im Spiel finden die wichtigsten Bildungsprozesse statt. Die Kinder lernen über Erfahrungen mit allen Sinnen. Wenn Sie wollen, dass Ihre Tochter rechnen lernt, dann können Sie das ja zu Hause machen."

Herr Hans: „Sie sind die Fachkräfte und ich bezahle dafür. Also können Sie auch Ihre Aufgaben erfüllen."

Frau Beckmann: **„**Wir erfüllen unsere Aufgaben hier entsprechend unseres Konzepts. Wenn Sie den Eindruck haben, dass wir nicht gut genug für Ihre Tochter sind, steht es Ihnen frei, sich eine andere Kita zu suchen."

Herr Hans: „Entschuldigen Sie, ich habe mich da wohl etwas hart ausgedrückt. Ich weiß, dass Spielen wichtig ist. Trotzdem möchte ich, dass Lena die gleichen Möglichkeiten hat wie unser Nachbarsjunge. Schließlich kommen sie in die gleiche Schule."

Frau Beckmann: „Ich finde, dass Eltern sich heutzutage viel zu früh Gedanken um die Schullaufbahn ihrer Kinder machen. Aber wenn es für Sie wichtig ist, können wir ja im Alltag darauf achten, dass Lena häufiger auch Buchstaben schreibt, wenn sie Lust dazu hat."

Werkzeug Sprache – Deutsch und Kommunikation für Erzieherinnen und Erzieher ISBN: 978-3-582-83521-5

AUFGABE

a) Bilden Sie Gruppen von vier bis fünf Personen.

b) Lesen Sie die Situationsbeschreibung. Schlüpfen Sie zunächst in die Rolle der Eltern. Skizzieren Sie, wie die Eltern sich fühlen und verhalten könnten.

c) Zwei Personen übernehmen die Rolle der pädagogischen Fachkräfte und bereiten das Gespräch vor.

d) Führen Sie das Gespräch als Rollenspiel durch und reflektieren Sie den Verlauf.

Yvonne ist vier Jahre und sechs Monate alt. Sie hat einen Zwillingsbruder. Beide Kinder gehen seit zwei Jahren in die Kita. Die Mutter arbeitet als Arzthelferin, der Vater ist Einzelhandelskaufmann und arbeitet in einem Baumarkt. Die Familie lebt in einer Vier-Zimmer-Wohnung.

Yvonne und ihr Bruder Dominique sind in unterschiedlichen Gruppen, da Yvonne ihrem Bruder, wenn er in der Nähe ist, nicht von der Seite weicht. Er kümmert sich dann nur noch um seine Schwester und hilft ihr in allen Bereichen (Essen, Schuhe an- und ausziehen, Jacke knöpfen usw.).

Dominique ist in seiner geistigen, sozialen und motorischen Entwicklung seinem Alter entsprechend. Er malt gern, spielt viel mit anderen Kindern, hat feste Freundschaften, interessiert sich für viele Dinge wie Dinosaurier, Ritter und Flugzeuge. Sprache und Motorik sind ebenfalls altersgemäß.

Seine Schwester Yvonne hingegen spricht nur in Zwei-Wort-Sätzen, malt, wenn sie sich dazu überreden lässt, Kopffüßler und Kritzeleien. Sie wird schnell bockig und läuft dann weg oder schlägt um sich. Beim Turnen ist sie sehr vorsichtig und weint sofort, wenn sie etwas nicht machen will. Wenn sie mit anderen Kindern spielt, dann nur in Mutter-Kind-Spielen, bei denen sie die Baby-Rolle einnimmt.

Sobald die Mutter in der Nähe ist, gibt sie jegliche Tätigkeit auf und hält ständigen Körperkontakt zu ihr. Sie weint auch nach zwei Jahren Kindergarten noch, wenn die Mutter geht.

Beide Erzieherinnen der Gruppe sind sehr besorgt. Es hat schon mehrere Anläufe gegeben, mit den Eltern über die Entwicklungsunterschiede zu sprechen. Aber diese sind immer irgendwie gescheitert. Entweder haben die Eltern den Termin kurzfristig abgesagt oder der Vater bekam mittendrin einen unaufschiebbaren Anruf oder die Mutter meinte, Yvonne sei eben fauler als ihr Bruder und mehr Probleme gebe es eben nicht. Damit war das Gespräch dann auch beendet.

Frau Meyer, die Mutter der Zwillinge, ist bei den Erzieherinnen nicht sehr beliebt. Sie beklagt sich oft über die viele Arbeit mit den Zwillingen und macht schnell Vorwürfe, wenn aus ihrer Sicht etwas nicht klappt. Ihr Mann wirkt ruhig und schweigsam. Er äußert sich am liebsten über Zahlen und Fakten. Er möchte wissen, wie hoch der Anteil an Kindern in der Gruppe ist, die bei gleichem Alter weiter entwickelt sind, auf welche Beobachtungen die Erzieherinnen sich beziehen und wie das alles dokumentiert wird.

2.6 Moderieren

moderieren: abgeleitet vom lateinischen *moderari:* mäßigen, regeln, lenken.

Aus dem Fernsehen ist die Tätigkeit von Moderatorinnen und Moderatoren bekannt. Sie leiten Gesprächsrunden, stellen dabei Fragen und bringen die Teilnehmenden in einen Austausch miteinander. Wenn Sie als pädagogische Fachkraft die Gesprächsführung in einer Teamsitzung haben, einen Elternabend leiten oder mit den Kindern eine Gesprächsrunde zu einem bevorstehenden Projekt führen, dann sind Sie in der Rolle der Moderatorin bzw. des Moderators. An diese Rolle werden Erwartungen, bezogen auf Gesprächsführung und Prozessbegleitung, gestellt.

Hinweis:
Wer moderiert, lenkt den Prozess.

Moderation muss vorbereitet werden. Dazu gehören Raum, Material, Thema und Tagesordnung.

Moderation bedarf der Rollenklarheit. Wer moderiert, hat die Gesprächsführung, d.h., die Person entscheidet über das Vorgehen im Gesprächsverlauf.

Aufgaben bei der Moderation

- Themen/Tagesordnung vorbereiten und visualisieren
- Raum und Materialien vorbereiten
- für eine gute Arbeitsatmosphäre sorgen
- Gespräch strukturieren und lenken
- Störungen verhindern
- Positionen und Meinungen nicht bewerten
- zwischen unterschiedlichen Standpunkten vermitteln
- Ergebnisse herausarbeiten und zusammenfassen
- Verantwortung für das Zeitmanagement übernehmen

Aus diesen Aufgaben wird deutlich, dass Moderation auch mit einer klaren Haltung verbunden ist. Wer moderiert, kann meistens nicht gleichzeitig Teil der Gruppe sein. Wenn Sie einen Elternabend moderieren, die Kinderkonferenz oder eine Diskussion im Jugendzentrum, dann ist die Rolle klar.

Wenn Sie aber Teamsitzungen moderieren, dann sind Sie, wenn es sich um Ihr Team handelt, immer auch ein Teil der Gruppe. Hier ist Rollenklarheit gefragt, z.B. indem Sie sich auf die Liste der Rednerinnen und Redner setzen, dies klar benennen und, wenn Sie das Wort ergreifen, den Rollenwechsel verbalisieren. „Ich spreche jetzt als Teammitglied in der Sache. Meine Meinung dazu ist ..."
Wie alle Gespräche verlaufen auch Gruppendiskussionen, Teamsitzungen und Elternabende in bestimmten Phasen.

Hinweis:
Vergleiche auch Seite 79: „Fünf Phasen des Gesprächs".

Handwerkszeug der Moderation:

- aktives Zuhören
- Spiegeln
- Offene Fragen
- Ich-Botschaften bei Störungen

1. **Begrüßungsphase:** Die Teilnehmenden kommen an. Je nach Art der Veranstaltung, z.B. bei Elternabenden, begrüßen Sie die Ankommenden persönlich, sprechen ein paar Worte mit jedem, überbrücken peinliches Schweigen. Hier können Sie bereits einzelne Teilnehmerinnen und Teilnehmer miteinander bekannt machen und es den „Neuen" leichter machen, Anschluss zu finden.
2. **Anmoderation – Eröffnung:** Sie eröffnen das Gespräch pünktlich. Nun stellen Sie zwischen sich und der Gruppe den Kontakt her. Sie machen deutlich, dass Sie die Gesprächsführung haben, strukturieren und begleiten. Sie führen in das Thema und den Ablauf ein. Sie sorgen für Transparenz, damit sich alle Teilnehmenden sicher und informiert fühlen können.
3. **Zielvereinbarung und Einstieg in die Arbeitsphase:** Sie benennen die Ziele der Veranstaltung und führen durch die richtigen Fragen in die Phase des Austauschs und der Erarbeitung ein.

Tipp:
Visualisieren Sie die Ziele. Bereiten Sie Fragen für die Arbeitsphase vor.

Werkzeug Sprache – Deutsch und Kommunikation für Erzieherinnen und Erzieher ISBN: 978-3-582-83521-5

4. **Arbeitsphase:** In der Arbeitsphase besteht Ihre Aufgabe darin, aktiv zuzuhören, zwischen unterschiedlichen Positionen zu vermitteln, Zwischenergebnisse zusammenzufassen. Sie achten auf die Uhrzeit, sorgen dafür, dass alle zu Wort kommen. Sie bremsen Personen aus, die sehr viel reden und Sie sorgen dafür, dass es nicht zu Nebengesprächen kommt oder zu weit vom Thema abgewichen wird. Am Ende der Arbeitsphase kann eine Abstimmung stehen, die Sie vorbereitet haben und jetzt leiten. Es können auch Ergebnisse aus Kleingruppen präsentiert werden oder ein Austausch stattfinden.
5. **Abschluss:** Sie knüpfen an die Zielvereinbarung an und fassen die Ergebnisse zusammen. Sie machen deutlich, was mit diesen Ergebnissen passiert, welche Schritte als nächstes unternommen werden bzw. vielleicht auch den Arbeitsauftrag/die Fragestellung für ein nächstes Treffen. Dann verabschieden Sie die Teilnehmenden.

Tipp:
Bereiten Sie Methoden für die Arbeitsphase vor und Material, um die Ergebnisse zusammenfassen und präsentieren zu können.

Tipp:
Bereiten Sie die Sitzung nach, indem Sie ein Protokoll erstellen und ggf. Arbeitsergebnisse konservieren (Fotos).

Während des Moderationsprozesses sollten Sie Störungen durch Nebengespräche oder Ablenkungen direkt ansprechen. Es kostet viel Energie darüber hinweg zu gehen. Bei Nebengesprächen kann eine Nachfrage, ob noch etwas unklar ist, hilfreich sein. Bei starkem Redebedarf können Sie eine begrenzte Zeit Raum für eine Murmelphase geben.

Murmelphase: zwei bis drei Minuten haben alle Zeit sich zu dem Thema mit der Nachbarin/dem Nachbarn auszutauschen.

Moderation von Entscheidungsprozessen mit Kindern und Jugendlichen
Wenn Sie ein Projekt mit Kindern/Jugendlichen entwickeln, dann gestalten Sie die Aspekte der Moderatorenrolle entsprechend der Zielgruppe, dem Thema und den Rahmenbedingungen aus. Wichtige Fragen dabei sind:

1. Welche Ziele verfolge ich für diese Gesprächseinheit?
2. Wie muss ich die Einheit gestalten, damit alle sich beteiligen können? (Partizipative Kommunikation!)
3. Welche organisatorischen Vorbereitungen muss ich treffen?
4. Wie will ich in das heutige Thema des Gespräches einführen?
5. Welche Inhalte sind wichtig?
6. Wie will ich den Diskussionsprozess lenken?
7. Wie will ich die Äußerungen aufgreifen und präzisieren, wenn nötig?
8. Wie kann ich die Ergebnisse so dokumentieren/visualisieren, dass sie für die Zielgruppe verständlich und auch zu einem späteren Zeitpunkt nachvollziehbar sind?

Hinweis:
Visualisieren von Entscheidungsmöglichkeiten durch Symbole oder Fotos sorgt für Transparenz und befähigt auch sehr kleine Kinder, den Überblick zu behalten.

2

2.7 Präsentieren

präsentieren: abgeleitet vom lateinischen *praesentare*: gegenwärtig machen, zeigen.

Mit einer Präsentation bieten Einzelpersonen oder Gruppen Inhalte mündlich dar. Die Darbietung wird unterstützt durch visuelle Hilfen (Grafiken, Bilder usw.). Sie kennen Präsentationen bereits aus Ihrem Schulalltag in Form von Referaten oder als Abschluss umfangreicher Projektarbeiten.

In Ihrem Berufsalltag als pädagogische Fachkraft werden Sie noch weitere Formen der Präsentation kennenlernen. Sie stellen auf einem Elternabend ein neues Konzept vor oder wollen mit einem kurzen Referat am Anfang in ein für die Eltern wichtiges Thema einführen. Vielleicht haben Sie auch eine gute Idee, wie Sie durch ein Projekt im künstlerischen Bereich Kindern und Jugendlichen Selbstbewusstsein und die Teilhabe an Kultur vermitteln wollen. Wenn Sie dafür finanzielle Unterstützung einwerben wollen, dann müssen Sie Ihre Projektidee präsentieren.

Hinweis:
Präsentationen sind besondere Kommunikationssituationen.

Eine gute Präsentation ist lebendig, zielgerichtet, auf das Publikum abgestimmt und gut strukturiert.

Präsentationen stellen in jedem Fall eine besondere Form der Kommunikation dar: Ein Sender richtet sich mit seinem Thema an ein Publikum, hat also viele Empfänger. Die Inhalte stehen im Vordergrund, doch gleichzeitig werden die Beziehung zum Publikum (Beziehungsebene) und die eigene Einstellung zum Thema (Selbstoffenbarungsebene) vermittelt.

Sie wissen aus eigener Erfahrung, dass eine Präsentation dann gut bei Ihnen ankommt, wenn jemand lebendig vorträgt, fachkompetent und überzeugend wirkt und flexibel auf Bedürfnisse aus dem Publikum eingehen kann, ohne den roten Faden zu verlieren. Deshalb muss eine gute Präsentation sorgfältig vorbereitet sein.

Vorbereitung

1. Aussageabsicht und damit das Ziel festlegen: Wollen Sie informieren, überzeugen, zu etwas aufrufen?
2. Interessen und Bedürfnisse des Publikums einschätzen: Wer hört Ihnen warum zu? Welche Fragen hat das Publikum an Ihr Thema? Welches Vorwissen ist vorhanden?
3. Aufgabenplanung: Welche Aufgaben (Informationsbeschaffung, Vorbereitung Medieneinsatz, Grafiken usw.) fallen an? Bis wann muss was erledigt sein? Welche Aufgaben sind am wichtigsten für das Gelingen der Präsentation?
4. Informationen beschaffen, gewichten und strukturieren: Welche Informationen sind für das Publikum wichtig? Welchen Zeitumfang hat die Präsentation? Wie verteilen Sie die Inhalte auf Einleitung, Hauptteil und Schluss?
5. Visualisieren: Wie unterstützen Sie Ihre Aussagen visuell? Welche Medien können Sie dabei nutzen?
6. Kommunizieren: Wie unterstützen Sie Ihre Aussagen durch verbale und nonverbale Kommunikation?
7. Präsentationsskript erstellen: Wollen Sie frei sprechen, durch Karteikarten oder eine PowerPoint-Präsentation unterstützt?

Werkzeug Sprache – Deutsch und Kommunikation für Erzieherinnen und Erzieher ISBN: 978-3-582-83521-5

2.7.1 Durchführung der Präsentation

Das Präsentationsskript steht. Sie haben sich für eine Form der Darbietung entschieden und wissen, wie lange Sie für welche Aspekte brauchen. Was müssen Sie tun, damit Sie mit Ihrer Präsentation gut ankommen?

Hinweis:
Der Hauptteil einer Präsentation sollte ungefähr 75 % der Zeit umfassen, auf den Einstieg entfallen 15 % und 10 % auf den Schluss.

Kleidung und Auftreten: Auch wenn wir denken, dass Kleidung eine individuelle Entscheidung ist, so transportieren wir gerade in solchen Zusammenhängen sehr viel durch die Kleidung. Überlegen Sie, in welchem Rahmen und mit welchem Ziel Sie vortragen und wie Sie wirken wollen. Sie wollen durch Ihre Kleidung zeigen, dass Sie das Publikum wertschätzen, kompetent sind und hier gern präsentieren. Das vermitteln Sie auch durch Blickkontakt mit dem Publikum, eine offene Körperhaltung und einen sicheren Stand.

Einleitung: Mit den ersten Worten bauen Sie Kontakt auf. Sie wollen Sympathien gewinnen, Aufmerksamkeit und Interesse wecken und Sie wollen eine Orientierung geben. Bei der Begrüßung stellen Sie sich dem Publikum mit Ihrem Namen vor, soweit Sie nicht allen bekannt sind. Sie nehmen Blickkontakt auf, lächeln und begrüßen der Zielgruppe angemessen Ihr Publikum. Sie erklären Ihre Beziehung zum Thema und wecken die Aufmerksamkeit dafür. Sie stellen das Thema mit einer Schlagzeile vor und stellen die Bedeutung für die Zuhörenden dar. Dann geben Sie einen kurzen Überblick über die Vortragsstruktur und darüber, wann Raum für Fragen ist.

Beispiel:
„Guten Morgen und herzlichen Dank für die Einladung. Ich heiße Nesrin Aydin und präsentiere Ihnen gern unsere Projektskizze zum Thema ‚Theater verbindet'."

Hauptteil: Sie bieten die Informationen so strukturiert dar, dass die Zuhörenden Ihnen folgen können. Diese Darbietung unterstützen Sie durch geeignete Medien. Das können Bilder, Grafiken, die Folien Ihrer Präsentation oder Ähnliches sein. Achten Sie bei der Auswahl darauf, dass der Zusammenhang zwischen dieser medialen Darstellung und Ihrem Vortrag erkennbar ist. Das Publikum kann diese medialen Darstellungen schnell erfassen, wenn sie klar gegliedert sind, Schlüsselbegriffe enthalten und die grafische Gestaltung dem Publikum sowie dem Medium entsprechend aufbereitet ist.

Hinweis:
Folien sollten keine langen Texte enthalten und auch noch in der letzten Reihe gut zu lesen sein.

Abschluss: Mit dem Abschluss hinterlassen Sie einen bleibenden Eindruck. Wiederholen Sie kurz die Kernaussagen Ihres Vortrags. Bringen Sie mit klaren deutlichen Worten die Inhalte auf den Punkt. Stellen Sie dabei einen Bezug zum Anfang her und fordern Sie, wenn es passt, zu konkretem Handeln auf. Sollte sich eine Diskussion anschließen, leiten Sie mit einem anregenden Frageimpuls dazu über und erläutern Sie Dauer und Verlauf. Schauen Sie mit dem letzten Satz das Publikum lächelnd an und senken Sie die Stimme am Satzende. Damit signalisieren Sie, dass die Präsentation beendet ist. Bedanken Sie sich für die Aufmerksamkeit.

Beispiel:
„Theater schafft Freiräume im Kopf und im Handeln. Damit diese Freiräume entstehen können, benötigen wir Ihre finanzielle Unterstützung. Herzlichen Dank für Ihr Interesse."

2.8 Argumentieren

argumentieren: abgeleitet von „Argument“, lateinisch *argumentum* – Gehalt, Beweis.

Sowohl in privaten als auch in schulischen und beruflichen Zusammenhängen wird argumentiert. Wenn ein Kind mit den Eltern darüber verhandelt, ob es bei einem Freund schlafen oder länger aufbleiben darf, wird es versuchen seine Position zu erklären und zu begründen. Es wird den Eltern beweisen wollen, dass ein direkter Vorteil entsteht und dass es gute Gründe für das Vorhaben gibt.

Beispiel:
„Ich muss heute bei Nele übernachten (Behauptung), weil wir abends noch zusammen für das Diktat üben wollen (Begründung). Nele kann die Rechtschreibung viel besser und kann mir vor dem Schlafen gehen die Regeln sagen. Dann behalte ich das auch viel besser (Beleg).“

Aufbau einer Argumentation
1. Mit einer **Behauptung** (These) wird der eigene Standpunkt klar gemacht.
2. Mit der **Begründung** wird dieser Standpunkt näher erklärt und begründet.
3. Mit einem **Beispiel** oder einem **Beleg** wird deutlich gemacht, dass die Behauptung richtig und das Argument nachvollziehbar sind.

Wenn Sie argumentieren, müssen Sie Ihre Behauptung deutlich formulieren. Die Erklärung sollte nicht zu lang und das Beispiel oder der Beleg schlüssig sein.

AUFGABE

a) Lesen Sie das Szenario.

b) Sammeln Sie Begründungen, Beispiele und Belege für die Behauptung, dass pädagogische Fachkräfte ihre Körpersprache professionell einsetzen müssen.

c) Formulieren Sie eine Argumentation dafür, dass Sie ein Seminar zur Schulung der Körpersprache besuchen wollen.

Tipp:
Greifen Sie auf den Text „Die „doppelte“ Sprachlosigkeit“ auf Seite 15 zurück.

Sie sind in einer Wohngruppe für Kinder und Jugendliche im Alter von sieben bis zwölf Jahren als pädagogische Fachkraft tätig. Die Hälfte der Kinder ist mehrsprachig. Einige Kinder sind durch Gewalterfahrungen bei der Flucht oder im familiären Umfeld stark traumatisiert. Sie möchten gern eine Fortbildung mit dem Thema *„Körpersprache und Stimme in Beratung, Kooperation und Konflikt“* besuchen.

Ihre Fachbereichsleitung ist nicht sehr begeistert, weil die Fortbildung fünf Tage dauert und recht teuer ist. Sie argumentiert folgendermaßen: *„Die Fortbildung ist nicht nötig, weil Sie bereits eine Fortbildung im Bereich Sprachförderung haben. Diese ist ausreichend, um die Kinder sprachlich zu fördern. Die Kinder sind schon älter und Körpersprache ist deshalb nicht mehr so wichtig für sie. Außerdem sollen Sie lernen, Kommunikation auf der verbalen Ebene zu führen und zu verstehen. Im späteren Leben werden die Leute mit den Kindern ja auch nicht bewusst ihre Körpersprache einsetzen.“*

Auch in Teamsitzungen und bei Elternabenden müssen Sie argumentieren. Häufig sind diese Argumentationen eingebunden in eine Diskussion zu einem bestimmten Thema. Die Eltern wollen zum Beispiel längere Öffnungszeiten oder mehr Schulvorbereitung. Im Team wird diskutiert, ob Jugendliche stärker in Entscheidungsprozesse mit eingebunden werden sollen, wenn es um Alltagsorganisation oder Ausflüge geht.

Ähnlich wie beim Präsentieren ist es wichtig, in Diskussionen kompetent aufzutreten und den eigenen Diskussionsbeitrag gut zu strukturieren.

Struktur eines guten Diskussionsbeitrages
1. Anknüpfen an die bisherige Diskussion, einen Aspekt aus der Diskussion aufgreifen.
2. Den eigenen Standpunkt darstellen (Argumentation).
3. Die Schlussfolgerung ziehen, einen eigenen Kerngedanken formulieren.

AUFGABE

a) Lesen Sie den Diskussionsausschnitt.

b) Analysieren Sie die Diskussionsbeiträge und arbeiten Sie die Struktur heraus.

c) Erstellen Sie eine Tabelle in folgender Form und halten Sie Ihre Ergebnisse schriftlich fest.

Aufgreifen des vorherigen Beitrags	Behauptung	Begründung	Erläuterung	Beispiel	Schlussfolgerung
...					

Leitung: „Melina, ich gebe dir völlig Recht. Es ist nicht gut für Kinder, wenn sie mehr als 40 Stunden in der Woche in der Kita sind. Aber wir sind die Betriebskita des Krankenhauses und müssen unsere Betreuungszeiten dem Schichtdienst anpassen. Die Eltern können nicht arbeiten, wenn sie nicht wissen, wo sie ihr Kind lassen sollen. Denk z. B. an Nihats Mutter. Wie soll sie die Nachtschichten machen, wenn sie nicht weiß, wo Nihat bleiben kann? Daher ist es unsere Aufgabe, dafür ein sinnvolles Konzept zu entwickeln."

Melina: „Ja, das stimmt. Wir brauchen dann sehr viel Flexibilität in der Tagesstruktur und bei unseren Arbeitszeiten, weil sowohl wir als auch die Kinder dann Wochenenddienste und Nachtschichten haben. Nihat könnte dann erst abends gebracht werden, hier essen und würde dann auch hier schlafen. Das heißt aber auch, dass jemand dann nachts hier ist. Und wo soll Nihat bleiben, wenn die Mama schlafen muss?"

Paul: „Ja, schlafen muss sie dann ja auch nach der Arbeit. Wenn Nihat dann tagsüber auch hier ist, dann hätte er einen 24-Stunden-Kita-Tag. Das würde ihn überfordern. Daher bräuchte er nach den 8 Stunden Kita einen normalen Feierabend, wie alle anderen Kinder auch."

2.9 Klausurtraining Fachabitur – Kommunikationsanalyse in literarischen Texten

2.9.1 Grundlagen: Gespräche in literarischen Texten analysieren

fiktiv: nur angenommen, erdacht, erdichtet

In dramatischen und epischen Texten wird eine fiktive Welt erschaffen, mit fiktiven Personen, die in dieser Welt miteinander kommunizieren. Diese Kommunikation lässt sich mit den gleichen Mitteln analysieren wie die Kommunikation von realen Personen in einer realen Situation. Dabei gewinnen die Lesenden Einblick in die Welt der Figuren. Sie erhalten Informationen zu ihrem Charakter, ihren Motiven und zu ihrer Wirkung auf andere Figuren. Auf dieser Grundlage lassen sich Rückschlüsse auf Deutungsaspekte ziehen.

Kommunikationsmodelle: siehe Seite 58–63.

Sie können bei der Analyse von literarischen Texten mithilfe der fünf Axiome nach Watzlawick (siehe Seite 60 f.) und der vier Seiten einer Nachricht nach Schulz von Thun (siehe Seite 62 f.) vorgehen, wie bei der Analyse von Gesprächssituationen im Alltag und im professionellen Zusammenhang.

Grundlagen zu literarischen Texten: siehe Seite 246–247.

2.9.2 Die fünf Axiome der Kommunikation in literarischen Gesprächssituationen

Kommunikationsanalyse: siehe Seite 58–65.

Hinweis: Verhalten ist Kommunikation.

1. Axiom: „Man kann nicht nicht kommunizieren."
Jedes Verhalten beinhaltet eine Botschaft. Daher ist jede nonverbale Äußerung Kommunikation – auch Schweigen, sich wegdrehen, mit dem Blick ausweichen. Da es nicht möglich ist, sich nicht zu verhalten, ist es auch nicht möglich, nicht zu kommunizieren.

AUFGABE

a) Erläutern Sie anhand der vorliegenden Textstelle das erste Axiom von Watzlawick.

b) Entwickeln Sie aus dieser Erläuterung eine erste Deutung zum Verhältnis von Sandra und Michael.

Peter Stamm: siehe Seite 295.

Hinweis: In der Geschichte „Jedermannsrecht" treffen ein junger Mann und eine junge Frau (Monika sowie der Ich-Erzähler), die seit Jahren miteinander befreundet sind, aber keine sexuelle Beziehung haben, beim Paddeln in Schweden auf ein jung verheiratetes Paar (Sandra und Michael). Der Textauszug stellt das erste Kennenlernen dar.

Jedermannsrecht

Wir hatten Sandra und Michael im Zug kennengelernt. [...]
„Mein Mann heißt Michael", sagte sie. „Wir sind auf der Hochzeitsreise."
Michael schwieg. Er schien nicht einmal zuzuhören und schaute still in den immer gleichen Wald hinaus. Nur einmal, als nahe am Bahngleis ein Fischreiher aufflog und mit wenigen Flügelschlägen über den Bäumen verschwand, sagte er: „Sieh mal, Sandra."
„Das sind unsere letzten Ferien für einige Zeit", sagte Sandra. „In einem halben Jahr kriegen wir ein Baby. Nicht wahr, Michael?"
Michael schaute wieder aus dem Fenster und Sandra wiederholte: „Nicht wahr, Michael?"
„Ja", sagte er endlich.

(Stamm, Peter (2001): *Jedermannsrecht,* in: ders. (Hrsg.): *Blitzeis. Erzählungen,* 5. Auflage, München: btb, S. 41–42.)

Werkzeug Sprache – Deutsch und Kommunikation für Erzieherinnen und Erzieher ISBN: 978-3-582-83521-5

2. Axiom: „Jede Kommunikation hat eine Inhalts- und eine Beziehungsebene"
Wenn zwei Personen miteinander interagieren, dann senden und empfangen sie nicht nur auf der Sachebene Informationen, sondern auch auf der Beziehungsebene, d. h., sie teilen sich gegenseitig mit, wie sie die Beziehung zum anderen jeweils sehen und was sie von der anderen Person halten.

Inhaltsebene: Sachinformationen der Nachricht

Beziehungsebene: Aussage darüber, wie die Personen zueinander stehen, wie sie ihre Beziehung zueinander definieren.

AUFGABE

a) Erläutern Sie anhand der vorliegenden Textstelle das zweite Axiom von Watzlawick.

b) Entwickeln Sie aus dieser Erläuterung eine erste Deutung, wie Monika und der Ich-Erzähler jeweils ihr Verhältnis zueinander sehen.

Jedermannsrecht

„Mit dir kann ich viel besser lachen als mit Stefan", sagte sie.
„Habt ihr euch deswegen getrennt?"
„Nein", sagte Monika. „Er wollte ein Kind."
„Und du?"
„Er wollte es nur aus Angst. Weil alle seine Freunde Kinder haben. Und er wohl Angst hatte, es werde immer alles so weitergehen. Und dass er allein alt werden würde. All das. So hat er das gesagt."
„Und du?", fragte ich noch einmal.
„Am Ende ist man sowieso allein", sagte Monika.
„Möchtest du kein Kind?"
„Nein. Ich möchte es aushalten, allein zu sein. Meinetwegen allein alt zu werden."
Monika sagte, am liebsten hätte sie die Kanutour allein gemacht. Aber dann habe sie gelesen, man müsse das Boot an einigen Stellen über Land transportieren. Und das habe sie sich nicht zugetraut. Deshalb habe sie mich gefragt.
„Dann bin ich nur der Träger hier?"
„Nein. Du weißt, was du mir bedeutest. Du bist mein ältester Freund. Das ist mehr als der beste Geliebte."

(Stamm, Peter (2001): *Blitzeis. Erzählungen*, 5. Auflage, München: btb, S. 55–56.)

Hinweis:
Die vorliegende Textstelle stammt ebenfalls aus der Kurzgeschichte „Jedermannsrecht". Der Ich-Erzähler und seine langjährige Freundin sind zusammen beim Essen. Es ist der Vorabend ihrer Paddeltour, die über mehrere Tage einem schwedischen Fluss folgen wird.
Auf der Paddeltour wird der Ich-Erzähler ansprechen, dass er in der Schule unsterblich in Monika verliebt gewesen sei und sie ihm das Herz gebrochen habe.

3. Axiom: „Die Natur einer Beziehung ist durch die Interpunktion der Kommunikationsabläufe seitens der Partner bedingt."
In einer Interaktion gibt jede an der Kommunikation beteiligte Person den Botschaften des Gegenübers eine Bedeutung. Diese Bedeutungszuschreibung prägt dann die Antwort auf die Kommunikation.

Interpunktion: Zeichensetzung; in diesem Fall die Bedeutung, die der Kommunikationspartner der Botschaft des Gegenübers zuschreibt.

AUFGABE

a) Erläutern Sie anhand der vorliegenden Textstelle das dritte Axiom von Watzlawick.

b) Entwickeln Sie aus dieser Erklärung, welche Bedeutung Sandra den Botschaften von Monika gegeben hat.

Hinweis:
Vor dieser Stelle des Textauszugs sind die beiden Paare gemeinsam an einer Einsetzstelle vom Kanubesitzer rausgelassen und eingewiesen worden. Während der Ich-Erzähler und Monika noch den Informationen zum Packen des Kanus folgen, paddeln Sandra und Michael sofort los.
In der vorliegenden Textstelle haben die beiden Michael allein am Fluss gefunden. Die Spuren eines gekenterten Kanus sind unübersehbar. Sandra ist am Vortag allein aufgebrochen um Hilfe zu holen.

Jedermannsrecht

„Warum habt ihr nicht einfach auf uns gewartet", sagte ich. „Ihr habt doch gewusst, dass wir nicht weit hinter euch sind."
„Sandra meinte, ihr würdet nicht halten", sagte Michael, „weil wir euch überholt haben. Dass ihr uns böse seid. Und weil sie das Gepäck nicht angebunden hatte. Sie sagte, ihr würdet euch über uns lustig machen."
„Bist du blöd?", sagte Monika. „Das ist kein Wettbewerb hier. Diese Kuh."
Michael kauerte nieder. „Mein Schuh muss hier ganz in der Nähe sein", sagte er mit weinerlicher Stimme.
„Am Arsch ist dein Schuh", sagte Monika. Ich hatte sie noch nie so wütend gesehen.

(Stamm, Peter (2001): *Blitzeis. Erzählungen*, 5. Auflage, München: btb, S. 55–56.)

4. Axiom: „Menschliche Kommunikation bedient sich digitaler und analoger Modalitäten"
Wenn Personen miteinander in Interaktion treten, repräsentiert die Sprache die digitale Ebene der Kommunikation. Körpersprache, also Gestik, Mimik und Auftreten, ist die analoge Ebene.

AUFGABE Erläutern Sie anhand der vorliegenden Textstelle das vierte Axiom von Watzlawick.

Jedermannsrecht

In einem halben Jahr kriegen wir ein Baby. Nicht wahr, Michael?"
Michael schaute wieder aus dem Fenster und Sandra wiederholte: „Nicht wahr, Michael?"
„Ja", sagte er endlich.
„Ihr scheint ja ganz begeistert zu sein", sagte Monika mit übertrieben freundlichem Lächeln.

(Stamm, Peter (2001): *Blitzeis. Erzählungen*, 5. Auflage, München: btb, S. 42.)

symmetrische Kommunikation: Die Kommunikation beruht auf Gleichheit und jeder Kommunikationspartner verhält sich so wie der andere.

komplementäre Kommunikation: Die Kommunikationspartner ergänzen sich in ihrem Verhalten. Z. B.: Wenn der eine viel redet, schweigt der andere.

5. Axiom: „Zwischenmenschliche Kommunikationsabläufe sind entweder symmetrisch oder komplementär"
Bei einer Kommunikationssituation, die symmetrisch ist, also auf Gleichheit beruht, zeigen die Kommunikationspartner ein aufeinander abgestimmtes Verhalten, ihr Anteil an der Kommunikation ist gleich verteilt.
Bei einer komplementären Kommunikation ergänzen sich die Verhaltensweisen, d. h., wenn der eine Angst zeigt, ist der andere mutig, wenn der eine viel Energie hat, zeigt sich der andere müde. Komplementäre Kommunikationen sind oft durch Hierarchie bestimmt, das heißt, dass der eine die Kommunikation bestimmt, während der andere folgt.

Werkzeug Sprache – Deutsch und Kommunikation für Erzieherinnen und Erzieher ISBN: 978-3-582-83521-5

AUFGABE

a) Erläutern Sie anhand der vorliegenden Textstelle das fünfte Axiom von Watzlawick.

b) Erläutern Sie auf dieser Grundlage, wie sich die Gestaltung der Kommunikation auf das Verhältnis zwischen Sandra und Monika auswirkt.

Jedermannsrecht

„Es ist wie ein Wunder", sagte Sandra, „das Leben in sich wachsen zu fühlen."
„Das wahre Wunder wirst du erleben, wenn das Leben aus dir herausgewachsen ist", meinte Monika trocken.
„Wollt ihr keine Kinder?", fragte Sandra, an mich gewandt.
„Es würde nicht zu unserer Wohnungseinrichtung passen", sagte Monika schnell.
Der Zeltplatz lag am Rande einer Kleinstadt, zwischen einer Autofabrik und dem großen See. Als wir im Laden Vorräte kauften, trafen wir Sandra und Michael wieder. Sandra sagte, wir müssten unbedingt Mückenschutzmittel kaufen, schwedische Mücken ließen sich nur mit schwedischem Mückenschutzmittel vertreiben.
„Have you vino?", fragte eine Österreicherin vor uns an der Kasse. Die Verkäuferin schüttelte den Kopf, und Sandra erklärte der Touristin das schwedische Alkoholgesetz.
„Ich hasse dieses Weib", flüsterte Monika mir ins Ohr.
[…]
Seit Tagen hatten wir keinen Menschen getroffen, als wir am Ufer ein Kanu bemerkten. Dann sahen wir Sandra und Michael, die nackt im Gras lagen. Ich hoffte, dass sie uns nicht sehen würden, aber sie schienen uns gehört zu haben und schauten herüber. Sie winkten nicht, und wir taten, als hätten wir sie nicht bemerkt.
„Wie Tiere liegen sie da", sagte Monika. „Ich habe immer das Gefühl, dass sie uns was beweisen will." […]
Sie paddelten schnell, und als sie bald darauf grußlos an uns vorbeizogen, hörte ich sie heftig atmen.[…] Automatisch begann auch ich, schneller zu paddeln, aber Monika sagte: „Lass sie. Ich habe keine Lust auf ein Rennen."

(Stamm, Peter (2001): *Blitzeis. Erzählungen*, 5. Auflage, München: btb, S. 42–49.)

Hinweis:
Das Gespräch über die bevorstehende Geburt wird fortgesetzt. Sandra antwortet auf die Äußerung von Monika, dass sie begeistert scheinen.

2.9.3 Übung zu den Axiomen an einem literarischen Text

AUFGABE

a) Lesen Sie die Kurzgeschichte „Mamas Lachen" von Peter Jüde.

b) Verfassen Sie eine Einleitung und eine Inhaltsangabe.

c) Analysieren Sie die Textstellen, an denen die Axiome von Watzlawick besonders deutlich werden (siehe die Markierungen im Text).

d) Deuten Sie – vor dem Hintergrund der Arbeitsergebnisse – die Beziehung zwischen Jan, seiner Mutter und deren Freund Tom.

Mamas Lachen (2008) *Peter Jüde*

Der ICE hielt mitten auf der Brücke an. Nach einigen Sekunden setzte sich der Zug wieder in Bewegung, blieb aber auf Höhe des Doms erneut stehen. Jan konnte die Kirche in der Dunkelheit nur undeutlich erkennen. Plötzlich musste er die Augen zukneifen. Schlagartig war es hell geworden, weißes Licht umflutete den Dom. Er konnte ihn in allen Einzelheiten erkennen. Jan hatte den Schalter für den Strahler umgelegt.

Eine ungeheure Leistung, solch eine Kathedrale zu bauen. Schließlich konnte man den Dom nicht in einem Laden kaufen und ihn einfach auf die Platte stellen. Der Zug fuhr im Schritttempo in den Kölner Hauptbahnhof ein. Jan hatte eine schöne Fahrt gehabt. Der angestrahlte Dom, grandios. Es hatte alles funktioniert. Jan schaltete das Deckenlicht wieder an.

„Hallo, Jan." Tom stand in der Kellertür. Er hielt ein Kölschglas in der Hand, prostete Jan zu und trank. „Mensch Jan, die Anlage ist wirklich gut." Tom schob sich seinen Cowboy-Hut in den Nacken. Dann trank er wieder einen Schluck und beugte sich über Jans Landschaft. „Wie du das immer hinkriegst. Sieht alles ziemlich echt aus." – „Am Dom habe ich ganz schön lange gearbeitet", sagte Jan. „Das war viel Arbeit, aber jetzt ist alles perfekt, auch die Schienen auf der Hohenzollern-Brücke und hier am Hauptbahnhof sind neu. Ich habe gerade eine Testfahrt gemacht."

Tom nickte: „Sehr schön, dein Klein-Köln." Er lachte. Jan drehte sich weg, damit er die Bierfahne nicht riechen musste. „Komm nach oben, deine Mutter hat Berliner geholt." Jan trottete hinter Tom zur Tür. Zweimal drehte Jan den Schlüssel im Schloss und drückte anschließend die Klinke herunter, um zu prüfen, ob die Tür wirklich verschlossen war. Dann zog er den Schlüssel ab und steckte ihn in die Hosentasche. So hatte es Papa auch gemacht. Jedes Mal, wenn er den Keller verlassen hatte. Papa hatte sich nie verkleidet. Karneval hatten sie immer zusammen im Keller an der Modelleisenbahnanlage gebaut. Jedes Jahr war Köln größer geworden. Nur den Rosenmontagszug hatten sie sich zusammen angesehen. Mama, Papa, Jan.

Mama kam ihnen im Flur entgegen. Sie war als Bärbelchen verkleidet. Mit den blonden Zöpfen kam sie Jan fremd vor. Sie küsste Tom auf den Mund und bevor er sich wegdrehen konnte, küsste sie auch Jan auf den Mund. Als sie in der Küche verschwand, wischte er ihren Kuss wieder ab. Sein Handrücken war rot von ihrem Lippenstift. Er folgte Tom ins Wohnzimmer und setzte sich auf die Couch. Mama brachte die Schüssel mit Berlinern, die sie vor ihm auf den Tisch stellte.

 Werkzeug Sprache – Deutsch und Kommunikation für Erzieherinnen und Erzieher ISBN: 978-3-582-83521-5

Mama sagte etwas, aber Jan verstand nichts, weil Tom gerade die Musik aufdrehte. Mama und Tom sangen mit, hielten sich an den Händen, Mama schwang ihren Hintern hin und her.

Jan biss in einen Berliner und starrte auf die Maserung des Tischs. Das nächste Lied setzte ein. Tom drehte die Musik etwas leiser, die beiden setzten sich zu ihm auf die Couch. Mama goss Kölsch nach. Mama trank viel Kölsch, seit Papa nach Rosenheim zu seiner Freundin gezogen war. Sie trank jeden Tag Kölsch. Immer abends vor dem Fernseher. Manchmal weinte sie, wenn sie glaubte, dass Jan schlief. Aber Jan beobachtete sie. Einmal hatte sie ihn bemerkt und hatte ihn in ihre Arme gezogen. Sie hatte gestunken. Jan hasste Bier. Menschen, die Bier tranken, stanken. Er schnappte sich drei Berliner, lief die Treppe hinunter in den Keller.

Vom Hauptbahnhof ging es mit der S-Bahn zum Hansaring. Er genoss den Blick auf die Hochhäuser im Mediapark, die Papa noch gebaut hatte. Als die S-Bahn am Hansaring wieder anfuhr, merkte er, dass etwas nicht stimmte. Poltern, eine Frau lachte. Plötzlich stand Mama in der Kellertür, hinter ihr Tom, der ihr von hinten eine Hand auf die Schulter legte. Die andere hielt das Kölschglas. Tom trank, Mama sang, sie sang laut. Tom nahm das Glas vom Mund und stimmte ein. „Bitte, geht weg", flüsterte Jan.

Mama und Tom tanzten auf Jan zu. Dabei ließ Tom die Hand von Mamas Schulter gleiten und griff an ihre Brust. Mama kreischte, drehte sich um, versuchte Tom eine Ohrfeige zu geben. Dabei verlor sie das Gleichgewicht. Sie klammerte sich an Tom. Tom wankte. Mama schrie. Zusammen stürzten sie auf das linksrheinische Köln. Die Platte brach in zwei Teile. Die S-Bahn, die gerade den Hansaring hatte verlassen wollen, flog durch die Luft und landete auf der Hohenzollern Brücke. Die Brücke gab nach und stürzte in den Rhein. Mamas Hintern begrub Nippes und Ehrenfeld mit einem Schlag. Den ICE, mit dem Jan eben noch die Testfahrt gemacht hatte, traf die Spitze eines Cowboy-Stiefels, und der gesamte Zug sauste gegen die Kellerwand, fiel hinunter, zerschellte. Die Hochhäuser im Media-Park wurden von Bärbelchens Zöpfen eingerissen. Die Dombeleuchtung zischte, als sich ein Schwall Kölsch über sie ergoss. Und dann lachte Mama. Und Tom lachte. Mama und Tom lagen im zerstörten Köln und lachten.

Jan verließ den Keller. Zweimal drehte Jan den Schlüssel im Schloss und drückte anschließend die Klinke herunter, um zu prüfen, ob die Tür wirklich verschlossen war. Dann zog er den Schlüssel ab und steckte ihn in die Hosentasche.

Jan lief nach oben ins Wohnzimmer. Er zog die oberste Schublade der Kommode auf und nahm einen Briefumschlag und alle Briefmarken heraus. Dann setzte er sich in seinem Zimmer an den Schreibtisch und schrieb die Adresse seines Vaters auf den Briefumschlag und klebte die Briefmarken auf. Während er zur Wohnungstür ging, fummelte er den Kellerschlüssel aus der Hosentasche und steckte ihn in den Briefumschlag. Sorgfältig leckte er den Kleberand, drückte den Umschlag zu. Als er auf die Straße trat, gingen zwei Clowns an ihm vorbei und sangen. Unter Jans Schuhen knirschten Glasscherben. Aus einer Kneipe tönte Musik. Jan rannte zum Briefkasten. Er schloss er die Augen, schob den Brief durch den Schlitz.

Auf dem Rückweg hörte Jan im Hausflur ein Poltern aus dem Keller und nahm auf dem Weg nach oben immer zwei Stufen auf einmal. Er schloss die Wohnungstür hinter sich. Ohne nachzudenken stülpte er sich seinen Kopfhörer über und steckte ihn in die Stereoanlage ein. Dann drückte Jan auf „Play".

(Jüde, Peter (2008): *Mamas Lachen*; in „Zuender" – Zeitonlinemagazin 2008; https://zuender.zeit.de/2008/48/sonntagstext-49-peter-juede-mamas-lachen)

Friedemann Schulz von Thun: siehe Seite 62–64.

2.9.4 Schulz von Thun: Das Nachrichtenquadrat

Wenn Menschen miteinander kommunizieren, gibt es einen Sender und einen Empfänger. Das heißt, eine Person sendet verbale und nonverbale Signale und die andere Person empfängt diese und interpretiert sie.
Auf Grundlage der Interpretation der Nachricht wird nun der Empfänger zum Sender und antwortet wiederum mit einer Nachricht.

Kommunikation als Regelkreis: Senden – Empfangen – Interpretieren – Senden ... Siehe auch Seite 58.

In diesem Regelkreis der Kommunikation, so der Kommunikationswissenschaftler Schulz von Thun, enthält jede Nachricht vier Aspekte:

1. **Sachebene:** Information zur Sache, über die gesprochen wird.
2. **Selbstkundgabe:** Information des Senders über sich selbst.
3. **Beziehungsseite:** Information darüber, wie der Sender die Beziehung zum Empfänger sieht.
4. **Appellebene:** Information darüber, was der Sender beim Empfänger bewirken will, also was dieser tun soll.

Jeder Empfänger einer Nachricht hat Ohren für diese vier Ebenen und hört die Aspekte der Nachricht mit dem jeweiligen Ohr (siehe auch Seite 63).

Die Textstelle, an der dies deutlich gemacht werden soll, kennen Sie bereits durch die Erarbeitung des zweiten Axioms nach Watzlawick. In diesem zweiten Axiom heißt es, dass jede Kommunikation eine Inhalts- und eine Beziehungsebene habe. In dem dritten Axiom postuliert Watzlawick, dass der Verlauf der Kommunikation durch die Interpunktion der Kommunikationspartner bedingt sei. Also können Sie aus der Antwort schließen, wie der Empfänger die Nachricht interpretiert hat und wie er dazu steht.

postulieren: etwas (mit dem Anspruch, es sei richtig, wahr) feststellen, behaupten; als wahr, gegeben hinstellen.

Zum besseren Verständnis erfolgt die Analyse der Ihnen bekannten Textstelle nach dem Modell von Schulz von Thun, um den Charakter der Figuren und ihre Einstellung zueinander erarbeiten zu können.

Hinweis:
Textstelle: vergleiche Seite 93.

Am Anfang der Erzählung „Jedermannsrecht“, nachdem der Ich-Erzähler und Monika das andere Paar in Schweden kennengelernt haben, unterhalten sich die beiden auch über ihre Beziehung. Sie haben sich gerade über Michael und Sandra lustig gemacht. Daraufhin sagt Monika: „Mit dir kann ich viel besser lachen als mit Stefan“ (siehe Seite 93, Zeile 1). Auf der Sachebene macht sie eine vergleichende Feststellung. Auf der Beziehungsebene sagt sie, dass er unterhaltsamer, lustiger sei als ihr Ex-Partner. Auf der Ebene der Selbstoffenbarung vermittelt sie damit, dass sie ihn mit dem Ex-Partner vergleicht und die Beziehung vielleicht nicht nur kameradschaftlich sieht.

Hinweis:
Der Ich-Erzähler war in der Schule in Monika verliebt. Er hatte sich eine Zeit lang Hoffnungen gemacht, aber dann hatte sie einen anderen Partner. Das liegt einige Jahre zurück.

Der Ich-Erzähler könnte einen Appell dahinter vermuten, etwas zu tun. Über die Körpersprache erfährt man in dem Moment nichts. Also lässt sich nicht sagen, ob sie sich ihm zuwendet oder das Gesagte sehr kühl und distanziert ausspricht. Aus der Körpersprache ließen sich Rückschlüsse darauf ziehen, welchen Appell Monika sendet: Ob sie ihn auf Distanz halten will oder er näherkommen soll.

Der Ich-Erzähler fragt daraufhin: „Habt ihr euch deswegen getrennt?“ Auf der Selbstoffenbarungsebene wird deutlich, dass es ihn interessiert, warum sie sich getrennt haben, dass er vielleicht die Hoffnung hat, er könne ein besserer Partner für sie sein als Stefan. Damit fordert er sie auf (Appell), mehr davon zu erzählen. Er vermittelt ihr auf der Beziehungsebene, dass sie ihm wichtig ist. Auf der Sachebene erfragt er weitere Informationen, indem er eine Vermutung äußert.

In der darauffolgenden Sequenz antwortet Monika, dass sie sich getrennt hätten, weil er ein Kind wolle. Das ist zunächst eine Information. Auf die Nachfrage des Ich-Erzählers antwortet sie: „Er wollte es nur aus Angst. Weil alle seine Freunde Kinder haben. Und er wohl Angst hatte, es werde immer alles so weitergehen, und dass er allein alt werden würde. All das. So hat er das gesagt." (Siehe Seite 93, Zeile 5–7.)

Wenn Sie diese Replik vor allen Dingen auf der Ebene der Selbstoffenbarung untersuchen, dann wird etwas von Monikas Charakter deutlich. Sie vermittelt, dass sie selbst sich nicht in dem Kinderwunsch des Ex-Partners wiederfinden konnte. Sie beschreibt, dass er das Kind haben wollte, weil alle seine Freunde ein Kind haben und er Angst bekam, allein alt werden zu müssen. Diese Gründe haben aus Monikas Sicht weder mit ihr noch mit dem Wunsch zu tun, miteinander ein Kind zeugen und aufwachsen sehen zu wollen.

Replik: Antwort, Gegenrede

Der Ich-Erzähler zeigt sein Interesse an ihr und ihrer Geschichte (Beziehungsebene) und fragt ein zweites Mal nach, ob sie einen Kinderwunsch habe. Vielleicht hofft er, dass sie ein Kind haben will und auf der Suche nach Nähe ist (Selbstoffenbarungsebene).

Monika antwortet auf diese Frage: „Am Ende ist man sowieso allein" und als er ein drittes Mal fragt, ob sie ein Kind wolle, fährt sie fort. „Nein. Ich möchte es aushalten, allein zu sein. Meinetwegen allein alt zu werden." (Siehe Seite 93, Zeile 9–12)

Auf der Selbstoffenbarungsebene wird deutlich, dass sie lieber allein sein will, als eine Beziehung einzugehen, die nur dazu dient, nicht alleine zu sein. Sie scheint der Überzeugung zu sein, dass sie am Ende ohnehin allein sei und es deshalb aushalten möchte, allein zu sein. Auf der Beziehungsebene vermittelt sie, dass sie keine Liebesbeziehung will. Sie sendet den Appell, ihr Gegenüber möge Distanz halten, sich nichts erhoffen. Sie verstärkt diesen Appell, indem sie betont, dass sie lieber allein gefahren wäre, aber das Umtragen des Kanus allein nicht zu bewältigen sei.

Daraufhin fragt er: „Dann bin ich nur der Träger hier?" (siehe Seite 93, Zeile 6) Er appelliert an sie, ihm Auskunft über ihr Verhältnis zueinander zu geben. Er möchte wissen, wie sie zu ihm steht. Gleichzeitig wird durch das „nur" deutlich, dass er enttäuscht ist. Das zeigt auf der Ebene der Selbstoffenbarung, dass er sich mehr versprochen hat und ihr gern näher wäre oder er sich ausgenutzt fühlt.

In dem gesamten Gespräch wird die Sachebene kaum berührt, da es um die Beziehung der beiden geht. Monikas Wunsch nach Distanz und ihre Angst, nicht um ihrer selbst willen, sondern als Mittel gegen die Einsamkeit als Partnerin gewählt zu werden, werden hier deutlich.

2.9.5 Kommunikationsanalyse literarischer Texte

Hinweis:
Vergleiche Seite 276–281.

Die Kommunikationsanalyse literarischer Texte folgt der gleichen Struktur wie eine klassische Analyse. Der Schwerpunkt der Analyse liegt dabei auf den Kommunikationsstrukturen zwischen den Figuren.

Bausteine der Kommunikationsanalyse von Kurzgeschichten und Textauszügen

Einleitung: Einleitungssatz, Nennung des Themas, kurze Inhaltsangabe.

Hauptteil: Analyse der Kommunikation mithilfe der Kommunikationsmodelle; Herausarbeiten der Beziehung der Figuren zueinander und wie sich diese in der Kommunikation ausdrückt; Deutung der Analyseergebnisse.

Fazit: Zusammenfassung Ihrer Analyseergebnisse bezogen auf die Deutung und das Thema.

Hilfestellung für eine Kommunikationsanalyse mittels der vier Seiten einer Nachricht:

- Wo findet das Gespräch statt? Wer ist beteiligt?
- Wie ist der Gesprächsverlauf? Gelingt die Kommunikation oder kommt es zu Missverständnissen?
- Vergleichen Sie Anfang und Ende der Kommunikation: Was war Thema? Wie wurde dies kommuniziert? Wie fühlen sich die Personen am Ende der Kommunikation (des Textes)?
- Analyse eines Abschnittes nach dem Kommunikationsmodell von Schulz von Thun: Welche Kanäle benutzt der Sender? Welche Kanäle benutzt der Empfänger beim Hören? Auf welchen Kanälen sendet er beim Antworten? Auf welchen Kanälen hört der ursprüngliche Sender? Auf welchen Kanälen sendet er beim Antworten?
- Ist ein Muster zu erkennen? Zum Beispiel die Überbetonung eines Kanals bei einer Person oder das Auslassen eines Kanals?
- Analyse eines weiteren Abschnittes: Ist das Muster auch hier zu erkennen?
- Grobanalyse der restlichen Textabschnitte: Ist das Muster weiterhin vorhanden oder gibt es eine Änderung?
- Welche Faktoren führen zum Gelingen/Missverstehen der Kommunikation?

An dem folgenden Textauszug können Sie die Arbeit mit diesen Fragen einüben. Auf den darauffolgenden Seiten finden Sie eine Musteranalyse des Textausschnittes.

2.9.6 Musteranalyse eines Romanauszugs

AUFGABE

a) Lesen Sie den folgenden Textauszug.

b) Beantworten Sie die Fragen, die als Hilfestellung für „eine Kommunikationsanalyse mittels der vier Seiten einer Nachricht" gegeben wurden, in Stichpunkten.

Buntschatten und Fledermäuse. Mein Leben in einer anderen Welt

Oft versicherte mir Barbara, ich sei ihr bester Freund. Auf dem Heimweg von der Windmühlenschule trällerte sie nahe dem Marktplatz:
»Ich mag Peter gerne.«
Dann schwieg sie. Nach ungezählten Schritten fragte ich in ihr Schweigen:
»Ja?«
Sie trällerte:
»Auch Wolfgang mag ich gerne. Aber nicht so sehr wie Peter.«
Dann schwieg sie. Ich wusste wieder nicht, was ich sagen sollte. Für diese Art von Gesprächen war ich taub. Als Barbara sich im Schweigen erging, fragte ich:
»Ja?«
Sie trällerte:
»Wolfgang mag ich gerne, aber Peter mag ich noch ein wenig mehr. Dich mag ich auch. Ich mag dich sogar lieber als Wolfgang.« Dann schwieg sie. Barbaras Worte hatten Klang, erreichten mich aber nicht in meiner Welt. Um mehr zu erfahren, fragte ich: „Ja?"
Immer noch guter Laune trällerte Barbara:
»Wenn ich darüber nachdenke, habe ich Peter ein klitzekleines bisschen lieber als dich.«
Um mehr zu erfahren, fragte ich:
»Ja?«.
Barbara schwieg, bis das grüne Ampelmännchen an der Osdorfer Landstraße Guten Tag sagte:
»Vielleicht mag ich euch beide sogar gleich gerne.«
Unschuldig neugierig kam meine Frage:
»Ja?«
Im Vorbeckweg fragte mich Barbara:
»Stört es dich, wenn ich Peter mehr mag als dich?«
Barbara war ein Buntschatten, Peter war ein Buntschatten. Die Antwort lag auf der Hand:
»Nein.«
Barbara löste sich in Tränen auf und rannte fort. Warum weinte sie? Sie war doch gar nicht vom Rad gefallen. Verdattert schaute ich ihr hinterher, wie sie die Spielplatzreihe entlanglief, wie ihr erddunkles Haar im Wind flatterte, und hörte, wie die Haustür zugeschlagen wurde.

(Brauns, Axel (2004): *Buntschatten und Fledermäuse. Mein Leben in einer anderen Welt,* Hamburg: Hoffmann & Campe, S. 131–132.)

Hinweis:
In der vorliegenden Szene geht der Ich-Erzähler mit seiner Mitschülerin nach Hause (3. Klasse). Dies tun die beiden, auf Barbaras Wunsch hin, seit einigen Wochen. Diese Gewohnheit wird sehr zur Verwunderung des Erzählers nach dieser Szene beendet und er muss den Schulweg wieder allein machen.

Axel Brauns (*1963 in Hamburg): deutscher Schriftsteller und Filmemacher. 1984 brach er sein Jurastudium ab und arbeitete bis 2000 an dieser Autobiografie, seit 2002 ist er geprüfter Steuerfachgehilfe. Er hat eine autistische Störung. Durch das Engagement der Familie ist er in eine Regelschule gegangen und hat Abitur gemacht.

Buntschatten: Bezeichnung des Ich-Erzählers für Menschen ohne Autismus.

AUFGABE Vergleichen Sie Ihre Notizen mit den Ergebnissen in der Musteranalyse.

Eine mögliche Klausurfragestellung könnte folgendermaßen lauten:

Analysieren Sie auf der Grundlage des Kommunikationsmodells von Schulz von Thun den vorliegenden Romanauszug „Buntschatten und Fledermäuse. Mein Leben in einer anderen Welt".

Musteranalyse

Einleitung:
- Einleitungssatz
- kurze Erläuterung zum Text, da es sich um einen Romanauszug handelt
- Nennung des Themas
- kurze Inhaltsangabe

Der Text stammt aus dem Roman „Buntschatten und Fledermäuse. Mein Leben in einer anderen Welt" von Axel Brauns und ist 2004 in Hamburg erschienen.
Der Roman ist autobiografisch. Der Ich-Erzähler, der eine autistische Störung hat, aber die Regelschule besuchte, beschreibt seine Erinnerungen an Kindheit und Jugend. Die Schwierigkeiten in der Kommunikation mit Gleichaltrigen werden in dem vorliegenden Textauszug thematisiert.
Der Ich-Erzähler ist zum Zeitpunkt der Erzählung in der dritten Klasse. Er wird seit einiger Zeit regelmäßig von einer Klassenkameradin abgeholt. Die beiden gehen den Weg zur Schule gemeinsam. Die Klassenkameradin erzählt ihm, welche Jungen sie besonders gern mag. Er antwortet mit einem fragenden „Ja". Die Kommunikation endet damit, dass sie weinend wegläuft und der Ich-Erzähler verwirrt zurückbleibt.

Überleitung

Es handelt sich also um eine missglückte Kommunikation. Ich werde im Folgenden die Kommunikation mithilfe des Kommunikationsmodells von Schulz von Thun analysieren und herausarbeiten, woran die Kommunikation scheitert.

Hauptteil:
- strukturiert nach den Fragen in der Hilfestellung zur Kommunikationsanalyse
- Ort, Beteiligte, Verlauf

Das Gespräch findet auf dem Schulweg zwischen dem Ich-Erzähler und seiner Klassenkameradin, die ihn immer zur Schule abholt, statt. Das Mädchen hat mehr Redeanteile, der Ich-Erzähler antwortet in der Regel mit einem fragenden „Ja?". Die Kommunikation gelingt nicht, denn am Anfang ist das Mädchen gut gelaunt und „trällert", wie der Ich-Erzähler beschreibt. Am Ende läuft es weinend weg und der Ich-Erzähler bleibt verwirrt zurück.

Thema und Analyse einer ersten Sequenz

Das Mädchen erzählt, welche Jungen es gern mag.
Mit dem Satz »Ich mag Peter gerne.« (Z. 3), eröffnet sie die Kommunikation. Auf der Selbstoffenbarungsebene teilt sie mit: Ich mag einen anderen Jungen gern. Auf der Appellebene fordert sie ihn auf, etwas dazu zu sagen. Ihr Hauptanliegen ist jedoch die Beziehung.

Analyse der Antwort

Sie möchte ihm mitteilen: Du bist mir wichtig. Deine Meinung dazu ist mir wichtig. Die Sachebene spielt nur eine untergeordnete Rolle. Sie schweigt nach dieser Äußerung. Der Ich-Erzähler versteht den Appellcharakter des Schweigens als Aufforderung etwas dazu zu sagen. Er weiß aber nicht, was er dazu sagen soll. Für ihn ergeben diese Informationen keinen Sinnzusammenhang. Als das Schweigen anhält, antwortet er mit dem Wort „Ja?". Damit sagt er auf der Selbstoffenbarungsebene, dass er nicht genug verstanden hat, um etwas dazu sagen zu können. Er sendet also den Appell: Erzähl mir mehr.

Werkzeug Sprache – Deutsch und Kommunikation für Erzieherinnen und Erzieher ISBN: 978-3-582-83521-5

Der Ich-Erzähler scheint also den Beziehungsaspekt der Nachricht nicht zu verstehen. Das Mädchen möchte vielleicht wissen, wie er zu ihr steht.

Beschreibung des Musters

Sie interpretiert sein „Ja?" auf der Beziehungsebene als Unschlüssigkeit und zählt Namen von Jungen auf, die sie mag und setzt diese in Relation zu ihm. „»Wolfgang mag ich gerne, aber Peter mag ich noch ein wenig mehr. Dich mag ich auch. Ich mag dich sogar lieber als Wolfgang.« Dann schwieg sie." (Z. 12–13) Damit wird ihr Appell „Sag etwas dazu!" und ihr Wunsch, von ihm eine Antwort auf der Beziehungsebene zu bekommen, immer dringlicher. Deshalb macht sie auf der Ebene der Selbstoffenbarung deutlich: Ich mag dich sehr. Ich will wissen, wie du zu mir stehst, wie wichtig ich dir bin.

Erläuterung und Begründung der Analyse
Beschreibung einer zweiten Sequenz

Dieses Muster ist durchgehend vorhanden, bis das Mädchen ihn direkt fragt, ob es ihn störe, dass sie einen anderen lieber möge als ihn. Hier stellt sie die Beziehungsfrage ganz offen. Er antwortet auf der Sachebene, weil er es sachlich korrekt findet, wenn sie einen anderen lieber mag. Denn ihm ist bewusst, dass er anders ist und das Mädchen und der andere Junge mehr Gemeinsamkeiten haben. Sie hört aber mit dem Beziehungsohr und schließt daraus, dass er sie nicht mag. Deshalb ist sie verletzt und rennt weinend davon. Für den Ich-Erzähler ist das nicht nachvollziehbar, weil er nicht „gehört" hat, dass sie ihn eifersüchtig machen will und seine Antwort als Ablehnung deutet.

Erläuterung des Kommunikationsmusters
Analyse der Stelle, an der die Kommunikation sich verändert

Der Ich-Erzähler kann die Botschaften des Mädchens, das überwiegend auf der Beziehungs- und Appellebene kommuniziert, nicht verstehen. Dadurch gibt er Antworten, die das Mädchen mit dem Beziehungsohr hört und als Gleichgültigkeit ihr gegenüber interpretiert. Das verletzt sie.

Fazit
Konsequenzen des Kommunikationsmusters für die Kommunikation

Hier ist deutlich zu erkennen, dass Kommunikation dann misslingt, wenn die Kommunikationspartner auf sehr unterschiedlichen Ebenen senden und empfangen. Der Ich-Erzähler hat den Beziehungsaspekt nicht wahrgenommen und reagiert deshalb nicht darauf. Das Mädchen kommuniziert aber mit dem Schwerpunkt auf der Beziehungsebene und hört deshalb auch seine Antworten auf dem Beziehungsohr. Diese Interpunktion führt dazu, dass sie sich abgelehnt fühlt. Sie bricht die Kommunikation ab, was für ihren Kommunikationspartner sehr plötzlich und grundlos erfolgt.

Zusammenfassung und Deutung

2.9.7 Formulierungshilfen zur Kommunikationsanalyse

Tipp:
Formulierungshilfen bieten Satzmuster, die das Verfassen von Texten erleichtern.

Im vorhergehenden Kapitel wurden Aufbau und Einsatz strukturierender Fragen für die Analyse von Kommunikation in literarischen Texten dargestellt. In einem weiteren Schritt werden Sie nun Formulierungshilfen kennenlernen, die beim Strukturieren und Verfassen von Kommunikationsanalysen hilfreich sind.
Diese Formulierungshilfen bieten Ihnen Satzmuster, die Sie inhaltlich vervollständigen können.

Hinweis:
Jede Analyse hat die gleiche Struktur:
- Einleitung,
- Hauptteil,
- Fazit.

Jeder Analyse liegt eine Struktur zugrunde. Unabhängig davon, ob Sie einen Fall, einen Sachtext oder einen literarischen Text analysieren, beginnen Sie immer mit einer **Einleitung**.
Diese Einleitung enthält diejenigen Informationen zum Text, die für eine Leserin oder einen Leser notwendig sind, um Ihrer Analyse ohne Kenntnisse des Textes folgen zu können.

Im **Hauptteil** erfolgt die eigentliche Analyse. Schwerpunkte und fachsprachliche Formulierungen hängen immer von der jeweiligen Fragestellung ab.

Sprachhandlung:
Handlungen der Kommunikation (hören, sprechen, lesen, schreiben) mit dem Ziel der Verständigung. Vergleiche hierzu auch die Tabelle zum Thema *Sprachhandlungen und ihre Satzmuster* auf Seite 38f. sowie Seite 279 – 281.

Am Ende der Analyse folgt ein **Fazit,** das aus einer kurzen Zusammenfassung Ihrer Ergebnisse sowie einer Bezugnahme auf die Fragestellung besteht.

Beim Verfassen einer Analyse sollten Sie sogenannte Sprachhandlungen verwenden. Sprachhandlungen haben bestimmte Satzmuster, an denen sich erkennen lässt, was Sie (Sender/-in) gerade vermitteln.
In der Musteranalyse auf Seite 102 finden Sie die Formulierung: *„Der Text stammt aus dem Roman …"*. Sie wissen dann, ohne weiterzulesen, dass nun die Quellenangaben folgen. Die Formulierung *„Der Ich-Erzähler ist zum Zeitpunkt der Erzählung …"* ist hingegen als Bestandteil der Inhaltsangabe zu erkennen.

Der folgende Textauszug aus der Musteranalyse wiederum ist sofort als Bestandteil einer Kommunikationsanalyse erkennbar: *„Mit dem Satz »Ich mag Peter gerne.« (Z. 3), eröffnet sie die Kommunikation. Auf der Selbstoffenbarungsebene teilt sie mit: Ich mag einen anderen Jungen gern. Auf der Appellebene fordert sie ihn auf, etwas dazu zu sagen."*

AUFGABE

a) Lesen Sie die Musteranalyse auf Seite 102 – 103 und schreiben Sie solche Formulierungen heraus, die kennzeichnend für das Verfassen einer Kommunikationsanalyse sind.

b) Orientieren Sie sich beim Herausschreiben an den drei Bausteinen Einleitung, Hauptteil, Fazit. Schreiben Sie für Einleitung und Fazit jeweils mindestens drei Formulierungen auf. Für den Hauptteil schreiben Sie mindestens fünf Formulierungen, mit denen Aussagen zur Form der Kommunikation getroffen werden.

Werkzeug Sprache – Deutsch und Kommunikation für Erzieherinnen und Erzieher ISBN: 978-3-582-83521-5

2.9.8 Sprachhandlungen und Satzmuster für die Kommunikationsanalyse in literarischen Texten

Einleitung:

Baustein	Sprachhandlungen	Satzmuster
Einleitungssatz	**Informieren:** Welchen Titel hat die Kurzgeschichte? Wer hat sie verfasst? Wann ist sie wo erschienen?	Die Kurzgeschichte mit dem Titel „…“ wurde von … verfasst und ist im Jahr … in … erschienen. Der Textauszug stammt aus …
Thema	**Darstellen:** Was thematisiert die Kurzgeschichte?	In der Kurzgeschichte wird … thematisiert. In dem Textauszug wird … thematisiert.
Inhaltsangabe	**Textinhalt verkürzt wiedergeben, Handlung zusammenfassend beschreiben**	sprachliche Merkmale: Präsens; sachliche Sprache; Angaben zu Zeit, Ort, Personen und Handlung. Die Ich-Erzählerin beschreibt … /zu dem Zeitpunkt/als/anschließend/ am Ende der Geschichte/als/während

Hauptteil:

Baustein	Sprachhandlungen	Satzmuster
Beschreibung der Kommunikation	**beschreiben/begründen/am Text belegen**	… das Missverständnis entsteht … Am Anfang …, aber am Ende der Kommunikation … In dem Satz … wird deutlich, dass … nimmt nur einen Teil der Nachricht auf … drückt damit auf der … -ebene aus, dass … … interpretiert auf der …-ebene … sagt damit auf der …-ebene aus, dass Aus der Antwort wird deutlich, dass… Hier wird das … Axiom deutlich, denn … Durch die Interpunktion des Kommunikationspartners entsteht … Auf der Selbstoffenbarungsebene … Auf der Appellebene… Auf der Sachebene… Auf der Beziehungsebene…

Schlussteil:

Baustein	Sprachhandlungen	Satzmuster
Zusammenfassung der Aspekte der Kommunikationsanalyse	**zusammenfassen, auf den Punkt bringen, abschließend Kommunikationsproblem darstellen**	Dieses Kommunikationsmuster ist durchgehend vorhanden. Die Kommunikation verändert sich, als … In dieser Kurzgeschichte/diesem Textauszug wird besonders deutlich, dass… Zusammenfassend lässt sich sagen, dass …

Text ①: Zoë Jenny: Sophies Sommer

AUFGABE

Analysieren Sie den vorliegenden Text und erklären Sie das Verhalten und die Beziehung der Figuren zueinander auf der Grundlage der Axiome nach Watzlawick.

Zoë Jenny (*1974): Schweizer Schriftstellerin.

Hinweis:
Auf den ersten Seiten beschreibt die Ich-Erzählerin ihre Freundin Clarice und deren Mutter Sophie. Die Mädchen waren eng befreundet, übernachteten häufig bei Clarices Eltern. Clarice wird Schauspielerin, hat wenig Kontakt zu den Eltern. Die Mutter, Sophie, wird immer stiller. Doch die Familie trifft sich jedes Jahr im Sommerhaus. Dabei wird Clarice von wechselnden Liebhabern begleitet. Die beiden Freundinnen fahren zu diesem Sommerhaus.

Sophies Sommer

[…]

Clarice saß am Steuer, und wir sangen laut und falsch die Musik im Radio mit. Ihre Eltern waren schon da, als wir gegen Abend ankamen. Sie standen auf der Veranda und riefen unsere Namen, als wir ihnen durch den Garten entgegenkamen. Sophie klatschte in die Hände und sagte zu ihrem Mann: „Sehen sie nicht wie Schwestern aus"?

Das Sommerhaus war kleiner, als ich es mir vorgestellt hatte. Es ist ein O:K:-Haus, wie Clarice es ausdrückte. Überall im Haus hatte Sophie Blumen hingestellt. Je nachdem, in welchem Raum man sich aufhielt, roch es nach Azaleen, Lilien und Orchideen. Im Erdgeschoss gab es eine Küche und ein großes Wohnzimmer. Dort saßen wir bei geöffneter Verandatür und tauschten bis spät in die Nacht Erinnerungen aus. Von weitem hörte man das Meer rauschen. Herr Schmitz legte einen Arm um Sophies Schultern. Er war ein Mann von sechsundfünfzig Jahren, mit dem Stolz und der Zufriedenheit eines Menschen, der für das, was er besaß, gearbeitet hatte. Herr Schmitz reiste während des Jahres geschäftlich so viel herum, dass er sich in den Ferien nicht auch noch bewegen wollte. Er lag den ganzen Tag in einem gelb-weiß gestreiften Liegestuhl im Garten. Die aufgeschlagene Zeitung lag wie ein Zelt über seinem Gesicht. Wenn Clarice, Sophie und ich am späten Vormittag im Badeanzug durch den Garten an ihm vorbeigingen, hob er den Arm und winkte uns zu. Sein Gesicht blieb unsichtbar hinter der Zeitung.
Der Strand war nur wenige Minuten vom Haus entfernt. […]

Abends, wenn wir zurückkehrten, empfing uns Herr Schmitz ausgeruht und gut gelaunt. Er bekochte uns Frauen mit leichten Gerichten, kalten Suppen und Fisch. Er nannte Sophie „Liebling" und manchmal, wenn er etwas getrunken hatte, auch „Sweety", was mich immer peinlich berührte, obwohl die Bezeichnung zu ihr passte, aber nicht aus seinem Mund. Wir verbrachten ruhige, gleichförmige Tage. Clarice entspannte sich und ihr Körper wurde braun und wieder rundlicher. Eines Abends klingelte das Telefon, und Clarice blieb eine Stunde weg. Als sie zurückkam, teilte sie fröhlich mit, dass ihr Fotografenfreund Jan auf dem Weg zu uns sei. Clarice und ich holten ihn mit dem Auto vom Bahnhof ab. Er stand lächelnd auf dem Bahnsteig mit dünnen, blond behaarten Beinen, die Fototasche umgehängt. Auf der Fahrt setzte ich mich auf den Rücksitz, und Jan schnüffelte in Clarices Locken, atmete den Duft ihres Haares ein. Mit großer Selbstverständlichkeit umarmte er zur Begrüßung Clarices Eltern und ging mit ausholenden Schritten durchs Haus, wobei er sich alles genau ansah. Die kleinsten Dinge konnten sein Interesse wecken: ein Licht-

Werkzeug Sprache – Deutsch und Kommunikation für Erzieherinnen und Erzieher ISBN: 978-3-582-83521-5

strahl, der durch die Verandatür fiel und auf dem Holz des Tisches ein helles Rechteck warf, ein Blütenblatt, Clarices nackter Arm, der von einer Stuhllehne hing.

Abends am Strand fotografierte er vorbeiziehende Wolken, die untergehende Sonne, das Meer und die angespülten Muscheln. Schließlich warf er sich auf den Boden und fotografierte die Struktur des Sandes. Clarice, Sophie und ich lachten bei diesem Anblick auf unseren Badetüchern sitzend. Jan blickte durch das Objektiv, robbte durch den Sand und entdeckte dabei wie zufällig Sophies Füße. Sophie wurde rot im Gesicht, strich sich wie ein plötzlich jung gewordenes Mädchen linkisch Haarsträhnen aus der Stirn und legte sie hinters Ohr. Sie tat, was Jan sagte, und er fotografierte begeistert ihre Füße. Während des Abendessens saßen sie sich gegenüber, und Jan beobachtete, wie Sophie die Gabel zum Mund führte oder wie ihre Hände die Serviette auffalteten. Sie schien es nicht zu merken, aber Clarice merkte es und ging früher zu Bett als sonst. In den folgenden Tagen war Jan damit beschäftigt, Sophie zu fotografieren. Er begleitete sie zum Strand, wich nicht mehr von ihrer Seite. Nur manchmal fuhr er ins Dorf, um neue Filme zu holen.

Sophies Stimme wurde plötzlich wieder hörbar. Ihr Lachen schwirrte wie eine unsichtbare, aber immer und überall präsente Gestalt durchs Haus. Clarice versuchte, sich nichts anmerken zu lassen, aber ich spürte zum ersten Mal, dass sie Angst hatte. Manchmal blickte sie ihren Vater von der Seite an, als warte sie darauf, dass er was sagte. Nur einmal fragte Herr Schmitz Jan nach dem Abendessen, was er eigentlich mit den Fotos machen wolle. „Ach, eigentlich nichts", erwiderte Jan, „ich übe nur." Herr Schmitz klopfte ihm auf die Schulter. Etwas zu heftig, um es noch freundschaftlich zu meinen. Aber Jan tat nichts dergleichen, drückte an seiner Kamera herum und begutachtete sie von allen Seiten wie ein interessantes lebendiges Wesen.

Am Vorabend der Abreise beschloss Sophie im Garten zu essen und trug mit Jan den Tisch nach draußen. Clarice klagte über Kopfschmerzen und verabschiedete sich noch vor dem Nachtisch. Kurz darauf gingen auch Herr Schmitz und ich in unsere Zimmer. Von meinem Schlafzimmerfenster konnte ich Sophie und Jan sehen, zwei Verliebte, die im Licht einer Kerze einander gegenübersaßen. [...]

Noch bevor die Sonne aufgegangen war, stolperte Herr Schmitz ins Zimmer. „Sie sind weg", sagte er mit erstickter Stimme. [...]

(Jenny, Zoë (2000): *Sophies Sommer,* in: Kopfermann, Thomas (Hrsg.): *Erfahrene Erfindungen – Deutschsprachige Kurzgeschichten seit 1989,* Leipzig: Klett 2004, S. 31 f.)

Text ②: Olga Grjasnowa: Der Russe ist einer, der Birken liebt (Romanauszug)

AUFGABE

Analysieren Sie mithilfe des Nachrichtenquadrates die Kommunikation zwischen Elias und der Ich-Erzählerin. Arbeiten Sie dabei die Bedürfnisse und Gefühle der beiden heraus.

Olga Grjasnowa (*1984): in Baku (Aserbaidschan) geborene deutsche Schriftstellerin. Seit März 2023 ist sie Professorin am Institut für Sprachkunst der Universität für angewandte Kunst in Wien.

Hinweis:
Mascha, die Ich-Erzählerin des Romans, ist Ende zwanzig. Sie ist ausgebildete Dolmetscherin in mehreren europäischen Sprachen und für Arabisch. Ihre Eltern sind mit ihr als jüdische Kontingentflüchtlinge aus Aserbaidschan nach Deutschland geflüchtet. Sie ist in vielen Kulturen zuhause, hat aber keine Heimat.
Die hier zitierte Textstelle steht am Anfang des Romans. Elias, mit dem sie zusammenlebt, liegt im Krankenhaus. Er wurde am Bein operiert, der Heilungsprozess ist schwierig. Mascha besucht ihn und die beiden streiten sich.

Der Russe ist einer, der Birken liebt (Auszug)

Das Zimmer war aufgeheizt und stickig. Elias sprach kein Wort und ich ebenfalls nicht. […]

„Ich würde eine Decke drüberlegen, wenn ich könnte“, sagte Elias.

Ich zog die Knie an meinen Oberkörper und stützte meinen Kopf auf ihnen ab, sodass ich weder Elias noch seine Wunde sah.

„Wirst du mich erst wieder ansehen, wenn ich gesund bin?“

„Ich kann nur dein Bein nicht anschauen.“

„Wieso nicht?“

Ich schritt im Zimmer auf und ab. Elias folgte mir mit den Augen, die verzweifelt und müde waren. Dennoch, er war innerlich heil, und ich beneidete ihn darum. Er senkte den Blick.

„Ich weiß nicht, wie lange ich das aushalten werde“, sagte Elias.

„Machst du Schluss?“

„Ich kann dir nicht helfen.“

„Habe ich dich um Hilfe gebeten?“

„Wieso sagst du mir nicht endlich, was mit dir passiert ist? Ihr seid doch 1996 ausgewandert, als es nicht mehr sein musste.“

„Nicht mehr sein musste. Was weißt du schon.“

„Eben, was weiß ich schon“, wiederholte Elias bitter.

„Du hörst dich an wie das Ausländeramt“, unterbrach ich ihn.

Er atmete tief ein und sagte: „So können wir doch keine Beziehung führen.“

„Also, was ist? Machst du mit mir Schluss?“, schrie ich.

„Nein!“

„Dann komm mir nicht mit so einer Scheiße.“

Ich rannte hinaus und schmiss die Tür mit einem lauten Knall zu. Dieses Gespräch führten wir oft, und von Mal zu Mal wurde es schrecklicher.

Auf der Toilette hielt ich meine Hände unter den warmen Wasserstrahl. Zuerst die Handrücken, dann die Gelenke, schließlich hielt ich meinen Kopf unters Wasser. Es tropfte auf meine Füße. Ich dachte daran, wegzulaufen. Ich wäre in der Lage, innerhalb von zwei Stunden meine Sachen zu packen und unsere Wohnung zu verlassen. Ich könnte in den meisten Ländern überleben. Eigentlich bräuchte ich gar keine Sachen. Ich könnte sofort los.

Ich ging wieder hinein. Elias lächelte mir zu und streckte die Hand nach mir aus. Ich trat näher ans Bett. Am Himmel starb die Sonne und überflutete das Zimmer mit warmem Licht.

„Es gab ein Kind, und es gab einen Vater. Der Vater wollte das Kind in Sicherheit bringen. Bis zur Großmutters Wohnung mussten sie zehn Minuten lang laufen. Das Kind war noch keine sieben und spürte, dass sich in den letzten Tagen etwas verändert hatte, aber es hätte nicht sagen können, was. Daran dachte das Kind, als eine Frau neben ihm aufschlug. Das Blut rann langsam bis zu den Kinderschuhen, und die Schuhspitzen des Kindes färbten sich rot. Das Blut war noch warm, und die Frau war jünger, als ich es heute bin. Das Kind

Werkzeug Sprache – Deutsch und Kommunikation für Erzieherinnen und Erzieher ISBN: 978-3-582-83521-5

wischte sich eine Haarsträhne aus dem Gesicht, und Blut blieb an seiner Wange. Es hätte schlimmer kommen können, sagte die Großmutter am späten Abend, während sie die Blutkruste von den Kinderschuhen abwusch."
Elias nahm meine Hand zwischen seine, küsste die Innenflächen meiner Hand und bedeckte meinen Arm mit kleinen Küssen. Dann streckte er seine Finger nach meinem Gesicht aus, streichelte über meine Wange und zog mich ganz nah an sich heran.

(Grjasnowa, Olga (2013): *Der Russe ist einer, der Birken liebt*, München, dtv Verlagsgesellschaft, 12. Auflage 2022, S. 41–43)

Um Maschas Emotionen besser zu verstehen, bekommen Sie in dieser Textstelle Informationen darüber, wie Maschas Mutter ihre Tochter seit jenem Ereignis in Baku erlebt. Das folgende Gespräch findet zwischen Mutter und Tochter in der Wohnung von Mascha und Elias statt.

„Ich habe alles versucht, du hattest die besten Voraussetzungen, ein glückliches Kind zu werden", sagte meine Mutter.
„Ich weiß."
„Dein Vater war einer der ersten, die gehen mussten. Sie haben damals alle Russen aus dem Ministerium abgezogen und als unabhängige Beobachter in den Karabach geschickt. Ich wusste nicht einmal, ob er noch lebt. Nun. Angeblich waren die Russen neutral, aber die Aserbaidschaner dachten, dein Vater sympathisiere mit den Armeniern, und die Armenier dachten, es ist für die Aserbaidschaner."
[…]
„Danach", sie sagte nicht wonach, aber ich wusste, was sie meinte. „Ich blieb mit dir allein. Du hast kein Wort gesagt, hast mich nicht mal angeschaut. Du hast dich auch nicht berühren lassen, ein bisschen wie jetzt. Du warst wie eine Fremde, hattest keine Wärme mehr in dir. Die hast du niemals zurückbekommen. Nach jenem Tag hast du dich verschlossen, und ich habe nie wieder einen Zugang zu dir gefunden. Es ist absurd. Ich wollte dich nicht gehen lassen. Ich wusste, dass es falsch war, aber was hätte ich machen sollen? Wir hatten eine Leiche im Haus."
„Es ist nicht deine Schuld." […] „Es hat etwas mit mir zu tun. Alles um mich herum stirbt."

(Grjasnowa, Olga (2013): *Der Russe ist einer, der Birken liebt*, München, dtv Verlagsgesellschaft, 12. Auflage 2022, S. 120 f.)

Anschauen – Aneignen – Anwenden
Die folgende Mindmap gibt Ihnen einen Überblick, welche Themen Sie in diesem Kapitel behandelt haben. Betrachten Sie diese Mindmap und bearbeiten Sie dann die Aufgabe.

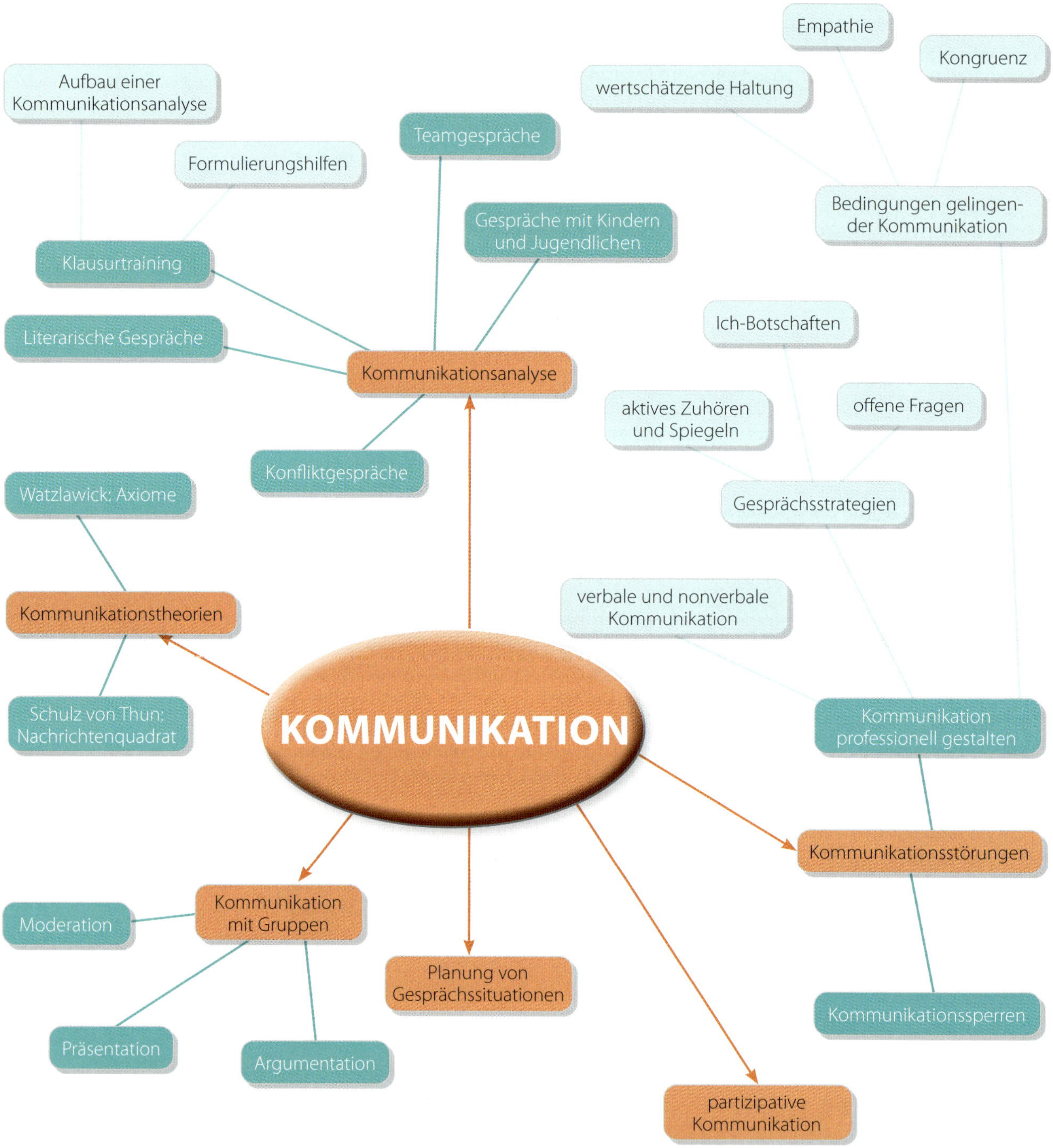

AUFGABE
„Wo und wie kann ich das Gelernte im Alltag, in der Ausbildung oder im Beruf anwenden?" Beantworten Sie diese Frage, indem Sie für die jeweiligen Endpunkte der Mindmap in der Klasse gemeinsam Beispiele zusammentragen.

Werkzeug Sprache – Deutsch und Kommunikation für Erzieherinnen und Erzieher ISBN: 978-3-582-83521-5

SPRACHERWERB, SPRACHBEOBACHTUNG, SPRACHFÖRDERUNG

3

Situation:
Noura ist vier Jahre und sieben Monate alt. Sie spricht Arabisch und Deutsch. Bald steht ein Elterngespräch an. Die Eltern wollen wissen, ob sie sich sprachlich gut entwickelt. Außerdem haben sie sich beschwert, dass es keinen richtigen Deutschunterricht in der Einrichtung gibt. Sie befürchten, dass Noura Schwierigkeiten in der Schule haben wird. Deshalb wollen sie auch, dass Noura mit den deutschsprachigen Kindern spielt. Den Spielkontakt zwischen Noura und einem Mädchen aus dem Irak sehen die Eltern nicht gern. Sie selbst sprechen nicht gut Deutsch und sind darüber sehr unglücklich.

Zu dem Gespräch kommt noch eine befreundete Mutter, die schon viele Jahre in Deutschland lebt und im Gespräch dolmetschen wird. Die pädagogischen Fachkräfte der Gruppe überlegen, wie sie die dokumentierten Sprachbeobachtungen den Eltern präsentieren. Und sie haben den Eindruck, dass die Eltern mehr über den Spracherwerb bei Zweisprachigkeit wissen sollten, damit sie sich weniger Sorgen machen.

3 Spracherwerb, Sprachbeobachtung, Sprachförderung

3.1 Grundlagen: Sprache

Metaebene: übergeordnete Ebene

kognitiv: das Wahrnehmen, Denken, Erkennen betreffend.

Handlungsplanung: innerer Plan, der vorgibt, in welcher Reihenfolge welche Handlungsschritte zu einem gewünschten Resultat führen.

Hinweis: siehe Seite 16.

Die Fähigkeit zu sprechen unterscheidet den Menschen von allen anderen Lebewesen auf der Erde. Tiere können miteinander kommunizieren. Sie können sich über Körpersprache und Laute etwas mitteilen. Doch sie sind nicht in der Lage, sich auf einer Metaebene auszutauschen oder durch Kommunikation die Perspektive des anderen einzunehmen.

Die sprachlichen Fähigkeiten beeinflussen sowohl die kognitive als auch die sozial-emotionale Entwicklung. Die Sprache strukturiert das Denken und damit auch die Handlungsplanung.

- Kinder im Kita-Alter sprechen häufig mit sich selbst und geben sich Anweisungen, wenn sie etwas tun, bis sie die Handlung verinnerlicht haben und „stumm" ausüben können.
- Bei Auseinandersetzungen greifen Kinder (und Erwachsene) zu physischen Strategien, wenn sie verbal nicht weiterkommen.
- Starke Emotionen können dadurch reguliert werden, dass man sich selbst „gut zuredet".

Die Fähigkeit, die eigenen Bedürfnisse zu erkennen und zu äußern ist eng mit der sprachlichen Fähigkeit verbunden. Teilhabe ist sehr viel leichter, wenn man versteht, worum es geht und sich dazu äußern kann, um so die eigene Position nachvollziehbar zu formulieren und für diese zu argumentieren. All diese Fähigkeiten führen dazu, dass ein Mensch sich in sozialen Zusammenhängen so verhält, dass er positive Rückmeldungen von den anderen bekommt. Dies stärkt den Selbstwert, trägt zu einem positiven Bild von sich selbst bei. Wer ein positives Bild von sich hat, ist selbstsicherer, mutiger und neugieriger. Das sind die Grundlagen für gelingende Lernprozesse.
Auch der schulische Erfolg hängt eng mit der Sprachkompetenz zusammen.

Als pädagogische Fachkraft haben Sie – unabhängig von Ihrem Arbeitsfeld – die Aufgabe, Kinder und Jugendliche in ihrer sprachlichen Entwicklung zu begleiten, anzuregen und zu fördern.
Damit dies gut gelingen kann, sind Sie Sprachvorbild. Sie brauchen fachliches Wissen über Sprache und Sprachentwicklung, diagnostische Kompetenzen und Strategien in sprachlichen Interaktionen, um Kinder und Jugendliche in ihrer Ausdrucksfähigkeit anzuregen und ihnen Impulse zu geben.

Im Folgenden werden Sie sich intensiver mit der Sprachbildung im Kita- und Grundschulalter auseinandersetzen, da in diesem Arbeitsfeld die meisten Anforderungen an die Fachkraft gestellt werden. Dies betrifft Beobachtung, Dokumentation und Sprachförderung im Alltag. Hierzu werden Sie sich zunächst mit den wichtigsten Grundkenntnissen der deutschen Sprache und deren grammatischer Strukturen beschäftigen.

Werkzeug Sprache – Deutsch und Kommunikation für Erzieherinnen und Erzieher ISBN: 978-3-582-83521-5

3.1.1 Komponenten der Sprache

In allen Sprachen erwerben Kinder in folgenden sprachlichen Bereichen Kompetenzen:

- **Prosodie:** Sprachrhythmus und Sprachmelodie
- **Phonetik:** Lautbildung
- **Semantik:** Bedeutung der Wörter, Sätze und Texte
- **Syntax:** Satzbau
- **Morphologie:** Wortbildung
- **Pragmatik:** Situationsangemessenheit sprachlicher Äußerungen

Damit Sie den Spracherwerb von Kindern verstehen und begleiten können, werden zunächst die für das Hochdeutsche spezifischen Merkmale und Strukturen dieser Bereiche vorgestellt.

Hinweis:
Eine genauere Darstellung dieser sprachlichen Bereiche bezogen auf die Beschreibung von Sprachäußerungen finden Sie auf Seite 132–133.

Hinweis:
Eine Tabelle der wichtigsten grammatischen Begriffe finden Sie auf Seite 121.

Prosodie: Sprachrhythmus und Sprachmelodie

Die gesprochene Sprache besteht aus Lautfolgen, die in jeder Sprache nach eigenen Gesetzmäßigkeiten gebildet werden. Im Deutschen werden viele Wörter auf der ersten Silbe betont. Wörter, die aus anderen Sprachen übernommen wurden, haben häufig die Betonung auf der zweiten Silbe. Die typische Melodie einer Sprache entsteht dadurch, dass Betonung, Lautstärke und Tonhöhe, sowie Geschwindigkeit und Pausen miteinander in Einklang gebracht werden.

Betonung auf der ersten Silbe:
K**i**nder sp**ie**len **i**mmer l**ie**ber dr**au**ßen.

Betonung auf der zweiten Silbe:
Dep**o**t, Cham**ä**leon, Kan**is**ter, Chauff**eu**r

Wenn die Sprachgeschwindigkeit etwas reduziert wird und die Wörter durch Betonung voneinander getrennt werden, dann erleichtert das Kindern, die dabei sind, die deutsche Sprache zu erwerben, die Wörter zu erkennen.

Phonetik: Lautbildung

Eng mit der Prosodie ist die Lautbildung verbunden. Jede Sprache hat spezifische Laute und Lautkombinationen, die nicht unbedingt in anderen Sprachen vorkommen.
Im Deutschen beispielsweise kann die unterschiedliche Länge eines Vokals ein bedeutungstragendes Element sein:
*H**o**chzeit* – Eheschließung,
Hochzeit – Höhepunkt innerhalb eines Zeitabschnittes.
Es handelt sich also bei dem kurzen und dem langen Vokal „o" jeweils um ein einzelnes Phonem.

Vokal: Selbstlaut

Aber nicht nur der Unterschied zwischen langen und kurzen Vokalen kann Schwierigkeiten beim Spracherwerb bereiten. So gibt es eine Reihe von Lauten im Deutschen, die viele andere Sprachen nicht aufweisen, wie die Umlaute *ä*, *ö* und *ü*. Auch kann im Deutschen das „ch" auf zwei unterschiedliche Arten ausgesprochen werden. Einmal so wie in dem Wort „sprechen" und einmal so wie in dem Wort „Krach". Auch Lautkombinationen wie „pf", „kr", „schr" sind schwer. Kleinkinder vereinfachen diese Lautkombinationen und brauchen einige Zeit, bis sie diese aussprechen.

Phonem: kleinste bedeutungsunterscheidende sprachliche Einheit; z. B. *f* in „fein" im Unterschied zu *k* in „kein".
Siehe auch Seite 190.

3

Inhaltswörter: haben eine eigene Bedeutung und wecken eine konkrete Vorstellung des Bezeichneten.

Nomen: Hauptwörter

Verben: Tätigkeitswörter

Adjektive: Eigenschaftswörter

Funktionswörter: setzen Inhaltswörter zueinander in Beziehung und strukturieren den grammatischen Aufbau.

Artikel: der, die, das, ein, eine

Pronomen: Fürwörter (sie, ihr, ihm, Ihnen, unser)

Präpositionen: Verhältniswörter (auf, unter, neben)

Konjunktionen: Bindewörter (weil, wenn, damit)

Hinweis:
Grammatische Grundbegriffe, siehe Seite 121.
Näheres zur Syntax erfahren Sie in Kapitel 3.2 (Sprachentwicklung) und Kapitel 3.5 (Sprachförderung).

Subjekt: siehe Seite 20.

Prädikat: siehe Seite 20.

Semantik: Bedeutung der Wörter

Ein Wort besteht zunächst aus einer Folge von Lauten. Was diese Lautfolge bezeichnet, also die Bedeutung des Wortes, wird erlernt. Wörter haben unterschiedliche Bedeutung und innerhalb eines Satzes auch unterschiedliche Funktionen.

Da sind zunächst die Inhaltswörter, sie haben eine eigenständige Bedeutung. Wenn wir sie hören, so verbinden wir damit sofort einen Gegenstand, wie z. B. *Wald, Stuhl* (Nomen). Auch Wörter, die Tätigkeiten beschreiben, wie *Rad fahren, rutschen, schreien* (Verben), und Adjektive wie *laut, leise, nass* gehören dazu.

Funktionswörter hingegen sind für den grammatischen Aufbau eines Satzes wichtig und machen den Zusammenhang zwischen Inhaltswörtern deutlich. Dazu gehören die Artikel, Pronomen, Präpositionen und Konjunktionen.
Das Wort zu kennen, muss nicht automatisch heißen, dass man auch weiß, was das Wort bedeutet. Kinder lernen viele Wortbedeutungen über die Erfahrung und erarbeiten sich so ein Wortverständnis. Dabei folgen sie ihrer Wahrnehmung und ihren Erfahrungen.

Syntax: Satzbau

Das Verb bestimmt den Satz. Sie können sofort hören, ob ein Satz vollständig oder unvollständig ist. *„Der Hund bellt."* ist ein vollständiger Satz. *„Ich schenke dir"* ist ein unvollständiger Satz. Das liegt am Verb. Das Verb „bellen" benötigt keine weitere Ergänzung. Beim Verb „schenken" muss ergänzt werden, wem was geschenkt wird, damit der Satz vollständig ist.

Die Abfolge von Wörtern im Satz zeigt, ob wir einen einfachen Aussagesatz formulieren (*„Du bleibst stehen."*) oder eine Frage stellen (*„Bleibst du stehen?"*) Wir können auch etwas ausrufen (*„Bleib stehen!"*). Alle diese Sätze lassen sich mit einem Nebensatz erweitern: *„Du bleibst stehen, wenn du an der Ampel angekommen bist."*

Man kann also zwischen Aussage-, Frage- und Aufforderungssätzen unterscheiden und weiterhin zwischen Haupt- und Nebensätzen.

An unterschiedlichen Positionen in einem Satz gehören bestimmte Wörter zusammen. Wenn ich diesen Satz umformuliere, dann können diese Wörter nur als Gruppe an eine andere Position des Satzes geschoben werden. Solche Wortgruppen werden Satzglieder genannt.

In einem Aussagesatz im Deutschen haben die Satzglieder in einfachen Sätzen folgende Reihenfolge: Subjekt – Prädikat – Objekt. Das Subjekt bezeichnet zum Beispiel, wer etwas tut. Das Prädikat besteht immer aus (mindestens) einem Verb und bezeichnet, was getan wird. Das Objekt bezeichnet die Ergänzungen, z. B. mit wem oder was etwas geschieht.

Satzglieder können ihren Platz wechseln. Sie sind umstellbar. Dabei steht das Prädikat immer an der zweiten Stelle im Hauptsatz.
Beispiel: Das Kind **sieht** den Ball. Den Ball **sieht** das Kind.

Werkzeug Sprache – Deutsch und Kommunikation für Erzieherinnen und Erzieher ISBN: 978-3-582-83521-5

Morphologie: Wortbildung

Morphem: Sprachsilbe, die Bedeutung trägt.

Kleine Einheiten in der Sprache lassen erkennen, ob es sich um Singular oder Plural handelt. Sie markieren auch, in welchem Verhältnis die bezeichneten Dinge zueinander stehen und in welcher Zeitform der Satz gesagt wird.

Zunächst sind da die Verbendungen, die zum dazugehörigen Subjekt passen müssen. Weiterhin wird durch eine Veränderung der Verbform die Zeit bestimmt.

Beispiel: **Ich** geh**e** in den Wald. **Sie** geh**t** in den Wald. **Wir** geh**en** in den Wald. Wir **gingen** in den Wald.

Im Deutschen werden Singular und Plural durch die Endungen markiert. Hund/Hunde, Kind/Kinder, Tasse/Tassen.
Teilweise verändern sich mit der Pluralbildung auch die Vokale: Wald/Wälder.

Eine weitere Besonderheit des Deutschen sind die drei grammatischen Geschlechter, die in der Regel durch den Artikel gekennzeichnet werden. Andere Sprachen kommen mit zwei grammatischen Geschlechtern aus (Italienisch, Norwegisch) oder auch ohne jegliche Unterscheidung (Englisch).

Zusätzlich dazu gibt es die grammatischen Fälle. Die Artikel müssen abgestimmt auf den Fall und das grammatische Geschlecht verändert werden.

Beispiel: **Die** Kuh ruft **das** Kalb. **Die** Kuh ruft nach **dem** Kalb. **Das** Kalb ruft nach **der** Kuh.

Pragmatik: Situationsangemessenheit sprachlicher Äußerungen

Sie kennen bestimmt die Situation, dass Sie einen englischen Text schreiben und im Lexikon das passende Wort suchen. Dann gibt es da eine Reihe von Wörtern und – obwohl Sie die Bedeutungen kennen – sind Sie sich nicht sicher, bei welchem es sich um das passende Wort handelt. Sie suchen also nach einem dem Inhalt und der Schreibintention entsprechenden Wort.

Auch im mündlichen Sprachgebrauch ist nicht alles, was Sie sagen könnten immer situationsangemessen.
Wie reagieren Sie, wenn Sie gefragt werden, wie es Ihnen geht?
Was sagen Sie, wenn Ihre Chefin fragt: „Könnten Sie die Eltern von Mike anrufen? Er scheint ernsthaft krank zu sein."

All das hat mit der Angemessenheit eines Wortes, einer sprachlichen Äußerung in einer bestimmten Situation zu tun. Die Situationen sind in einen bestimmten sozialen Kontext eingebunden und dieser bestimmt darüber mit, was angemessen ist. Sie wissen, dass die Chefin keine offene Frage stellt und sehr verärgert wäre, wenn Sie mit „Nein, dazu habe ich keine Lust." antworten würden. Die Frage, wie es Ihnen geht, beantworten Sie beim Arzt anders als wenn eine entfernte Bekannte Sie das bei einer Zufallsbegegnung fragt.

3.1.2 Deutsche Kurzgrammatik für pädagogische Fachkräfte

Hinweis:
- Kenntnisse zur deutschen Grammatik sind Grundlage für das Verstehen des Spracherwerbs und die diagnostische Kompetenz.
- Kenntnisse der Fachbegriffe der Grammatik sind die Grundlage für die Beschreibung des Sprachstands.

Wenn Sie als Kind mit der Muttersprache Deutsch aufgewachsen sind, werden Sie die Regeln der deutschen Sprache nicht bewusst gelernt haben. Sie können Deutsch einfach so sprechen, ohne zu wissen, was warum richtig ist oder worin im Deutschen die Stolpersteine für diejenigen bestehen, die Deutsch als Fremdsprache lernen.

Doch als pädagogische Fachkraft müssen Sie Grundkenntnisse der Grammatik haben, um den Sprachstand von Kindern angemessen beschreiben zu können. Sie brauchen diese Fachkenntnisse, wenn Sie die Struktur des Spracherwerbs verstehen wollen. Ebenso sind diese Kenntnisse wichtig, wenn Sie Kinder und Jugendliche darin unterstützen, Deutsch zu lernen.
Wenn Sie wissen, was Stolpersteine der deutschen Sprache sein können und erkennen, an welchem Stolperstein ein Kind arbeitet, dann können Sie Ihre eigene Sprache so anpassen, dass Sie das Kind bei der Bearbeitung durch Ihr Sprachvorbild darin unterstützen, eine Regelmäßigkeit zu erkennen und anzuwenden.

Satzglieder

Satzglieder können aus einzelnen Wörtern oder aus Wortgruppen bestehen. Wenn in einem Satz Wörter umgestellt werden, erkennt man die Satzglieder daran, dass sie als Ganzes umgestellt werden müssen, weil der Satz sonst falsch ist oder sein Sinn sich komplett verändert. Satzglieder bilden wichtige Sinneinheiten. Es werden folgende Satzglieder unterschieden:

Subjekt eines Satzes
Das Subjekt bezeichnet eine Person, einen Gegenstand, einen Sachverhalt oder Ähnliches. Es kann ein Nomen oder ein Pronomen sein. Es wird durch die Fragewörter *wer* oder *was* erfragt.
Beispiel: Katrin fragt ständig nach. Dieses Haus ist am höchsten.

gebeugtes Verb: Verb, an dessen Endung zu erkennen ist, wer/was das Subjekt ist.
Beispiel: *Sie (die Kinder) weinen.*
Es (das Kind) weint.
Das gebeugte Verb wird auch als konjugiertes oder als finites Verb bezeichnet.

Prädikat eines Satzes
Das Prädikat kann eine Handlung, einen Vorgang oder einen Zustand ausdrücken. Es besteht aus mindestens einem gebeugten Verb. Es kann durch zusätzliche Verbformen erweitert werden.
Beispiel: Klaus vergaß seinen Ausweis. Klaus hat seinen Ausweis vergessen.

Objekt eines Satzes
Die Aussage eines Prädikats wird durch Objekte vervollständigt oder ergänzt. Nach Objekten fragt man durch die W-Fragen *wen, wem, wessen, was.*
Beispiel: Annabell schenkt Mesut ein Bilderbuch.

Adverbiale Bestimmung
Adverbiale Bestimmungen sind ergänzende, selbstständige Satzglieder. Sie liefern ergänzende Informationen zu Ort (Wo?), Zeit (Wann?) und Umständen (Wie? Warum?).
Beispiel: Annabell schenkt Mesut ein Bilderbuch zum Geburtstag.

Werkzeug Sprache – Deutsch und Kommunikation für Erzieherinnen und Erzieher ISBN: 978-3-582-83521-5

Grammatisches Geschlecht und Deklination

Im Deutschen gibt es drei grammatische Geschlechter (Maskulinum, Femininum, Neutrum) sowie vier Fälle (Nominativ, Genitiv, Dativ, Akkusativ). Die grammatischen Geschlechter sind am Artikel zu erkennen, die Fälle an der Endung des Artikels. Auch die Endungen der Adjektive werden in Genus und Kasus angepasst.

Genus: grammatisches Geschlecht

Kasus: Fall

Maskulinum: männlich

Femininum: weiblich

Neutrum: sächlich

Deklination: Beugung (Veränderung) von Artikeln, Adjektiven, Pronomen und Zahlwörtern

Singular: Einzahl

Kasussystem im Deutschen – die Deklination des bestimmten Artikels im Singular	
Wer? – Nominativ	**Die Frau** sieht das Auto. **Wer** sieht das Auto? – Die Frau.
Wen?/Was? – Akkusativ	Die Frau sieht **das Auto**. **Was** sieht die Frau? – Das Auto.
Wem? – Dativ	Die Frau kauft **dem Hund** ein Halsband. **Wem** kauft die Frau ein Halsband? – Dem Hund.
Wessen? – Genitiv	Das Kleid bedarf **der Reinigung**. **Wessen** bedarf das Kleid? – Der Reinigung.

Kasussystem im Deutschen

Sie sehen hier beispielhaft die Deklination von bestimmten und unbestimmten Artikeln und den dazugehörigen Adjektiven.

Nominativ		Der kleine Hund sieht einen Hasen. Die Tulpe ist schön. Das alte Klavier steht im Wohnzimmer.
Maskulinum	der kleine Hund – ein kleiner Hund – die kleinen Hunde – kleine Hunde	
Femininum	die große Tulpe – eine große Tulpe – die großen Tulpen – große Tulpen	
Neutrum	das alte Klavier – ein altes Klavier – die alten Klaviere – alte Klaviere	
Akkusativ	den kleinen Hund – einen kleinen Hund – die kleinen Hunde – kleine Hunde die große Tulpe – eine große Tulpe – die großen Tulpen – große Tulpen das alte Klavier – ein altes Klavier – die alten Klaviere – alte Klaviere	Der Hase sieht den kleinen Hund. Ich gieße die große Tulpe. Ich sehe das alte Klavier.
Dativ	dem kleinen Hund – einem kleinen Hund – den kleinen Hunden – kleinen Hunden der großen Tulpe – einer großen Tulpe – den großen Tulpen – großen Tulpen dem alten Klavier – einem alten Klavier – den alten Klavieren – alten Klavieren	Er gibt dem kleinen Hund Wasser. Gib du der großen Tulpe Wasser. Ich spiele auf dem alten Klavier.
Genitiv	des kleinen Hundes – eines kleinen Hundes – der kleinen Hunde – kleiner Hunde der großen Tulpe – einer großen Tulpe – der großen Tulpen – großer Tulpen des alten Klaviers – eines alten Klaviers – der alten Klaviere – alter Klaviere	Die Frau bemächtigt sich des kleinen Hundes. Der Raum bedarf einer großen Tulpe und eines alten Klaviers.

3

Plural: Mehrzahl

Pluralbildung von Nomen

Sie können im Deutschen den Plural auf acht verschiedene Arten bilden.

Pluralbildung

1. Anhängen von -s: *das Auto – die Autos*
2. Anhängen von -e: *der Hund – die Hunde*
3. Anhängen von -e und Änderung des Vokals: *der Schwan – die Schwäne*
4. Anhängen von -er: *das Feld – die Felder*
5. Anhängen von -er und Änderung des *Vokals: der Wald – die Wälder*
6. Anhängen von -n bzw. -en: *die Tasse – die Tassen*
7. nur Änderung des Vokals: *die Mutter – die Mütter*
8. keine Veränderung: *der Becher – die Becher*

Wenn Sie den Satz *„The old men open the heavy door for a young child."* ins Deutsch übersetzen wollen, müssen Sie zunächst wissen, welche grammatischen Geschlechter die Wörter Mann, Tür und Kind haben. Dann müssen Sie überlegen, in welchem Fall welcher Artikel steht, wie das dann heißt und wie die Pluralbildung von „Mann" lautet.

Weiterhin muss Ihnen klar sein, wie die Adjektive jeweils verändert werden müssen. Der Satz lautet also am Ende:
„Die alten Männer öffnen die schwere Tür für ein kleines Kind."

Wenn Sie sich entscheiden, den Satz etwas anders zu konstruieren, dann heißt er:
„Die alten Männer öffnen einem kleinen Kind die schwere Tür."

Durch die Veränderung der Satzkonstruktion ändert sich in diesem Beispiel auch die Deklination innerhalb eines Satzgliedes, weil sich der Fall (Kasus) verändert hat.
All das hören kleine Kinder nach und nach immer besser heraus, leiten daraus Gesetzmäßigkeiten ab und wenden diese an.

Nun kommt im Deutschen noch eine Besonderheit in der Betonung hinzu. Wir ziehen unbetonte Silben zusammen beziehungsweise verschlucken sie fast. Das führt dazu, dass die Endungen schwerer zu verstehen sind. Trotzdem nehmen wir Fehler in der Deklination wahr. Fehler beim grammatischen Geschlecht werden sofort bemerkt.

Deklination: Beugung (Veränderung) von Artikeln, Adjektiven, Pronomen und Zahlwörtern.

AUFGABE

1. Übertragen Sie den folgenden Satz auf ein Blatt Papier oder in Ihr Heft.
   Der schwere Mann ritt auf dem zierlichen Esel des wilden Bergvolkes, das er aufgesucht hatte.
2. Markieren Sie alle Morpheme, die die Deklination betreffen.
3. Setzen Sie den Satz in den Plural und markieren Sie alle Buchstaben, die sich dadurch ändern.
4. Beantworten Sie folgende Frage: Worauf sollten Sie als Sprachvorbild achten, damit sich Kinder die Deklination erarbeiten können?

Werkzeug Sprache – Deutsch und Kommunikation für Erzieherinnen und Erzieher ISBN: 978-3-582-83521-5

Das Verb: Konjugation

Das Verb nimmt im Satz in jeder Hinsicht eine zentrale Stellung ein. Auf der semantischen Ebene ist es ein Inhaltswort. Es benennt Tätigkeiten und Zustände und ist damit ein Schlüsselwort für das Verstehen eines Satzes.

Auf der grammatischen Ebene lässt sich über die Verbendung (Person / Singular oder Plural) erkennen, welches Satzglied das Subjekt des Satzes ist und welche Zeit (Präsens, Präteritum, Futur) sowie welcher Modus (Indikativ, Imperativ, Konjunktiv) vorliegen. Diese auf Person, Zeit und Modus bezogenen Veränderungen (das Beugen) des Verbs werden als Konjugation bezeichnet.

Rund um diese Aspekte gibt es eine Vielzahl an umfangreichen und komplexen Regeln. Im Folgenden werden nur einige wenige Grundregeln genannt, damit Sie deren Komplexität erahnen, die wichtigsten Aspekte der sprachlichen Äußerungen beschreiben und gezielt Impulse geben können.

Regeln der Konjugation	
Regelmäßige Konjugation im Präsens: Verbstamm + Personalendung	Unregelmäßige Konjugation im Präsens: Im Verbstamm veränderter Vokal + Personalendung
Infinitiv (Grundform): prüfen Singular: ich prüfe, du prüfst, Sie prüfen, er prüft, sie prüft, es prüft. Plural: wir prüfen, ihr prüft, Sie prüfen, sie prüfen.	Infinitiv (Grundform): lesen Singular: ich lese, du liest, Sie lesen, er liest, sie liest, es liest Plural: wir lesen, ihr lest, Sie lesen, sie lesen

Neben den **Vollverben** (Verben mit einer eigenen Bedeutung) wird weiterhin zwischen **Modalverben** und **Hilfsverben** unterschieden.

Modalverben sind: *können, dürfen, müssen, sollen, wollen, mögen.*
Sie fügen dem Verb eine zusätzliche Information hinzu und müssen von einem **Vollverb** begleitet sein. *Ich kann Türkisch sprechen.*

Die Hilfsverben *haben, sein* und *werden* bilden mit einem **Verb** zusammen die unterschiedlichen Zeitformen:
Beispiel: *Wir haben gestern gegessen. Ihr werdet morgen nach Bukarest fahren.*
Verben der Bewegung – wie *fahren, laufen, fliegen* – werden in der zusammengesetzten Vergangenheit mit dem Hilfsverb *sein* gebildet.
Beispiel: *Sie ist gestern mit dem Zug gefahren.*

Das Verb *sein* wird im Futur zu *werden*. Es weist eine sehr unregelmäßige Konjugation auf. Ebenso wird dieses Verb sowohl zur Bildung der zusammengesetzten Vergangenheit, als auch zur Bildung des **Passivs** und des Konjunktivs verwendet:
Beispiel: *Ich bin heute in Wiesbaden. Morgen werde ich in Nürnberg sein. Gestern wurde die Fahrt nach Wien storniert. Ich würde gern nach Wiesbaden fahren.*

Inhaltswörter: weisen eine vom Kontext unabhängige und selbständige Bedeutung auf, vergleiche Seite 114.

Modus: (Plural: Modi) Aussageweise des Verbs

Präsens: Gegenwart

Präteritum: Vergangenheit

Futur: Zukunft

Indikativ: Wirklichkeitsform

Konjunktiv: Möglichkeitsform

Imperativ: Befehlsform

konjugieren: beugen des Verbs

Hinweis:
Bei dem großgeschriebenen Pronomen „Sie" in der Tabelle handelt es sich um die Höflichkeitsform in der Anrede (Singular und Plural).

Konjugation von *sein*:
Indikativ: *ich bin, du bist, er/sie/es ist, wir sind, ihr seid, sie sind/Sie sind.*
Futur: *ich werde, du wirst,* ...
Konjunktiv I: *ich sei, du seist, er sei ...*

Passiv von *stornieren*:
Präsens: *Die Fahrt* **ist storniert**.
Präteritum: *Die Fahrt* **wurde storniert**.

Prädikat: Satzglied; es muss im Numerus (Singular/Plural) mit dem Subjekt übereinstimmen. Dazu wird das Verb des Satzes entsprechend konjugiert (gebeugt).

Verb: Wortart

Satzklammer: Beschreibung für den typischen Satzbau im Deutschen, der immer dann auftritt, wenn im Hauptsatz das Prädikat neben dem gebeugten (finite) Verb weitere ungebeugte (infinite) Teile hat.

Hinweis:
Vorsilben wie *mit, ab, weg, an* geben dem Verb eine spezifische Bedeutung: nehmen wird durch eine Vorsilbe zu abnehmen, wegnehmen, annehmen.

Partizip: auch: Mittelwort; eine Verbform, die eine Mittelstellung zwischen Verb und Adjektiv hat.
Beispiele: Infinitiv + d = Partizip I: lesen-d.
ge + Verbstamm + -(e)t = Partizip II: ge-arbeit-et

Das Verb: Position im Satz

Das Prädikat in einem Satz kann aus einer einteiligen oder mehrteiligen Verbform bestehen. Der gebeugte (konjugierte) Teil des Verbs steht in Hauptsätzen als Bestandteil des Satzglieds Prädikat immer als zweites Satzglied.

Wenn das Prädikat aber aus mehreren Teilen besteht, dann rücken die ungebeugten Teile oder das Partizip an das Ende des Satzes.
Dies wird als Satzklammer bezeichnet. Diese Konstruktion findet sich in sehr wenigen Sprachen und bereitet daher häufig Schwierigkeiten.

Beispiele für Satzklammern in Hauptsätzen:
Zusammengesetzte Zeit:
Ich **suche** mein Auto am Bahnhof.
Mein Auto **suche** ich am Bahnhof.
Ich [**habe** mein Auto am Bahnhof **gesucht**].
Mit einem Modalverb: Ich [**will** mein Auto **suchen**].
Im Passiv: Das Auto [**wurde** von mir am Bahnhof **gesucht**].

Doch nicht nur zusammengesetzte Prädikate formen eine Satzklammer. Im Deutschen werden viele Verben mit Vorsilben gebildet. Diese Vorsilben werden vom konjugierten Stamm getrennt und wandern ans Ende des Satzes.

Beispiele für Satzklammern bei Verben mit Vorsilben:
Wir [**nehmen** die Wahl **an**].
Sie [**gab** auf keinem der vielen Formulare ihren Geburtsnamen **an**].

Diese Satzklammern werden auch gebildet, wenn das Verb im Infinitiv oder Partizip steht. Auch dann steht das konjugierte Verb an zweiter Stelle und der Infinitiv oder das Partizip mit Vorsilbe am Satzende.

Beispiel für die Position des Verbs im Infinitiv oder Partizip
Wir [**werden** die Wahl **annehmen**].
Sie [**hat** den ganzen Tag **gearbeitet**].

Eine weitere Besonderheit im Deutschen ist die Position des Verbs in Nebensätzen. Der konjugierte Teil des Verbs steht am Ende des Nebensatzes. Das nennt man Verb-Endstellung.

Beispiele für die Verb-Endstellung in Nebensätzen:
Gib mir bitte die Tasse, die auf dem Teewagen **steht**.
Wir glauben nicht, dass sie ohne Verspätung **ankommt**.
Aber: Sie **kommt** ohne Verspätung **an**.

Auch wenn Kinder erst ab einem Alter von fünf bis sechs Jahren vermehrt Nebensätze bilden, tritt die Verbklammer bei Verben mit Vorsilben und bei den zusammengesetzten Zeiten bereits vorher sehr häufig auf.

Werkzeug Sprache – Deutsch und Kommunikation für Erzieherinnen und Erzieher ISBN: 978-3-582-83521-5

INFOBOX

Wichtige grammatische Fachbegriffe

Fachbegriff	Erklärung	Beispiel
Wichtige Wortarten		
Artikel	Begleiter	der, die, das
Nomen/Substantiv	Hauptwort	Haus, Satzbau
Adjektiv	Eigenschaftswort	klein, groß
Pronomen	Fürwort	er, sie, unser, dir, dieses, das
Verb	Tätigkeitswort	sehen, lesen
Adverb	Umstandswort	hier, heute, abends
Präposition	Verhältniswort	auf, unter, über
Konjunktion	Bindewort	weil, daher, dass
Numeral	Zahlwort	eins, zwei, drei
Was man mit Wörtern so machen kann!		
konjugieren	verändern von Verben	ich gehe, du gehst, bin gegangen, gehe
deklinieren	verändern von Nomen, Pronomen, Artikeln, Adjektiven	das schöne Haus (es) die schönen Häuser (sie) in dem schönen Haus (in ihm)
Die Fälle (Kasus)		
Nominativ	Wer-Fall	der Hund
Genitiv	Wessen-Fall	des Hundes
Dativ	Wem-Fall	dem Hund
Akkusativ	Wen-Fall	den Hund
aktiv/passiv	Tatform/Leideform	schlagen/geschlagen werden
Satzglieder	Satzglieder, können aus mehreren Wörtern bestehen	
Subjekt	Frage: Wer?	Die Kinder
Prädikat	Handlung, Zustand; also das, was im Satz die Handlung / einen Zustand beschreibt.	wollen nicht … gehen.
Objekt	Frage: wen, wem, wohin, wann, usw.	ins Bett
Die Verben		
Hilfsverben	Verben, die nicht ohne eine Ergänzung stehen können und in der Regel zur Zeitenbildung verwendet werden: *haben, sein, werden.*	Ich habe ihn gesehen. Du bist weggerannt. Sie werden morgen essen. Wir würden gern kommen.
Modalverben	Verben, die eine zusätzliche Information geben und nicht allein stehen können: *können, dürfen, müssen, sollen, wollen, mögen.*	Du kannst jetzt aufstehen. Er durfte nicht laufen. Sie wollen hier bleiben. Sie müssen früh aufstehen.

3

3.2 Spracherwerb

Hinweis:
Kinder reagieren bereits in der 30. Schwangerschaftswoche mit Bewegung auf Geräusche und „trainieren" ihre Sprechorgane vom ersten Lebensmoment an durch Aktivitäten wie Saugen, Schmatzen, Lallen, Schreien usw.

Hinweis:
Vergleiche Seite 28 zur Bedeutung der Zeigegesten.

Bindungsperson: Person, mit der ein Kind in den ersten Lebensmonaten die meisten interaktiven Erfahrungen macht und die dem Kind Sicherheit, Geborgenheit und Verlässlichkeit vermittelt.

initiieren: starten, beginnen

Hinweis:
Sprachentwicklung hängt eng mit den anderen Entwicklungsbereichen, wie z. B. motorische, kognitive, soziale und emotionale Entwicklung, zusammen.

Der Mensch ist ein soziales Wesen, das ohne Bindung und Beziehung kaum überlebensfähig ist. Sprache bildet die Grundlage, um mit anderen Menschen in Beziehung zu treten. Durch Sprache nehmen wir Kontakt auf, tauschen uns aus, lernen über uns und andere. Mit Sprache vermitteln wir unsere Sicht der Dinge, unsere Werte und Normen, unsere Beziehung zum anderen.

Sprachvermittlung heißt auch kulturelle Erziehung. In der Art, wie wir etwas sagen, vermitteln wir wichtige Aspekte unserer Kultur im privaten und öffentlichen Raum. Sprache ermöglicht dem Kind, seine Wünsche und Bedürfnisse differenzierter zu äußern, mit sich selbst zu sprechen, über sich und andere nachzudenken und ist somit ein grundlegender Bestandteil der Identitätsbildung.
Daher hat jedes Kind eine angeborene Bereitschaft, Sprache zu erwerben. Mit der Fähigkeit, den Blick zu lenken und die Aufmerksamkeit zu fokussieren, richten Kinder ihren Blick gezielt auf das Gesicht der Person, die mit ihnen spricht. Eltern besitzen die Fähigkeit, die Bereitschaft des Kindes wahrzunehmen und darauf zu reagieren. In diesem Zusammenspiel lernt das Kind die wichtigste Grundlage für den späteren Spracherwerb, den Wechsel zwischen Zuhören und Kommunizieren.

Bereits in den ersten Tagen ist das Kind in der Zweierbeziehung zur Bindungsperson von Sprache umgeben. In allen Kulturen der Welt findet sich das gleiche Phänomen: Erwachsene, die mit Säuglingen in Kontakt treten, wählen einen Abstand zum Gesicht des Kindes, der optimal für den Blickkontakt ist, sprechen in einer höheren und sanfteren Tonlage. Wenn das Kind sich bewegt, eine lautliche Äußerung tätigt, dann pausiert der Erwachsene, greift anschließend diese Äußerung auf und spricht weiter. Dadurch erlernt das Kind die Grundstruktur von Kommunikation und erfährt, dass es mit seinen lautlichen Äußerungen beim Gegenüber etwas bewirken kann. Es schaltet seine Sinne auf Empfang und initiiert eine Kommunikation durch Blicke und Gesten – weit bevor es die Fähigkeit besitzt, selbst sprechen zu können. Der kindliche Spracherwerb ist also eng mit allen weiteren Entwicklungsaspekten verknüpft.

Die Motorik des Kindes muss so weit entwickelt sein, dass Gesten und gezielte Mimik möglich sind. Es muss die Augen als Mittel der Kommunikation einsetzen können und zugleich den Blick auf den Sprechenden und das, worüber gesprochen wird, richten können. Auch das Gehör muss gut ausgebildet sein, damit es die Laute aufnehmen und sie später auch Personen und Gegenständen zuordnen kann. Die Worte und ihre Bedeutungen werden über Erfahrungen gelernt. Das Kind hört mit zunehmendem Alter die Regeln der jeweiligen Grammatik heraus. Die für seine Sprache(n) spezifischen Laute kann es bereits zwischen dem 7. und 10. Monat identifizieren und verändert so seine eigene Lautproduktion entsprechend.

Werkzeug Sprache – Deutsch und Kommunikation für Erzieherinnen und Erzieher ISBN: 978-3-582-83521-5

3.2.1 Die Phasen des Spracherwerbs bis zum Grundschulalter

Der Spracherwerb verläuft in folgenden Phasen:

1. Lallen, Gurren, Schreien, durch Blicke eine gemeinsame Aufmerksamkeit herstellen, über Gesten kommunizieren.
2. Erste Wörter, Bedeutung von ca. 50 Wörtern, Kommunikation durch Einwortsätze.
3. Zwei- und Drei-Wortsätze.
4. Starke Wortschatzerweiterung und nach und nach Ausdifferenzierung der grammatischen Strukturen.

Die folgende Abbildung ist eine schematische Darstellung des Spracherwerbs.

Alter	Sprachverständnis	Wortschatz	Artikulation	Grammatik	Sprachverständnis
ca. 6 Jahre		Wortschatz ermöglicht differenzierten Ausdruck. Auch abstrakte Begriffe werden auf kindlichem Niveau sicher gehandhabt.	Alle Laute werden korrekt gebildet.	Grammatik wird weitgehend beherrscht, Gedankengänge können variiert ausgedrückt werden (verschiedene Zeit- und Pluralformen) Geschichten können nacherzählt werden.	
ca. 4 Jahre		Wortschatz wächst weiter an. Farben und Fürwörter werden verwendet.	Bis auf evtl. Zischlaute und schwierige Konsonantenverbindungen (z. B. kl, dr) beherrscht das Kind die Laute der Muttersprache. Evtl. „physiologisches Stottern" (lockere Silben- und Wortwiederholungen).	Bildung komplexer Sätze, schwierige Satzkonstruktionen können noch fehlerhaft sein. Nebensätze können gebildet werden.	
ca. 3 Jahre		Wortschatz nimmt weiter erheblich zu.	Das Kind verfügt über k, g, ch und r; es beginnt schwierige Lautverbindungen zu lernen (z. B. kn, bl, gr).	2. Fragealter mit Fragewörtern (z. B. warum, wie, was). Einfache Sätze können gebildet werden; Beginn von Nebensatzbildungen.	
ca. 2½ Jahre		Wortschatz nimmt erheblich zu; Wortschöpfungen.	Sicherheit in der Lautbildung festigt sich zunehmend.	Zunahme der Mehrwortsätze, Endungen an Haupt- und Tätigkeitswörtern beliebig; erster Gebrauch von „ich".	
ca. 2 Jahre		Bis zu 50 Wörtern, Hauptwörter, einfache Verben und Adjektive sind vorhanden.	Es kommen weitere Laute hinzu, z. B. w, f.	1. Fragealter mit Satzmelodie. Zwei- und Dreiwortsätze liegen vor.	
ca. 1½ Jahre		einzelne Wörter	m, b, p. Beginn von gezielter Lautbildung bei der Wortproduktion	Einwortsätze (Frage durch Betonung)	
ca. 1 Jahr		erste Wörter breite Palette von Lauten Silbenverdoppelung Lallen			
ca. ½ Jahr		Lallen Gurren Schreien			

(Die Altersangaben sind Durchschnittswerte, sie dürfen nicht als starre Normen verstanden werden.)

3.2.2 Sprachliche Lernstrategien beim Spracherwerb

Hinweis:
Kinder haben Lernstrategien, um Sprache zu erwerben.
Kinder brauchen emotionale Sicherheit, ein sprachfreudiges Umfeld und vielfältige bedeutsame Kommunikationssituationen für den Spracherwerb.

Kinder entwickeln sprachliche Lernstrategien um Sprache zu erwerben. Zunächst sind da die allgemeinen Strategien:

- intensiv und aufmerksam beobachten und zuhören;
- Experimentieren mit der Stimme sowie Lautproduktion körperlich erproben und erfühlen;
- nonverbale und verbale Ausdrucksmittel verbinden;
- häufig wiederholen und nachahmen;
- kreativ Sprache verändern und ausprobieren;
- die Wirkung von Sprache auf andere testen;
- sprachliche Regeln entdecken, unermüdlich anwenden und erproben.

Hinweis:
Vergleiche Seite 113 zu den Komponenten der Sprache.

Für die Komponenten der Sprache – Prosodie, Phonetik, Morphologie, Semantik, Syntax und Pragmatik – hat das Kind jeweils spezifische Strategien. Diese zu erkennen und daraus abzuleiten, an welchen Schwierigkeiten das Kind „arbeitet" ist eine Herausforderung für pädagogische Fachkräfte. Wenn Sie dazu fähig sind, dann können Sie im Alltag gezielt als Sprachvorbild dienen und sprachliche Anregungen und Impulse in den Alltag integrieren.

Strategien im Bereich von Prosodie und Phonetik: Stimmmelodie und Laute

Hier greifen Kinder gern zu Lautvereinfachungen. Die ersten Worte werden gebildet, indem Silben weggelassen werden: Aus der Banane wird die „Nane", Knöpfe sind „Nöffe". Auch unbetonte Silben und Laute am Ende von Wörtern werden weggelassen.

Hinweis:
Prosodie und Phonologie sind wichtig für die Sprach entwicklung. Kinder leiden darunter, wenn sie nicht gut verstanden werden und häufig wiederholen müssen, was sie gesagt haben.
Lautvereinfachung bei älteren Kindern muss nachgegangen werden.

Eine weitere Form der Lautvereinfachung ist die Lautersetzung. Schwierig auszusprechende Laute und Lautkombinationen wie *pf*, *s* oder *k* werden durch leichtere ersetzt. Aus der *Pfanne* wird eine „Panne", aus *kommen* wird „tommen". Kinder korrigieren sich teilweise selbst und ebenso hören viele Kinder selbst, dass sie das Wort nicht richtig aussprechen, aber können es noch nicht besser.

Kinder, die zu Hause andere Sprachen als Deutsch sprechen, lernen die grammatischen Strukturen des Deutschen stark über die Prosodie und Phonologie. Sie müssen sich Lautkombinationen erarbeiten, die es in ihrer Erstsprache nicht gibt. Sie müssen Lautunterschiede heraushören, die für die Bedeutung eines Wortes wichtig sind. Auch müssen sie die Endungen hören, um sich die grammatischen Regeln zu erschließen, die in Deklination und Konjugation ihren Ausdruck finden.
Als pädagogische Fachkraft können Sie Kindern und Jugendlichen, die Deutsch erlernen, durch eine deutliche Aussprache – insbesondere der Endungen – sehr viel Unterstützung geben.

Werkzeug Sprache – Deutsch und Kommunikation für Erzieherinnen und Erzieher ISBN: 978-3-582-83521-5

Strategien im Bereich Semantik: Wörter und ihre Bedeutungen

Zunächst müssen Säuglinge das Prinzip der Wörter verstehen. Es gibt immer wiederkehrende Lautfolgen, die etwas bezeichnen. Mit sieben bis neun Monaten versteht ein Kind bereits an die 60 Wörter, ohne selbst zu sprechen. Es kann auf etwas deuten und mit Gestik, Mimik und Lauten kommunizieren. Mit gut einem Jahr beginnt es, die ersten sinnvollen Wörter zu sprechen. Mit ungefähr 18 Monaten hat es 50 Wörter im aktiven Wortschatz und erweitert diesen täglich. Es will nun von jedem Ding wissen, wie es heißt. Es probiert aus, ob ein Wort wie „Kiki", das einen Hahn bezeichnet, auch auf andere Tiere mit Federn zutrifft. Es erweitert seinen Wortschatz durch Erfahrungen, Nachahmung und Nachfragen. Dann muss es Strategien entwickeln, um die Wörter in Kategorien einzuteilen.

Hinweis:
Kinder verstehen viele Worte, bevor sie selber sprechen.

Wörter schaffen Ordnung in der Welt, aber zunächst müssen die Wörter geordnet werden. Wörter haben unterschiedliche Funktionen im Satz, sie werden beim Sprechen verändert und auch ihre Position im Satz ist von Bedeutung. Wenn man dies verstanden hat, kann man anhand der Position erahnen, ob das Wort eine Tätigkeit oder eine Sache bezeichnet.

Hinweis:
Kinder entschlüsseln grammatische Regeln durch Zuhören.

Neben der Einordnung auf der Grundlage der grammatischen Strukturen der Sprache findet auf der semantischen Ebene eine Einordnung in Ober- und Unterbegriffe statt. Am Anfang gibt es den „Wauwau", eine fast passende Lautmalerei für einen Hund. Dann hat das Kind den Begriff *Hund* verinnerlicht und kann Hund von Katze unterscheiden, obwohl beide Fell und vier Beinen haben. Aber es gibt große und kleine Hunde, Labradore und Dackel. Es entwickelt also Strategien, um Beziehungen zwischen Wörtern herzustellen. Das ist wichtig, um neue Wörter zu lernen. Wenn man weiß, wie ein neues Wort in das bisherige Wissen einzuordnen ist, fällt der Erwerb eines Wortes und seiner Bedeutung viel leichter. Dabei werden diese Beziehungen sehr unterschiedlich hergestellt. Das Wort „Sonne" kann zum Beispiel etwas bezeichnen, das rund und hell ist. Dann ist der Mond eine Sonne und auch die Sonnenblume, vielleicht auch ein runder Lampenschirm. Das heißt, mit dem Wort „Sonne" wird zunächst ein Konzept verbunden, dieses wird dann weiter ausdifferenziert.

Hinweis:
Kinder bilden eigene Konzepte von Wörtern und ihrer Bedeutung und differenzieren diese nach und nach aus.

3

Zunächst werden die Bedeutungen von Wörtern handlungsgebunden gelernt. Doch spätestens wenn Kinder über etwas sprechen, was war oder sein wird, können sie sich von der konkreten Handlung lösen.
Doch was ist, wenn ein Wort nicht zur Verfügung steht? Dann greifen Kinder zu anderen Strategien.

- Sie erfinden neue Wörter oder verwenden, wenn vorhanden, einen anderen Wortschatz und fügen das Wort ein.
- Sie bilden Analogien: Schokoladenkringel mit Streuseln darauf werden so zu Perlen.
- Sie nehmen Wörter aus anderen Kontexten, z. B. für etwas, das auf dem Wasser schwimmt: „Es ist hoch."

Hinweis:
Wenn Wörter nicht zur Verfügung stehen, werden sie durch Wortneuschöpfungen und Mehrzweckwörter wie „Ding", „machen" oder „tun" ersetzt.

Zudem gibt es gerade im Bereich der Verben Wörter wie „machen" und „tun", mit denen Kinder sich ausdrücken. *„Ich mache das Glas zu."* soll dann heißen: *„Ich schraube den Deckel auf das Glas."*

Analogie: bestimmter Grad der Übereinstimmung in Bezug auf Merkmale.

Strategien im Bereich der Grammatik

Syntax: Satzbau

Morphologie: Wortbildung

Kinder erschließen sich die Komplexität der grammatischen Strukturen durch Heraushören und Anwenden. Ihre Aneignung dieser Strukturen lässt sich grob in drei Phasen teilen.

- Am Anfang produzieren sie Sätze, die nur ein Wort haben. Ein gefragtes „Mama?" kann heißen: *„Wo ist die Mama?"* oder *„Mama, kann ich das haben?"*

Hinweis:
Vergleiche Seite 114 sowie Seite 116–121.

Siehe auch Seite 195.

- Wenn Kinder die ersten 50 Wörter sprechen, dann reichen Ein-Wort-Sätze nicht mehr aus. In einem Zwei-Wort-Satz lässt sich eine ganze Geschichte verstecken. Substantive und Verben oder auch Adverbien können miteinander kombiniert werden. *„Mama weg."* ist eine klare, verständliche Feststellung, ebenso wie *„Elli Hunger."*, wenn man weiß, wer Elli ist.
- In der dritten Phase, im Alter von zwei bis drei Jahren, werden die Sätze zunehmend grammatisch strukturierter. Die Kinder benutzen Funktionswörter wie Artikel und Pronomen. Sie passen die Verbendung an das Subjekt an und beginnen, die Wörter an den jeweiligen Kaus (Fall) anzupassen, da sie zwischen Subjekt und Objekt unterscheiden können. Eine wichtige kognitive Entwicklung stellt die Entdeckung des Wortes „Ich" dar. Es zeigt, dass ein Kind sich seiner selbst bewusst ist und enthält das Prinzip, dass Namen und später auch Nomen durch Pronomen ersetzt werden können. Damit erschließt sich die Struktur, wie innerhalb mehrerer Sätze auf etwas Bezug genommen werden kann. „Der Apfel ist lecker. Ich mag den Apfel. Den habe ich von Oma."

Mit drei bis vier Jahren werden die Sätze komplexer. Die Kinder erschließen sich die Strukturen von Nebensätzen. Sie nutzen Konjunktionen, um Gedanken zu strukturieren und logische Beziehungen herzustellen. Die Zeitenbildung und die Pluralbildung sind sicher geworden.

Strategie der Aneignung der Syntax: Von rechts nach links bis das Verb konjugiert wird und an die zweite Stelle im Satz rückt.

Der Erwerb der grammatischen Regeln folgt dabei einer festen Struktur, bei der das Verb eine zentrale Bedeutung hat. Wenn die Kinder mehr als ein Wort verwenden, steht das Verb oder der Teil des Wortes, der zu einem Verb gehören könnte am Ende der Äußerung, wie z. B. in *„Mama weg"*. Wenn die Verben dem Subjekt angepasst werden, wird die Verbzweitposition verwendet. „Mama ist weg."
Ein häufiges Phänomen bei der Zeitenbildung ist die Übergeneralisierung. Das heißt, dass Kinder eine Regel herausgehört haben und diese auf alle Wörter anwenden: *malen – gemalt, öffnen – geöffnet, lesen – gelest.* Das ist ein wichtiger Fehler, da er zeigt, dass ein Kind sich eine grammatische Regel erschlossen hat.

AUFGABE

a) Skizzieren Sie anhand der bisherigen Informationen die Phasen des Spracherwerbs und die damit verbundenen Lernstrategien.

b) Veranschaulichen Sie Ihre Darstellung durch Sprachbeispiele.

Werkzeug Sprache – Deutsch und Kommunikation für Erzieherinnen und Erzieher ISBN: 978-3-582-83521-5

3.3 Mehrsprachigkeit

Kinder können dann als mehrsprachig aufwachsend betrachtet werden, wenn sie in ihrem Alltag Interaktionserfahrungen mit mehreren Sprachen haben. Mehrsprachigkeit ist nicht die Ausnahme, sondern die Regel. Bereits der Unterschied zwischen Dialekt und Hochsprache verlangt vom Kind die Fähigkeit, zwischen diesen beiden Aspekten einer Sprache zu unterscheiden.

Die Situationen, in denen Kinder unterschiedliche Sprachen erwerben, sind vielfältig. Eine Möglichkeit besteht darin, dass im Elternhaus zwei Sprachen gesprochen werden. Wenn es sich bei keiner der zwei Sprachen um Deutsch handelt, dann kommt Deutsch als dritte Sprache hinzu, wenn das Kind mehr Kontakt mit dem deutschen Sprachumfeld durch Kita oder Schule bekommt.

Der Erwerb mehrerer Sprachen stellt keine Schwierigkeit dar, vorausgesetzt, das Kind hat ein sprechfreudiges Umfeld, in dem es vielfältige Erfahrungen machen kann. Problematisch ist der Spracherwerb – unabhängig davon, ob es sich um Erstspracherwerb oder Mehrsprachigkeit handelt –, wenn im Umfeld des Kindes wenig gesprochen wird. Kinder lernen Sprache durch Zuhören, Imitieren und über Erfahrungen. Konzepte für Wortbedeutungen differenzieren sich hierüber aus. Wird wenig gesprochen und gibt es wenige sinnliche Erfahrungen, dann ist es für das Kind schwerer, ein Konzept über etwas zu entwickeln.

Der Spracherwerb verläuft bei allen Kindern nach einem einheitlichen Muster, aber jeweils individuell. Dabei unterscheidet sich der Erwerb mehrerer Sprachen nicht grundsätzlich von dem einer einzelnen Sprache. Grundsätzlich gilt: Die Sprache(n), die Kinder mit in die Kita bringen, sind ein Teil ihrer Identität. Mit ihnen haben sie die ersten Erfahrungen gemacht, durch diese sind die sozialen Regeln, Rollen, Normen und Werte der Familie und des Kulturkreises vermittelt worden.
Mithilfe der Familiensprache(n) hat das Kind gelernt seine Gefühle, Bedürfnisse, Wünsche und Interessen sprachlich zum Ausdruck zu bringen. Es ist nicht unter besonders schwierigen Bedingungen aufgewachsen, weil es nicht einsprachig Deutsch ist.

Kommt es mit drei Jahren in die Kita, dann bringt es bereits Erfahrungen mit mehreren Sprachen mit. Es hat an den Eltern, Geschwistern, Verwandten erlebt, dass die Sprache(n) je nach der Situation gewechselt werden oder innerhalb eines Satzes das treffendste Wort aus einer anderen Sprache eingefügt wird. Dieser Wechsel zwischen Sprachen, das *„Code-Switching"* ist etwas Normales. Kinder und Erwachsene verwenden es gleichermaßen.

Kinder wollen in Interaktion treten, sie wollen verstehen und verstanden werden. Deshalb sind sie sehr früh in der Lage, zwischen Sprachen personenbezogen und situationsbezogen trennen zu können.

Mehrsprachigkeit: Eine Person (Kind, Jugendlicher Erwachsener) spricht mehrere Sprachen.

Bilingualität: Zweisprachigkeit

Bilingualismus: Ein Kind befindet sich im Spracherwerb von zwei Sprachen.

primäre Zweisprachigkeit: Ein Kind lernt zwei Sprachen von Geburt an.

Zweitsprachenerwerb: Das Kind befindet sich im Erwerb der zweiten Sprache, während die Grundlagen der ersten schon teilweise beherrscht werden.

universal: allgemein, überall vorkommend

sukzessiver Spracherwerb: die unterschiedlichen Sprachen werden hintereinander erworben.

simultaner Spracherwerb: die unterschiedlichen Sprachen werden parallel zueinander erworben.

Code-Switching: *Sprachenwechsel;* wenn Mehrsprachige mitten im Gespräch oder mitten in einer Äußerung die Sprache wechseln.

3.3.1 Erwerb des Deutschen als zusätzliche Sprache

Hinweis:
Bei Mehrsprachigkeit kann man nicht davon ausgehen, dass es nur eine Erstsprache gibt. Aber es gibt die Sprache, in der die primären Bezugspersonen überwiegend mit dem Kind kommunizieren.

Wenn zwei und mehr Sprachen erworben werden, dann folgt das in weiten Teilen den Regeln und Gesetzmäßigkeiten eines Erstspracherwerbs. Das Kind lernt nach und nach die Sprachen auseinander zu halten und die der Kommunikationssituation angemessene Sprache zu verwenden. Auch wenn Kinder mit anderen Familiensprachen als dem Deutschem in die Kita kommen, so haben sie vermutlich schon Kontakt zu Deutsch gehabt: durch Geschwister, das soziale Umfeld (Nachbarn, Einkaufen, ...), das Fernsehen oder andere Medien.

Daher kann man nicht davon ausgehen, dass sich ein Kind Deutsch in einem sukzessiven Zweitsprachenerwerb aneignet. Vielmehr müssen die Sprachpraktiken des Kindes beobachtet werden. Denn jedes Kind hat ein ganz individuelles Sprachrepertoire, auf das es zurückgreifen kann.

Selbstwertgefühl: Die Bewertung, die man über sich selbst vorgenommen hat; die innere Überzeugung geliebt zu werden, für andere wichtig zu sein und etwas bewirken zu können, führt zu einem hohen Selbstwert.
Ein gutes Selbstwertgefühl ist die Grundlage für Lernprozesse.

Durch die Familiensprache(n) hat das Kind bereits grundlegende sprachliche, kommunikative, soziale, emotionale und kognitive Fähigkeiten erworben. Daher haben Kinder weniger Schwierigkeiten bei dem Erwerb einer weiteren Sprache in der Kita oder Schule. Ihnen fällt es wesentlich leichter, die Regeln einer weiteren Sprache zu begreifen und zu verstehen. Die Familiensprache ist das Gerüst bzw. bietet die Wurzel, aus der sich eine weitere Sprache aufbauen kann. Das Ablehnen oder Leugnen der Erst- oder Familiensprache kann bei einem Kind zu einer Beeinträchtigung seines Selbstwertgefühls führen und den Aufbau seines Selbstbewusstseins verhindern. Das Selbstbewusstsein ist eine wichtige Voraussetzung für das Interesse an und der Offenheit gegenüber Lernprozessen. Wird das Kind von seinem Gerüst bzw. den Wurzeln (seiner Erstsprache) getrennt, so wird auch die Entwicklung der Zweitsprache unterbrochen und gestört. Daher sind die Förderung und die regelmäßige Kommunikation in der Erstsprache notwendig, um den Erwerb einer zweiten Sprache nicht zu blockieren.

gesteuerter Zweitsprachenerwerb: Grammatische Strukturen und Vokabeln werden systematisch vermittelt und geübt.

Sie sollten die Eltern darin unterstützen, mit den Kindern die Familiensprache zu pflegen – auch durch entsprechende mehrsprachige Bilderbücher, Kinderreime und Geschichten. Ebenso sollte das Kind innerhalb der Kita danach gefragt werden, was es ausdrücken möchte – es sollte nicht mit Äußerungen wie *„Sprich Deutsch, ich versteh dich sonst nicht!"* auf die Verwendung einer Sprache bestanden werden. Dies insbesondere dann nicht, wenn das Kind weiß, dass es eigentlich verstanden wird.

ungesteuerter Zweitsprachenerwerb: Wörter und ihre Bedeutungen sowie die grammatischen Strukturen werden durch das „Sprachbad" erworben.

Auch der ungesteuerte Erwerb einer Zweitsprache verläuft – wie bei einer Erstsprache – in Phasen. Es ist ein kreativer Prozess, in dem sich das Kind die inneren Strukturen der neuen Sprache erschließt, denn Kinder verfügen über Erfahrungen durch die Erstsprache und haben bereits sprachliche Fertigkeiten entwickelt, auf die sie beim Erwerb der Zweitsprache zurückgreifen können. Durch diese Erfahrungen „weiß" das Kind z. B., dass sprachliche Äußerungen in bestimmte Satzstrukturen verpackt werden und dass bestimmte Regeln und Ordnungsprinzipien der Sprache angewendet werden.

Sprachbad: auch: Immersion. Wenn Kindern oder Erwachsenen in ein fremdsprachiges Umfeld versetzt werden, in dem sie dann durch das ständige Einwirken der neuen Sprache diese ganz ohne methodisch-begleitende Anleitung erwerben.

Werkzeug Sprache – Deutsch und Kommunikation für Erzieherinnen und Erzieher ISBN: 978-3-582-83521-5

Zunächst lässt sich eine Phase des Schweigens und Beobachtens feststellen.
Anfangs hört das Kind einen Schwall fremder Schallwellen, bestehend aus Lauten und Worten, welche ihm bisher noch nicht oder selten begegnet sind. Vielleicht kann es auch schon einige Wörter erkennen.

Mit den Augen nimmt das Kind wahr, dass die Menschen sprechen. Es nimmt aber auch wahr, wie die Menschen miteinander umgehen. Es beobachtet alters- und entwicklungsspezifisch, welche Regeln im Umgang miteinander gelten, wie die Menschen zueinander stehen, was man machen darf und was man lieber lassen sollte.
Es bildet in dieser Phase also ein erstes inneres Modell davon, wie diese neue Sprachwelt und das soziale Handeln darin funktionieren. Daher sind die Kinder in dieser Phase besonders auf die Eindeutigkeit von Gestik, Mimik und Körpersprache angewiesen.

Hinweis:
Die sozialen Regeln der Interaktion in einer neuen Sprachumgebung erschließen sich in der Beobachtung der nonverbalen Kommunikation.

Hinweis:
Der ungesteuerte Zweitsprachenerwerb im Kita- und Grundschulalter folgt den Phasen des Erstspracherwerbs.

Ein feinfühliger Umgang mit ihnen, d.h. das Erkennen ihrer Signale und die zeitnahe und angemessene Reaktion darauf, vermitteln ihnen Sicherheit und Geborgenheit. Das lässt sie mutiger und neugieriger werden und erleichtert das erste Sprechen.

Zum Erkennen dieser Signale gehört auch, dass Sie versuchen, das Kind zu verstehen, auch wenn es kein Deutsch spricht. Worte in einer fremden Sprache sind als Signale wie weinen, zeigen oder gestikulieren zu werten. Ein Kind wird nach und nach die Wörter wählen, mit denen es verstanden wird, wenn es das Gefühl hat, durch seine Kommunikation bei anderen etwas zu bewirken.

Hinweis:
Aus dem Schwall fremder Laute werden Wörter und ihre Bedeutungen.

Nach einiger Zeit hört das Kind genauer hin und versucht, erste Worte aus den bisher unbekannten Schallwellen herauszufiltern.
In der folgenden Phase, wenn es einen Wortschatz von ungefähr 50 Wörtern erworben hat und über die Einwortäußerungen hinausgewachsen ist, benutzt es Wörter aus beiden Sprachen und überträgt grammatische Konstruktionen der Erstsprache auf die Zweitsprache. Es greift auf bekannte Wörter und Strukturen zurück, überprüft diese und differenziert sie nach und nach durch die Anpassung an die Aspekte der deutschen Sprache aus.

Hinweis:
Der Spracherwerb einer zweiten Sprache verläuft schneller, da das Kind bereits auf vorhandene Konzepte zurückgreifen kann.

Auch hier lassen sich Lernprozesse unterstützen, wenn die andere Sprache als wichtige Stütze im Spracherwerb gesehen wird und nicht als etwas, das schnellstmöglich „abgestellt“ werden muss.

In der Folgephase tritt eine Sprachexplosion auf. Das Kind versucht aktiv, stetig neue Wörter zu erschließen. Dabei bezieht sich die Trennung der Sprachsysteme zunächst stark auf den Wortschatz. Im Bereich vom Satzbau und der Grammatik treten noch Übertragungen von einer auf die andere Sprache auf. Um sich den Einstieg in die neue Sprache zu erleichtern, reduziert das Kind die Vielfalt der Wortformen auf einige wenige und lässt Wörter, die wenig Information enthalten, oftmals weg. Zu solchen Wörtern zählen Funktionswörter wie Präpositionen, Konjunktionen und Hilfsverben.

Im weiteren Spracherwerbsprozess vereinfacht sich das Kind weiterhin den Zugang zur Zweitsprache, indem es die Zeitformen und Pluralformen weglässt.

Quersprachigkeit: flexibler, dynamischer Gebrauch von mehreren Sprachen.

Expertise: Gutachten einer Expertin oder eines Experten.

Translanguaging: Prozess, bei dem mehrsprachige Sprecher ihre Sprachen als integriertes Kommunikationssystem nutzen, also ihre Sprachen mischen, um erfolgreich zu kommunizieren. Tritt in jedem Lebensalter auf und ist auch für Erwachsene der Normalfall.

Monolingualisierung: Erziehung zur Einsprachigkeit.

3.3.2 Einsprachigkeit – Mehrsprachigkeit – Quersprachigkeit: ein Blick auf neuere Forschungsergebnisse

Die Weiterbildungsinitiative *Frühpädagogische Fachkräfte* hat aus Studien eine Expertise zur Mehrsprachigkeit in der Kindheit anfertigen lassen. Anlass war die Beobachtung, dass Mehrsprachigkeit in der Regel als Risiko für die Entwicklung gesehen wird und in Kindertagesstätten die Sprachen, die Kinder mitbringen, häufig ausgeblendet werden.

Die Autorin der Expertise, Argyro Panagiotopoulou, beschäftigt sich dabei mit dem Phänomen des *Translanguaging* und wirft einen kritischen Blick auf die Monolingualisierung als Erziehung zur Einsprachigkeit in erzieherischen Einrichtungen. Dabei betont sie, dass es nicht darum gehe, die Förderung der standardisierten Sprache, in diesem Fall des Hochdeutschen, aufzugeben, sondern es werden bestimmte Sichtweisen und Praktiken hinterfragt.

1. balancierte Mehrsprachigkeit

Dieses Konzept umfasst die Auffassung, dass erst eine Sprache erworben wird, dann die zweite und dass sich nach und nach für beide Sprachen die gleiche Sprachkompetenz entwickelt. Dies scheint für den kindlichen Spracherwerb nicht zutreffend zu sein, da die Entwicklung von zwei und mehr Sprachen nicht unbedingt gleichmäßig verläuft.

2. Sprachmischung als Indiz für Sprachauffälligkeit

Dahinter steht die Annahme, dass Kinder, wenn sie Sprachen mischen, keine der Sprachen richtig lernen. Dies ist nicht zutreffend, denn unabhängig vom Alter werden Sprachen miteinander gemischt. Beispielsweise dann, wenn Hochdeutsch und Dialekt zusammenkommen, wenn jemandem das Wort in einer Sprache schneller einfällt als in einer anderen oder wenn es ein Wort gibt, das in der einen Sprache präziser als in der anderen empfunden wird. Letzteres gilt insbesondere auch für Fachsprachen, wie der Begriff des „Translanguaging" verdeutlicht.

3. Verwendung von einer Sprache pro Person ist hilfreich

Die Annahme, dass der Spracherwerb für Kinder leichter ist, wenn jeweils eine Person nur eine Sprache spricht, hat sich als nicht zutreffend erwiesen. Dies spiegelt nicht die familiären Realitäten wider. Innerhalb von Familien wird häufig die Sprache gewechselt. Ältere, schulpflichtige Kinder sprechen mit ihren Eltern, wenn diese die Sprache verstehen, auf Deutsch, auch dann, wenn die Eltern in der Familiensprache antworten.

Auch sehr kleine Kinder wissen bereits, dass sie mit Angehörigen, die kein oder kaum Deutsch sprechen, in der Familiensprache kommunizieren müssen. Sie versuchen bewusst, solche Wörter zu wählen, die beim anderen ankommen, auch wenn die Kinder eventuell noch nicht bewusst zwischen den Sprachen trennen.

Hinweis:
In der Gesellschaft lässt sich eine Sprachhierarchie beobachten. Mehrsprachigkeit mit den Sprachen Englisch, Französisch oder Spanisch wird höher bewertet als mit Sprachen wie Türkisch, Arabisch oder Russisch.

4. Mehrsprachige Kinder brauchen einsprachige Bildungsinstitutionen

Ganz ohne Frage ist es wichtig, Kinder im Erwerb der deutschen Sprache – unabhängig davon, ob sie einsprachig deutsch sprechen oder mehrsprachig sind – zu unterstützen. Die Familiensprache von Kindern zu leugnen, führt bei diesen jedoch zu Unverständnis und zum „Verstummen". Gerade mehrsprachige pädagogische Fachkräfte sollten nicht unter dem Vorwand darauf bestehen, dass ein Kind Deutsch spricht, weil sie es sonst nicht verstehen würden. Dies kann beispielsweise dann besonders zur Verunsicherung eines Kindes führen, wenn es mitbekommen hat, dass eine Fachkraft mit den Eltern die Familiensprache sprechen kann und versteht. Da-

durch wird nicht nur das Vertrauen erschüttert, sondern das Kind fühlt sich auch mit einem wichtigen Teil seiner Identität unwillkommen.
Vielmehr zeigt sich, dass Kinder gern am Erwerb der weiteren Sprache arbeiten und bewusst Bedeutungen über Wörter in ihrer Muttersprache erfragen, wenn sie dazu die Gelegenheit bekommen.

Die oben genannten kritischen Betrachtungen zu lange vorherrschenden Annahmen zum Mehrsprachenerwerb werden in der Expertise durch umfangreiche Studien untermauert. Die Autorin fordert eine Wende hin zur Mehrsprachigkeit:

> Die Erwartung, dass mehrsprachige Kinder von einer angeblich monolingual sozialisierten Erzieherin in die legitime (deutsche) Sprache zur Bildung eingeführt werden, widerspricht möglicherweise sowohl der Lebensrealität vieler Erzieherinnen als auch einer diversitätsbewussten Erziehung zur Mehrsprachigkeit als Normalität. […] In neueren Ansätzen zur Aus- und Fortbildung von pädagogischen Fachkräften werden diese ermutigt, ihr (sprach-) pädagogisches Feld so zu gestalten, dass dieses „as a safe space" für (potenziell) mehrsprachig handelnde Kinder und pädagogische Fachkräfte empfunden werden kann […]."
>
> (Panagiotopoulou, Argyro (2016): *Mehrsprachigkeit in der Kindheit. Perspektiven für die frühpädagogische Praxis. Weiterbildungsinitiative Frühpädagogische Fachkräfte,* WiFF Expertisen, Band 46, München)

diversitätsbewusste Erziehung: Erziehung, die von der Unterschiedlichkeit der einzelnen Menschen ausgeht und diese berücksichtigt.

safe space: sicherer Bereich, sicherer Ort

Eine besondere Bedeutung erhält in diesem Zusammenhang der *Literacy*-Ansatz. Kinder können durch Lieder, Reime und mehrsprachige Bilderbücher erleben, dass es unterschiedliche Sprachen gibt, aber diese „die gleiche Sprache" sprechen.

Literacy: siehe Seite 186.

3.4 Sprachbeobachtung und Dokumentation

Hinweis:
Sprachbeobachtung setzt bei den sprachlichen Stärken der Kinder an und nicht bei deren Schwächen.

Mit dem Wissen über die Phasen des Spracherwerbs sowie die Grundstrukturen der deutschen Sprache besitzen Sie notwendige Voraussetzungen, um die Sprache von Kindern gezielt zu beobachten und differenziert zu beschreiben. Wichtig hierbei ist, dass Sie bei den Stärken der Kinder ansetzen, also dem, was die Kinder bereits können.
Alltagsbeobachtungen bieten gute Informationen drüber, was die Kinder mitbringen und woran sie arbeiten. Daraus lassen sich dann Strategien für die alltagsintegrierte Sprachförderung ableiten.

3.4.1 Sprachbeobachtung – Komponenten der Sprache

Tipp:
Vertiefende Information finden Sie in den Materialien, die ein Forschungsprojekt des Deutschen Jugendinstituts entwickelt hat: Jampert, Karin et al. (2009): *Kinder-Sprache stärken! Sprachliche Förderung in der Kita,* Berlin: Verlag das Netz.

In den vorhergegangenen Kapiteln haben Sie die Komponenten der Sprache kennengelernt: Bedeutung, Satzbau, Wortbildung usw. Kinder verwenden beim Spracherwerb in diesen Bereichen jeweils besondere Strategien.
Durch Frageimpulse zur Sprachbeobachtung können Entwicklung und Stand in den einzelnen Komponenten ausdifferenziert werden. Hierzu hat das Deutsche Jugendinstitut Material entwickelt, das hier in Ansätzen vorgestellt werden soll.

Für Kinder sind zunächst Prosodie und Phonologie (Stimmmelodie und Laute) von zentraler Bedeutung für die Erfassung von Sprache. Daher liefern Äußerungen auf dieser Ebene wichtige Informationen zu den Fortschritten und Stolpersteinen. Folgende Fragen zu diesem Bereich können Ihren Blick schärfen:

Hinweis:
Reime, Lieder und Sprachspiele geben wichtige Impulse für Prosodie und Phonologie (vergleiche Seite 189).

Beobachtungsebene Prosodie/Phonologie: Sprachmelodie und Laute
- Ist die Aussprache des Kindes gut zu verstehen?
- Wie geht das Kind mit Lauten um?
- Wie ist die Stimmmelodie des Kindes?

Eng mit der Phonologie verbunden sind die Aspekte der Morphologie, weil die Kinder die Phoneme heraushören müssen, um sie zur Bildung der grammatisch korrekten Formen zu benutzen.

Ich habe das Buch gelest. Die falsche Partizipbildung zeigt, dass die Regel für die regelmäßigen Verben gerade verallgemeinert wird.

Beobachtungsebene Morphologie: Flexionen/Wortbildungen
- Wie werden grammatische Formen eingesetzt?
- Verändert das Kind das Verb korrekt?
- Wie werden die Zeiten gebildet?
- Wie geht das Kind mit Singular und Plural um?
- Wie geht das Kind mit dem grammatischen Geschlecht und den Fällen um?
- Werden Steigerungsformen korrekt benutzt und eingesetzt?

Der Satzbau im Deutschen ist für viele mehrsprachige Kinder ein Stolperstein, weil die Verbklammer und die Verbendstellung im Nebensatz in den meisten Sprachen nicht vorhanden sind. Hieran kann man auch gut erkennen, wie weit die Kinder in der Erschließung der Strukturen bezogen auf den Satzbau sind.

Der folgende Satz zeigt, dass die Verbklammer erschlossen wurde: *„Das hat kaputtgegangen."*

Der Satz zeigt, dass die Verbendstellung erfasst wurde: *„Ich will nicht, dass du wegnimmst."*

Beobachtungsebene Syntax: Satzbau

- Wie ist der Umgang mit den Verben im Satz? Verwendet das Kind Verbklammern und die Verbendstellung in Nebensätzen?
- Wie komplex sind die Satzgebilde?

Ein großer Wortschatz ermöglicht dem Kind, vielfältige Zusammenhänge zu verstehen und sich differenziert auszudrücken. Dabei ist bei mehrsprachigen Kindern das grammatische Geschlecht, ein Aspekt, der streng genommen zur Morphologie gehört, wichtig. Denn das Geschlecht wird immer mit dem Wort zusammen gelernt: *Der Becher, die Tasse, das Glas* – nur wer das Geschlecht kennt, kann auf der Ebene der Morphologie die richtigen Endungen bilden.

Beobachtungsebene Semantik: Wörter und ihre Bedeutungen

- Ist der Wortschatz des Kindes umfangreich und spricht es grammatisch richtig?
- Erweitert es seinen Wortschatz aktiv?
- Was macht das Kind, wenn sein Wortschatz nicht ausreicht? Benutzt es Universalwörter wie „Ding" und „machen"? Erfragt es neue Wörter oder greift es auf Wortneubildungen und Wörter aus anderen Zusammenhängen zurück?

Kinder, die häufig wiederkehrende Alltagssätze sagen, oft Universalwörter benutzen und beim Vorlesen schnell abgelenkt sind, weisen einen geringen Wortschatz auf.

3

Die kognitiven und kommunikativen Kompetenzen zeigen sich auch in sprachlichen Äußerungen.

Kognitive und kommunikative Aspekte der Sprachäußerungen

- Wie setzt das Kind Sprache ein?
- Gibt es sich Selbstanweisungen? Nutzt es Sprache handlungsbegleitend?
- Geht das Kind kreativ und schöpferisch mit Sprache um? Bildet es eigene Wörter? Experimentiert es gern mit der Sprache?
- Erzählt es gern Geschichten? Ist es dabei in der Lage, die Perspektive des Zuhörenden einzunehmen?
- Wie nutzt das Kind die Sprache, um zu kommunizieren?
- Teilt es sich gern mit? Erfragt und kommentiert es viel?
- Welche Strategien nutzt es, um gehört und verstanden zu werden?
- Sucht es aktiv Kommunikationssituationen mit anderen Kindern, den Fachkräften, in größeren Gruppen?

Der folgende Satz ist nur noch im Zusammenhang zu verstehen, obwohl er grammatisch richtig ist: *„Gib das Ding da und mach es hier rein."*

3.4.2 Übungen zur Sprachbeobachtung – Komponenten der Sprache

Hinweis:
Achten Sie auf die Aspekte, die Ihnen bei den Äußerungen des Kindes auffallen. Berücksichtigen Sie dabei das Alter und den Sprachstand des Kindes.

Die Komponenten der Sprache scheinen auf den ersten Blick schwer zugänglich und komplex zu sein. Doch wenn Sie ein wenig Übung haben, in einer Sprachäußerung die wichtigsten Bestandteile herauszuhören, dann sind Sie schnell in der Lage, auch im Alltag zu erkennen, woran das Kind gerade arbeitet.

Sprachbeispiel
Marlene, zwei Jahre und drei Monate alt:
Marlene spricht über ihren Bruder Jonathan, der acht Monate alt ist. Während der Schwangerschaft war sie fasziniert davon, dass sich der Bruder im Bauch der Mutter befindet.

Erzieherin: „Wie ist es mit deinem neuen Bruder?"
Marlene: „Der nervt. Aber bisschen habe ich lieb den."
Erzieherin: „Ja, das kann ich verstehen. Du hast ihn lieb, aber manchmal nervt er dich auch. Was kannst du denn mit deinem Bruder spielen?"
Marlene: „Ich kann ... Der Jonathan kann nicht spielen mit Marlene, weil so klein war."
Erzieherin: „Ah, der Jonathan ist noch zu klein. War Jonathan bei Mami im Bauch und ist deshalb so klein?"
Marlene: „Ja. Ich hab' auch so einen Bauch." (Zeigt auf ihren Bauch.)

Marlene spricht schon in vollständigen Sätzen und benutzt auch das Pronomen *„ich"*. Auffallend sind zwei Aspekte: Der Satzbau (Syntax) sowie der Gebrauch der Vergangenheit.

In dem Satz *„Der nervt. Aber bisschen habe ich lieb den."* sind Ansätze eines Nebensatzes zu erkennen. Diese Konstruktion wird von der Erzieherin aufgegriffen und korrigierend wiederholt. Marlene hat im ersten Teil Subjekt (*der*) und Prädikat (*nervt*) richtig platziert. Dann benutzt sie die Konjunktion *„aber"* und bildet einen Satz, an dessen Ende ein Pronomen steht. Das Pronomen steht im korrekten Kasus (Akkusativ) und bezieht sich eindeutig auf das Objekt, über das gesprochen wird (*den Bruder*). Hier zeigt sich, dass Marlene dabei ist, ihren Wortschatz um Funktionswörter wie Pronomen zu erweitern. Sie hat jedoch noch keine Sicherheit darin gewonnen, diese richtig im Satz zu platzieren. Das wird auch im nächsten Satz deutlich.

Pronomen: ersetzen Nomen und Personen; Relativ- und Demonstrativpronomen verweisen auf ein bereits benutztes Nomen oder eine Person: Der Bruder, den ich lieb habe, ist zu klein zum Spielen.

„Der Jonathan kann nicht spielen mit Marlene, weil so klein war." Hier ersetzt Marlene noch nicht die Namen durch Pronomen. Aber sie zeigt eine vollständige Nebensatzkonstruktion mit der Konjunktion *„weil"* und der richtigen Verbendstellung. Gleichzeitig kämpft sie mit dem richtigen Zeitgebrauch. Vermutlich bezieht sie sich hier auf zwei Aspekte: Jonathan war klein, als er zur Welt kam und ist jetzt immer noch zu klein zum Spielen. Marlene ist größer. Mit dem Satz *„Ich kann ..."* will sie mit einem Modalverb aussagen, dass sie groß genug zum Spielen sei.

Werkzeug Sprache – Deutsch und Kommunikation für Erzieherinnen und Erzieher ISBN: 978-3-582-83521-5

Fazit aus der Sprachbeobachtung:
Marlene spricht schon sehr komplex für ihr Alter. Sie verwendet die ersten Pronomen und einfache Nebensatzkonstruktionen und sie versucht, über etwas zu sprechen, was in der Vergangenheit liegt und in die Gegenwart hineinwirkt.
Genau diese beiden Aspekte greift die Erzieherin im Gespräch auf, indem sie indirekt korrigierend die Äußerungen von Marlene wiederholt. Gleichzeitig hört sie aktiv zu und stellt offene Fragen, um Marlene zum Sprechen anzuregen.

aktives Zuhören: siehe Seite 69.

In einer Sprachbeobachtung müssen Sie also nicht alle Komponenten analysieren, sondern diejenigen in den Blick nehmen, an denen das Kind arbeitet.

AUFGABE

Analysieren Sie das vorliegende Sprachbeispiel auf Grundlage der Komponenten der Sprache. Arbeiten Sie heraus, was die Kinder bereits gut können und worin sie Unterstützung brauchen.

Sprachbeispiel

Die anwesenden Kinder machen eine Schneeballschlacht mit Zeitungen. Sie knüllen, werfen, zerreißen, knüllen weiter und bewerfen sich gegenseitig. Die agierenden Kinder haben unterschiedliche Muttersprachen, keines der Kinder hat als Erst- bzw. Muttersprache Deutsch. Die Kinder werden in 5 Monaten eingeschult und sind zwischen fünfeinhalb und sechs Jahren und zwei Monaten alt. Dario und Mohamed sind Jungen, Hilal ist ein Mädchen.

Dario: „Ich bin die Schnellste. Ach ja, ich bin der Schnellste."
Hilal: „Ich habe so gemacht. Aber dann bin ich Po angefasst."
Mohamed: „Wer hat gelben Blatt geschmeißt?"
Hilal: „Ich weiß, welche Farbe das hat. Gelb. Wie bei einer Maus."
Mohamed: „Maus? Maus macht kitzel kitzel."
Er geht auf Dario zu und kitzelt ihn am Bauch. Dario lacht und zeigt auf Hilal.
Dario: „Gib ihm auch eine."
Mohamed wendet sich Hilal zu und kitzelt sie am Bauch.
Hilal fordert ihn auf: „Mach auch Füße. Bei mir auch meine Füße."
Sie lacht, als Mohamed sie an den Füßen kitzelt.
Mohamed: „Kitzel kitzel. Das kitzelt doch."
Hilal fordert ihn auf: „Mach jetzt in mein Bauch."
Mohamed fragt nach: „In dein Bauch? Oh, nein, das ist ja furchtbar. Ich bin da krank Mann. Eh, da unten. Nicht kitzel kitzel."
Hilal beruhigt ihn und sagt: „Doch. Mach jetzt mein Bauch. Kitzel ist gut."
Mohamed kitzelt sie vorsichtig am Bauch und schaut sie dabei immer wieder an. Hilal lacht und läuft weg.

3.4.3 Sprachbeobachtung und Dokumentation mit Beobachtungsbögen

Beobachtungsbögen der Sprachentwicklung:
Zimmer, Renate; Madeira Firmino, Nadine (2015): *BaSiK. Begleitende alltagsintegrierte Sprachentwicklungsbeobachtung in Kindertageseinrichtungen*, Freiburg im Breisgau: Herder.

Ulich, Michaela; Mayr, Toni (2007): *Seldak – Sprachentwicklung und Literacy bei deutschsprachig aufwachsenden Kindern*, Freiburg im Breisgau: Herder.

Ulich, Michaela; Mayr, Toni (2006): *SISMIK – Sprachverhalten und Interesse an Sprache bei Migrantenkindern in Kindertageseinrichtungen*, Freiburg im Breisgau: Herder.

Zum Erfassen der sprachlichen Äußerungen eines Kindes und Ausfüllen des Beobachtungsbogens braucht die pädagogische Fachkraft Fachbegriffe und Grammatik-Wissen.

Die Beobachtung jeweils einzelner Sprachkomponenten macht es leichter, ein Raster zu entwickeln. Wenn ein Kind häufig Endungen verschluckt, nuschelt und schwer zu verstehen ist, dann wissen Sie, dass es auf der Ebene der Prosodie und Phonetik noch Schwierigkeiten hat.
Wenn Kinder zwar die Verbklammer und die Verbendstellung richtig einsetzen, aber große Lücken im Wortschatz aufweisen, ist dies eine wichtige Alltagsbeobachtung: Diese Kinder haben sich schon komplexere Strukturen der Grammatik erschlossen, sind aber in ihren sprachlichen Möglichkeiten durch den Mangel an Wörtern eingeschränkt.
Wenn Sie im Alltag auf derartige Dinge achten, dann wird es Ihnen leichter fallen, Sprachentwicklung anhand von Beobachtungsbögen zu analysieren und zu dokumentieren.

Alle Beobachtungsbögen haben einen theoretischen Rahmen als Grundlage für die Beobachtungsaspekte.
Renate Zimmer ist eine Professorin, die sich in den letzten Jahren intensiv mit den Themen *Bewegung und Identitätsentwicklung* sowie *Bewegung und Sprachentwicklung* auseinandergesetzt hat. Sie schreibt zum konzeptionellen Hintergrund des von ihr entwickelten Beobachtungsbogens BaSiK:

> Die Sprachentwicklung eines Kindes verläuft auf mehreren unterscheidbaren sprachlichen Ebenen – somit umfasst die alltagsintegrierte Sprachbildung – und -förderung ebenfalls alle Sprachbereiche. Weinert und Grimm (2008) unterscheiden zwischen prosodischer (Betonung, Sprachrhythmus), linguistischer (Bildung der Sprachlaute, Wortbedeutung, Satzbildung etc.) und pragmatischer Kompetenzen (kommunikativer Gebrauch der Sprache), die ein Kind erwerben muss. Der Einstieg erfolgt über die Entwicklung prosodischer Fähigkeiten […].
>
> (Zimmer, Renate (2015): *BaSiK. Begleitende alltagsintegrierte Sprachentwicklungsbeobachtung in Kindertageseinrichtungen*)

Zimmer greift die hier bereits dargestellten Komponenten der Sprache auf und skizziert einen Verlauf der Sprachentwicklung. Daraus werden dann die Aspekte der Sprachbeobachtung entwickelt. Es gibt zwei unterschiedliche Sprachbeobachtungsbögen: einen für die Kinder unter drei Jahren sowie einen für die Kinder über drei Jahren.
Bestimmte Aspekte werden erfragt und die pädagogische Fachkraft trägt in einer vierstufigen Tabelle ein, ob die Aussage immer zutrifft (4) oder gar nicht zutrifft (1). Dabei werden drei Beobachtungszeiträume berücksichtigt.

Für morphologisch-syntaktische Kompetenzen ist die Frage für Kinder unter drei Jahren: „… verwendet einfache Präpositionen …". Für Kinder über drei Jahren wird z. B. erfragt „… verwendet das Perfekt (einfache Vergangenheitsform) der Verben (Tätigkeitswörter) (z. B. „Ich bin mit dem Fahrrad gefahren.")." Die Beobachtungsbögen enthalten Angaben dazu, wie Beobachtung und Auswertung erfolgen.

Werkzeug Sprache – Deutsch und Kommunikation für Erzieherinnen und Erzieher ISBN: 978-3-582-83521-5

Die älteren Sprachbeobachtungsbögen Seldak und Sismik, die vom Staatsinstitut für Frühpädagogik in München entwickelt wurden, sind für Kinder ab vier Jahren geeignet. Es wird – wie auch bei der Auswertung von BaSiK – unterschieden zwischen

- Kindern mit Erstsprache Deutsch bzw. einem simultanen Erwerb von Deutsch und einer zweiten Sprache in den ersten beiden Lebensjahren
- Kindern, die Deutsch nach dem zweiten Lebensjahr sukzessiv lernen.

simultaner Spracherwerb: gleichzeitiger Erwerb mehrerer Sprachen.

sukzessiver Spracherwerb: erst mindestens zwei Jahre die Familiensprache(n), dann in der Kita Deutsch als neue Sprache.

In der Konzeption zu Seldak, die auf der von Sismik aufbaut, wird dargestellt, dass Sprache verschiedene Aspekte hat.

> In diesem Bogen wird sprachliches Lernen als Teil einer komplexen Entwicklung gesehen, die auch wesentlich mit Motivation zu tun hat. Ein Aspekt, den wir deshalb bei Seldak besonders betonen, ist die Sprachlernmotivation des Kindes, sein Interesse an Sprache. Leitfrage ist hier: Wie weit ist ein Kind bei sprachbezogenen Situationen und Angeboten beteiligt, wie weit engagiert es sich in solchen Situationen?
>
> (Ulich, Michaela; Mayr, Toni (2007): *Seldak – Sprachentwicklung und Literacy bei deutschsprachig aufwachsenden Kindern*)

Diese konzeptionelle Grundlage hat Einfluss auf den Sprachbeobachtungsbogen. Im Gegensatz zu BaSiK werden hier alltagsrelevante Situationen in der Kita als Beobachtungsgrundlage herangezogen. Die Skala der Häufigkeit eines Verhaltens reicht von oft (6) bis gar nicht (1). Eine Frage bezieht sich z. B. auf Gesprächsrunden/Gruppendiskussionen und lautet:
„Kind hört bei Gruppengesprächen/Diskussionen sehr aufmerksam/mit großer Intensität zu".
Weitere Aspekte beziehen sich auf das Gesprächsverhalten:
„... stellt bei Gruppengesprächen gezielt Fragen", „... bleibt mit seinen Gesprächsbeiträgen beim Thema", „... spricht ohne Hemmungen vor einer größeren Gruppe".

Neben häufigen Kitasituationen wie Frühstückstisch, Bilderbuchbetrachtung werden auch allgemeine sprachliche Aspekte zur Grammatik (Morphologie, Syntax) erfasst:
„... das Kind kann das Verb entsprechend der Person beugen", „das Kind bildet den Akkusativ richtig (einschließlich Artikel, Adjektiv ...)."

Sismik und Seldak berücksichtigen auch Literacy-bezogene Erfahrungen. Daraus wurde das Beobachtungsinstrument „LiSKit" (**Li**teracy und **S**prache in **Ki**nder**t**ageseinrichtungen) entwickelt.

Literacy: vergleiche Seite 186.

Das Besondere an diesem Beobachtungsverfahren ist ein Bogen zur Selbsteinschätzung und Reflexion pädagogischer Fachkräfte. Hier werden Aspekte zu Ausstattung und Räumlichkeiten, Aktivitäten der Fachkraft, Interaktionen mit den Kindern sowie Spracherfassung und Vernetzung erfragt. Ein Aspekt zu den Aktivitäten der Fachkraft lautet: *„Ich nutze folgende Alltagssituationen, um mit Kindern ins Gespräch zu kommen: Begrüßung/Verabschiedung, Essenssituation."*

Mayr, Toni et al. (2012): *LiSKit – Literacy und Sprache in Kindertageseinrichtungen*, Freiburg im Breisgau: Herder.

Auch hier wird die Häufigkeit des Verhaltens in vier Stufen erfragt.

3.5 Alltagsintegrierte Förderung der Sprachentwicklung

3.5.1 Grundlagen

Pisa-Studien: seit dem Jahr 2000 bestehende internationale Schulleistungsuntersuchungen, die alle drei Jahre in den meisten Mitgliedstaaten der OECD durchgeführt werden. Sie haben zum Ziel, solche Kenntnisse und Fähigkeiten von 15-Jährigen zu messen, die für Alltag und Beruf von Bedeutung sind.

International vergleichende Tests zum Leistungsstand von Schülerinnen und Schülern (z. B. Pisa) haben gezeigt, dass Schülerleistungen in Deutschland nur im Mittelfeld liegen. Eine der Ursachen hierfür besteht aus Sicht der Forschung darin, dass Kinder, die mit anderen Muttersprachen als Deutsch aufwachsen, häufig geringere Kompetenzen im Erfassen von Texten haben.

Gleichzeitig stellte sich heraus, dass der Zeitraum vor der Einschulung – von null bis sechs Lebensjahren – als wichtige Bildungszeit betrachtet werden muss. Aus diesem Grunde wurde deutlich mehr Wert darauf gelegt, diesen Zeitraum auch als Bildungszeit zu nutzen.

Gleichzeitig gewannen auch das Testen sowie die Förderung der Deutschkenntnisse an Bedeutung.
Zunächst wurde verstärkt daran gearbeitet, Sprachförderprogramme für Kita-Kinder zu entwickeln. Dazu wurden Sprachbeobachtungsbögen und Sprachfördermaterial entwickelt. Sprachförderkräfte sollten Kinder mit Sprachdefiziten für die Sprachförderung zusammenfassen und in kleinen Gruppen spielerisch unterweisen.

Evaluation: sach- und fachgerechte Bewertung, beispielsweise über einen Sprachstandstest vor und nach dem Sprachförderprogramm.

Bei den Evaluationen wurde nach und nach deutlich, dass diese Sprachförderprogramme nur begrenzt Erfolg zeigten.
Das hat unter anderem folgende Gründe:

1. Kinder sprechen dann gern, wenn sie einen Sinn in der Kommunikation sehen. Sie wollen nicht mit einer Person, die in der Woche für 30 Minuten mit ihnen arbeitet, über Themen sprechen, die diese Person festlegt. Kinder wollen mit jemandem über das sprechen, was sie gerade beschäftigt.
2. Spracherwerb ist ein komplexer und ganzheitlicher Prozess. Das, was erworben wird, muss mit allen Sinnen erfahren werden. Die sprachliche Entwicklung und alle anderen Entwicklungsbereiche hängen eng zusammen.
3. Sprechen ist ein komplexer Prozess: Das Kind muss die Wörter kennen und finden. Es muss seine Satzkonstruktion planen und in der Ausführung die Aussprache der Laute, Wörter und Sätze verständlich aussprechen. All dies gelingt dann gut, wenn es sich sicher und geborgen fühlt, ein echtes Interesse an der Interaktion und eine Beziehung zum Interaktionspartner hat.

Hinweis:
Jede Interaktion mit Kindern ist sprachbildend, weil die Kinder zuhören, sich mitteilen und über Erfahrungen, Perspektiven und Gefühle sprechen und dadurch ihren Wortschatz erweitern. Die Erzieher sind das Sprachvorbild, an dem sie sich orientieren.

Dies alles legt nahe, dass eine alltagsintegrierte Sprachförderung wirksamer ist.

> Bei der alltagsintegrierten Sprachbildung handelt es sich nicht um ein Konzept mit vorgegebenen Materialien oder Zeiten, vielmehr sollten im pädagogischen Alltag der Kindertagesstätte möglichst viele Sprechanlässe genutzt und geschaffen werden, die auch die individuellen Ressourcen und Interessen der Kinder berücksichtigen.
> Die pädagogischen Fachkräfte nehmen dabei die wichtige Rolle des Sprachvorbildes ein und stellen eine sprachanregende Umwelt bereit."
>
> (Zimmer, Renate (2015): *BaSiK Manual*, Freiburg: Herder, S. 6.)

Aus diesen Überlegungen ergeben sich folgende Kriterien für eine gute alltagsintegrierte Sprachbildung/Sprachförderung:

Eine pädagogische Fachkraft ist dann ein gutes Sprachvorbild, wenn

1. sie in vollständigen Sätzen spricht, eine deutliche Aussprache verwendet und ihre Sprache dem Sprachentwicklungsstand der Kinder anpasst und ein korrektives Feedback gibt;
2. sie zum Sprechen ermuntert, indem sie aktiv zuhört, offene Fragen stellt und dem Kind aufmerksam zuhört – sie also eine dialogische Grundhaltung einnimmt;
3. sie bewusst Alltagssituationen nutzt – wie z. B. das Anziehen, die Begrüßung –, um Gespräche zu initiieren.

dialogische Grundhaltung: liegt vor, wenn sprachliche Handlungen auf gegenseitigen Austausch ausgerichtet und durch Empathie und Interesse am Kind und an seinen Themen geprägt sind.

AUFGABE

Lesen Sie die folgende Szene und beurteilen Sie, ob diese Alltagssituation den Kriterien einer alltagsintegrierten Sprachbildung entspricht. Begründen Sie Ihre Meinung mit Beispielen.

korrektives Feedback: eine sprachlich falsche Äußerung des Kindes wird sprachlich korrekt wiederholt, ohne das Kind zu verbessern.

Es ist kurz vor dem Mittagessen. Die pädagogische Fachkraft Frau Vogt ist mit mehreren Kindern beschäftigt, die sich ausziehen. Dabei unterstützt sie besonders Alina (zweieinhalb), Ali (dreieinhalb) und Kostas (viereinhalb Jahre).

Frau Vogt: „Alina, komm, setz dich hier auf den Fußboden. Dann fällst du nicht um, wenn du die Stiefel ausziehst."
Alina: „Neue Stiefel, rot."
Frau Vogt: „Stimmt, du hast neue Stiefel – schicke rote neue Stiefel."
Ali: „Weg da!"
Frau Vogt: „Ali, möchtest du auch hier auf dem Boden sitzen?"
Ali: „Ja, das will ich."
Frau Vogt: „Hier ist noch Platz. Was willst du als erstes ausziehen?"
Ali: „Stiefel."
Frau Vogt: „Das ist eine gute Idee. Du ziehst zuerst deine Stiefel aus. Welche Farbe haben denn deine Stiefel?"
Ali: „Blau. Meine Stiefel sind blau."
Frau Vogt: „Da kommt Kostas. Kostas, kannst du dich zum Stiefel Ausziehen auf die Bank setzen?"
Kostas: „Klar, das mache ich."
Frau Vogt: „Kostas, deine Stiefel haben die gleiche Farbe wie Alis. Sie sind blau."
Kostas: „Ja, aber meine sind größer."
Ali: „Du bist groß."
Frau Vogt: „Alina, was meinst du, wer hat die größten Stiefel?"
Alina: „Kostas."
Kostas: „Ich bin am größten, also habe ich auch die größten Stiefel."
Alina: „Ich habe neue Stiefel."
Ali: „Ich habe neue Stiefel, auch."
Frau Vogt: „Ja, Ali, du hast auch neue Stiefel."
Ali: „Gestern mit Mama und Papa."

Tipp: Verwenden Sie für Ihre Begründung die grammatischen Fachbegriffe von Seite 121.

3

3.5.2 Die pädagogische Fachkraft als Sprachvorbild

Empathie: die Bereitschaft und die Fähigkeit, sich in die Gefühle und Einstellungen anderer Menschen einzufühlen.

sukzessive: allmählich, nach und nach

sukzessiver Spracherwerb: siehe Seite 127.

Prosodie: lautliche Eigenschaften der Sprache; siehe Seite 113.

Hinweis:
Vergleiche zu den Bedingungen für eine gelingende Kommunikation Seite 66 sowie zum partizipativen Gestalten von Kommunikation mit Kindern und Jugendlichen Seite 74–75.

Echte Anteilnahme, Blickkontakt, Aufmerksamkeit und Empathie sind die Grundvoraussetzungen einer sprachfördernden Haltung, ebenso wie die Akzeptanz gegenüber der Sprache(n), die ein Kind mitbringt.

Auf der Ebene der Prosodie achten Sie als pädagogische Fachkraft auf eine deutliche Aussprache. Wenn Kinder aufgrund ihres Alters, Entwicklungsstandes oder eines sukzessiven Spracherwerbs sprachlich noch nicht sicher sind, dann reduzieren Sie Ihre Sprachgeschwindigkeit angemessen. Betonen Sie wichtige Worte und nutzen Sie Pausen, um das Gesagte klar zu strukturieren. Dadurch hat das Kind mehr Zeit, das Gehörte zu verarbeiten. Es erleichtert ihm, sich die grammatischen Strukturen zu erschließen und die einzelnen Wörter voneinander getrennt wahrzunehmen sowie zu unterscheiden.

Weiterhin sollten Sie die Komplexität der Sprache angemessen reduzieren – dies sowohl auf der Inhalts- wie auch auf der Strukturebene. Ihre Sätze sind kürzer, aber vollständig. Funktionswörter werden sparsam eingesetzt und so betont, dass das Kind diese sowie den dazugehörigen Bezug gut erkennen kann.

Das Verständnis wird auch dadurch erleichtert, indem man eine Information mehrfach benennt. Dabei wird aber nur das Wichtige wiederholt. Möchten Sie z. B. ein sehr junges Kind, das vielleicht selbst noch nicht spricht, bitten, eine bestimmte Tasse zu holen, dann könnten Sie sagen: *„Siehst du die blaue Tasse auf dem Tisch? Bitte bring mir die blaue Tasse."* Wenn das Kind in die Richtung des Tisches geht, wiederholen Sie: *„Genau, die blaue Tasse. Bringst du mir die blaue Tasse?"*

Als sprachliches Vorbild sollten Sie sich als Fachkraft immer an den sprachlichen Fähigkeiten des Kindes orientieren, seine Äußerungen gegebenenfalls richtig wiederholen, erweitern und durch offene Fragen zum Erzählen anregen.

AUFGABE

Begründen Sie, inwieweit die pädagogische Fachkraft hier kein gutes Sprachvorbild ist und formulieren Sie deren Äußerungen um.

Fachkraft: „Hast du Käse auf deinem Brot?"
Aye: „Ja."
Fachkraft: „Schmeckt dir der Käse?"
Aye nickt.
Fachkraft: „Das ist gut. Schön aufessen. Mario, ordentlich hinsetzen. Ja, so ist gut. Hast du auch Käse auf dem Brot?"
Mario: „Nein, ist Wurst."
Fachkraft: „Stimmt, du magst Käse nicht so gern, oder?"
Mario: „Lieber Wurst."
Fachkraft: „Wer fertig ist, kann seine Frühstücksdose wegpacken und spielen gehen."

3.5.3 Sprachanregungen geben – Laute und Prosodie

Auf der Ebene der Laute und der Prosodie gibt es viele Möglichkeiten, Kinder anzuregen, denn Kinder lieben es, mit der Sprache zu spielen.
Impulse können geben:

- Bewegungsspiele, bei denen Silben gehüpft oder geklatscht werden,
- das Bilden von Reimwörtern oder das Suchen von Wörtern, die einen gleichen Laut haben, wie *ich, dich, wichtig*.

Aber auch der Vergleich unterschiedlicher Sprachen, ihrer Reime, Sprachmelodien und das Spielen damit gehören dazu.

Hinweis:
Vergleiche zu *Sprache und Literacy* Seite 189.

Wörter und ihre Bedeutungen

Der Wortschatz der Kinder wächst. Aber ein Wort nur einmal zu hören, reicht nicht aus. Mit einem Wort müssen sich Erfahrungen verbinden, es muss vom passiven in den aktiven Wortschatz gelangen.

Inhaltswörter, also insbesondere Nomen und Verben, bilden das Grundgerüst, um sich zu verständigen. Verfügen Kinder über einen noch geringen Wortschatz, dann sind beispielsweise folgende Sprachanregungen wichtig:

- handlungsbegleitend sprechen mit Wiederholung zentraler Inhaltswörter,
- Handeln und Wörter miteinander verbinden, z. B. die Bezeichnung von Körperteilen und Kleidungsstücken beim An- und Ausziehen, die Bezeichnung von Geschirr und Besteck beim Tischdecken, die Bezeichnung von Werkzeugen und Handlungen beim Malen und Basteln,
- dialogisch lesen,
- Kategorien bilden (Kleidung, Obst, Möbel) und Gegenstände diesen Kategorien zuordnen,
- Wortfelder erarbeiten, z. B. zum Thema *Gefühle, Weihnachten, Was gibt es in der Kita?* usw.,
- einkaufen, Stadtteile erkunden, Waldspaziergänge machen,
- Klanggeschichten erzählen, Mit-mach-Spiele durchführen.

Funktionswörter – wie beispielsweise die Präpositionen – lassen sich gut durch Bewegungsspiele lebendig machen.
Andere Funktionswörter, wie die Pronomen, verdeutlichen Sie durch Ihr Sprechen.
Es gibt eine Vielzahl von Spielen, mit denen Wörter spielerisch erarbeitet werden.
Auch bei der Spielbegleitung im Rollenspiel können Wörter und ihre Wortbedeutungen erarbeitet werden.
Alle Formen des Erzählens bieten wunderbare Gelegenheiten, neue Wörter zu erlernen.

Inhaltswörter: siehe Seite 114.

handlungsbegleitendes Sprechen: eine Handlung wird durch Sprechen begleitet.
Beispiel: *„Hier ist deine Schere. Was brauchst du jetzt? Ach, du möchtest den Kleber haben. Der Kleber steht bei Jannis, frag ihn mal: Jannis, gibst du mir den Kleber?“*

dialogisches Lesen: das Kind erzählt oder kommentiert die Bilder/Geschichte, ein Erwachsener gibt Anregungen zum Erzählen (vergleiche Seite 194).

Funktionswörter: siehe Seite 114.

Syntax: Satzbau, siehe auch Seite 114.

Morphologie: Wortbildung, siehe auch Seite 115.

korrektives Feedback: eine sprachlich falsche Äußerung des Kindes wird sprachlich korrekt wiederholt, ohne das Kind zu verbessern.

Grammatik: Syntax und Morphologie

Gerade bei den Satzstrukturen ist das Kind auf ein korrektives Feedback angewiesen, um einen direkten Vergleich zwischen dem zu haben, was es gesagt hat, und dem, wie ein Erwachsener es formuliert. Dadurch werden Satzstrukturen und Endungen bewusster wahrgenommen. Wichtig bei einem solchen korrektiven Feedback sind die folgenden Aspekte:

1. Die Wiederholung orientiert sich an den Worten des Kindes und erweitert den Satz nur soweit, dass er grammatisch richtig und vollständig ist.
2. Das Gespräch bleibt trotz des korrektiven Feedbacks im Fluss, das heißt, die sprachliche Äußerung des Erwachsenen ist durch eine dialogische Haltung geprägt. Der Erwachsene gibt Impulse, damit das Kind weiter im Gespräch bleibt.

AUFGABE

1. Lesen Sie den folgenden Dialog.
2. Analysieren Sie die Sprache des Kindes und beschreiben Sie, an welchen Aspekten von Satzbau und Wortbildung es arbeitet.
3. Formulieren Sie mögliche sprachliche Äußerungen einer pädagogischen Fachkraft und notieren Sie diese auf einem Blatt Papier. Diese sprachlichen Äußerungen sollten die Äußerungen des Kindes aufgreifen und so erweitern, dass das Kind Unterstützung für seine Syntax und Morphologie erhält.

Eine pädagogische Fachkraft und Nesrin (drei Jahre und acht Monate alt, Familiensprache Türkisch) betrachten ein Buch.

Erzieherin: „Was passiert denn in dem Buch?"
Nesrin: „Warte! Ich denken."
Erzieherin: ………………………………………………..
Nesrin: „Guck mal, hier ist ein Haus."
Erzieherin: ………………………………………………..
Nesrin: „Da Schnabel und kein Schnabel. (*zieht an einem Pappstreifen, der den Schnabel bewegt*) Und guck mal ein Schmetterling."
Erzieherin: ………………………………………………..
Nesrin: „Da. Guck. Wo sind Ritter? Und da ist ein Tschu, Tschu!" (*zeigt auf eine Eisenbahn, in der die Ritter sitzen*)
Erzieherin: ………………………………………………..
Nesrin: „Da sind Ritter. Sitzen in Eisenbahn."
Erzieherin: ………………………………………………..
Nesrin: „Suchen die Prinzessin. Die Ritter. Prinzessin ist hier." (*zeigt auf eine große Kiste, die in einem Wagon der Eisenbahn steht*)
Erzieherin: ……………………………………………
Nesrin: „Gleich. Ritter suchen Prinzessin in Kiste."
Erzieherin: ………………………………………………..

Werkzeug Sprache – Deutsch und Kommunikation für Erzieherinnen und Erzieher ISBN: 978-3-582-83521-5

AUFGABE

1. Entwickeln Sie auf der Grundlage Ihrer bisherigen Kenntnisse und mithilfe des Sprachbaums ein kurzes Referat zum Thema Spracherwerb und Sprachförderung.
2. Präsentieren Sie Ihr Ergebnis vor der Klasse.

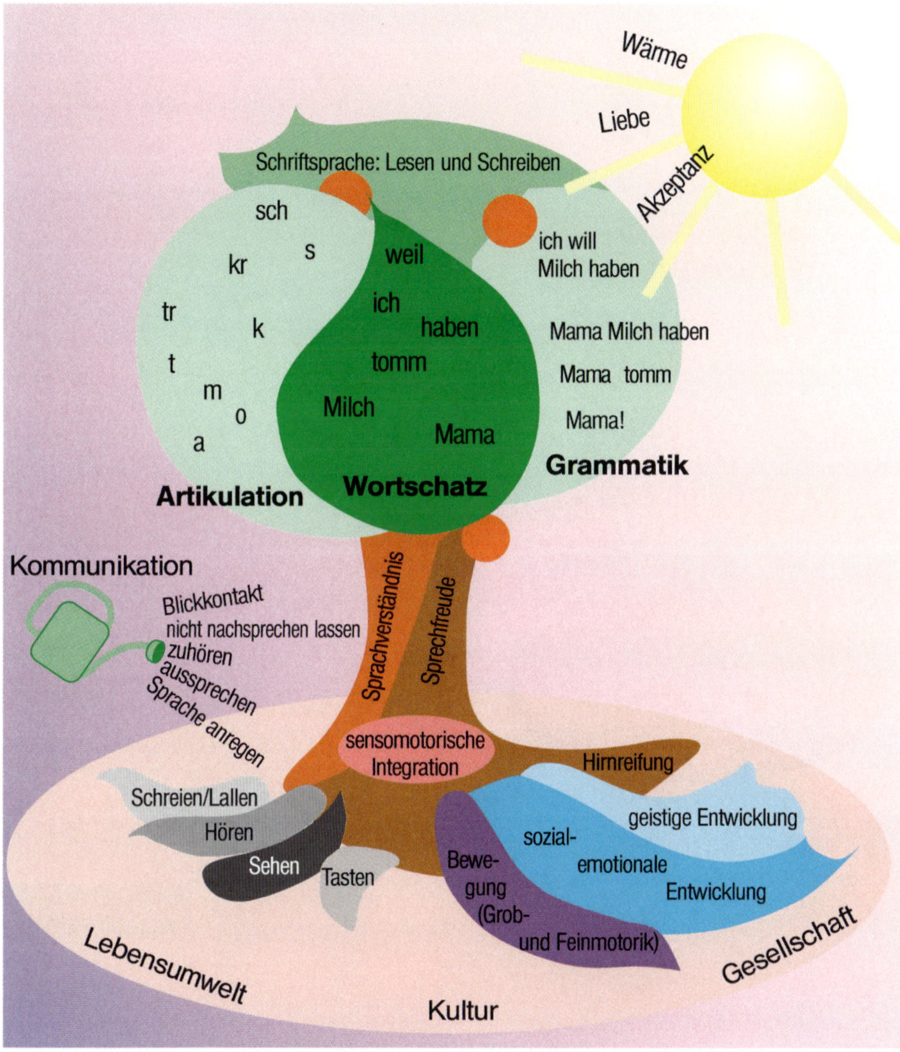

Anschauen – Aneignen – Anwenden

Die folgende Mindmap gibt Ihnen einen Überblick, welche Themen Sie in diesem Kapitel behandelt haben. Betrachten Sie diese Mindmap und bearbeiten Sie dann die Aufgabe.

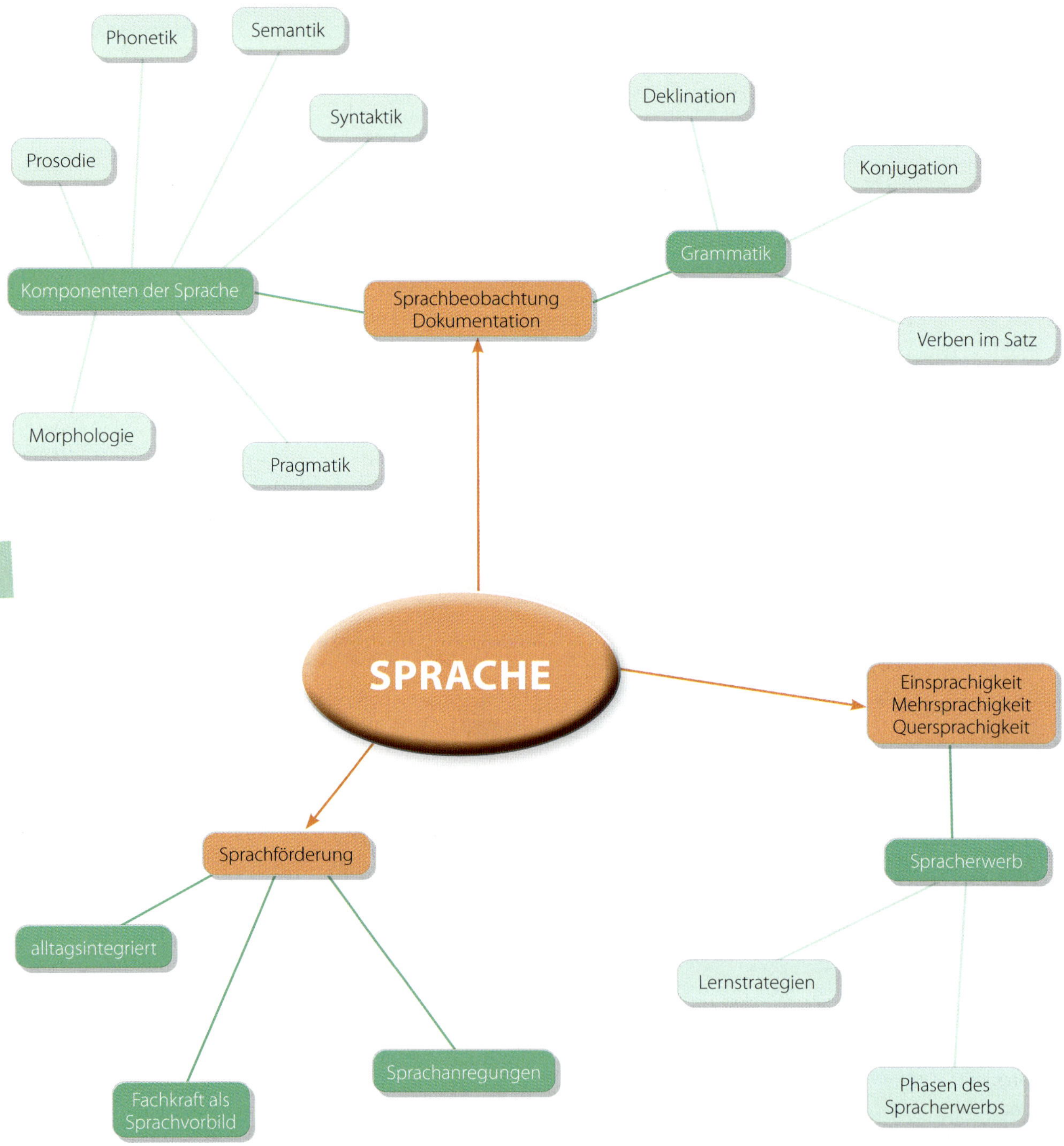

3

AUFGABE

„Wo und wie kann ich das Gelernte im Alltag, in der Ausbildung oder im Beruf anwenden?" Beantworten Sie diese Frage, indem Sie für die jeweiligen Endpunkte der Mindmap in der Klasse gemeinsam Beispiele zusammentragen.

 Werkzeug Sprache – Deutsch und Kommunikation für Erzieherinnen und Erzieher ISBN: 978-3-582-83521-5

FACH- UND BERUFSBEZOGENE TEXTE PLANEN UND VERFASSEN

4

Situation:
Julian arbeitet in einer viergruppigen Einrichtung (Familienzentrum) im Zentrum einer größeren Stadt. In der Einrichtung sind Kinder mit sehr unterschiedlicher Herkunft vertreten. Zurzeit sind es 15 Nationalitäten. Die Einrichtung versteht sich als „Treffpunkt" für alle Gruppen. Dem Kita-Team ist der Bildungsauftrag sehr wichtig. Sie möchten gern noch mehr nach außen kommunizieren, dass das Leben in der Kita bunt und vielfältig ist, Eltern und Kinder viel Engagement und Kompetenzen einbringen und ästhetisch-musische Bildung ein Schwerpunkt der Arbeit ist.

Julian betreut die Igel-Gruppe. In dieser Gruppe sind 20 Kinder im Alter von zwei bis sechs Jahren. Er hat mit einer Kollegin zusammen über einige Monate ein Projekt zum Thema „Farben – Formen – Bilder" mit den Kindern durchgeführt. Dabei sind sehr ausdrucksstarke Bilder entstanden. Die Kinder wollten unbedingt eine richtige Ausstellung haben. Die Einrichtungsleitung ist begeistert, der Träger einverstanden.
Nun haben Julian und seine Gruppenkolleginnen und -kollegen gemeinsam den Auftrag, diese Ausstellung öffentlichkeitswirksam umzusetzen. In diesem Zusammenhang sollen ein Text für die Pressemitteilung erstellt und die beiden Lokalzeitungen zur Ausstellungseröffnung eingeladen werden.

4 Fach- und berufsbezogene Texte planen und verfassen

4.1 Auf dem Weg zum eigenen Text

4.1.1 Grundlagen

Das Verfassen von Texten begleitet Sie bereits Ihr gesamtes Schulleben. Trotzdem stellt es für viele eine Hürde dar: Wie drücke ich mich richtig aus? Was muss ich überhaupt schreiben? Was ist wichtig? Wie bekomme ich meine Gedanken so zu Papier, dass die lesende Person weiß, was ich meine?

Kommunikationsabsicht: hier: die Absicht (Intention), mit der ein Text verfasst wurde; siehe auch Seite 12.

In Kapitel 1 wird am Beispiel der Sachtexte gezeigt, dass hinter jedem Text eine Kommunikationsabsicht steht: Eine Verfasserin bzw. ein Verfasser eines Textes hat eine Vorstellung davon und einen Grund,

- warum ein Text verfasst wird,
- an wen sich ein Text richten soll und
- was mit diesem Text erreicht werden soll.

Hinweis: Texte müssen präziser verfasst werden als mündliche Äußerungen, weil die angesprochene Person nicht nachfragen kann. Daher ist die Schriftsprache dekontextualisiert, das heißt, dass sie auch ohne einen Kontext nachvollziehbar sein muss. Siehe auch Seite 194.

Genau diese Überlegungen gelten auch für Sie, wenn Sie einen Text schreiben.

- Wenn Sie eine Klausur verfassen, dann wollen Sie zeigen, dass Sie die Inhalte verstanden haben, sie wiedergeben, anwenden und kritisch beleuchten können.
- Wenn Sie eine Bewerbung schreiben, dann wollen Sie Interesse wecken, Ihre bereits erworbenen Kompetenzen darstellen und erklären, warum genau Sie die richtige Person für die Einrichtung und die angebotene Stelle sind.

Eine Klausur schreiben Sie anders als die Bewerbung, weil Sie unterschiedliche Ziele verfolgen und unterschiedliche Adressaten vor Augen haben. Außerdem wissen Sie, dass beide Textformen andere Kriterien haben, was Aufbau, Wortschatz, Länge und Inhalt anbelangt.
Doch unabhängig davon, gibt es Kriterien, die jeder Text erfüllen sollte.

Dekontextualisierung: Vorgang des Aus- oder Herauslösens des Zusammenhanges eines Textes aus seinem Umfeld.

Textkohärenz: inhaltliche (logische) Organisation eines Textes sowie inhaltliche Zusammengehörigkeit von Einheiten eines Textes.

Kriterien für gute Texte:

- sprachliche Korrektheit: Rechtschreibung und Grammatik sind richtig.
- sprachliche Angemessenheit: Wortwahl und Schreibstil sind auf Thema, Schreibanlass und Adressaten abgestimmt, der Text ist für die Adressaten verständlich.
- inhaltliche Richtigkeit: Inhalte sind korrekt und mit Blick auf Adressaten und Textintention angemessen dargestellt.
- Textaufbau: Die Textart und ihre spezifischen Kriterien werden berücksichtigt, der Text ist zielführend aufgebaut.
- Textkohärenz: Der Text ist sinnstiftend, die Lesenden werden durch den Text geführt und können die Gedankengänge nachvollziehen.

Damit Ihr Text diese Kriterien erfüllt, ist es hilfreich zu planen, zu welchem Anlass Sie was (Textsorte) schreiben wollen und wer genau Ihre Adressaten sind.

4.1.2 Texte planen

Stellen Sie sich einen guten Text wie einen gewebten Teppich vor. Es gibt viele Fäden, die miteinander verknüpft werden müssen. Aber auch die farbliche Gestaltung sollte stimmen: für den Teppich selbst, aber auch bezogen auf den Raum, in dem er liegen wird. Auch darf der Teppich keine Löcher haben und sollte an unterschiedlichen Stellen nicht dicker oder dünner, sondern überall gleichmäßig gewoben sein.

Die folgenden Fragen helfen Ihnen – unabhängig von Textform, Schreibintention und Adressat –, Ihren Text zu planen und kritisch zu beurteilen.
Wichtig ist, auf grammatischer und inhaltlicher Ebene immer wieder zu kontrollieren, ob die einzelnen Aspekte

- zueinander passen und aufeinander bezogen sind,
- für die Lesenden sinnvoll, nachvollziehbar und verständlich sind.

Um dies zu kontrollieren und um Unstimmiges zu überarbeiten, können Sie die Methode der Schreibkonferenz verwenden.

Schreibkonferenz: Methode zur Überarbeitung von Texten. Selbst verfasste Text werden in der Klasse oder in einer Gruppe zur Diskussion gestellt. Durch die Außenperspektive auf den Text erhalten die jeweiligen Textverfasser wichtige Verbesserungsvorschläge. Siehe auch Seite 149.

Wichtige Fragen der Textplanung:

- Inhalt: Worum geht es?
- Adressaten: An wen richtet sich der Text?
- Intention: Was möchte ich mit dem Text erreichen?
- Umfang: Wie lang soll der Text werden?
- Aufbau: Welche Kriterien gibt es für den Aufbau der beabsichtigten Textsorte?

Wichtige Fragen an den Sinnzusammenhang im Text:

- Welche Informationen bzw. Inhalte sind für meine Adressaten wichtig?
- Welche Zusammenhänge müssen die Adressaten verstehen, damit die Informationen sinnvoll sind?
- Wie erkläre ich die Zusammenhänge?
  - Sind Zeit, Ort und die Reihenfolge / der Ablauf klar?
  - Habe ich Fachbegriffe / unbekannte Begriffe erklärt?
  - Ist für die Lesenden verständlich, in welchem Zusammenhang die Informationen stehen?
  - Sind die Gedanken logisch und nachvollziehbar aufgebaut? Gibt es einen roten Faden?

Wichtige Fragen an die sprachliche Gestaltung des Textes:

- Ist die Wortwahl auf den Inhalt und die Adressaten abgestimmt? Ist die Sprache präzise, lebendig und informativ?
- Sind Satzlänge und Satzbau auf Inhalt und Adressaten abgestimmt?
- Leite ich die Lesenden auch sprachlich durch den Text? Bekommen Sie Informationen zu Struktur, Aufbau und Inhalt?
- Ist der Text sprachlich korrekt?

Einladung zum Sommerfest

10. August 2022

Start: 16 Uhr

Start: Grundschule
Ende: Moorschutzhütte

Liebe Kinder, liebe Eltern,

unser diesjähriges Sommerfest wird am 10. August stattfinden.
Wir wollen mit einer Fahrradtour von etwa 20 km um 16 Uhr an der Grundschule starten. Anschließend wollen wir gemeinsam bei der Moorschutzhütte grillen und den Abend mit lustigen Spielen ausklingen lassen.

Denkt bitte an wetterfeste Kleidung, Geschirr, Besteck, Becher/Gläser, Getränke und bringt auch gerne etwas für das gemeinsame Grillen mit.

Wir freuen uns auf euch!
Frau Meier und Herr Schulz

4.1.3 Texte schreiben

Verständlich formulieren – 10 Regeln zum Schreiben von Texten

1. Schreiben Sie anschaulich und lebendig, indem Sie Verben in der Aktiv-Form nutzen.
2. Formulieren Sie Aussagen positiv.
3. Wählen Sie verständliche, treffende Ausdrücke, die Bilder im Kopf erzeugen.
4. Vermeiden Sie Substantivierungen von Verben und Adjektiven.
5. Nutzen Sie Grafiken und Bilder, um wichtige Aussagen zu verdeutlichen.
6. Unterstützen Sie die Lesenden, indem Sie kurze, klare Sätze formulieren. Ein Gedanke pro Satz reicht aus.
7. Leiten Sie die Lesenden durch Ihren Text, indem Sie gezielt Signalwörter einsetzen.
8. Heben Sie Wichtiges hervor, indem Sie es an den Anfang eines Textes (oder auch Satzes) stellen.
9. Fassen Sie sich kurz. Streichen Sie unnötige Wiederholungen und Füllwörter.
10. Gliedern Sie Ihre Gedanken und Sätze durch Satzzeichen.

Substantivierung: (auch Nominalisierung oder Hauptwortbildung) Wortarten (z. B. Verb, Adjektiv) werden als Substantive gebraucht, obwohl sie ursprünglich keine sind. Beispiel: *Wir <u>fördern</u> kreative Ideen. <u>Die Förderung</u> von Kreativität ist unsere Zielsetzung.*

Signalwort: Wort, das Informationen aus Satzteilen oder Sätzen zueinander in Beziehung setzt und miteinander verbindet und so die Gedankengänge gliedert. Vergleiche hierzu auf Seite 23 die Infobox.

Füllwort: Wort, das keinen oder nur einen geringen Aussagewert besitzt und zum Verständnis des Kontextes nicht notwendig ist. Beispiel: *eigentlich, im Prinzip, letzten Endes, also, gar, ja.*

AUFGABE

1. Lesen Sie den folgenden Text.
2. Formulieren Sie diesen um. Nutzen Sie dabei die Regeln zum verständlichen Schreiben.

Sehr geehrte Damen und Herren, liebe Eltern, liebe Jungen und Mädchen,

anlässlich des anstehenden Abschieds unserer Leitung, Frau Genrie, bedürfen wir der Hilfe. Wenn jemand so lange im Dienst war, dann kann man sich nicht nur mit ein paar Grußworten verabschieden und wie wir gehört haben, wollen sich alle ganz persönlich verabschieden.

Unsere Überlegungen im Team gehen dahin, dass dieser Brief vor unserer Leitung der Geheimhaltung bedarf, damit sie nichts davon erfährt. Dafür sollen Sie aber, wenn Sie Zeit und Lust haben, an der Organisation des Festaktes, der in der Kirche stattfinden soll und mit einem Sommerfest endet, beteiligt werden. Für diese Beteiligung wünschen wir uns eine bunte Ideensammlung, die Sie schriftlich den Gruppenleitungen mitteilen. Diese Sammlung soll am 15.5. abgeschlossen sein und dann wird am 20.5. eine große Versammlung hier in der Einrichtung abgehalten, weil unsere Leitung dann gar nicht da ist, sondern sich im Prinzip im Urlaub befindet. Der Beginn der Versammlung ist für 19 Uhr terminiert.

terminieren: zeitlich festsetzen

Werkzeug Sprache – Deutsch und Kommunikation für Erzieherinnen und Erzieher ISBN: 978-3-582-83521-5

4.1.4 Texte überarbeiten – die Schreibkonferenz

Wenn Sie einen Text verfasst haben, dann werden Sie ihn in der Regel noch einmal überarbeiten wollen. Doch häufig ist es leichter, die Texte von anderen zu korrigieren als den eigenen. Denn der selbst verfasste Text ist Ihnen schon zu vertraut und Sie wissen, was Sie ausdrücken wollten.

Texte zu überarbeiten ist auch Übungssache. Wenn Sie häufig eigene, aber auch die Texte anderer Korrektur lesen, fallen Ihnen viel schneller Verbesserungsmöglichkeiten ein.

Hinweis:
Zu den Kriterien für gute Texte siehe Seite 146.

Wenn Sie einen Text überarbeiten, müssen Sie sich – wie beim Planen des Textes – noch einmal Folgendes deutlich machen:

- Was ist das Thema?
- An wen richtet sich der Text?
- Welches Ziel hat der Text, was wird mit ihm beabsichtigt?

Anschließend machen Sie sich die Kriterien eines guten Textes bewusst und entscheiden, wie diese in einem vorliegenden Text umgesetzt sein sollten. So bekommen Sie eine klare Vorstellung davon, auf welche Kriterien Sie beim Überarbeiten besonders achten wollen.

Die Schreibkonferenz ist ein Verfahren, mit dem Sie Texte gemeinsam überarbeiten können. Dadurch unterstützen Sie sich gegenseitig bei der Korrektur von Texten und bekommen Übung darin.

Vorgehen bei einer Schreibkonferenz

Vorab: Kriterien für die Überarbeitung sind ausgearbeitet und liegen schriftlich vor. (Sie können auch die Kriterien von Seite 146 nutzen.)

1. Bilden Sie eine Gruppe von vier bis fünf Personen und setzen Sie sich um einen Tisch herum.
2. Jedes Gruppenmitglied legt seinen eigenen, selbst geschriebenen Text vor sich. (Dieser Text sollte auf ein großes Blatt Papier geklebt sein, sodass ein Rand von mindestens 10 cm zur Verfügung steht.)
3. Jede Person gibt ihren Text nach rechts weiter.
4. Nun überarbeiten alle den vor sich liegenden Text, indem sie Korrekturen einfügen. Dabei dient der breite Rand als Korrekturspalte, in die Verbesserungen und Kommentare eingefügt werden.
5. Wenn die Überarbeitungen fertig sind, werden die Texte wieder einen Platz weiter nach rechts gegeben zur erneuten Überarbeitung. Dieses Verfahren wird wiederholt, bis alle ihren eigenen Text wieder vor sich haben.
6. Nun lesen alle die Korrekturen und Kommentare zum eigenen Text. Fragen können geklärt werden.
7. Anschließend werden die Texte überarbeitet und die akzeptierten Korrekturen und Veränderungen eingefügt.

Tipp: Das Verfahren lässt sich auch digital durchführen. Dabei können Sie mit Texten in einer Cloud arbeiten. Alle haben Zugriff auf den Text und fügen ihre Kommentare und Korrekturen nachvollziehbar ein. Am Ende entscheiden die Verfasserinnen und Verfasser, welche Änderungen sie übernehmen wollen.

Der Ausgangspunkt für die Schrift ist die Sprache. Der Spracherwerb ist ein sehr komplexer Prozess. Kinder werden durch kommunikative Situationen angeregt sich aktiv mit Sprache auseinanderzusetzen. Des Üben der muttersprachlichen Laute beim Spielen mit Konsonanten-Vokalverbindungen bildet bereits eine erste Grundlage für die Fähigkeit, Wörter zu erkennen und später nachsprechen zu können.
Wenn Jugendliche und Erwachsene eine fremde Sprache erlernen, ist einer der ersten wichtigen Schritte, die einzelnen Wörter innerhalb eines Satzes voneinander zu unterscheiden. Dann kann man sich die ersten konkreten Begriffe aus dem Zusammenhang erschließen.
Ein weiterer Schritt beim Fremdspracherwerb ist die Ausprache. Auch hierzu müssen Worte isoliert, Silben erkannt und die richtige Betonung herausgehört werden. Genau dieser Prozess ist auch die Grundlage für das Lesen lernen. Denn die Kinder lernen zunächst Buchstaben und Silben kennen. Dann schreiben sie erste Wörter, so wie sie diese hören. Dazu müssen sie sich aber vorstellen wie diese ausgesprochen werden. Wie das passiert, lässt sich bei Leseanfängern gut beobachten. Erst fügen sie die Buchstaben zu Silben zusammen, dann die Worte zu Silben. Dann sprechen sie das Wort mit der richtigen Betonung aus und erkennen den Sinn des Wortes.

Kommentar [SN2]: Komma
Kommentar [SN3]: Beispiel anführen
Kommentar [BB4]: Absatz?
Kommentar [SN5]: besser: „voneinander unterscheiden zu können"
Kommentar [SN6]: „Aussprache"
Kommentar [SN7]: „Lesen und Schreiben"
Kommentar [BB8]: Leerzeichen einfügen!
Kommentar [SN9]: „Silben zu Worte"

4.2 Berufliches Schreiben

In Ihrem Arbeitsfeld wird es immer wieder Situationen geben, in denen Sie Texte verfassen müssen. Sie müssen

- Protokolle von Teamsitzungen anfertigen,
- Elternbriefe verfassen,
- öffentlichkeitswirksam Ihre Arbeit darstellen,
- dokumentieren oder
- eine Bewerbung schreiben.

Für diese Schreibanlässe und Textformate erhalten Sie im Folgenden Anregungen und Hinweise.

4.2.1 Das Protokoll

Präsens: (Gegenwartsform) siehe Seite 119.

Regeln für das Schreiben von Protokollen:

1. Protokolle werden im Präsens (Gegenwartsform) geschrieben.
2. Protokolle sind sachlich und neutral, ohne Wertungen formuliert.
3. Protokolle haben einen Protokoll-Kopf mit den Angaben zu Ort, Zeit, Datum, Anwesenden und Abwesenden, dem Namen des Protokollanten sowie zur Gesprächsführung.
4. Zu einem Protokoll gehören die Tagesordnung und ggf. Anlagen, die als Grundlage für die Diskussion dienten.
5. Das Protokoll wird von der Protokollantin bzw. dem Protokollanten unterschrieben. Beschlüsse und Absprachen, wer bis wann was getan haben wird, sollten deutlich werden.

- **Ergebnisprotokolle** halten die Sitzungsergebnisse fest.
- **Verlaufsprotokolle** machen den Verlauf einer Sitzung nachvollziehbar.

Mustervorlagen, in denen die wichtigen Punkte ausgefüllt werden, erleichtern das Protokollieren von Teamsitzungen.

Protokoll der Teamsitzung am ....

Anwesend: ....

Entschuldigt: ....

Protokollant/in: ....

Tagesordnungspunkt	Ergebnis oder Aufgabe	Wer ist zuständig? Bis wann muss das erledigt sein?

Offene Fragen und Diskussionspunkte:

Tagesordnungspunkt	Ergebnis oder Aufgabe	Wer ist zuständig? Bis wann muss das erledigt sein?

Werkzeug Sprache – Deutsch und Kommunikation für Erzieherinnen und Erzieher ISBN: 978-3-582-83521-5

AUFGABE Lesen Sie den Ausschnitt aus der folgenden Teamsitzung und fertigen Sie ein kurzes Ergebnisprotokoll an.

Das Team der Wohngruppe vier hat Teamsitzung. Es sind die Gruppenleitung (Wiebke), der Jahrespraktikant (Karim), die Erzieherin Nadine und der Erzieher Olek anwesend.
Die Sitzung findet am 5.10.2022 im Mitarbeiterraum statt. Karim führt das Protokoll.
Bei dem folgenden Tagesordnungspunkt geht es um die Organisation regelmäßiger Kino- und Konzertbesuche.

Nadine: „Ich finde die Idee gut, mit der Gruppe einmal im Monat einen Kinobesuch, ein Konzert oder vielleicht auch mal etwas anderes Kulturelles zu besuchen."
Wiebke: „Ich kann mich auch damit anfreunden, deshalb habe ich auch das Programm *„Dabei"* vorgestellt. Da könnten wir Gelder beantragen, damit auch mal etwas Besonderes gemacht werden kann."
Karim: „Mir ist noch nicht klar, wie wir zu einem Programm kommen. Wollen wir das spontan machen oder ein Jahresprogramm erstellen?"
Olek: „Das ist ein guter Einwurf, Karim. Wir wollen unsere sechs Jugendlichen zu mehr Selbstständigkeit und Verantwortung erziehen. Deshalb sollten wir sie an der Programmgestaltung beteiligen."
Nadine: „Was machen wir, wenn die nur Bezahlfernsehen gucken und Chips essen wollen?"
Wiebke: „Vielleicht könnten wir Anregungen geben, was möglich ist, und auch über die Bedingungen für Zuschüsse aus dem Programm *„Dabei"* vorstellen."
Olek: „Das ist eine gute Idee!"
Nadine: „Wann haben wir denn das nächste Gruppentreffen?"
Karim: „Am 11.10.2022."
Wiebke: „Oh, das ist knapp. Wir müssen bis dahin Ideen für mögliche Veranstaltungen haben, die Regeln für die Zuschüsse verständlich formuliert haben und …"
Nadine: „Wir könnten doch alle nach möglichen Veranstaltungen schauen und die Jugendlichen bitten, auch mal zu suchen, worauf sie Lust haben."
Wiebke: „Für einen ersten Aufschlag würde das reichen. Nadine und Karim, könntet ihr das machen? [Beide nicken.]
Ich habe bis zum 10.10. die wichtigsten Punkte in Sachen Zuschüsse rausgeschrieben."
Olek: „Ich stelle morgen unsere „Ideenbox" auf. Da können wir und die Jugendlichen Vorschläge reinwerfen, dann haben wir am 11.10. schon mal erste Ideen."
Karim: „Wie wollen wir denn dann am 11.10. vorgehen?"

4

4.2.2 Eltern- und Öffentlichkeitsarbeit

In allen Arbeitsfeldern gibt es Anlässe, mit Eltern auch schriftlich in Kontakt zu treten und die eigene Arbeit für eine interessierte Öffentlichkeit darzustellen. In dem Moment, in dem Sie als Vertreterin oder Vertreter Ihrer Einrichtung Kontakt aufnehmen, betreiben Sie Öffentlichkeitsarbeit.

Auch Aushänge in der Einrichtung, Elternbriefe oder Informationen zum Konzept sind Formen der Öffentlichkeitsarbeit. Daher ist es wichtig, sich der Wirkung dieser Kommunikationsmittel bewusst zu sein. Aus diesem Grunde sollten sie sprachlich und gestalterisch möglichst ansprechend und auf Thema, Anlass und Adressaten abgestimmt sein.

Gestaltung von Aushängen

Aushänge werden in der Regel nur kurz betrachtet. Die Informationen müssen also durch die grafische Struktur so klar sein, dass man alles gut auf einen Blick erfassen und sich die wichtigsten Informationen schnell einprägen kann.

Tipps zur Gestaltung von Aushängen
- große Überschrift
- lesbare Schrift
- Blickfang schaffen
- Symbole nutzen
- wiedererkennbar sein (Logo, Schrift, Farbe)
- Wichtiges ins Auge springen lassen
- Elemente gut strukturiert anordnen

Wenn es um immer wiederkehrende Ereignisse wie Ausflüge, Feste oder Elternabende geht, erleichtern Sie den Eltern die Orientierung, indem Sie einen für den jeweiligen Anlass typischen Blickfang gestalten. So zum Beispiel, wenn für Ausflüge immer ein grünes Plakat verwendet wird, auf dem ein großer Rucksack zu sehen ist. Dann wissen alle schnell – auch die Kinder – worum es geht. Dadurch fällt es leichter, die Informationen einzuordnen und sich zu merken.

Das Wichtigste sollte am Anfang stehen, z. B. Ort, Datum und Wochentag sowie Uhrzeit. Ordnen Sie diese Elemente immer gleich an, damit man nicht jedes Mal neu suchen muss, wo diese wichtigen Informationen stehen. Weitere Informationen können dann davon abgesetzt werden.

Nennen Sie eine Ansprechpartnerin bzw. einen Ansprechpartner, damit eventuelle Fragen an eine bestimmte Person gerichtet werden können.

Lebendige, gut strukturierte Aushänge vermitteln Engagement, Professionalität und Aktualität. Sie sind ein Aushängeschild der Einrichtung und ein Element der Raumgestaltung.

Flyer – Informationen verständlich und übersichtlich machen

Mit Flyern können Sie in kurzer Form über die Grundlagen Ihrer Arbeit informieren. Sie können aber auch Flyer zu besonderen Projekten erstellen oder als Information zu bestimmten Themen nutzen.

Tipps zur Gestaltung von Flyern
- einladende Titelseite entwerfen, die deutlich macht, worum es geht
- gut lesbare und einheitliche Schrift verwenden
- nur Wichtiges hervorheben
- mit grafischen Elemente und Bildern den Text ergänzen
- Zwischenüberschriften und Abschnitte in den Text einfügen, um das Lesen zu erleichtern
- klare Sprache und kurze Sätze benutzen

Ein Flyer enthält mehr Text als ein Aushang. Formulieren Sie den Text sorgfältig. Überlegen Sie, wen Sie mit dem Flyer ansprechen und was Sie erreichen wollen.

Hinweis:
Siehe Kapitel 4.1 dazu, wie man Texte plant, schreibt und überarbeitet.

AUFGABE

Erstellen Sie einen Flyer zum Thema „Zweisprachige Bilderbücher".
- Ihre Adressaten: Eltern der Kita (unterschiedlicher Bildungsstand und viele Familien, in denen mehrere Sprachen gesprochen werden). Die Hauptsprachen sind Russisch, Polnisch, Türkisch und Arabisch.
- Ihre Intention: über die Neuanschaffung informieren; Eltern motivieren, die Bücher den Kindern in der Muttersprache vorzulesen; über die Bedeutung des Vorlesens in der Muttersprache informieren.
- Umfeld: Es besteht die Möglichkeit, die Bücher in der Kita-Bibliothek auszuleihen. Auch gibt es ein Elterncafé, in dem eine Leseecke eingerichtet ist.

Hinweis:
Weitere Informationen zum Thema Mehrsprachigkeit finden Sie auf Seite 127.

Tipp:
Im Internet werden kostenlose Programme angeboten, mit denen Sie Ihre Flyer erstellen und für sie ein gutes Layout entwerfen können.

Elternbriefe

Häufig schreibt die Leitung einer Einrichtung die Elternbriefe, insbesondere dann, wenn es um persönliche Mitteilungen geht.
Pädagogische Fachkräfte richten sich in der Regel an Eltern, um regelmäßig über das Geschehen in der Einrichtung zu informieren. Über Fotos und dazugehörige Erklärungen können Eltern einen Eindruck von der pädagogischen Arbeit bekommen.

Aber es gibt auch Informationen, die darüber hinausgehen (Ausflüge, Kita-Ernährung usw.). Hierfür sind Elternbriefe ein guter Weg, um zu informieren. Sie sollten nur so lang wie nötig und so kurz wie möglich sein. Richten Sie sich direkt an die Eltern. Machen Sie deutlich, über was Sie informieren wollen und mit welchem Ziel. Verwenden Sie immer das gleiche Logo und den gleichen Aufbau, dann wissen die Eltern auf den ersten Blick, was sie erwartet.

Tipp:
Bedenken Sie, dass regelmäßige Elternbriefe zum Geschehen in der Einrichtung ein gutes Aushängeschild für die pädagogische Arbeit sind. Eltern bekommen so einen Einblick in Themen und Überlegungen des Teams.

Pressemitteilungen verfassen

Hinweis:
Eine gute Pressemitteilung erleichtert der Presse die Arbeit und bildet die Grundlage eines Artikels in der Zeitung.

Durch eine gute Zusammenarbeit mit der lokalen Presse können Einrichtungen über ihre pädagogische Arbeit informieren. Gerade Veranstaltungen, die aus der Reihe fallen, machen aufmerksam und vermitteln: Hier passiert etwas Besonderes.

Ein neues Spielgerät, ein Elternabend zu einem aktuellen Thema, besondere Präsentationen von bildnerischen und musischen Arbeiten bieten Anlass, die Öffentlichkeit zu informieren. Mit einem Artikel in der Zeitung und anschaulichem Bildmaterial vermittelt eine Einrichtung ein positives Bild nach außen und zeigt Wertschätzung gegenüber dem Engagement aller Beteiligten.

Hinweis:
Pressemitteilungen werden wie Nachrichten aufgebaut:
- Die Schlagzeile (Headline) weckt die Aufmerksamkeit,
- ein fettgedruckter Vorspann (Lead) – fasst die wichtigsten Informationen zusammen,
- ein ausführlicher Nachrichtenteil (Body) – schildert weitere Details.

Zu einem solchen Ereignis laden Sie die Vertreterinnen und Vertreter der lokalen Zeitungen ein und geben eine Pressemitteilung heraus. Eine solche Pressemitteilung sollte die wichtigsten Informationen enthalten, damit Journalistinnen und Journalisten sich daran orientieren können.
Aus diesem Grund sollte die Mitteilung sinnvoll aufgebaut und gut verständlich formuliert sein.

Tipps für Pressemitteilungen
1. Formulieren Sie als Vorschlag eine aussagekräftige Überschrift.
2. Informieren Sie im Vorspann (Lead) und machen Sie neugierig.
3. Das Wichtigste gehört an den Anfang. Orientieren Sie sich an den W-Fragen: Wer? Was? Wann? Wo? Wie?
4. Schildern Sie anschaulich und verständlich, was passiert.
5. Belegen Sie Zahlen und Zitate.
6. Wenn Sie wichtige Personen das erste Mal benennen, dann geben Sie Auskunft über deren Namen, Titel und Funktion.
7. Erklären Sie im Nachrichtenteil kurz die Zusammenhänge und gegebenenfalls die Vorgeschichte.
8. Lassen Sie Ihre Arbeit von Dritten loben.
9. Machen Sie neugierig auf Ihre Einrichtung und das, was dort geschieht.
10. Drucken Sie die Pressemitteilung auf dem Briefpapier (mit Logo) Ihrer Einrichtung aus. Abgesetzt am Ende erscheint der Name der Ansprechpartnerin bzw. des Ansprechpartners für Nachfragen.

Pressevertreterinnen und -vertreter freuen sich über ein kompetentes Gegenüber, eine Person, die deren Fragen beantwortet und eventuell wichtige Akteure vorstellt. Treten Sie deshalb professionell auf, zeigen Sie sich engagiert und fachkundig. Informieren Sie, aber ohne Ihre eigene Meinung aufzudrängen oder die Redakteurinnen und Redakteure beeinflussen zu wollen.

Werkzeug Sprache – Deutsch und Kommunikation für Erzieherinnen und Erzieher ISBN: 978-3-582-83521-5

Dokumentation

> Dokumentation ist Widerspiegelung und zugleich Konstruktion. Denn die Dokumentation hat den Anspruch, ähnlich einem Spiegel, möglichst authentisch die beobachtete Person oder den beobachteten Prozess wiederzugeben; die Dokumentation ist aber auch immer Produkt und Schöpfung dessen, der seine Beobachtungen festhält. Insofern ist die Dokumentation Ergebnis eines Dialoges; sie hat damit einen sozialen Charakter und ist nicht Resultat einer objektiven, quasi naturwissenschaftlichen Sachstandserhebung.
>
> (Knauf, Tassilo (2003): *Dokumentation als zentrales Element in der Reggio-Pädagogik*)

Bilder zeigen, was wir tun und wie wir miteinander umgehen.

Vor diesem Hintergrund spiegeln Form und Sprache der Dokumentation immer auch das Verhältnis zwischen Kind und Fachkraft.
Die Dokumentation des Entwicklungsverlaufes mithilfe von entsprechenden Bögen ist nur eine Form, etwas festzuhalten. Lern- und Bildungsgeschichten, die Portfolios der Kinder, die Fotos im Flur, die Bilder der Kinder an den Wänden, all dies sind auch Formen der Dokumentation.

Portfolio: Ordner, in dem für ein Kind Wichtiges (Fotos, Bildern, Geschichten usw.) gesammelt wird. Kinder beteiligen sich gern am Erstellen ihrer Portfolios.

Für die Kinder ist die öffentlich gemachte Dokumentation ein Instrument, um sich zu erinnern. Den Eltern wird deutlich, was in der Einrichtung passiert. Für die Fachkräfte ist es eine Wertschätzung ihrer Arbeit. In der Form der Dokumentation vermittelt die Einrichtung, wie sie zu den Kindern und Eltern steht und wie sie die eigene Arbeit wertschätzt.

Zwei wichtige Formen der Dokumentation sind zum einen das Portfolio und zum anderen Plakate, sozusagen die „sprechenden Wände" in Fluren, im Eingangsbereich usw.

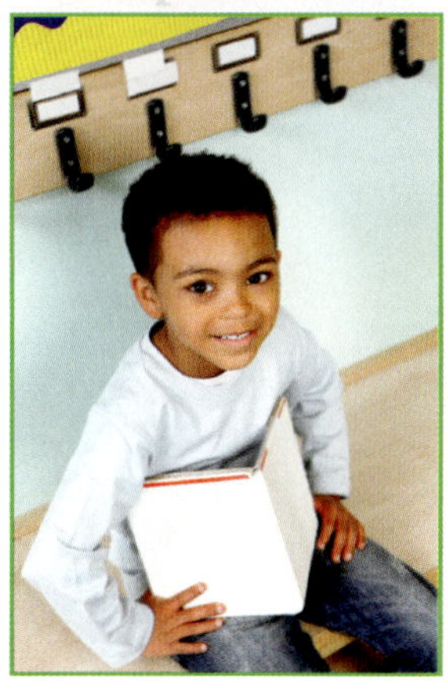

Portfolios sind Lebensbücher

Das Portfolio dokumentiert die Entwicklung des Kindes durch Fotos, sowie dessen wichtige Erlebnisse (Kunstwerke, Präsentationen, Aufführungen, Alltagsroutinen). Auch Zeichnungen des Kindes und Briefe, die es diktiert hat, können Bestandteil des Portfolios sein.
Für Kinder sind diese Portfolios für die Identitätsentwicklung wichtig. Sie erleben sich dadurch kontinuierlich in Zeit und Raum, auch wenn sie und ihre Umgebung sich verändern.
Fotos und Kommentierungen im Portfolio sollten ansprechend und wertschätzend sein. Es sollte eine einfache und kindgerechte Sprache verwendet werden. Beschreiben Sie den Entstehungszusammenhang von einzelnen Bildern mit den Augen des Kindes, vermitteln Sie die Atmosphäre und die Emotionen.

Fotos und Kommentare/Informationen für die Eltern hängen häufig draußen vor dem Gruppenraum. Hier wird die pädagogische Arbeit dokumentiert. Das Betrachten bietet Kindern, Eltern und Fachkräften Anlass für Gespräche und gemeinsame Erinnerungen. Informationen sind verständlich geschrieben, Kinderkommentare spiegeln die Stärken des Kindes, seine Gefühlswelt und die damit verbundenen Erfahrungen in der Sprache des Kindes wider.

4.2.3 Die Bewerbung

Initiativbewerbung:
Bewerbung bei einem Träger oder einer Einrichtung auf eigene Initiative hin, ohne dass eine konkrete Stellenausschreibung vorliegt.

Bei Bewerbungen wird unterschieden zwischen
- Initiativbewerbungen und
- Bewerbungen auf eine konkrete Stellenausschreibung hin.

In beiden Fällen wollen Sie Ihren zukünftigen Arbeitgeber davon überzeugen, dass Sie für die Einrichtung genau die richtige Person sind. Ihr Bewerbungsschreiben ist dabei Ihr Aushängeschild. Die Personen, die dieses Schreiben lesen, wollen erkennen können, dass Sie fachlich und persönlich geeignet sind und die richtige Person für diese Stelle.

Tipp:
Achten Sie auf die Vorgaben des zukünftigen Arbeitgebers! Online-Bewerbung oder Bewerbungsmappe – welche Unterlagen sind ausdrücklich gefordert?

Vorgaben für ein Bewerbungsschreiben:

1. **Form:** An DIN 5008 Norm orientieren (linker Rand 2,41 cm, rechter Rand 0,81 cm, oberer Rand 1,69 cm, unterer Rand 2,0 cm

2. **Inhalt:**
   1. **Der Kopf:**
      - eigene Adresse (Straße, Hausnummer, Postleitzahl, Wohnort), Telefonnummer und E-Mail-Adresse
      - vollständige Anschrift des Unternehmens
      - Datum
      - Betreffzeile: der Zweck (Bewerbung auf welche Stelle)
      - Anrede (wenn Name bekannt: *Sehr geehrte/r Herr/Frau …;* ansonsten: *Sehr geehrte Damen und Herren*)

   2. **Einstieg** (Woher haben Sie von der Stelle erfahren? Welche Stelle wollen Sie besetzen?)

   3. **Hauptteil:**
      - Begründen Sie, warum Sie genau in dieser Einrichtung / bei diesem Träger arbeiten wollen. Zeigen Sie, dass Sie sich informiert haben.
      - Erklären Sie, welche Anforderungen Sie erfüllen.
      - Stellen Sie dar, warum gerade Sie für diese Stelle besonders geeignet sind. Verbinden Sie Ihre Fähigkeiten und das Anforderungsprofil miteinander, gehen Sie auf bestehende Erfahrungen in dem oder einem verwandten Bereich ein.
      - Geben Sie Ihre jetzige Tätigkeit an, ggf. wann Sie einen Abschluss machen und für die Stelle zur Verfügung stehen.

   4. **Abschluss:**
      - Schlusssatz: *Ich freue mich über die Einladung zu …*
      - Grußformel: *Mit freundlichen Grüßen*
      - Eigenhändige Unterschrift mit Vor- und Nachnamen
      - Liste der Anlagen, die Sie beifügen

Für das Bewerbungsschreiben ist eine gründliche Planung wichtig.
Sie sollten die Textmerkmale und formalen Vorgaben kennen und wissen, mit welchem Ziel Sie sich an Ihre Adressaten wenden.
Informieren Sie sich daher vorab über den Träger und die Einrichtungen, die für Sie als Arbeitsplatz in Frage kommen oder ausgeschrieben sind.

Hinweis:
Siehe auch Seite 147 f. zum Thema *Texte planen und Texte schreiben.*

Informationen zur Planung des Bewerbungsschreibens

- Welcher Träger? Was kennzeichnet den Träger? Informationen zur Geschichte des Trägers, zur Außendarstellung sowie wichtige Normen, Werte und Ziele.
- Welche Einrichtungen betreibt der Träger? Was kennzeichnet die einzelnen Einrichtungen? Gibt es Konzepte, Außendarstellungen zur weiteren Information?
- Gibt es in der Ausschreibung, bei den Konzepten und Außendarstellungen Aspekte, bei denen Sie mit eigenen fachlichen Qualifikationen und Erfahrungen punkten können?
- Welche eigenen Kompetenzen könnten für den Träger bzw. die Einrichtung von Interesse sein?

Tipp:
Interesse am Träger und der Einrichtung signalisiert Engagement und fachliche Kompetenz.

AUFGABE

1. Informieren Sie sich über einen möglichen zukünftigen Arbeitsplatz, indem Sie zu den oben genannten Fragen recherchieren.
2. Notieren Sie sich Stichworte und planen Sie Ihr Bewerbungsschreiben.
3. Verfassen Sie ein Bewerbungsschreiben.
4. Korrigieren Sie Ihr Bewerbungsschreiben (in der Klasse, Lerngruppe im Rahmen einer Schreibkonferenz). Siehe auch Seite 149.

Tipp:
Ein gut geplantes Bewerbungsschreiben ist Grundlage für ein erfolgreiches Bewerbungsgespräch.

Eine sorgfältige Planung des Bewerbungsschreibens gibt Ihnen Anhaltspunkte, welche beruflichen Erfahrungen Sie in den Vordergrund rücken sollten. Entsprechend sortieren Sie Ihre Unterlagen.
Gleichzeitig bereiten Sie sich so auf das Bewerbungsgespräch vor.

Wenn Sie sich direkt nach dem Examen bewerben, dann punkten Sie vielleicht noch nicht mit langjähriger Erfahrung. Dafür haben Sie unterschiedliche Arbeitsfelder kennengelernt und sind mit neuen pädagogischen Ansätzen und Konzepten vertraut. Stellen Sie einen Bezug her zwischen dem schulischen Lernen, Ihren praktischen Erfahrungen und dem, was für die neue Stelle wichtig ist.

Wenn ein Arbeitgeber im Bereich der stationären Jugendhilfe signalisiert, dass Erlebnispädagogik ein wichtiges Thema ist und Sie ehrenamtlich Segelfreizeiten begleitet haben, dann können Sie etwas Interessantes anbieten. Aber Sie müssen auch fachlich begründen können, warum erlebnispädagogische Angebote wichtig sind.

Tipp:
Bereiten Sie sich auf die fachlichen Inhalte vor, die Sie im Bewerbungsschreiben als fachliche Kompetenzen und berufliche Erfahrungen angeben. Siehe hierzu Seite 88–89 und Seite 90–91.

4.3 Fachtexte – erste Schritte zum wissenschaftlichen Schreiben

4.3.1 Grundlagen

„Wissenschaft erweitert bekanntes Wissen durch methodische und systematische Forschung und gibt das Wissen durch Veröffentlichung und Lehre weiter."
(Balzert, Helmut et al. (2017): *Wissenschaftliches Arbeiten*, 2. Auflage, Berlin: Springer Campus, S. 7.)

Facharbeiten und kurze Fachartikel sind die ersten Formen des wissenschaftlichen Schreibens, damit Lernende einige Grundfertigkeiten wissenschaftlichen Arbeitens kennenlernen und trainieren.

Grundfertigkeiten wissenschaftlichen Arbeitens
- Informationen sammeln, auswählen, ordnen und strukturiert wiedergeben.
- Eigene Hypothesen und Theorien bilden und prüfen.
- Lösungsstrategien anwenden, Ergebnisse erläutern, Vorgehen begründen.

Diese Grundfertigkeiten weisen Ähnlichkeiten mit den Anforderungsbereichen von Klausuren in der Oberstufe auf. Auch bei Klausuren fassen Sie Theorien bzw. Erkenntnisse zusammen, wenden diese auf ein Fallbeispiel oder eine Problemsituation an und entwickeln daraus Lösungsstrategien. Doch bei Klausuren ist die Fragestellung vorgegeben und Sie greifen auf das zurück, was Sie gelernt haben.

Wissenschaftliches Schreiben hat folgende Ziele:
- andere informieren,
- über eigene Erkenntnisse in einen Austauschprozess gelangen,
- eigene Lösungen für andere nachvollziehbar darstellen.

Die Adressaten sind fachlich Interessierte.

Bei Facharbeiten und Fachartikeln entwickeln Sie eine eigene Fragestellung, entscheiden sich selbst für geeignete Theorien und erforschen deren Tragweite durch Beobachtungen in der Praxis. Damit sind Sie bereits einen Schritt in das Feld wissenschaftlichen Arbeitens vorgedrungen. Für das wissenschaftliche Arbeiten und Schreiben gelten internationale Kriterien, die dafür sorgen, dass die Ergebnisse verlässlich und nachvollziehbar sind.

Kriterien wissenschaftlichen Arbeitens und Schreibens
- **Objektivität:** Die Ergebnisse kommen unabhängig von der Person zustande, die Forschenden nehmen keinen Einfluss, damit das „gewünschte" Ergebnis herauskommt.
- **Validität:** Gültigkeit – die Form der Untersuchung ist geeignet, um das herauszufinden, auf das die Fragestellung abzielt.
- **Reliabilität:** Zuverlässigkeit – andere Forscher müssten zu den gleichen Ergebnissen kommen, wenn sie gleiche Bedingungen haben.
- **Nachvollziehbarkeit:** Es wird deutlich, welche Informationen einfließen, wie diese gewonnen wurden und worin die eigene Leistung besteht. Die Gedankengänge sind nachvollziehbar formuliert, die Argumentation ist schlüssig.

Eine der wichtigsten Fertigkeiten beim Schreiben von Fachtexten ist das richtige Zitieren. Denn nur durch korrekte Angaben Ihrer Quellen können die oben genannten Kriterien erfüllt werden.

4.3.2 Zitieren

Durch das Zitieren zeigen Sie, dass Sie inhaltlich und formal richtig mit fremden Quellen umgehen. Zum inhaltlichen Aspekt gehört das korrekte und für die Argumentation nachvollziehbare Zitieren innerhalb des Textes. Weiterhin steht an jedem Ende einer Arbeit ein Verzeichnis der verwendeten Literatur. Durch dieses ist nachvollziehbar, ob Sie sich auf aktuelle Literatur berufen, wichtige Standardwerke berücksichtigen und welche Schwerpunkte Sie setzen.

Hinweis:
Das Literaturverzeichnis und die Gliederung sind Aushängeschilder für die wissenschaftliche Arbeit.

Zitieren von Textstellen in eigenen Texten

1. Wenn Sie in Ihrem Text wörtlich aus einem anderen Text etwas übernehmen, dann ist das ein Zitat, das als solches erkennbar sein muss.
2. Jedes Zitat muss wörtlich übernommen werden. Veränderungen müssen Sie kennzeichnen.
3. Jedes Zitat muss durch Anführungszeichen am Anfang und Ende angezeigt sein.
4. Für jedes Zitat müssen Sie angeben, woher dieses Zitat stammt (Quellenangabe).
5. Wenn Sie aus einem Text zitieren, müssen Sie das Zitat sinnvoll und korrekt in Ihren Text einfügen. Achten Sie dabei auf die Satzzeichen!

Hinweis:
Nicht gekennzeichnete Zitate sind Diebstahl des geistigen Eigentums anderer. Sie gelten als **Plagiate**, d. h., der Text wurde abgeschrieben. Plagiate führen dazu, dass eine Arbeit nicht angenommen oder als ungenügend bewertet wird.

Quellenangaben im Text

Nun stellt sich die Frage, wie auf die Quelle verwiesen wird. Hier gibt es zwei Möglichkeiten.
Sie können die Quelle in Klammern hinter das Zitat schreiben.

> Beispiel:
> „Zum einen zeichnet sich das Vorschulalter durch eine enorme Entwicklungsdynamik aus. Was heute wie ein Problem aussieht, kann morgen verschwunden sein – da sich junge Kinder sehr rasch verändern und entwickeln." (Fuhrmann, Pia; Gonthard, Alexander von (2015): *Depressionen und Angst bei Klein- und Vorschulkindern – Ein Ratgeber für Eltern und Erzieher,* Göttingen: Hogrefe, S. 22)

Hinweis:
Quellenangaben erfolgen direkt im Text oder in einer Fußnote.
Fußnoten finden Sie in Textverarbeitungsprogrammen unter der entsprechenden Registerkarte, in der Regel unter „Verweise".

Da die lange Quellenangabe aber den Lesefluss stört, kann es sinnvoll sein, mit einer Fußnote auf die Quelle zu verweisen.

> Beispiel:
> „Kinder, die von Geburt an ängstlich sind, müssen nicht zwangsläufig eine Angststörung entwickeln. Es müssen vielmehr mehrere Faktoren zusammenkommen, damit sich eine Angststörung entwickelt."[1]
>
> ---
>
> [1] Fuhrmann, Pia; Gonthard, Alexander von (2015): *Depressionen und Angst bei Klein- und Vorschulkindern – Ein Ratgeber für Eltern und Erzieher,* Göttingen: Hogrefe, S. 108.

Richtiges Zitieren aus einem Text

Begleitsatz: Der Satz, in den das Zitat eingebunden ist.

Wenn der Begleitsatz dem Zitat vorangeht oder folgt, dann werden Zitatanfang und Ende durch Anführungszeichen gekennzeichnet. Die Satzzeichen des Zitats werden übernommen und die Satzzeichen des Begleitsatzes korrekt zu Ende geführt.

Beispiel:
Der Ich-Erzähler beschreibt seine zart aufkeimende Hoffnung bei seiner ersten Begegnung mit der Winsener Jungschützenkönigin mit den Worten: „Verstohlen schaute ich zu ihr hinüber. Plötzlich lächelte sie.“.[2]

---

[2] Strunk, Heinz (2004): *Fleisch ist mein Gemüse,* Reinbek: Rowohlt Taschenbuch, S. 124.

Wenn das Zitat in den Begleitsatz eingefügt wird, müssen alle Elemente des Satzes grammatisch korrekt sein und das Zitat darf nicht verändert werden.

Beispiel:
Mit den Worten „Ich hab's satt. Dieses ständige Konsumieren!“[5] drückt die Autorin ihren Unmut über den Konsumzwang aus.

---

[5] Rauper-Wumme, Gisela (2021): *Konsumzwang als gesellschaftlicher Imperativ,* https://www.eimsbüttler-schlaglicht.de/leute/geldbeutel-bleibt-zu-20201, abgerufen am 24.04.2021.

Sie können auch zitieren, wenn Sie Zitate verändern oder Teile eines zitierten Textes auslassen. Dann müssen Sie sich an die folgenden Regeln halten.

Regeln für das Zitieren, wenn der Originaltext nicht wörtlich übernommen wird:
1. Auslassungen im Zitat werden durch drei Punkte in einer eckigen Klammer gekennzeichnet: **[...]**.
2. Rechtschreibfehler in einem Zitat müssen übernommen werden. Man kann mit einem eingefügten **[sic]** darauf hinweisen.
3. Wenn der Begleitsatz eine **Änderung** innerhalb des Zitats erfordert, so muss dies kenntlich gemacht werden.

Beispiel:
Konflikte sind allein schon deshalb komplex, weil sie „**[...]** meist mehrere Aspekte **[enthalten]** z. B. einen Sach- und einen Beziehungsaspekt.“[1]

---

[1] Pfeiffer, Simone (2017): *Sozial-emotionale Entwicklung fördern – Wie Kinder in der Gemeinschaft stark werden,* überarbeitete Neuauflage, Freiburg: Herder, S. 39.

Achtung: Wenn Sie sich für eine bestimmte Form der Quellenangabe entschlossen haben, müssen Sie diese in Ihrem gesamten Text so anwenden.

Wenn Sie mehrfach aus der gleichen Quelle zitieren, dann können Sie die Angaben nach der ersten vollständigen Quellenangabe auf den Nachnamen der Autorin / des Autors, das Erscheinungsjahr und die Seite verkürzen.

Beispiel:
Pfeiffer (2017), S. 39
Pfeiffer (2017: 39).

4.3.3 Ein Literaturverzeichnis anlegen

Zitieren und Quellenangaben

1. Eine Quellenangabe umfasst: den Namen der Autorin oder des Autors, dahinter das Erscheinungsjahr in Klammern, den Titel (ggf. den Untertitel), Erscheinungsort, Verlag, Seiten und ggf. Zeilenangaben, damit der Fundort eindeutig ist.
2. Quellenangaben müssen in der ganzen schriftlichen Arbeit einheitlich geführt werden!
3. Der Verweis auf die Quelle erfolgt in Form einer Fußnote.
4. Im Literaturverzeichnis werden alle genutzten Quellen alphabetisch nach dem Autorennachnamen aufgelistet.

Beispiele für diese Form der Quellenangabe finden Sie auf Seite 159.

Besondere Schwierigkeiten können Werke mit mehreren Autorinnen und Autoren, Zeitschriften sowie digitale Quellen bereiten. Auch hier gilt: Der Nachname der Autorin bzw. des Autors wird alphabetisch in die Literaturliste eingefügt.

Bei mehreren Autorinnen und Autoren werden diese in der Reihenfolge der Nennung in der Originalquelle aufgeführt. Man beginnt mit dem Nachnamen, der durch ein Komma vom Vornamen getrennt ist. Dann folgt ein Semikolon vor dem nächsten Nachnamen. Wenn es viele Autorinnen und Autoren gibt, dann kann nur der erste Name genannt werden, die anderen werden mit „et al." oder „u. a." abgekürzt.

Beispiel:
Balzert, Helmut; Schröder, Marion; Schäfer, Christian (2017): *Wissenschaftliches Arbeiten,* 2. Auflage, Berlin: Springer Campus.
Balzert, Helmut et al. (2017): *Wissenschaftliches Arbeiten,* 2. Auflage, Berlin: Springer Campus.

Bei Zeitschriften geben Sie nach dem Namen des Autors das Erscheinungsjahr an, dann den Titel des Artikels, dann den Namen der Zeitschrift, Erscheinungsort oder Verlag, Jahrgangsnummer und Jahrgang sowie ggf. die Seitenzahl.

Beispiel:
Name der Autorin und Erscheinungsjahr: Sauff, Katrin (2023): – gefolgt von einem Doppelpunkt.
Titel des Artikels: „Was Kinder über Geschwister sagen"
Name der Zeitschrift: in: Theorie und Praxis der Sozialpädagogik.
Verlag, Jahrgangsnummer, Erscheinungsjahr: Klett Verlag, 1/2023.
(Mit der Angabe 1/2023 benennen Sie, dass die Zeitschrift die erste Zeitschrift im Jahr 2023 ist.)

Im Literaturverzeichnis sieht das dann so aus:
Sauff, Katrin: „Was Kinder über Geschwister sagen", in: *Theorie und Praxis der Sozialpädagogik,* Klett Verlag 1/2023, S. 4–7.

Hinweis:
Der Vorname der Autorin / des Autors kann ausgeschrieben oder nur mit dem Anfangsbuchstaben des Vornamens abgekürzt werden.

Hinweis:
Wenn die Quelle das erste Mal vollständig genannt wurde, reicht im weiteren Text die Nennung des Namens, des Erscheinungsjahrs und der Seitenzahl.

Tipp:
Wenn Sie aus einer Quelle zitieren, sollten Sie sich sofort die komplette Quellenangabe inklusive der Seitenzahl aufschreiben! Das spart viel Zeit, die Sie sonst mit dem späteren Zusammensuchen der Zitate verbringen müssten.

Hinweis:
Bei der nächsten Nennung verkürzen Sie die Angabe der Quelle aus der Zeitschrift:
Sauff (2023, S. 5)
oder
Sauff (2023: 5).

4.3.4 Digitale Quellen einschätzen und richtig zitieren

Digitale Quellen werden wie Bücher und Fachzeitschriften behandelt. Sie müssen korrekt zitiert werden, sodass nachvollziehbar ist, woher die Quelle stammt:

- Aus ihnen darf nicht ohne Quellenangabe zitiert werden.
- Sie dürfen nicht in den Text übernommen werden, ohne als Zitat gekennzeichnet zu sein.

Wie auch bei anderen Textquellen sollten Sie die Qualität der digitalen Quelle prüfen, bevor Sie daraus Informationen übernehmen.

Hinweis:
Quellen sollten nach den Kriterien wissenschaftlichen Schreibens verfasst sein:
- Objektivität
- Validität
- Reliabilität
- Nachvollziehbarkeit

Siehe auch Seite 158.

Wenn Sie zum Thema *„Bindungsverhalten in den ersten Tagen der Eingewöhnungsphase"* schreiben, kämen Sie vermutlich nicht auf die Idee, eine Frauen- oder eine Fernsehzeitschrift als Quelle für Fachtexte zu nutzen. Im Internet ist es schwieriger, die Quelle einzuschätzen. Zunächst sollte eine Quelle, die Sie nutzen, nach den Kriterien wissenschaftlichen Schreibens verfasst sein. Sie sollte sachlich geschrieben sein und insbesondere bezogen auf Argumentation und Quellen das Kriterium der Nachvollziehbarkeit erfüllen. Dazu gehört auch, dass nachvollziehbar ist, welche Person hinter dem geschriebenen Text steckt, welche (wissenschaftliche) Ausbildung sie hat und welche Absichten sie mit dem Text verfolgt.

1. Die Quelle sollte zitierfähig sein.
2. Die Quelle sollte zitierwürdig sein.
3. Die Quelle sollte relevant sein.

(Prexl, Lydia (2017): *Mit digitalen Quellen arbeiten. Richtig zitieren aus Datenbanken, E-Books, Youtube und Co.*, 2. Auflage, Paderborn: utb, S. 33)

In einem Interview hat der Begründer von Wikipedia auf die Frage, ob Studenten Wikipedia zitieren sollten, Folgendes geantwortet:

> „**Wales:** Nein, weder Studenten noch Akademiker noch sonstige Menschen, die auf professioneller Ebene Informationen sammeln und verwerten. Wikipedia bietet Hintergrundwissen. Das Lexikon erlaubt Menschen, sich bei einem Thema zu orientieren, um dann gegebenenfalls tiefer einzusteigen. Aber es ist kein Fachmagazin mit Peer Review."

Das Interview wurde im April 2014 am Rande einer Fachmesse geführt und ist online zu lesen. Aus der Quellenangabe muss hervorgehen, wo der Text zu finden ist, wer diesen geschrieben hat und wann Sie darauf zugegriffen haben. Daher sieht die vollständige Quellenangabe folgendermaßen aus:

Hinweis:
Wenn eine Autorin oder ein Autor mehrere Bücher im gleichen Jahr geschrieben hat, dann kann man durch Kleinbuchstaben, beginnend mit dem a) nach der Jahresangabe die Bezeichnung eindeutig halten.
Das könnte dann so aussehen:
Thole, Werner (2018a);
Thole, Werner (2018b).
Bei der Erstnennung werden die Buchstaben entsprechend eingeführt.

Beispiel:
Wales, Jimmy (2014): *„Studenten sollten uns nicht zitieren"* [Interview mit Wikipedia-Gründer Jimmy Wales, Interviewer: R. Thielicke], Technology Review 4, S. 102, online unter: https://www.heise.de/tr/artikel/Studenten-sollten-uns-nicht-zitieren-2158448.html, abgerufen am 30.08.2021.

Digitale Quellen angeben
1. Nachname und Vorname der Autorin / des Autors und in Klammern das Erscheinungsjahr
2. Titel des Artikels/Textes/Films
3. URL (https: …)
4. Datum, wann darauf zugegriffen wurde

Bei der zweiten Nennung reichen dann wieder der Nachname und das Erscheinungsjahr.

INFOBOX

Regeln für korrektes Zitieren und die Quellenangaben auf einen Blick

1. Wenn Sie etwas aus einem Text übernehmen, dann müssen Sie dies als Zitat kennzeichnen und die Quelle des Zitats angeben.
2. Zitate werden durch Anführungszeichen am Anfang und Ende des Zitates gekennzeichnet.
3. Zitate müssen unverändert übernommen werden.
4. Sollten Veränderungen, Umstellungen und Auslassungen vorgenommen werden, müssen diese entsprechend gekennzeichnet sein.
5. Zitate dürfen nur so in den eigenen Text eingefügt werden, dass ihr Sinn unverändert bleibt.
6. Veränderungen jeglicher Art werden mit eckigen Klammern gekennzeichnet. Dabei gilt:
   […] kennzeichnet eine Auslassung,
   […] kennzeichnet, dass der Text oder der Satz nicht vollständig zitiert wird, sondern nur ein Teil des Textes oder ein Teil eines Satzes.
   [Wort] kennzeichnet, dass ein Wort hinzugefügt ist, das nicht zum Zitattext gehört, oder an einer anderen Stelle im Satz platziert ist.
   Beispiel: *„Sie gingen* [frühmorgens] *durch den Wald."*
7. Bei längeren schriftlichen Arbeiten sollten die Quellenangaben für Zitate in einer Fußnote eingefügt werden.
8. Die Quellenangabe enthält:
   a) Nachname, Vorname der Autorin / des Autors (ggf. nur den ersten Buchstaben)
   b) Erscheinungsjahr in Klammern
   c) Titel des Textes (zur besseren Übersicht kann er kursiv sein)
   d) Erscheinungsort, Verlag und Seitenzahl
   e) Digitale Quellen: Nachname, Vorname der Autorin / des Autors, Erscheinungsjahr in Klammern Titel des Textes, URL, Datum des Zugriffs auf die Quelle
9. Bei Zeitschriften oder Büchern mit mehreren Herausgebern wird wie oben angegeben verfahren: Nachname, Vorname der Autorin / des Autors, Erscheinungsjahr, Titel des Textes. Dann folgt die Angabe der Herausgeberin / des Herausgebers oder der Herausgeber bzw. der Zeitschrift.
   Beispiel: Sappoh, Tanja (2023): *Die Störung der Intelligenzentwicklung*, in: Tebartz van Elst, Biscaldi-Schäfer, Lahmann, Riedel, Zeeck (Hrsg.) (2023): *In Entwicklungsstörungen – Interdisziplinäre Perspektiven aus der Psychiatrie, Psychotherapie und Psychosomatik des Kindes-, Jugend- und Erwachsenenalters*, Stuttgart: Kohlhammer Verlag, 2023, S. 141–157.
10. Wird eine Quelle das erste Mal zitiert, empfiehlt sich die vollständige Quellenangabe in der Fußnote. Bei weiteren Zitaten reichen der Nachname, das Erscheinungsjahr in Klammern und ggf. die Seitenzahl.
11. Die Literaturliste enthält alle im Text zitierten Quellen.
12. Wenn auf eine Quelle häufiger Bezug genommen, aber nicht immer direkt daraus zitiert wird, dann kennzeichnet man den Bezug mit dem Hinweis (vgl. Tebartz van Elst et al. (2023)).

4

4.3.5 Vom Thema zum Fachtext – ein kurzer Wegweiser

1. **Beurteilung der Schreibsituation:** Was soll wie geschrieben werden?
Folgende Aspekte sollten Sie im Vorfeld klären, damit Sie effizient arbeiten können:

Art der Arbeit	Um welche Art von Arbeit handelt es sich? (Kurzreferat, Hausarbeit, Fachartikel, Facharbeit, Projektskizze, …)
Aufgabenstellung	▪ Wie lautet das Thema (unabhängig davon, ob vorgegeben oder selbst gewählt)? ▪ Wer sind meine Leser bzw. Zuhörer? ▪ Welche zeitlichen und formalen Vorgaben bestehen? Wie umfangreich? Wieviel Zeit? Welche Erwartungen? Welche Beurteilungskriterien? ▪ Welche Vorgaben gibt es für den Arbeitsprozess (Partner-, Gruppen-, Einzelarbeit, Befragung von Experten möglich, regelmäßige Beratung, …)
Zeitplan	▪ Wieviel Zeit habe ich für die Schritte: – Fragestellung präzisieren/erarbeiten – Recherche, Befragungen, Beobachtungen, Dokumentation – Verfassen der Arbeit

Hinweis:
Eigene Erfahrungen aus der Praxis als Ausgangspunkt: In mehreren Situationen haben Sie im Jugendzentrum die Erfahrung gemacht, dass Sie sich bei Jugendlichen nicht durchsetzen konnten. Dies wollen Sie mithilfe von Kommunikationstheorien erklären und Lösungen finden.

2. **Themenfindung:** Was soll ich bloß schreiben?
Eine präzise Fragestellung ist die Grundlage für eine erfolgreiche Arbeit. Grundsätzlich müssen folgende Kriterien erfüllt sein:
- Es besteht eine Beziehung zum Thema.
- Es gibt Vorwissen oder Vorerfahrungen, an die angeknüpft werden kann.
- Umfang und Fragestellung sind der Aufgabenstellung angepasst.

Zur **Themenfindung** gibt es unterschiedliche Fragestellungen:
- **Wenn Sie von einem Problem ausgehen**, wird erwartet:
  – eine Darstellung des Problems,
  – Ursachen des Problems aus unterschiedlichen Perspektiven,
  – Wirkung des Problems und
  – Lösungsvorschläge.
  Dabei ist es wichtig, dass Sie das Problem, das sich auch aus Ihren praktischen Erfahrungen ergeben kann, präzise, sachlich und ohne Wertungen beschreiben. Dann erklären und begründen Sie, auf welche Theorien Sie sich berufen wollen. Diese referieren Sie und entwickeln daraus Handlungsstrategien bzw. Lösungsansätze.

- **Wenn eine Fragestellung als Ausgangspunkt dient:**
  In diesem Fall werden Antworten auf fachlicher Grundlage erwartet. Sie müssen also zur Fragestellung Informationen zum Stand der Theorie bzw. der theoretischen Diskussion sammeln und darlegen. Dann können Sie aus der Praxis heraus oder auch mithilfe von Beobachtungsverfahren, Interviews oder ähnlichem eine eigene Perspektive entwickeln und Antworten auf die Fragestellung finden.
  Beispiel: Sie haben wiederholt erlebt, dass Jugendliche unter Alkohol aggressiv werden. Sie entwickeln die Fragestellung: Welchen Einfluss hat Alkohol auf die Selbststeuerung?

Werkzeug Sprache – Deutsch und Kommunikation für Erzieherinnen und Erzieher ISBN: 978-3-582-83521-5

- **Wenn ein Sachverhalt vorgegeben ist:**
  In einem solchen Fall geht es um Informationen und objektive Darstellungen aller Sichtweisen. Am Ende steht eine eigene, fachlich fundierte Position, die entsprechend nachvollziehbar erklärt und begründet ist. Ausgangspunkt kann dabei eine Situation aus der Praxis sein, die auf eine bestimmte Art und Weise gehandhabt wird. Dazu können unterschiedliche Beteiligte nach ihrer Sichtweise und den Konsequenzen befragt werden.

  Beispiel: Kinder im Kindergarten müssen zur Begrüßung den Erzieherinnen in der Gruppe die Hand geben. Wie sehen die Beteiligten das? Warum wird das so gemacht? Welche Konsequenzen hat das?

3. **Hilfe, ich ertrinke! – Informationen sammeln**
   Bevor Sie anfangen zu suchen, überlegen Sie, wonach Sie suchen. Machen Sie sich die Fragestellung bewusst. Legen Sie, wenn möglich eine erste Mindmap oder Concept-Map an.
   Es kann hilfreich sein, mit ein oder zwei aktuellen Artikeln aus Fachzeitschriften zu starten. Dort finden Sie weitere Hinweise auf andere Quellen und können so eine eigene Recherche in Gang setzen.
   - Lesen Sie aktiv! Verschaffen Sie sich einen Überblick! Lesen Sie selektiv und behalten Sie die Fragestellung im Kopf.
   - Machen Sie sich beim Lesen Notizen. Schreiben Sie ein Exzerpt zu wichtigen Texten. Vergessen Sie nie, wenn Sie etwas aufschreiben oder kopieren, sofort die Quellenangabe hinzuzufügen.
   - Erstellen Sie Mindmaps oder Concept-Maps zu wichtigen Texten.

Hinweis:
Zum Thema *aktives Lesen* siehe Seite 11–15 , zum Thema *Exzerpieren* siehe Seite 32.

4. **Wie bekomme ich Ordnung in das Chaos? – Vom Nutzen einer Gliederung**
   Sie haben Ihre Schreibsituation geklärt, die Fragestellung präzisiert und erste Informationen beschafft. Nun ist der Zeitpunkt für eine Gliederung gekommen. Im Grunde ist eine Gliederung ein Zeitplan und bietet eine inhaltliche Struktur. Jede Gliederung enthält:
   - eine Einführung in das Thema,
   - eine Problemanalyse und eine Bearbeitung des Problems,
   - eine Problemlösung
   - ein Fazit.

5. **Der Schreibprozess:**
   Für den Schreibprozess greifen Sie auf die Hinweise zum Schreiben von Texten zu. Sie beachten dabei insbesondere:
   - die Kriterien für gute Texte (siehe Seite 146),
   - die Fragen zur Textplanung (siehe Seite 147) sowie
   - die 10 Regeln zum verständlichen Schreiben (siehe Seite 148).

4.4 Kreatives Schreiben

fiktionale Texte: poetische und literarische Texte (Belletristik, Dramen oder Lyrik). Bei nicht-fiktionalen Texten handelt es sich unter anderem um Sachtexte und Zeitungsartikel.

Fiktion: bezeichnet die Schaffung einer eigenen Welt durch Literatur, Film, Malerei usw.

fiktiv: erdacht, erdichtet

Im weitesten Sinn steht „kreatives Schreiben" für das Schreiben von Texten mithilfe von Methoden der Ideenfindung. Schreiben ist in diesem Sinne ein kreativ-sprachlicher Prozess, zu dem jeder methodisch angeleitet werden kann.
Bezogen auf den Deutschunterricht umfasst der Begriff „Kreatives Schreiben" Aufgaben, bei denen ein Text nicht analysiert, also „zerlegt" wird. Beim kreativen Schreiben soll ein neuer fiktionaler Text entstehen.

Kreatives Schreiben ermutigt zu einer eigenen Ausdrucksform.

Es lassen sich zwei unterschiedliche Formen von Aufgabenstellungen unterscheiden.

Kreatives Schreiben zu vorgegebenen fiktionalen Texten verschafft andere Zugänge zum Text.

- Die eine Form ist an einen literarischen Text gebunden, der als Vorlage, als Impuls für das weitere Schreiben dient. Diese Form lässt sich nutzen, um ein tieferes Verständnis von fiktionalen Texten zu erhalten. Sie bekommen einen anderen Bezug zum Text, wenn Sie die Erzählperspektive wechseln, einer Figur, die kaum etwas sagt, mit einem Brief eine Stimme geben oder eine Situation ausschmücken, die nur skizziert ist.
- Eine andere Form des kreativen Schreibens sind „freie" Aufgabenstellungen, die nicht an einen spezifischen Text gebunden sind. Das können Aufgaben mit einem Impuls sein, z. B. in 10 Minuten alle Wörter aufzuschreiben, die Ihnen zum Begriff „Wald" einfallen. Aber dazu gehören auch Aufgaben wie das Schreiben einer Kurzgeschichte, eines Dialogs zwischen zwei Personen mit unterschiedlichen Hintergründen oder eines Gedichtes zu einem Thema.

Kreatives Schreiben zu Themen und Ereignissen ohne literarische Textvorgabe ist ein eigenständiger schöpferischer Prozess.

Beide Formen haben Gemeinsamkeiten: Sie versetzen Sie in eine Situation, eine Figur, ein Ereignis hinein und auf dieser Basis schreiben Sie einen fiktiven Text. Dabei verwenden Sie mehr oder minder bewusst Techniken und Strategien, um das auszudrücken, was Ihnen wichtig ist.

4.4.1 Schreibend literarische Texte erkunden

Wenn Autorinnen und Autoren literarische Texte schreiben, treffen sie Entscheidungen darüber, wie sie schreiben wollen. Zunächst bestimmen sie, ob der Text episch, lyrisch oder dramatisch werden soll. Dann müssen sie innerhalb der Form ein Genre wählen, eine Textform. Diese Textform bietet den Rahmen, innerhalb dessen etwas ausgestaltet wird. Eine Kurzgeschichte folgt anderen Regeln als ein Märchen. In epischen Texten sind Erzählstrategien, die Gestaltung der Figuren, die Beschreibung des Raumes und die Gestaltung der Zeit wichtige Elemente.

Martin Suter (*1948): Schweizer Schriftsteller, siehe Seite 256.

Hinweis:
siehe auch: *Formen literarischer Texte*, Seite 246 und *Epische Texte analysieren*, Seite 248.

Martin Suter beantwortet in einem Interview die Frage, ob er schon das Ende am Anfang wissen müsse: „Unbedingt. Ich schreibe keinen ersten Satz ohne den letzten. Das ist bei all meinen Texten so."[1]
Schreiben ist also nicht nur ein schöpferischer Akt, bei dem das Werk unbewusst „herausfließt", sondern auch ein Akt der bewussten Entscheidungen und Konstruktionen.

1 Martin Suter im Interview mit Peer Teuwsen, 11. Oktober 2012, DIE ZEIT Nr. 42/2012.

Textform erkunden

AUFGABE

1. Lesen Sie das Gedicht „Verfall" von Georg Trakl auf Seite 272.
2. Schreiben Sie das Gedicht in einen erzählenden Text um, indem Sie eine Figur erschaffen, die dieses Erlebnis hat und davon erzählt. Die Form des epischen Textes wählen Sie frei. Der Text kann ein fiktiver Brief, eine Schilderung in einem Dialog oder auch eine Darstellung im Rückblick (Erinnerung) sein. Er sollte maximal eine Seite lang sein.
3. Lesen Sie sich Ihre Texte in der Gruppe gegenseitig vor und vergleichen Sie deren Wirkung mit dem Gedicht. Was verändert sich durch die erzählende Bearbeitung des Herbstmotivs?

Hinweis:
Texte von einer Form in die andere zu verwandeln, z. B. aus einem Gedicht einen erzählenden Text oder aus einer Dramenszene eine Kurzgeschichte zu formulieren, verändert die Wirkung des Ursprungstextes.

Erzählform und Erzählperspektive verändern

AUFGABE

1. Lesen Sie den Auszug aus dem Roman „Der Hals der Giraffe" von Judith Schalansky auf Seite 261.
2. Schreiben Sie die Szene um, indem Sie das Geschehen aus der Sicht der Tochter Claudia beschreiben.
   Lassen Sie Claudia dabei als Ich-Erzählerin auftreten. Für die Erzählsituation können Sie sich zwischen unterschiedlichen Formen entscheiden, z. B. als Tagebucheintrag direkt nach dem Geschehen. Dann wären Sie sehr nah an Claudias Gefühlen und würden die Sprache einer 16-Jährigen wählen. Sie könnten Claudia auch von dem Ereignis mit viel Distanz Jahre später erzählen lassen, z. B. auf die Frage, warum sie keinen Kontakt mehr zu ihrer Mutter habe.
3. Vergleichen Sie Ihren Text mit dem Original und beantworten Sie die folgenden Fragen:
   - Welche Aspekte treten stärker hervor, welche Aspekte treten in den Hintergrund?
   - Welche Gefühle haben Lesende beim Originaltext?
   - Wie wirkt Ihr Text?

Tipp:
Wenn Sie die Perspektive wechseln, erhalten die Lesenden einen anderen Einblick in die Gefühle und Gedanken der handelnden Figuren. Dabei werden manche Aspekte deutlicher und andere können ganz verschwinden.

4

Die Darstellung des Raumes erkunden

AUFGABE

1. Lesen Sie auf Seite 290 den Anfang der Kurzgeschichte „Schlittenfahren" von Helga M. Novak.
2. Die Kurzgeschichte endet damit, dass der jüngere Bruder mit dem Schlitten in den Bach fährt und keine Hilfe kommt, weil der Vater die Tür nicht öffnet. Schreiben Sie die Darstellung des Raumes (Garten, Eigenheim, Bach) so um, dass sich dieses Ende bereits in der Beschreibung ankündigt.
3. Vergleichen Sie Ihren Text mit der ursprünglichen Form. Erläutern Sie, was sich verändert, wenn durch die Beschreibung des Raumes deutlich wird, dass im nächsten Moment ein Unglück passiert?

Tipp:
Die Beschreibung des Raumes kann wie die Musik in einem Film wirken. Durch eine intensive Beschreibung der Atmosphäre können bestimmte Emotionen wie Spannung, Neugier, Trauer beim Lesenden geweckt werden.

Hinweis:
Wenn Sie wenig über die Figuren eines Textes erfahren, dann können Sie diese handeln lassen. Aus den Handlungen in neuen Szenen und Konstellationen erfahren Sie mehr über die Figur. Sie wird lebendiger und vorstellbarer.

Figuren erkunden, verändern und neue erfinden

AUFGABE

1. Lesen Sie die Kurzgeschichte „An manchen Tagen" von Nadja Einzmann auf Seite 284–285.
2. Wählen Sie eine der folgenden Schreibaufgaben:
   a) Die Ich-Erzählerin und ihre älteste Schwester treffen sich nachts zufällig in der Küche. Schreiben Sie zu dieser Begegnung einen Dialog.
   b) Die Mutter der Ich-Erzählerin dringt in das Zimmer ein. Es kommt zu einer Konfrontation.
   c) Die Ich-Erzählerin betrachtet sich im Spiegel und beschreibt sich dabei.
3. Lesen Sie sich Ihre Texte in der Gruppe gegenseitig vor. Sammeln Sie, welche Merkmale und Charaktereigenschaften der Ich-Erzählerin durch diese Texte deutlich werden.
4. Schreiben Sie jedes Merkmal auf einen Zettel. Clustern Sie die Merkmale nach Aussehen, Sprache, Charakter.
5. Stellen Sie sich vor, diese Figur soll in einem Film eine wichtige Rolle spielen. Finden Sie einen Titel für den Film und beschreiben sie, welche Eigenschaften die Darstellerin verkörpern und wie sie aussehen soll.

4.4.2 Selbst einen erzählenden Text verfassen

AUFGABE

1. Lesen Sie die Informationen dazu, worum es sich bei einem Plot handelt und welche Bestandteile er enthält.
2. Entwickeln Sie in Stichworten einen Plot für einen erzählenden Text, den Sie schreiben möchten.

Drama: Literatur und Schauspiel, die in ihrer Handlung einen tragischen Konflikt darstellen.

Plot: Handlungsgerüst eines erzählenden Textes, eines Theaterstücks, eines Films oder Hörspiels.

Hinweis:
Zu den Merkmalen der Kurzgeschichte siehe Seite 284.

Was ist ein Plot?

Der Begriff *Plot* stammt aus dem Englischen und wurde ursprünglich in der Theorie für das Drama verwandt. Dort bezeichnet er den dramatischen Aufbau des Geschehens, das heißt, wie es in einem Drama zu einem Konflikt kommt und wie dieser aufgelöst wird.

Auf erzählende Texte übertragen bezeichnet er, in welchem kausalen Zusammenhang die Figuren und Ereignisse stehen. Ein Plot ist also das Handlungsgerüst, in dem Ereignisse und Personen aufeinander bezogen und stimmig skizziert sind.

Wenn man einen Plot für eine Erzählung, beispielsweise für eine Kurzgeschichte schreibt, sollte man bestimmte Aspekte beachten:

1. In erzählenden Texten geht es um handelnde Personen und konkrete Begebenheiten, die sich innerhalb von Zeit und Raum abspielen.
2. Eine erzählende Darstellung ist eher ereignisorientiert, sie stellt die Erlebnisperspektive, die subjektive Sicht auf die Ereignisse heraus. Um zu wirken, benötigt sie eine minimale Dramatisierung. Das erreicht man dadurch, dass man durch das

Werkzeug Sprache – Deutsch und Kommunikation für Erzieherinnen und Erzieher ISBN: 978-3-582-83521-5

Erzählen Spannung aufbaut. Diese Spannung wird entweder im weiteren Verlauf der Erzählung gelöst oder bis zum Ende hin aufrecht gehalten (Pointe).

3. Eine Erzählung hat eine Einleitung oder beginnt mitten im Geschehen – ein Problem entsteht, die Spannung, bezogen auf die Problemlösung, steigt. Die handelnden Personen sind an der Problementstehung und Lösung beteiligt. Die Erzählung strebt einem Höhepunkt zu und kommt zu einem Ende.

Tipp:
In der modernen Literatur werden diese Zusammenhänge und Spannungsbögen auch aufgelöst. Für das eigene Schreiben ist es leichter, sie zunächst als Gerüst zu benutzen.

Hinweis:
Siehe auch Seite 197 zum Thema *narrativer Aufbau*.

Pointe: überraschender, geistreicher Schluss

> Um einen Plot zu entwickeln, sollten Sie folgende Fragen bei der Planung einer Erzählung beantworten.
> 1. Wer handelt in der Geschichte, welche Figuren und Charaktere?
> 2. Was passiert in der Geschichte?
> 3. Wie passiert es?
> 4. Welche Folgen hat das Ereignis?
> 5. Wo passiert es (Raum)?
> 6. Wann passiert es (Zeit)?

Um einen Plot zu entwerfen, gibt es verschiedene Möglichkeiten:
- Sie haben bereits einen bestimmten Charakter im Kopf und möchten diese Figur in einen bestimmten Handlungsraum „schicken“ oder sie mit einer anderen Figur konfrontieren, deren Charakter Sie auch schon im Kopf haben.
- Sie können aber auch einen Handlungsstrang entwickeln und sich dann überlegen, wer wie in diese Handlung passt.

Hinweis:
Sie können den Plot vor dem Schreiben festlegen, aber auch erst beim Schreiben entwickeln.

Der Plot hängt eng mit dem Thema zusammen. Beim Thema handelt es sich aber nicht um die Handlung, sondern um übergeordnete Kategorien wie z. B. Angst, Liebe, Verrat, Beziehungen, Flucht – um nur einige wenige zu nennen.

Die Gestaltung der Figuren

Um eine Figur anzulegen, können Sie sich deren Biografie ausdenken. Welche Erfahrungen hat die Figur gemacht? Was denkt sie über sich selbst? Was denkt sie über andere Menschen? Wie erklärt sie sich Ereignisse? Wie geht sie mit Veränderungen um? Welches Lebensthema hat sie? Was beschäftigt sie zum Zeitpunkt der Erzählung besonders? Wie sieht sie aus, wie spricht sie, wie ist sie angezogen? Welche Träume, Wünsche und Ängste hat sie? Welche Figuren begegnen sich? In welchem Verhältnis stehen sie zueinander?

Hinweis:
Viele Impulse für die Entscheidungen, die Sie beim Schreiben treffen müssen, finden Sie auf Seite 171.

Die Erzählstrategien entscheiden

Nun müssen Sie die Handlung in Ort und Zeit verankern. Sie müssen sich überlegen, wie sie das Geschehen erzählen wollen (distanziert, rückblickend, mittendrin) und von wem es erzählt werden soll.
Und Sie gestalten Ihre Erzählung durch die Sprache. Wollen Sie dramatisieren oder beschreiben, die Figuren durch ihr Handeln lebendig werden lassen oder dadurch, dass andere über sie erzählen?

Tipp:
Texte lassen sich in Form von Schreibkonferenzen gut gemeinsam überarbeiten. Siehe Seite 149.

Hörspiele schreiben und aufnehmen

Wie bei erzählenden Texten benötigen Sie, wenn Sie selbst ein Hörspiel entwickeln,
- einen Plot,
- Figuren sowie
- ein Thema.

Tipp:
Einfache Hörspiele lassen sich auch mit Kindern anfertigen. Ältere Kinder und Jugendliche können selbst Hörspiele entwickeln, aufnehmen und mit Musik und Geräuschen unterlegen. Hierzu lassen sich eine ganze Reihe kostenloser Apps im Internet finden.

Das Spannende an der Produktion von Hörspielen ist die Aufnahme selbst, da ein Teil des künstlerischen Ausdrucks durch Stimme, Musik und Geräusche entsteht.

INFOBOX

Einen Hörspieldialog schreiben – von der Textstelle zum Dialog

1. Sollte Ihrer Idee bereits ein Text zugrunde liegen, lesen Sie die Textstelle.
2. Erfassen Sie die Textstelle bzw. planen Sie den Dialog (legen Sie hierzu eine Übersichtstabelle an):

Welche Personen?	…
Was weiß ich über die Personen?	…
Was passiert?	…
▪ **Was vermittelt die Textstelle?** ▪ **Beziehungen der Personen untereinander?** ▪ **Handlung/Aktion?** ▪ **Thema?**	…

3. Notieren Sie: Was sollen die Figuren im Hörspiel zum Ausdruck bringen? Welche Informationen sind wichtig? Was lasse ich weg?
4. Legen Sie fest: Wo spielt der Hörspieldialog?
5. Klären Sie: Benötige ich noch weitere Figuren, um etwas deutlich zu machen (z. B. einen Anrufer, einen Besucher, dem etwas erklärt werden muss, eine Unterbrechung usw.)?
6. Schreiben Sie nun den Dialog auf.
7. Bringen Sie als nächstes Regieanweisungen in den Dialog:
   - Sind Hintergrundgeräusche notwendig, um Ort und Handlungen deutlich zu machen?
   - Wie sprechen die Personen (Gefühle, Lautstärke usw.)?
8. Lassen Sie den Dialog mit der Anzahl der darin vorkommenden Personen lesen und achten Sie auf die Wirkung. Wenn notwendig: Überarbeiten Sie den Text und fügen Sie Verbesserungen ein. Oder: Fragen Sie die Personen, die gelesen haben, was man verbessern kann.
9. Nehmen Sie die szenische Lesung auf und überarbeiten Sie das Hörspiel gegebenenfalls ein weiteres Mal.

Sie können sich einem längeren erzählenden Text auch dadurch nähern, indem Sie ein Hörspiel aus zentralen Szenen gestalten. Diese Szenen werden mit den Geräuschen eingelesen, die benötigt werden, um die Handlung nachvollziehbar zu machen. Lassen Sie dabei durch die Stimmen die Gefühle und Einstellungen der Figuren deutlich werden!

Fragebogen zur Gestaltung und Überarbeitung eigener Texte

Hinweis:
Weitergehende Informationen zu den einzelnen Kriterien finden Sie auf den Seiten 246 bis 253.

Kriterien für die Entwicklung und Darstellung der Figuren:
- Wird die Figur durch das, was sie sagt und tut lebendig?
- Stimmt der Bezugsrahmen, also das, was sie über sich und andere denkt, mit dem überein, was sie tut und sagt?
- Finden sich viele Klischees wieder oder entwickelt die Figur etwas Individuelles?
- Passen Figur und Sprachgebrauch zusammen?

Kriterien für die Erzählstrategien – Schwerpunkt Erzählperspektive:
- Ist die Erzählperspektive durchgehalten?
- Erfährt der Leser durch die Perspektive nur das, was aus dieser Perspektive auch erfahrbar ist?
- Passt die Erzählperspektive zu Thema und Sprache des Textes?
- Wird durch die Erzählperspektive Spannung aufgebaut und Neugier geweckt?

Kriterien für die Darstellung des Raumes:
- Ist der Raum ein lebendiger Bestandteil der Erzählung?
- Passt der Raum als Lebensraum zu der Figur?
- Ist der Handlungsraum so ausgestaltet, dass der Leser sich das vorstellen kann? Unterstreicht er die darin handelnden Personen?
- Sind die Kontrasträume als solche erkennbar?
- Ist der Raum als Stimmungsraum so ausgestaltet, dass der Leser die Stimmung „fühlt"?

Kriterien für die Ausgestaltung der Zeit:
- Ist die Geschichte chronologisch erzählt oder gibt es Zeitsprünge?
- Passt diese Ausgestaltung der zeitlichen Abfolge zum Thema?
- Hat diese Ausgestaltung eine Funktion?
- Wie werden in der Erzählung Jahres- und Tageszeiten vermittelt, wenn dies für die Erzählung wichtig ist?
- Sind die notwendigen Hinweise gegeben, in welcher Zeit (historisch gesehen) sich die Ereignisse abspielen, falls diese zeitliche Verortung wichtig für Thema und Handlung ist?

Kriterien für die Ausgestaltung des Plots:

Einleitung:
- Ist eine Ausgangssituation plausibel und anschaulich dargestellt?
- Verstehe ich als Leser, als Leserin, worum es geht?

Hauptteil:
- Entwickelt sich die weitere Handlung logisch aus dieser Ausgangssituation?
- Ist die Geschichte spannend? Gibt es aus der Handlung und der Personenkonstellation heraus logische und spannende Wendungen, Hindernisse oder Ereignisse?
- Ist die Figur spannend gezeichnet? Erfahre ich etwas über die Gedanken und Gefühle? Interessiert mich das, was ich erfahre?
- Gibt es einen Höhepunkt oder Wendepunkt? Ist dieser aus der Geschichte und den handelnden Personen heraus schlüssig?

Schluss:
- Ist der Schluss offen oder geschlossen?
- Hat das Ende eine überraschende Wendung? Ist diese Wendung nachvollziehbar?

4

4.5 Klausurtraining Fachabitur – materialgestütztes Schreiben

4.5.1 Grundlagen der Aufgabenart

Aufgabenarten:
- Analyse eines literarischen Textes
- Analyse eines Sachtextes
- textgebundene Erörterung

Textintention: Wirkabsicht des Textes, siehe Seite 36.

Leseabsicht: genauer Grund oder Anlass, warum jemand einen Text liest. Siehe Seite 12.

Die Aufgabenart „Materialgestütztes Schreiben" unterscheidet sich von anderen Aufgabenarten dadurch, dass Texte, mit denen Sie arbeiten, keine vollständige Textanalyse erfordern.

Wenn Sie einen literarischen Text analysieren oder eine textgebundene Erörterung schreiben, dann ist die Grundlage für Ihr Schreiben immer eine Analyse des Textes. Beim materialgestützten Schreiben hingegen bekommen Sie mehrere Texte zur Verfügung gestellt. Sie sichten und sortieren diese Texte und nutzen dies als Ausgangspunkt für Ihren eigenen Text.

Unter welchen Gesichtspunkten Sie das Material strukturieren und eine Auswahl treffen, hängt von der Aufgabenstellung ab. In der Aufgabenstellung erhalten Sie Informationen darüber, welche Kommunikationsabsicht Ihr Text hat.
Nehmen wir an, Sie sollen zum Thema „Märchen" schreiben. Dann könnte eine Aufgabenstellung lauten:

> Sie arbeiten in einer Kita, die regelmäßig Elternbriefe zu aktuellen Themen herausgibt. Momentan gibt es ein Projekt zum Thema Märchen. Sie wollen die Eltern in diesem Elternbrief darüber informieren, warum Märchen so intensiv auf Kinder wirken und wie Sie in der Einrichtung mit den Märchen arbeiten. Nutzen Sie das vorliegende Material, um einen Elternbrief zu dem Thema zu verfassen.

Diese Aufgabe erfordert, dass Sie einen informierenden Text schreiben.

Aber auch folgender Schreibauftrag zu dem Thema ist möglich:

> Sie wollen für eine pädagogische Zeitschrift, die sich in einer Ausgabe mit dem Schwerpunktthema Märchen beschäftigt, einen kurzen Fachartikel schreiben. Der Titel des Fachartikels lautet: „Sind Märchen heute noch zeitgemäß für Kinder?" Greifen Sie auf die vorliegenden Materialien zurück und informieren Sie die Lesenden zunächst über die unterschiedlichen Positionen zu dieser Frage. Beenden Sie den Artikel mit Ihrer eigenen, begründeten Meinung.

Hier wird Ihr Text sowohl informierende als auch argumentative Aspekte enthalten.

Hinweis:
Materialgestütztes Schreiben unterstützt Sie in Ihrer Lese- und Ihrer Schreibkompetenz.

Es könnte aber auch sein, dass Sie Eltern in einem Elternbrief davon überzeugen sollen, dass alle Kinder am Schwimmkurs teilnehmen. Dann würden Sie zwar informieren, aber vor allen Dingen wollen Sie überzeugen. Ihr Text wäre dann stark argumentierend.

In jedem Fall müssen Sie die Aufgabenstellung gut verstanden haben, das Material entsprechend strukturieren und sich beim Schreiben des Textes über Adressaten und spezifische Merkmale (Aufbau, Sprachebene, Länge) im Klaren sein.
Im Folgenden werden dazu Aufgabenstellung, Strategien der Texterarbeitung und Inhaltssicherung sowie Schreibstrategien vorgestellt und eingeübt.

Werkzeug Sprache – Deutsch und Kommunikation für Erzieherinnen und Erzieher ISBN: 978-3-582-83521-5

4.5.2 Von der Schreibaufgabe zum Text

Arbeitsschritte	Fragen, die beantwortet werden müssen
1. Schreibaufgabe klären	Welche Kommunikationsabsicht soll der Zieltext haben (informieren, argumentieren, überzeugen usw.)? Handelt es sich um einen schriftlichen Text oder ist es ein Skript für eine mündliche Darstellung, z. B. eine Rede oder ein kurzer Fachvortrag?
2. Material sichten	Welche Strategien sind geeignet, sich einen Überblick zu verschaffen?
3. Material auswerten und gewichten	▪ Welche Fragen soll der Zieltext beantworten? ▪ Welche Leseabsicht sollte das Lesen lenken? ▪ Wie lassen sich Informationen zu unterschiedlichen Aspekten hervorheben? ▪ Welche Möglichkeiten bieten sich an, das Material grafisch aufzubereiten?
4. Struktur des Zieltextes planen	▪ An wen richtet sich der Zieltext? ▪ Welche Textsorte soll der Zieltext sein? ▪ Wie soll der Zieltext aufgebaut sein?
5. Inhalt des Zieltextes planen	▪ Welche Informationen sind für diese Adressaten besonders wichtig? ▪ Wie kann eine inhaltliche Struktur des Zieltextes aussehen?
6. Sprachliche Gestaltung des Zieltextes planen	▪ Welche sprachlichen Merkmale sollte der Text aufweisen? ▪ Soll der Text informierend, erklärend, argumentierend sein? ▪ Wie könnte eine Checkliste zur sprachlichen Gestaltung aussehen?
7. Erste Version – Schreiben des Zieltextes	▪ Wie formuliere ich die Einleitung? ▪ Wie will ich den Hauptteil gestalten? ▪ Was soll am Schluss stehen?
8. Überarbeiten des Zieltextes	▪ Was kann verbessert werden? ▪ Welche Aspekte fehlen? ▪ Was kann gekürzt werden?
9. Zweite Version – Schreiben und Überarbeiten des Zieltextes	▪ Muss an dem Text noch etwas verändert werden? ▪ Sind die Aspekte der grafischen Darstellung und der Checklisten berücksichtigt?

Zieltext: Text, der geschrieben werden soll

Kommunikationsabsicht: Absicht bzw. Ziel, mit dem der Text geschrieben wird; siehe Seite 12.

Textsorte: Merkmale von Texten, die eine Zuordnung eines Textes ermöglichen; z. B. Brief, Reportage, Bericht, Fachartikel usw.

Leseabsicht: Fragestellung, mit der ein Text gelesen wird; siehe Seite 12.

Hinweis:
- Zur grafischen Darstellung von Texten siehe Seite 24–31.
- Informationen zum Thema *Texte planen* finden Sie auf Seite 147, sowie zum Thema *Texte schreiben* auf Seite 148.
- Zum Thema *gemeinsames Überarbeiten von Texten in einer Schreibkonferenz* siehe Seite 149.

4.5.3 Materialgestütztes Schreiben: eine Beispielaufgabe

1. Schritt: Die Schreibaufgabe klären

Aufgabenstellung:

Ihre Klasse hat sich mit dem Thema „Lesen und Leseförderung" auseinandergesetzt und will dazu informative Fachartikel verfassen und auf der Homepage der Schule verlinken.

Umfang, Textsorte
Thema

Sie haben den Auftrag erhalten, mit dem vorliegenden Material einen ca. drei Seiten langen informativen Artikel zu der Frage zu schreiben: Können Lese-Apps das Lesenlernen und die Freude am Lesen fördern?

Anlass

Anlass für die Fragestellung war eine Diskussion in der Klasse zum Thema Lese-Apps. Die einen meinten, dass man damit nicht besser lesen lernt und bereits als kleines Kind noch mehr Zeit am Bildschirm verbringt. Andere fanden diese Möglichkeit gut, weil Kinder schon früh Zugang zur Technik bekommen und merken, dass man nicht nur Spiele spielen, sondern auch etwas lernen kann. Einige hatten kaum Vorstellungen davon, wie so eine Lese-App überhaupt funktioniert. Laden Sie sich deshalb die App *Lesestart zum Lesenlernen* des Bundesministeriums für Bildung und Forschung zum Ausprobieren herunter.

Hinweis:
Die App ist vom Bundesministerium für Bildung und Forschung gefördert worden. Eine Beschreibung finden Sie in den Materialien auf den Seiten 178–183.

Sie sehen in der Aufgabenstellung die zentralen Informationen markiert:
1. Umfang, Textsorte, Thema, Anlass.

Damit wissen Sie, welche Merkmale Ihr Zieltext haben soll. Es wird ein informierender Text für Gleichaltrige, interessierte Eltern und andere Personen gefordert. Gleichzeitig soll Ihr zu schreibender Artikel bestimmte offene Fragen beantworten.
Sie haben damit also bereits einen Hinweis darauf, was im Material wichtig sein könnte. Weiterhin wissen Sie, dass es auch andere Artikel zum Thema „Lesen und Leseförderung" gibt. Sie müssen also nicht mehr Grundsätzliches dazu erklären, sondern können sich direkt anhand des Materials mit der Fragestellung auseinandersetzen.

2. Schritt: Material sichten

Damit Ihnen das Strukturieren und Gewichten des Materials leichter fällt, gibt es sogenannte Zwischenaufgaben. Die folgenden zwei Aufgaben beziehen sich auf das erste und zweite Lesen der Materialien.

Hinweis:
Nutzen Sie für das Lesen z. B. die folgenden Arbeitstechniken:
- aktives Lesen,
- einen Überblick verschaffen,
- punktuelles Lesen.

(Siehe auch Seite 11 und Seite 14.)

1. Markieren Sie am Rand der kopierten bzw. ausgedruckten Artikel mit jeweils unterschiedlichen Farben Informationen dazu,
   - wie Lese-Apps funktionieren,
   - wie diese auf Kinder wirken sowie
   - inwieweit wertende Aspekte in den Artikeln vorliegen.
2. Kommentieren Sie die Artikel am Rand, indem Sie
   - Ausrufezeichen setzen, wenn Ihnen etwas besonders wichtig erscheint,
   - Fragezeichen setzen, wenn Sie etwas nicht verstehen und
   - Querverweise notieren, wenn ein Aspekt auch in einem anderen Artikel behandelt wird.

Werkzeug Sprache – Deutsch und Kommunikation für Erzieherinnen und Erzieher ISBN: 978-3-582-83521-5

3. Schritt: Material auswerten und gewichten
Auch hier helfen Ihnen Zwischenaufgaben weiter.

3. Erstellen Sie zu jedem Artikel eine Concept-Map oder eine Mindmap, in der Sie die Aspekte aufführen, die für Ihren Zieltext wichtig sind.
4. Erstellen Sie eine Tabelle, in der Sie die Argumente, die für Lese-Apps sprechen, und solche, die dagegen sprechen, einander gegenüberstellen. Formulieren Sie zum Schluss Ihre Position zum Einsatz von Leseapps.

Concept-Map: siehe Seite 30.

Bei diesen Zwischenaufgaben haben Sie bereits Ihren Zieltext im Hinterkopf. Sie müssen aus dem Material auswählen, da der Zieltext eine begrenzte Länge haben wird. Daher müssen Sie eigenständig Schwerpunkte setzen und die Inhalte, die Ihnen wichtig sind, zusammenstellen.
Bei diesen Inhalten denken Sie an die Interessen der Adressaten:
1. Welche Fragen beschäftigen die Adressaten?
2. Was muss ich erklären, damit weitere Inhalte verstanden werden können?

Hier haben Sie durch die anfängliche Aufgabenstellung bereits Hinweise:
- Sie brauchen eine Beschreibung dazu, wie die App funktioniert.
- Sie benötigen Informationen darüber, wie die App den Leseprozess unterstützt, d. h., Sie müssen erklären, wodurch eine Motivation zum Lesen und Weiterlesen entsteht.

Weiterhin gibt es auch kritische Stimmen oder vielleicht sogar Hinweise, worauf Eltern besonders achten sollten, wenn sie ihren Kindern Zugang zu solchen Apps verschaffen.

Hinweis:
Die Aufgabenstellung lautet:
Können Lese-Apps das Lesenlernen und die Freude am Lesen fördern?

4

4. Schritt: Struktur des Zieltextes planen und
5. Schritt: Inhalt des Zieltextes planen
Eine Gliederung ist wie ein Geländer, man kann sich daran festhalten, es dient der Orientierung und weist den Weg. Mit der folgenden Zwischenaufgabe planen Sie sowohl die Struktur als auch die inhaltlichen Aspekte Ihres Textes.

Hinweis:
In jedem Text führen Sie die Leserschaft ins Thema ein. Bei informierenden Texten erklären Sie kurz den Aufbau. Dann folgt der Hauptteil.
Am Ende steht ein kurzes Fazit.

5. Erstellen Sie eine Gliederung für Ihren Text. Planen Sie dabei,
   - wie Sie die Leser und Leserinnen in das Thema einführen möchten,
   - welche Informationen Sie vermitteln wollen und
   - wie Sie den Abschluss gestalten möchten.

   Ihre Gliederung kann auch als Concept- oder Mindmap erstellt werden.

Die Arbeitsergebnisse der Zwischenaufgaben sind die Grundlage für die Weiterarbeit. Sie können diese Arbeitsergebnisse – je nach Arbeitsauftrag – in kleinen Gruppen oder in Partnerarbeit miteinander vergleichen, aber auch mit Ihrer Lehrkraft besprechen. So behalten Sie den Überblick und können sich sicher sein, dass Sie bei der Fragestellung bleiben.

Beim nächsten Schritt geht es um die weitere Planung Ihres Textes. Auch wenn Sie meinen, dass Sie jetzt einfach nur losschreiben müssen: Ein guter Text erfordert eine sorgfältige Planung und Überarbeitung.

Tipp:
Hinweise, wie Sie einen Text planen, finden Sie auf Seite 147.

6. Schritt: Sprachliche Gestaltung des Textes planen
Sie haben die Inhalte bereits geplant. Nun müssen Sie sich nochmals darüber klar werden, welche Adressatengruppe Sie vor Augen haben und welche Absichten Sie mit Ihrem Zieltext verfolgen.

Im hier vorliegenden Aufgabenbeispiel schreiben Sie einen informativen Text, der Sachverhalte erklärt und unterschiedliche Meinungen beleuchtet. Die Sprache des Textes sollte daher sachlich sein.

Sie werden Sachverhalte darstellen, Informationen vermitteln und Abläufe (wie eine Lese-App funktioniert) beschreiben. Sie wollen niemanden überzeugen, sondern Ihre Adressaten sollen sich ein Bild machen können.
Am Ende stellen Sie Ihre eigene Position dar, aber nicht mit der Absicht, jemanden zu überzeugen, sondern als einen möglichen Standpunkt zu diesem Thema.

7.–9. Schritt: Schreiben und Überarbeiten

Hierbei hilft Ihnen die letzte Zwischenaufgabe.

6. Überarbeiten Sie Ihre Texte in einer Schreibkonferenz (siehe Seite 149), bevor Sie diese abgeben.
   Beziehen Sie beim Planen und Überarbeiten mit ein:
   - die Kriterien für gute Texte (Seite 146) und
   - die Hinweise zum Planen (Seite 147) und Schreiben (Seite 148) von Texten.

Hinweis:
Materialgestütztes Schreiben verlangt Übung. Die einzelnen Schritte müssen durchlaufen werden. Dazu ist ein gutes Text- und Zeitmanagement erforderlich.

Zusammenfassung
Beim materialgestützten Schreiben sind drei Prozesse entscheidend, die durchlaufen werden, bevor der Zieltext das erste Mal formuliert wird:
1. Verstehen der Aufgabe,
2. Auseinandersetzen mit dem Material,
3. inhaltliches und sprachliches Planen des Zieltextes.

Wenn der Text das erste Mal geschrieben vorliegt, muss er überarbeitet werden.

Tipp:
Viele Apps sind kostenlos. Laden Sie sich einige von einer vertrauenswürdigen Seite herunter und probieren Sie diese aus, damit Sie wissen, wie Lese-Apps für Leseanfänger funktionieren.

Auf den folgenden Seiten finden Sie
- die Aufgabenstellung,
- Zwischenaufgaben,
- Materialien sowie
- eine Erläuterung der Materialien.

In einer Klausur folgen Sie den oben beschriebenen Schritten.

Achtung:
Da Sie in den Materialien arbeiten müssen, sollten Sie diese kopieren oder von entsprechenden Seiten im Internet herunterladen.

4.5.4 Materialgestütztes Schreiben: Beispielaufgabe

Thema: „Können Lese-Apps das Lesenlernen und die Freude am Lesen fördern?“

Aufgabenstellung:

Ihre Klasse hat sich mit dem Thema „Lesen und Leseförderung" auseinandergesetzt und will nun hierzu informative Fachartikel verfassen und auf der Homepage der Schule verlinken.

Sie haben den Auftrag bekommen, mit dem vorliegenden Material einen drei bis vier Seiten langen informativen Artikel zu folgender Frage zu schreiben: Können Lese-Apps das Lesenlernen und die Freude am Lesen fördern?

Zu der Fragestellung gab es eine Diskussion in der Klasse zum Thema Lese-Apps. Die einen meinten, dass man damit nicht besser lesen lernt und bereits als kleines Kind noch mehr Zeit am Bildschirm verbringt. Andere fanden diese Möglichkeit gut, weil Kinder schon früh Zugang zur Technik bekommen und merken, dass man nicht nur Spiele spielen, sondern auch etwas lernen kann. Einige hatten kaum Vorstellungen davon, wie so eine Lese-App überhaupt funktioniert. Laden Sie sich deshalb die App *Lesestart zum Lesenlernen* des Bundesministeriums für Bildung und Forschung zum Ausprobieren herunter, die es seit 2018 gibt oder eine andere kostenlose Leseapp. Probieren Sie die App aus und versuchen Sie sich vorzustellen, wie Kinder damit lesen lernen.

Zwischenaufgaben:

1. Markieren Sie am Rand der kopierten bzw. ausgedruckten Artikel mit jeweils unterschiedlichen Farben Informationen dazu,
   a. wie Lese-Apps funktionieren,
   b. wie diese auf Kinder wirken sowie
   c. inwieweit wertende Aspekte in den Artikeln vorliegen.
2. Kommentieren Sie die Artikel am Rand, indem Sie
   - Ausrufezeichen setzen, wenn Ihnen etwas besonders wichtig erscheint,
   - Fragezeichen setzen, wenn Sie etwas nicht verstehen und
   - Querverweise notieren, wenn ein Aspekt auch in einem anderen Artikel behandelt wird.
3. Erstellen Sie zu jedem Artikel eine Concept Map oder eine Mindmap, in der Sie die Aspekte aufführen, die für Ihren Zieltext wichtig sind.
4. Erstellen Sie eine Tabelle, in der Sie die Argumente, die für Lese-Apps sprechen, und solche, die dagegen sprechen, einander gegenüberstellen.
5. Erstellen Sie eine Gliederung für Ihren Text. Planen Sie dabei,
   - wie Sie die Leser und Leserinnen in das Thema einführen möchten,
   - welche Informationen Sie vermitteln wollen und
   - wie Sie den Abschluss gestalten möchten.

   Ihre Gliederung kann auch als Concept- oder Mindmap erstellt werden.
6. Überarbeiten Sie Ihre Texte in einer Schreibkonferenz (siehe Seite 149), bevor Sie diese abgeben.
   Beziehen Sie beim Planen und Überarbeiten mit ein:
   - die Kriterien für gute Texte (Seite 146) und
   - die Hinweise zum Planen (Seite 147) und Schreiben (Seite 148) von Texten.

Informationen zum Material

M1:
Apps in der Leseförderung – Tipps für den Praxiseinsatz von Agnes Gorny vom Bundesverband MENTOR – Die Leselernhelfer e.V. (2022)
Die Autorin stellt vor, welche Möglichkeiten die klassischen Lese- Apps für Kinder bieten.

M2:
Annette Kuhn: *Lesekompetenz – Mit digitalen Medien mehr Freude am Lesen wecken* (2021)
Annette Kuhn geht in einem Interview mit der Professorin Uta Hauck-Thum, die an der Ludwig-Maximilian-Universität in München den Lehrstuhl für Grundschulpädagogik innehat, der Frage nach, welchen Einfluss digitale Medien auf die Lesekompetenz haben. In einem Forschungsprojekt konnte belegt werden, dass digitale Medien zu mehr Chancengleichheit führen können.

M3:
Die Stavanger-Erklärung
Die Stavanger-Erklärung ist Ergebnis einer europäischen Forschungsinitiative zur Zukunft des Lesens in einer sich digitalisierenden Welt.

M4:
Yuriko Wahl-Immel (2019):
Buch oder Internet? Warum Lesen besser ist als Lesen
Hier wird der Einfluss digitaler Medien auf die Hirnstrukturen in Bezug auf Lesen und Verstehen von Texten betrachtet. Dabei gibt es durchaus kritische Ergebnisse.

M5:
Wie lernen Kinder lesen und wie gelingt es besonders gut? Die Expertin Cornelia Rosebrock hat Antworten. Interview von Silke Fokken (2023)
In diesem Interviewausschnitt erfahren Sie, wie Kinder lesen lernen. Nur wer flüssig lesen kann, entwickelt Freude daran.

Werkzeug Sprache – Deutsch und Kommunikation für Erzieherinnen und Erzieher ISBN: 978-3-582-83521-5

M1

Agnes Gorny: Apps in der Leseförderung – Tipps für den Praxiseinsatz (2022)

[…] Das spielerische, digitale Angebot bereitet vielen kleinen Leser*innen noch mehr Spaß als die gedruckten Bücher und diese Faszination für digitale Medien lässt sich sehr effektiv für die Leseförderung nutzen. „Es ersetzt aber keinesfalls das Lesenlernen mit gedruckten Texten wie Büchern.
Wichtige Funktionen einer „klassischen" Lese-App
[…]

- **Text einblenden/ausblenden:** Damit die Geschichten und Lesespiele je nach Kenntnissen des Kindes flexibel eingesetzt werden können, ist es möglich, den Text ein- oder auszublenden.
- **Sprache einschalten/ausschalten:** Ein Text kann vorgelesen werden, sodass ein Kind zunächst hören kann, wie die Wörter klingen. Wenn das Kind allein lesen möchte, kann die Stimme ausgeschaltet werden. Viele Apps haben eine Mikrofonfunktion, mit der die kleinen Leser*innen sich selbst aufnehmen können.
- **Berührbare Symbole oder Figuren:** Großen Spaß bieten animierte Figuren oder Symbole, die im Verlauf der Geschichte vorkommen. Beim Berühren machen diese Geräusche, enthüllen Überraschungen oder geben weitere Hinweise zum Geschichtenverlauf. Ebenso müssen häufig Figuren im Bild verschoben werden, um damit kleine Aufgaben zum Weiterkommen zu lösen.
- **Zusätzliche Spiele oder Rätsel:** Neben der Lesegeschichte beinhalten viele Apps Kurzspiele oder Rätsel, die thematisch an die Lesegeschichte anknüpfen. Diese steigern die Motivation.

„Die Apps und Internetseiten arbeiten mit Text-Bild-Kombinationen, bieten interaktive Elemente und machen einen Text zu einem ganz anderen Erlebnis als ein Buch. Der Alltag vieler Kinder ist von digitalen Medien geprägt, das sollten wir ihnen auch beim Lesenlernen anbieten, um sie in ihrer Lebenswelt abzuholen," meint Dr. Anna Soßdorf. Sie motivieren auch die Kinder zum Lesenlernen und zum Entdecken der Welt der Literatur, die gedruckten Texten eher ablehnend gegenüberstehen. Das digitale Lesen ist für Schülerinnen und Schüler auf ganz unterschiedlichen Lesestufen eine sinnvolle Ergänzung: Es gibt Angebote für die Buchstaben- und Worterkennung, Leseflüssigkeit, Textverstehen oder literarisches Verstehen.

Gorny, Agnes (2022): *Apps in der Leseförderung – Tipps für den Praxiseinsatz*; in: www.einfachdigitallernen.de/lehrkraefte/gastbeitrag-apps-in-der-lesefoerderung-tipps-fuer-den-praxiseinsatz, aufgerufen am 05.05.2024)

M2

Annette Kuhn: Lesekompetenz – Mit digitalen Medien mehr Freude am Lesen wecken (2021)

Deutsches Schulportal: Was können Lehrkräfte jetzt für die Leseförderung tun?

Uta Hauck-Thum: Die größte Aufgabe für Lehrkräfte ist es, Passung herzustellen. Also die Passung zwischen dem, was die Kinder als subjektives Bildungswissen von zu Hause mitbringen, und den schulischen Anforderungen. Wenn es gelingt, Passungslücken zu verkleinern, bekommen auch die Kinder, die bislang wenig gelesen haben, eine Chance sich einzubringen.

Was heißt „subjektives Bildungswissen" und wie können Lehrkräfte das berücksichtigen?

Das bedeutet, dass Lehrerinnen und Lehrer die vielfältigen Vorerfahrungen der Kinder erkennen und wissen, wie sie in einem anregenden Unterricht daran anknüpfen. Diese Vorerfahrungen generieren sich nicht mehr allein aus Büchern, sondern auch aus Filmen, aus Computerspielen, aus vielfältigen digitalen Angeboten.

Wenn Lehrkräfte Passung herstellen wollen, brauchen sie aber auch eine entsprechende Haltung und Wertschätzung. Wir neigen dazu, Erfahrungen mit Büchern qualitativ höher einzustufen als Erfahrungen mit Filmen oder Computerspielen. Das ist nicht richtig.

In dem Projekt „Digitale Chancengerechtigkeit" haben wir beobachtet, dass sich gerade die Kinder aus bildungsfernen Elternhäusern viel stärker in literarische Gespräche einbringen können, wenn sie die Möglichkeit haben, digitale Medien kreativ zu nutzen und dabei an ihre Vorerfahrungen anzuknüpfen.

Im digitalen Raum mehr Chancengerechtigkeit erreichen – Was machen Sie bei diesem Projekt?

Das Forschungsprojekt „Digitale Chancengerechtigkeit" führen wir an der Ludwig-Maximilians-Universität in Zusammenarbeit mit dem Deutschen Jugendinstitut seit Herbst 2020 an mehreren Grundschulen in München durch. Ziel ist es, herauszufinden, in welchem Zusammenhang die soziale Herkunft von Kindern und die Nutzung digitaler Medien stehen und was sich daraus für Lernprozesse und Kompetenzerwerb im Lese- und Literaturunterricht ableiten lässt.

Ein Beispiel: Im Projekt liest eine Gruppe „Die Olchis" als Buch, die andere als multimodalen Text am Tablet. Das digitale Buch integriert dabei Text, Ton und Filmelemente. Alle Kinder werden vor folgendes Problem gestellt: Der Drache der Olchis hat einen rauen Hals und kann die Olchi-Familie nicht in den Urlaub fliegen. In Kleingruppen müssen die Kinder nun gemeinsam eine Lösung für das Problem finden. Die digitale Gruppe setzte ihr Ergebnis dann als Trickfilm um, die analoge Gruppe als Handpuppentheater.

Leseförderung sollte sich nicht nur auf Bücher konzentrieren

Man könnte meinen, dass die Arbeit die Kinder in beiden Gruppen gleichermaßen anregt. Aber so ist es nicht. Im Anschluss an die Umsetzung fanden in den Gruppen Gespräche über Literatur statt. Diese wurden videografiert und ausgewertet. Dabei haben wir festgestellt, dass sich in der digitalen Gruppe die Kinder, die zwar wenig lesen, aber eine große audiovisuelle Medienerfahrung

haben, sprachlich besser einbringen konnten. Ihre Vorerfahrung half ihnen bei der Umsetzung der Trickfilme. Ein Kind sagte beispielsweise: „Mein Olchi ist teleportiert." Das fanden die anderen ganz toll, und die Kinder kamen ins Gespräch. Im herkömmlichen Unterricht hätte das Kind mit diesem Science-Fiction-Wissen nicht viel anfangen können, aber im Rahmen des Gesprächs über Literatur wurde es auf einmal als kompetent wahrgenommen.
Die Gruppe mit den Handpuppen orientierte sich hingegen viel stärker am Ausgangstext. Hier war es dann für weniger leseaffine Kinder schwieriger, sich am Gespräch zu beteiligen, weil sie nicht an ihr subjektives Bildungswissen anknüpfen konnten.

(Kuhn, Annette (2023): *Lesekompetenz. Mit digitalen Medien mehr Freude am Lesen wecken*; in: Deutsches Schulportal der Robert Bosch Stiftung, https://deutsches-schulportal.de/unterricht/uta-hauck-thum-lesefoerderung-les-o-mat-auf-digitalem-weg-mehr-freude-am-lesen-wecken/; entnommen am 05.05.2024)

leseaffin: mit viel Interesse oder Gefallen am Lesen.

M3

Die Stavanger-Erklärung

Die Stavanger-Erklärung ist Ergebnis einer europäischen Forschungsinitiative zur Zukunft des Lesens in einer sich digitalisierenden Welt. Experten aus 30 Nationen gehörten ihr an, rund 130 haben die Erklärung unterzeichnet.

Ihre (wichtigsten) Aussagen sind:

#1 Das Lesen von gedruckten Texten ist effektiver, vor allem wenn es darum geht, Texten Informationen bzw. Zusammenhänge zu entnehmen und sie wiederzugeben.

#2 Wer seine kognitiven Fähigkeiten anhand anlogen Lesens entwickelt hat, kann sie im Folgenden leichter in einem digitalen Lernumfeld anwenden bzw. dieses Umfeld (virtueller Lernraum etc.) übersichtlich halten / auf seine Bedürfnisse abstimmen.

#3 Wie Lesende Sinnzusammenhänge digitaler Texte so erfassen können, dass die Ergebnisse ähnlich gelungen sind, ist noch nicht erforscht, da sich die Digitalisierung im Bildungsbereich an den technischen Innovationen orientiert, als an den (zu schaffenden) methodischen Voraussetzungen.

#4 Ebenso ist die Frage, wie sich Digitalisierung auf die Fähigkeit literarischen Schreibens auswirkt, ungeklärt.

(*Die Stavanger-Erklärung*; in: Leseförderungsblog Berlin-Brandenburg, https://lesefoerdern.de/die-stavanger-erklaerung/; entnommen: 05.05.2024)

4

M4

Yuriko Wahl-Immel: Buch oder Internet? Warum Lesen besser ist als Lesen (2019)

Bei der Lesekompetenz von Kindern in Deutschland hapert es erheblich. Das haben Studien belegt. Laut Stiftung Lesen hat jedes fünfte Grundschulkind Probleme beim Lesen. Lernforscherin Katharina Scheiter sagt, dass Kinder und Jugendliche durchaus viel lesen. Das sei ermutigend. „Aber das Leseverhalten hat sich durch die Digitalisierung verändert, auch jüngere Kinder lesen schon digital."
Bei längeren Texten, die auf dem Handy, Tablet, am PC- oder Laptop-Bildschirm gelesen würden, gebe es Schwierigkeiten, das Gelesene tiefer zu verarbeiten und im Gedächtnis abzuspeichern, erklärt die Psychologin vom Leibniz-Institut für Wissensmedien (IWM) in Tübingen.

Probleme mit dem Verknüpfen
Mit den digitalen Medien gewinne man anreichernde Quellen wie Erklärvideos, Bilder, Grafiken, Animationen – ein Plus. „Die große Frage ist aber: Wie bekommen wir das alles gut verknüpft?" Es bereite Kindern, Jugendlichen und auch Erwachsenen Schwierigkeiten, die Inhalte der verschiedenen Quellen einzeln zu verstehen und in Bezug zueinander zu stellen. Scheiter zufolge sollte die digitale Variante vor allem unterstützenden Charakter haben – sofern sie einen didaktischen Mehrwert habe. […]

Hirnforscher und Psychologe Peter Gerjets schaut aufs Gehirn. „Digitales Lesen heißt auch multimediales Lesen, mit Hyperlinks, bewegten und interaktiven Grafiken, Animationen – solche digitalen Leseelemente können das Gehirn stark beanspruchen", erläutert der Experte vom IWM. Das habe sich auch bei Untersuchungen mittels EEG – Stromsignale werden dabei an der Kopfhaut abgelesen – gezeigt. Ein Beispiel: Bei einer Internet-Suchaufgabe beobachten die Forscher des IWM sehr viel Aktivität im Frontalbereich des Gehirns. „Lesen im Internet ist anstrengender und tendenziell oberflächlicher", so Gerjets. „Ressourcen, die für ein tiefes Lesen nötig wären, werden leicht durch Klicken und Multimedia verschwendet." Das längere Lesen funktioniere am Bildschirm oder Screen nicht so gut wie das Lesen eines Buches. Auch er betont: Das Lesen auf Papier, das Lesen längerer Texte in Büchern sei sehr wichtig. „Das muss unbedingt bleiben. Was man dabei lernt – Konzentration, Gedankengänge länger verfolgen – erweitert das Gehirn."

(Wahl-Immel, Yuriko (2019): *Buch oder Internet? Warum Lesen besser ist als Lesen*; in: https://www.aerztezeitung.de/Panorama/Warum-Lesen-besser-ist-als-Lesen-403843.html; entnommen: 05.05.2024)

M5

Wie lernen Kinder lesen und wie gelingt es besonders gut? Die Expertin Cornelia Rosebrock hat Antworten. Interview von Silke Fokken (2023)

Rosebrock: Kinder entwickeln ein Schriftkonzept. Sie wissen, was ein Buch ist, dass man von links nach rechts liest, und sie bilden ein Wortkonzept aus. Das heißt: Sie wissen, dass ein Wort nicht mit der Sache, die es betrifft, identisch ist. [...] Es ist eine bedeutende intellektuelle Leistung, wenn Kinder in der Lage sind, sich auf die Lautgestalt eines Wortes zu konzentrieren statt auf den Inhalt. Man kann die Kita als Bildungsinstitution gar nicht hoch genug einschätzen, denn schon hier wird der Zugang zur Schriftsprache geöffnet.

SPIEGEL: Wie geht es in der Schule weiter?

Rosebrock: In der ersten Klasse lernen Kinder Buchstaben, und dass Buchstaben eine einzelne Lautentsprechung haben. Beim Lesenlernen ziehen sie die Buchstaben zunächst mit ihren einzelnen Lauten zusammen. Hier sprechen wir vom Dekodieren. Kinder hören etwa das Wort »Tasse«, wissen, was es bedeutet, und können nun auch erlesen, dass das geschriebene Wort »Tasse« dazugehört. In der Regel legen sie diese Strategie beim Lesen aber schnell wieder ab.

SPIEGEL: Inwiefern?

Rosebrock: Kinder erwerben meist frühzeitig die Fähigkeit, Wörter als Ganzes zu erkennen, zum Beispiel »und«, »Mama« oder die Artikel. Diese Wörter nehmen sie in ihren »Sichtwortschatz« auf.

SPIEGEL: Was heißt das?

Rosebrock: Ich muss ein Wort nicht mehr Decodieren, also einzelne Buchstaben sehen, zusammenziehen, laut lesen, mich selbst dabei hören, und erst dann verstehe ich das Wort. Sondern ich erkenne das Wort automatisiert, mit einem Blick, mental ist es mit seiner Bedeutung verknüpft. Das heißt: Im Wortschatz stehen Wort und Bedeutung in einer festen Verbindung. Im Sichtwortschatz wird noch die grafische Gestalt des Wortes ergänzt. Dieser Sichtwortschatz ist die grundlegende Voraussetzung dafür, dass Kinder flüssig lesen und Texte verstehen können. [...] Wenn man nicht flüssig liest, sondern sich von Wort zu Wort kämpfen muss, hat man den Anfang des Satzes vergessen, bis man am Ende angekommen ist. Man konzentriert sich aufs Dekodieren, nicht aufs Verstehen des Inhaltes.

SPIEGEL: Das macht wenig Spaß.

Rosebrock: Und es funktioniert nicht. Menschen können sich nun mal nicht auf zwei Dinge gleichzeitig konzentrieren. Deshalb müssen bei mehrschichtigen Aufgaben, etwa beim Autofahren, sogenannte hierarchieniedrige, also einfache Komponenten automatisiert sein.

(Fokken, Silke (2023): *Wie aus Kindern gute Leser werden. Interview mit Cornelia Rosebrock*, in: https://www.spiegel.de/panorama/bildung/tipps-fuer-eltern-lehrerinnen-und-erzieher-wie-aus-kindern-gute-leser-werden-a-c686c580-2d33-40ab-8704-a1193abd2e3c; entnommen: 11.06.2024)

Anschauen – Aneignen – Anwenden
Die folgende Mindmap gibt Ihnen einen Überblick, welche Themen Sie in diesem Kapitel behandelt haben. Betrachten Sie diese Mindmap und bearbeiten Sie dann die Aufgabe.

AUFGABE
„Wo und wie kann ich das Gelernte im Alltag, in der Ausbildung oder im Beruf anwenden?" Beantworten Sie diese Frage, indem Sie für die jeweiligen Endpunkte der Mindmap in der Klasse gemeinsam Beispiele zusammentragen.

Werkzeug Sprache – Deutsch und Kommunikation für Erzieherinnen und Erzieher ISBN: 978-3-582-83521-5

5

LITERACY

Situation:
Lina und Christos arbeiten als pädagogische Fachkräfte in einer Grundschule. Sie sind Teil eines Teams von Fachkräften, die die Kinder im Schulalltag begleiten und auch im Nachmittagsbereich für die Betreuung der Hausaufgaben und Freizeitangebote zuständig sind.

Die Schulleitung und die Leitung der pädagogischen Fachkräfte haben sich das Ziel gesetzt, den Kindern mehr Möglichkeiten zu geben, Bücher zu lesen. Bei einigen muss aber die Motivation für das Lesen geweckt werden. Gerade die Kinder aus der ersten Klasse haben große Schwierigkeiten, weil das Lesenlernen für sie oft mühsam ist.
Christos und Lina haben den Auftrag bekommen, Angebote für diese Kinder zu entwickeln, die ihnen den Spaß am Lesen vermitteln. Dabei sollen sie sich auch mit Lese-Apps beschäftigen, weil viele Eltern diese nutzen, wenn sie ihr Kind zwischendurch beschäftigen wollen.

5 Literacy

5.1 Grundlagen

Literacy: Fertigkeiten rund um Sprechen, Erzählen, Lesen, Schreiben.

Der Begriff *Literacy* stammt aus dem Englischen und bedeutete ursprünglich die Fähigkeit, lesen und schreiben zu können. Doch zahlreiche Forschungsergebnisse machten deutlich, dass vor dem Lesen und Schreiben viele Kompetenzen erworben werden müssen, damit das Lesen und Schreiben gelingen kann. Daher bezeichnet der Begriff *Literacy* heute alle Grundfertigkeiten rund um Sprach-, Erzähl- und Schriftkultur.

Abstraktion: der Begriff bezeichnet die Fähigkeit, beim Denken Einzelheiten weglassen zu können, um so zu verallgemeinern und zu vereinfachen. Informationen werden so auf das Wesentliche, aber Wichtige verringert.

Hinweis:
„literarische Sprache“ benutzt häufig Wörter und Ausdrücke, die abstrakter sind als im alltäglichen Sprachgebrauch und hat einen komplexeren Satzbau.

Literacy – Grundfertigkeiten im Vorschulalter

1. Textverständnis: Die Wörter eines Textes verstehen.
2. Sinnverstehen: Aus den einzelnen Wörtern einen Sinnzusammenhang konstruieren.
3. Sprachliche Abstraktionsfähigkeit: Von konkreten Situationen sprachlich abstrahieren können, z. B., indem man etwas zusammenfasst, Kategorien bildet.
4. Lesefreude: Mit Spaß und Konzentration Texten zuhören, wenn sie vorgelesen werden.
5. Vertrautheit mit Büchern: Mit Büchern umgehen können, wissen, wie man Bücher behandelt und wie man sich mithilfe von Büchern informieren oder unterhalten kann.
6. Vertrautheit mit Schriftsprache und „literarischer Sprache“: Wörter und Sätze, die nicht alltagssprachlich formuliert sind, mit Interesse aufnehmen.
7. Medienkompetenz: Unterschiedliche Medien für die eigenen Interessen auch aktiv nutzen können.

Zeigegeste: das Zeigen auf einen Gegenstand oder eine Person.

lautieren: Laute äußern, wie z. B. „mamam“; brabbeln.

Die Grundlagen für die Entwicklung dieser Fertigkeiten entstehen durch die frühen Kommunikationserfahrungen des Kindes.
Bereits in den ersten Lebensmonaten erfährt der Säugling, dass bestimmte Handlungen mit bestimmten Lauten verbunden sind. Er schreit und die Mutter antwortet „Da hat aber einer Hunger. Gleich gibt es etwas.“

Aus diesen ersten Erfahrungen entwickeln sich die ersten Dialoge. Das Kind lautiert und schaut die Bezugsperson an. Die Bezugsperson antwortet und hält den Blickkontakt mit dem Kind. Das ist die Grundform des Gesprächs – ein erster Dialog.
Mit diesem ersten Dialog entwickelt das Kind ein wichtiges Grundkonzept: Ich muss aufmerksam sein, hinschauen, zuhören und warten, bis der andere fertig ist, und dann antworte ich. Dann hört mein Gegenüber zu, schaut mich an und wartet, bis ich fertig bin.

Aus diesem Grundmuster heraus entwickeln sich die ersten Zeigegesten des Kindes. Das Kind beginnt zu verstehen, dass man mit einem bestimmten Wort einen Gegenstand bezeichnen kann. Es erforscht die Welt der Zusammenhänge zwischen Wörtern und Gegenständen. Damit dies gelingen kann, muss das Grundmuster des Dialogs verstanden sein.

Mit den Wörtern für Personen und Gegenstände erwirbt das Kind ein neues Konzept: Eine Kombination von Lauten bezeichnet einen Gegenstand. Mit zunehmendem Sprachverständnis erweitert es dieses Grundkonzept. Es lernt, dass man über etwas sprechen kann, was nicht da ist. Das man von etwas erzählen kann, was passiert ist oder passieren wird. Bis dahin ist es zwar ein langer Weg, aber genau diese Erkenntnis, dass ein Wort ein Symbol für einen Gegenstand ist, ermöglicht diesen Weg und führt zur Welt der Schriftsprache.

Konzept: innere Vorstellung, umfangreicher Plan

Diese Welt der Schriftsprache umgibt das Kind auch vom ersten Tag an: Es werden Unterschriften geleistet, Nachrichten geschrieben und Einkaufszettel. Dinge des alltäglichen Lebens befinden sich in Packungen mit einer bestimmten Aufschrift oder einem Bild. Es gibt Buchstaben und Bilder auf Handys und Bildschirmen, Bücher und vielleicht eine Tageszeitung. Auch Werbeplakate und Firmenlogos gehören dazu. In der Kita hat jedes Kind eine Haken und eine Schublade mit seinem Symbol, in manchen Kitas auch mit Foto und Namen darauf.

Gleichzeitig gibt es die Welt der gesprochenen schriftlichen Sprache im Radio, beim Vorlesen, beim lauten Lesen eines Rezeptes oder einer Gebrauchsanweisung. Durch den Einfluss der neuen Medien kommen noch weitere Formen der Begegnung hinzu: Das Tablet dient in der Küche als Kochbuch oder liegt beim Reparieren eines Gegenstandes daneben und die Anleitungen werden über einen Film dargeboten.

Das Kind sieht also Menschen, die in sehr unterschiedlichen Situationen mit Schreiben und schriftlichen Produkten umgehen. Da der abstrakte Begriff „Literacy" immer auch an eine bestimmte Handlung gebunden ist, wird auch von Literacy-Praktiken[1] gesprochen.

Diese Literacy-Praktiken haben sich in den letzten 150 Jahren stark verändert. So reichte es vor 150 Jahren aus, seinen Namen schreiben und sich durch einfache Texte durchbuchstabieren zu können, um als lese- und schreibkundig zu gelten. Heute sind die Anforderungen sehr viel komplexer. Literacy-Praktiken können als Ergebnis gesellschaftlicher und technologischer Veränderungen gesehen werden. Sie sind Bestandteil der Kultur, in der Kinder aufwachsen.

Durch die Möglichkeiten, die Smartphone und Tablet bieten, sind Literacy-Praktiken entstanden, die nicht mehr nur an Schriftzeichen gebunden sind. Schon kleine Kinder können mithilfe entsprechender Programme auf dem Endgerät „Texte" mit Bildern und Symbolen produzieren und durch die Stimmeingabe Bilder und Symbole erscheinen lassen.

Schulkinder und Jugendliche können komplexe Grafiken herstellen oder Texte mit Bildern und Videoclips anreichern. Sie werden in einer medialen Welt groß, in der die Grenzen zwischen Konsument und Produzent ebenso verschwimmen wie die Grenzen zwischen Schrift und Bild. Daher ist Medienkompetenz ein Teilbereich der Grundfertigkeiten von Literacy-Praktiken geworden.

1 (Nickel, Sven (2018): *Hochschuldidaktische Handreichungen. Sprach- und Literaturdidaktik im Elementarbereich: Literacy*, Universität Bremen.)

5.2 Wie entwickeln sich frühe Literacy-Erfahrungen?

Kinder lernen schon lange vor der Schule viel über Schreiben und Lesen. Der eine bekommt vom Opa vorgelesen und der andere ist Zuschauer beim täglichen Kampf um die Hausaufgaben. Beides wird den Blickwinkel auf Schreiben beeinflussen.

Pragmatismus: eine innere Einstellung, bei der man auf den Nutzen einer Handlung und die sachlichen Gegebenheiten achtet.

Wenn man Vorschulkinder befragt[2], warum sie schreiben lernen wollen, fallen die Antworten unterschiedlich aus. Während die einen eher pragmatisch an die Sache herangehen, sind für die anderen die Kommunikation über Schrift und die damit verbundenen Möglichkeiten wichtig. Eher pragmatisch auf den direkten Verwertungszusammenhang bezogen sind Antworten wie „Weil man sonst keine Arbeit bekommt." oder „Weil man das doch muss."

Ein großes Interesse an der Kommunikation und den Möglichkeiten von Schreiben und Lesen zeigen folgende Antworten: „Damit ich der Oma was aus der Schule erzählen kann." oder „Damit ich mir was vorstellen kann, was eigentlich gar nicht da ist".

Trotzdem werden für alle Kinder im Vorschulalter irgendwann Schriften und Zeichen interessant. Die Kinder haben erlebt, dass Schreiben und Lesen wichtige Tätigkeiten sind, mit denen man Informationen festhalten, weitergeben und längerfristig zur Verfügung haben kann. Daher erklärt sich z. B. die Vorliebe für Schatzkarten. Hier können mit Symbolen und Linien Wege zu etwas Verborgenem festgehalten werden. Und die Karte kann am nächsten Tag benutzt werden, um den Schatz zu suchen.

Auch die Nähe und Zuwendung, wenn ein Bilderbuch betrachtet und gelesen wird, vermittelt ihnen, wie wichtig Buch und Schrift sind. Sie erleben dabei Kommunikation über Gegenstände, erkennen erste Zusammenhänge, können erklären, beschreiben und später auch deuten.

Damit Kinder vielfältige Begegnungen mit Schrift-, Buch- und Erzählkultur haben, brauchen Sie eine anregend gestaltete Umgebung, vielfältige Materialien und pädagogische Fachkräfte, die ihre Interessen aufgreifen und sie ermutigen.

Folgende Materialien können Kinder anregen: Stadtpläne, Landkarten, Grundrisse, Plakate, unterschiedliche Schreibutensilien und Materialien, Anlauttabellen, ABC-Abbildungen, Buchstabenstempel. Aber auch Schreibpapier, Notizblöcke, Formulare, Briefumschläge, Postkarten gehören dazu.

Hinweis:
Ebenso können Lineale, Geodreiecke, Taschenrechner und Büroartikel die Fantasie beflügeln und zu Rollenspielen und unterschiedlichsten Tätigkeiten inspirieren.

Portfolios bieten den Kindern sehr intensive Erfahrungen im Bereich Literacy. Sie erleben direkt, wie Vergangenes festgehalten wurde und nun jederzeit zur Verfügung steht. Fotos illustrieren kleine Geschichten aus dem Alltag. Vergangenes kann so in die Gegenwart geholt werden. Die Arbeit am eigenen Portfolio vermittelt Kindern ein Verständnis für Chronologie und Gestaltung. Sie arbeiten an ihrem eigenen Buch. Das weckt Interesse an Bildern, Buchstaben und Erzählen.

2 Siehe hierzu: Nickel, Sven (2018): *Hochschuldidaktische Handreichungen – Sprach- und Literaturdidaktik im Elementarbereich: Literacy*, Universität Bremen, S. 11.

5.3 Sprache und Literacy

5.3.1 Wörter, Silben, Laute

Der Ausgangspunkt für die Schrift ist die Sprache. Wie bereits in Kapitel 3 dargestellt, ist der Spracherwerb ein sehr komplexer Prozess. Kinder werden durch kommunikative Situationen angeregt, sich aktiv mit Sprache auseinanderzusetzen. Das Üben der muttersprachlichen Laute beim Spielen mit Konsonanten-Vokalverbindungen wie *„mam-mam-mam"* bildet bereits eine erste Grundlage für die Fähigkeit, Wörter zu erkennen und später nachsprechen zu können.

Wenn Jugendliche und Erwachsene eine fremde Sprache erlernen, ist einer der ersten wichtigen Schritte, die einzelnen Wörter innerhalb eines Satzes voneinander unterscheiden zu können. Dann kann man sich die ersten konkreten Begriffe aus dem Zusammenhang erschließen.

Ein weiterer Schritt beim Fremdspracherwerb ist die Aussprache. Auch hierzu müssen Worte isoliert, Silben erkannt und die richtige Betonung herausgehört werden. Genau dieser Prozess ist auch die Grundlage für das Lesen- und Schreibenlernen. Denn die Kinder lernen zunächst Buchstaben und Silben kennen. Dann schreiben sie erste Wörter, so wie sie diese hören. Dazu müssen sie sich aber vorstellen, wie diese ausgesprochen werden. Wie das passiert, lässt sich bei Leseanfängern gut beobachten. Erst fügen sie die Buchstaben zu Silben zusammen, dann die Silben zu Worten. Dann sprechen sie das Wort mit der richtigen Betonung aus und erkennen den Sinn des Wortes.

Hinweis:
Informationen zu den Grundlagen des Spracherwerbs finden Sie auf den Seiten 122–127.

Konsonant: Mitlaut (Atemstrom wird bei der Aussprache eingeengt): m, t, k usw.

Vokal: Selbstlaut (Atemstrom tritt ungehindert aus): a, e, i, o, u.

AUFGABE

1. Sprechen Sie den folgenden Satz so schnell wie möglich aus ohne die Satzzeichen zu berücksichtigen.
   Das ist ein Kran, Kerle!
   Erklären Sie, wie sich die Bedeutung verändert, wenn die Wörter im Satz nicht klar voneinander unterschieden werden können.
2. Lesen Sie die folgenden Wörter laut vor und ziehen Sie die Silben wie vorgegeben zusammen.
   Blumen/to/pferde, Grabun/holde
   Erklären Sie, wie sich die Bedeutung verändert, wenn die Silben falsch betont werden.

5

phonologisch: Adjektiv zu Phonologie; die Phonologie beschäftigt sich mit der Funktion von Lauten.

phonologische Bewusstheit: Verständnis für die lautliche Zusammensetzung von Wörtern.

5.3.2 Phonologische Bewusstheit

Die Grundlage für die phonologische Bewusstheit ist das Hören. Sprachlaute werden über das Ohr aufgenommen, zum Gehörnerv weitergeleitet und im Hör- und Sprachzentrum des Gehirns entschlüsselt.

Das Hören gehört in den Bereich der Wahrnehmung. Wahrnehmung ist die Voraussetzung für Reaktionen, für Kommunikation und für die Auseinandersetzung mit der Welt. Die Wahrnehmung von Reizen über die Sinne muss das Gehirn verarbeiten und zu einem sinnvollen Handlungsplan miteinander verknüpfen.
Das Ohr ist das Organ für die auditive Wahrnehmung. Gleichzeitig befinden sich im Innenohr auch die Organe, die den Gleichgewichtssinn betreffen.

Das Ohr ist, wie die Sprechorgane, Grundlage für die Kommunikation. Das Kind erschließt sich mit den Ohren die Welt. Gerade am Anfang, wenn es sich noch nicht aus eigener Kraft bewegen kann, achtet es auf Geräusche. Es verbindet beim Beobachten von Handlungen die Geräusche mit den Handlungen. Einfache Rituale, wie die Spieluhr zum Einschlafen, zeigen dem Kind, was jetzt passieren wird. Gleichzeitig sind Wahrnehmungen über das Ohr in der Regel eingebunden in einen sozialen und sprachlichen Kontext.

Hören heißt hinhören, zuhören, sich konzentrieren, aufnehmen, unterscheiden und zuordnen. Diese komplexen Vorgänge können in folgende Elemente aufgeschlüsselt werden:

1. Auditive Aufmerksamkeit beinhaltet hinhören, zuhören, lauschen – sich konzentriert den auditiven Reizen zuwenden
2. Auditive Lokalisation heißt zu erkennen, aus welcher Richtung ein Geräusch kommt.
3. Auditive-Figur-Grund-Wahrnehmung bezeichnet die Fähigkeit, wichtige von unwichtigen Geräuschen zu unterscheiden und sich auf das relevante Geräusch zu konzentrieren, während die unwichtigen Geräusche unbeachtet bleiben.
4. Laute zu erkennen und zu unterscheiden kennzeichnet den Beginn der Sprachentwicklung.
5. Gehörtes zu erinnern, ist nicht nur für die Sprachentwicklung wichtig, sondern auch, um sich in der Welt zu orientieren.
6. Gehörtes innerlich zuzuordnen ist von Bedeutung für Ursache-Wirkungszusammenhänge, z. B. dann, wenn Kinder einem Geräusch, wie dem Knallen der Autotür außerhalb eines Raums zuordnen können, dass die Mutter jetzt aus dem Auto gestiegen ist und gleich zur Tür hineinkommen wird.

Diese Elemente sind die Voraussetzung für den wichtigsten Bestandteil des Hörens beim Lesen- und Schreibenlernen: für die phonologische Bewusstheit. Daher sind Spiele rund um das Hören ein wichtiger Bestandteil der Anregungen im Bereich Literacy.

Spielvorschläge zur akustischen Wahrnehmung

1. **Auditive Aufmerksamkeit:**
   Stille-Übungen: Alle schließen die Augen: Was hören wir?
   In die Stille hinein kann ein Wort geflüstert werden oder ein Name. Man kann auch mit Flüsterrohren (längere Röhren aus Papier) sich gegenseitig etwas zuflüstern.
2. **Auditive Lokalisation:**
   Spiele wie „Hänschen, sag mal Piep!“: Die Kinder sitzen im Kreis, ein Kind steht in der Mitte und hat die Augen verbunden. Ein Kind sagt: „Piep“, und das Kind aus der Mitte muss dieses lokalisieren und darauf zeigen.
   Man kann auch einen laut tickenden Wecker verstecken und suchen lassen.
3. **Auditive-Figur-Grund-Wahrnehmung:**
   Die Kinder sprechen kurze Reime oder andere kleine Texte in ein Mikrofon. Anschließend wird die Reihenfolge gemischt und die Kinder raten beim Abhören, wer da spricht.
   Alle Kinder murmeln durcheinander. Ein Kind spricht dabei ein Wort oder einen Satz, der zuvor festgelegt war. Ein zuvor ausgewähltes Kind versucht in dem Gemurmel das Wort bzw. den Satz zu finden.
4. **Laute erkennen und unterscheiden:**
   Wort-Bild-Zuordnungen bei Wörtern, die ähnlich klingen: Die Kinder haben Bilder von Wörtern vor sich, die ähnlich klingen. Das Wort wird genannt und die Kinder zeigen auf das richtige Bild. Das können Bilder zu Wörtern sein wie Kirche, Kirsche, Ratte, raten, Felder, Wälder usw.
5. **Gehörtes erinnern:**
   Hörmemory: Kleine Döschen werden je paarweise mit unterschiedlich klingenden Materialien gefüllt, z. B. Reis, Erbsen, Heftzwecken, Holzperlen, usw. Dann kann das Spiel wie ein Memory gespielt werden.
6. **Gehörtes inhaltlich zuordnen:**
   Geräuschtheater: Hinter einem Vorhang werden alltägliche Geräusche produziert wie Hämmern, Papier zerreißen, einen Reißverschluss hochziehen, einen Teller hinstellen, Besteck verteilen usw. Die Kinder vor dem Vorhang erraten, um welches Geräusch es sich handelt.
   Dies lässt sich auch gut als Quiz im Handy aufnehmen und später spielen.

5

Kinder sind täglich mit sehr vielen Geräuschen konfrontiert und in Kita und Schule ist die Geräuschbelastung zudem erheblich. Hörspiele geben nicht nur Anregungen, sondern fördern auch die Konzentration, die Fähigkeit zu fokussieren und bieten Momente der Ruhe.

Die phonologische Bewusstheit ist notwendig, um den Klang von Reimen zu erkennen und selber Reime zu bilden. Sie ist Grundlage für das Aufteilen von Wörtern in Silben. Die Kinder benötigen sie, wenn sie Laute aus Wörtern heraushören oder Wörter in ihre eigenen Laute zerlegen. Das alles sind die Vorläuferfähigkeiten für das Lesen und Schreiben.

Phonem: siehe Seite 113.

Diese einzelnen Laute innerhalb eines Wortes werden auch Phoneme genannt. Jede Sprache hat ihre eigene Phonem-Struktur. Außerdem unterscheiden sich Sprachen darin, wie diese Phoneme kombiniert werden.

Im Alter von zwei bis sechs Jahren sind Kinder damit beschäftig, sich schwierige Einzellaute wie *„sch"* und Konsonantenkombinationen wie *pf, tr* oder *kn* zu erarbeiten. Pädagogische Fachkräfte können dies unterstützen, indem sie klar und deutlich sprechen, damit die Kinder die Phoneme unterscheiden können.

Die Fähigkeit einfache Reime zu bilden und dadurch auch die sprachliche Einheit der Silben zu erkennen, setzt häufig spontan ab einem Alter von drei Jahren ein. Erst später beginnen Kinder sich im engeren Sinne mit den Phonemen, also den einzelnen Lauten der Sprache zu beschäftigen.

Wenn die Kinder anfangen, über Buchstaben nachzudenken, erste Reime selbst zu bilden und nach den Anfangsbuchstaben von Worten zu fragen, dann setzen sie sich mit der Laut-Buchstaben-Zuordnung auseinander. Hier können Erzieherinnen und Erzieher Anregungen geben durch Reimspiele, Anlautspiele und das Klatschen von Silben. Anlaute sollten dabei immer lautgerecht ausgesprochen werden. Das heißt, die Maus fängt mit einem *„M"* an und das Fahrrad mit einem *„F"*. Wenn die Kinder den Anlaut isolieren können, interessieren sie sich häufig für die weiteren Laute und versuchen, diese in ihrem Namen zu entdecken und diesen zu schreiben.

Reim und Rhythmus regen die phonologische Bewusstheit an

Wartezeiten lassen sich hervorragend mit Reimspielen vertreiben: Was reimt sich auf *Haus*? Auch Anlautspiele sind dazu geeignet: Wie heißt der erste Buchstabe von *„Maus"*?
Spiele wie *„König, wie viele Schritte darf ich gehen"* können als Silbenspiele gespielt werden. *„Blu-men-kohl"* – Du darfst drei Schritte gehen.

Auch Klatschspiele sind gut geeignet: *„Wer hat die Kekse aus der Dose geklaut? Malte hat die Kekse aus der Dose geklaut!"*, rufen alle und klatschen jede Silbe auf dem Oberschenkel und Malte antwortet klatschend: *„Wer, ich?"* Alle: *„Ja, du!"* Malte: *„Niemals!"* Alle: *„Wer dann?"* Malte: *„E-mi-lia war's!"*

Werkzeug Sprache – Deutsch und Kommunikation für Erzieherinnen und Erzieher ISBN: 978-3-582-83521-5

Das Bielefelder Screening (BISC) – ein Testverfahren für die phonologische Bewusstheit

Forschungsergebnisse zur Lese-Rechtschreib-Schwäche haben gezeigt, dass Kinder mit einer geringen phonologischen Bewusstheit ein erhöhtes Risiko für eine Lese-Rechtschreib-Schwäche mitbringen. Die phonologische Bewusstheit entwickelt sich bereits im Kita-Alter. Um Kindern einen guten Start in der Schule zu erleichtern, wurden Testverfahren und Förderprogramme entwickelt, um den Entwicklungsstand der phonologischen Bewusstheit zu erkennen und, wenn nötig, zu fördern.

Hinweis:
Testverfahren sind standardisierte Verfahren, d.h., die Durchführung muss unabhängig von den Personen immer gleich ablaufen. Daher können Testverfahren nur von geschulten Fachkräften durchgeführt werden. Zum Test gehören Aufgaben und eine Auswertung. Die Auswertung gibt Auskunft über den Umfang der Kompetenz.

Eines der bekanntesten Testverfahren ist das 2002 entwickelte *Bielefelder Screening,* kurz BISC genannt. Bei der Entwicklung des Verfahrens ging man davon aus, dass eine nicht ausreichend ausgebildete phonologische Bewusstheit sowie Aufmerksamkeits- und Gedächtnisprobleme dafür mitverantwortlich sind, wenn eine Lese-Rechtschreib-Schwäche entsteht. Zu diesem Test existiert auch ein Förderprogramm. Es wird ungefähr 10 Minuten am Tag angewandt, hat einen strukturierten Aufbau und fördert spielerisch in den einzelnen Bereichen.
Zwar konnte der Erfolg aus Test und Programm insbesondere für das erste Schuljahr nachgewiesen werden, dennoch gibt es auch Kritik.

Professor Sven Nickel von der Universität Bremen vergleicht den Fokus auf Teilfertigkeiten wie die phonologische Bewusstheit damit, dass man beim Vermitteln der Kompetenz „Radfahren“ auch nicht nur Teilfertigkeiten unterrichten würde, um am Ende dann die Kompetenz „Radfahren“ zu erwarten.

Förderprogramm:

> Die Trainings sind nicht in alltägliche Situationen des elementarpädagogischen Alltags integriert, sie decken zudem nur einen gewissen Teil der metasprachlichen Entwicklung ab, ganz zu schweigen von anderen Strängen, die für die Literacy-Entwicklung nötig sind.“
>
> (Nickel, Sven (2018): *Hochschuldidaktische Handreichungen – Sprach- und Literaturdidaktik im Elementarbereich: Literacy,* S. 18)

Er betont weiterhin den Unterschied zwischen phonologischer Bewusstheit im weiteren und im engeren Sinne. Die phonologische Bewusstheit im weiteren Sinne beziehe sich auf den Umgang mit Silben durch Rhythmisierung des Sprechens oder Konkretisierung mit Bauklötzen – ein Bauklotz pro Silbe. Diese Form komme ohne Schriftmaterial aus, während die phonologische Bewusstheit im engeren Sinne sich erst durch die Auseinandersetzung mit der Schrift entwickeln könne, weil die Phoneme erst durch Schrift sichtbar und vorstellbar würden.

Metasprache: Sprache über die Sprache, z. B. die Frage, wie viele Silben ein Wort enthält. Oder auch: grammatische Fachbegriffe, denn sie erlauben eine differenzierte Kommunikation über den Aufbau einer Sprache.

Sylvia Näger schreibt in ihrem Buch „Literacy“:

> Damit Kinder phonologische Bewusstheit entwickeln, braucht es keine isolierten Trainingsprogramme. Vielmehr braucht es pädagogische Fachkräfte, die über Sprache und Literacy reflektieren und über ein vielfältiges Repertoire an Sprachspielen verfügen, das in einer im Alltag integrierten sprachlichen Bildung zum Tragen kommt.“
>
> (Näger, Sylvia (2013): *Literacy. Kinder entdecken Buch-, Erzähl- und Schriftkultur,* Freiburg: Herder, S. 23)

Derzeitig geht man davon aus, dass alltagsintegrierte Ansätze wirkungsvoller sind als additive Programme wie „Hören, lauschen, lernen“. Trotzdem richten diese den Blick auf bestimmte Aspekte von Sprache und sensibilisieren damit die Kinder und die pädagogischen Fachkräfte. Das wirkt sich positiv auf die alltagsintegrierte Förderung aus.

additiv: zusätzlich, nicht im Alltag integriert.

5.4 Erzählen und Literacy

5.4.1 Erzählen als Brücke zur Schriftsprache

Das mündliche Erzählen bildet die Brücke zwischen dem alltagsbezogenen Sprechen und der Schriftsprache. Das alltagsbezogene Sprechen ist geprägt durch: Spontaneität, Nähe, kürzere Sätze und Gestik (Zeigegesten), Mimik sowie Stimmlage.

Mündliches Erzählen findet in einem konkreten Kontext statt. Wenn wir im Alltag miteinander reden, wollen wir anweisen, informieren, etwas mitteilen. Wir beziehen uns sprachlich direkt auf die Situation und die Kommunikationspartner.

Das ist in der Schriftsprache anders. Ein Text denkt zwar an die Personen, die den Text lesen (Rezipienten), aber es wird keine direkte Antwort erwartet. Der Autor bzw. die Autorin hat Inhalt, Aufbau und Struktur geplant. Die Sprache wurde überarbeitet, denn der Text soll auch nach seinem Entstehen noch gelesen und verstanden werden können, unabhängig vom Entstehungskontext.

Daher verlangen schriftsprachliche Texte von den Lesenden oder Zuhörenden eine kognitive Abstraktionsleistung. Sie müssen sich das Gelesene oder Gehörte vorstellen, Bezüge herstellen.
Sie sehen sich mit längeren Sätzen und Wörtern konfrontiert, die sie im Alltag nicht benutzen. Schriftsprache wird als eine „dekontextualisierte" Sprache bezeichnet, d. h., die Sprache ist losgelöst von einem konkreten Kontext, einer konkreten Situation.

Kinder müssen erst lernen, dieser Schriftsprache zu folgen. Zunächst erleben sie Sprache in Alltagssituationen. Sie müssen gar nicht alles verstehen, vieles erschließt sich aus dem Kontext. Da sagt jemand etwas und zeigt auf ein Glas Wasser. Wenn das Kind weiß, dass diese Person vorher aus dem Glas getrunken hat, wird es ihr aufgrund von Erfahrungen das Glas reichen. Dazu muss es nicht wirklich etwas verstanden haben.
Beim Vorlesen hingegen entsteht die Welt neu. Figuren, Gegenstände, Situationen werden nur durch Sprache vermittelt und das Kind lernt, sich etwas vorzustellen, was nicht unmittelbar präsent ist. Es lernt zu abstrahieren.

Rezipient/-in: Leser/-in, Hörer/-in, Betrachter/-in von Texten, Musik, Bildern, Filmen.

kognitive Abstraktionsleistung: Fähigkeit, gedanklich nicht an den konkreten Gegenstand gebunden zu sein, um etwas zu verstehen, sondern sich etwas über das Konkrete hinaus vorzustellen.
Beispiel: Wenn ein Kind das Wort Trauer hört, in dem keine weinende Person vorkommt, dann muss es sich traurig handelnde Personen dazu denken können, um den Begriff zu verstehen.

dekontextualisiert: losgelöst von einem konkreten Kontext

parataktisch: Wörter und Sätze werden aneinandergereiht.

hypotaktisch: Der Zusammenhang wird durch Haupt- und Nebensätze, durch Über- und Unterordnung strukturiert.

AUFGABE

1. Erstellen Sie eine Tabelle mit folgenden Spalten:

Mündlichkeit	Schriftlichkeit
...	...

2. Tragen Sie die folgenden Begriffe jeweils in die dazugehörige Spalte ein: eher dialogisch, auch nach Entstehen noch verfügbar, eher überlegt, Sprache der Nähe, stärker parataktisch, kontextualisiert, eher monologisch, eher spontan, stärker hypotaktisch, Sprache der Distanz, dekontextualisiert, auf Situation und Moment bezogen.

5.4.2 Erzählen im Alltag – eine identitätsstiftende Handlung

Grundsätzlich lassen sich zwei Formen des mündlichen Erzählens voneinander unterscheiden:
- das Erzählen im Alltag und
- das Erzählen einer Geschichte.

Mit dem Erzählen von Alltagserlebnissen erarbeiten wir uns auch zentrale Identitätsfragen. Das sind Fragen danach, wer wir sind, wer wir waren und wer wir sein möchten. Diese Fragen beantworten wir uns immer wieder durch das, was wir anderen über unsere kleineren und größeren Alltagserlebnisse mitteilen. Manche Geschichten müssen häufiger erzählt werden, bis wir sie verarbeitet, in unser Selbstkonzept integriert haben. Insofern sind diese Alltagserzählungen immer auch wichtig für die eigene Identität.

Dieses identitätsstiftende Erzählen entwickelt sich bereits im Kindesalter. Auch Kinder konstruieren ihr Leben mittels Geschichten. Ein sehr wichtiges Beispiel dafür ist die Portfolio-Arbeit. Kinder lieben ihre Portfolios und die Erzählungen, die damit verknüpft sind. Sie gewinnen durch diese Erzählungen ein Bild von sich selbst, von ihren individuellen Formen der Weltaneignung, ihrem Wachsen und ihrem Kompetenzzuwachs. Dadurch erleben sie sich selbst als kontinuierlich in Zeit und Raum, auch wenn sie sich verändern und Räume und Personen sich um sie herum verändern.

Kinder konstruieren mit zunehmendem Alter ihre Sicht auf sich selbst und die Welt, indem sie davon erzählen. In diesen Erzählungen wird deutlich, welches Bild Kinder von sich haben. Pädagogische Fachkräfte können dabei unterstützen, negative Selbst- und Fremdzuschreibungen durch positive Geschichten abzulösen.
Erzählt beispielsweise ein Kind, dass die Mutter heute zu spät zur Arbeit gekommen sei, weil es so dumm sei und die Milch verschüttet habe, dann kann die pädagogische Fachkraft diese Selbsterzählung aufgreifen, indem sie nachfragt, ergänzt, verändert oder von sich selbst erzählt. Sie könnte beispielsweise sagen: „Oh, da warst du bestimmt unglücklich. Aber ich glaube nicht, dass deine Mama dich deshalb dumm findet. Sie hat dich heute ganz lieb verabschiedet. Und weißt du noch, wie stolz sie auf dich war, als du letzte Woche deiner kleinen Schwester beim Anziehen geholfen hast?"

Die Erinnerungsarbeit, die Kinder im Dialog mit ihren Erzieherinnen und Erziehern leisten, ist ein wichtiger Baustein für das Selbstbild des Kindes. Kinder durch die Ausgestaltung von Alltagserzählungen in einem positiven Selbstbild zu unterstützen, ist ein wichtiger Bestandteil der pädagogischen Arbeit.

Selbstkonzept: setzt sich zusammen aus Selbstbild (wie man sich selber wahrnimmt) und Idealbild (wie man gerne sein möchte).

Identität: (im psychologischen Sinne) die innere Einheit, die wir als unser Selbst empfinden.

Identitätsfragen: Fragen nach unserer Identität, nach unserem Selbst.

stiften: etwas dazu geben, etwas zu etwas beitragen.

identitätsstiftend: etwas zum Bild des Selbst beitragend.

kontinuierlich: ohne Unterbrechung, ohne Abbruch.

AUFGABE

Schreiben Sie zu folgender Situation einen Dialog, mit dem Sie zeigen, wie das positive Selbstbild des Kindes gestärkt werden könnte.
Mirco zeigt ein Foto, auf dem er seine kleinere Schwester (sechs Monate alt) auf dem Arm hat. Er sagt: „Da lacht Elena, aber sie weint ganz oft, wenn ich sie halte. Die will immer zu Mama und Mama hat immer Zeit für sie. Ich glaube, die mag mich nicht und Mama mag mich auch nicht mehr so wie früher."

5.4.3 Erzählen im Alltag – erste Begegnung mit dem Aufbau von Geschichten

Das Erzählen im Alltag bedarf einiger Kompetenzen, denn das Erzählte muss für die Zuhörenden so gestaltet werden, dass sie der Handlung folgen können.

Wenn ich von Tante Greta erzähle, werde ich überlegen, ob das Gegenüber diese Person überhaupt kennt. Ist dies nicht der Fall, muss die Person erst eingeführt werden, damit für den anderen der Kontext verständlich wird.
Auch neigen wir in Alltagserzählungen dazu, eine Geschichte zu dramatisieren, also eine Einleitung zu machen, um die Handlung dann auf einen Höhepunkt hin auszurichten. Ebenso wollen wir mit einer Erzählung etwas erreichen, z. B. unterhalten, uns ins rechte Licht rücken, unsere Gefühle verdeutlichen.

Wenn Kinder beginnen von sich und ihren Erlebnissen zu erzählen, sind diese Erzählungen kurz und Zuhörer brauchen Kontextinformationen, wenn sie einen Satz wie "Mia weg!" hören. Mia ist die Katze, die jeden Morgen ins Haus kommt. Heute Morgen ist sie nicht gekommen. Der Zweiwortsatz „Mia weg!" beinhaltet für das Kind also bereits eine kleine Geschichte, die die Zuhörenden durch Fragen erweitern können: Warst du traurig? Hast du sie gesucht? Ist sie schon wieder zurück?

Diese einfachen Fragen vermitteln dem Kind zum einen Interesse an seiner Person und seinen Erlebnissen. Zum anderen macht es erste Erfahrungen mit narrativen Sprachverwendungen: Es teilt durch seine sprachliche Äußerung eine innere Vorstellung, das Bild einer Erinnerung mit. Zusätzlich lernt es etwas über das Erzählen an sich: Eine Geschichte hat einen Anfang, die Gefühle der Beteiligten sind wichtig, es gibt eine Abfolge von Handlungen.

5

Kind mit aufgeregter Stimme: „Mia weg!"
Pädagogische Fachkraft: „Eure Katze Mia war heute Morgen nicht da. Warst du da traurig?"
Kind jetzt mit trauriger Stimme: „Ja, Mia weg."
Pädagogische Fachkraft: „Ah, da warst du ganz traurig. Hast du dann nach der Katze gerufen?"
Das Kind nickt.
Pädagogische Fachkraft: „Ah, dann hast du nach der Katze gerufen. Und – ist die Katze gekommen?"
Das Kind nickt wieder und sagt: „Mia da!"

Mithilfe der pädagogischen Fachkraft ist eine erste kleine Erzählung entstanden: *„Heute Morgen war meine Katze weg. Meine Katze ist sonst immer da, aber heute Morgen war sie weg. Das hat mich sehr traurig gemacht. Ich habe die Katze gerufen. Daraufhin ist die Katze gekommen und ich war glücklich."*

Mit zunehmender Sprachkompetenz lernt das Kind seine Geschichten zu strukturieren und so zu erzählen, dass andere folgen können. Darin können Sie es als pädagogische Fachkraft unterstützen: durch Ihr Interesse, Ihre auf das Kind und dessen Sprachkompetenz abgestimmten Fragen und Vorschläge.

 ISBN: 978-3-582-83521-5

5.4.4 Erzählte Geschichten

Wenn Erzählerinnen und Erzähler eine Geschichte erzählen, können sie durch Aufbau und durch Gestik, Mimik sowie Stimmlage ihre Geschichte dramatisieren. Sie stehen im direkten Kontakt zu den Zuhörerinnen und Zuhörern. Sie sehen, wenn die Zuhörenden sich langweilen oder etwas nicht mehr verstehen. Dann können sie ihre Geschichte verändern, anpassen, die Zuhörenden wieder mit in die Geschichte nehmen. Und die Zuhörenden können nachfragen und kommentieren.
Kinder lernen dadurch einer Geschichte zu folgen. Denn auch das Zuhören muss geübt werden. Erst durch die Erfahrung mit Geschichten entwickelt sich beim Zuhörenden eine Erwartungshaltung.

narrativ: erzählend, in erzählender Form darstellend.

klassisches Drama: Aufbau einer Erzählung, der eine lange Tradition hat, die bis in die Antike (auf den Philosophen Aristoteles) zurückgeht. Das Drama entstand in Europa ungefähr im 5. Jahrhundert vor Christus.

Wenn ein Kind noch nie ein Märchen gehört hat, wird es mit der Eingangsformel „Es war einmal …“ nichts anfangen können. Kinder, die diese Redewendung aus Märchen kennen, haben sofort eine Erwartungshaltung. Sie wissen bereits, dass jetzt etwas Fantastisches folgt.
Sie sind gespannt auf die Einführung der Heldenfigur. Sie haben bereits die Erfahrung gemacht, dass die Hauptfigur am Anfang einem großen Problem begegnet und dieses gelöst werden muss. Sie erwarten also eine Herausforderung, die Bedrohung von Leib und Seele, ein existenzielles Problem.
Und sie wissen, dass es Helfer geben wird, die der Heldenfigur beistehen werden. Sie erwarten einen Spannungsbogen und natürlich ein gutes Ende. Aufgrund ihrer literarischen Erfahrungen haben sie bereits durch die Eingangsformel einen roten Faden im Kopf, eine Struktur, der die Erzählung folgen wird. Denn Märchen folgen einer narrativen Grundstruktur, welche die Grundlage für viele Geschichten und auch Filme bildet.

Aufbau eines klassischen Dramas:

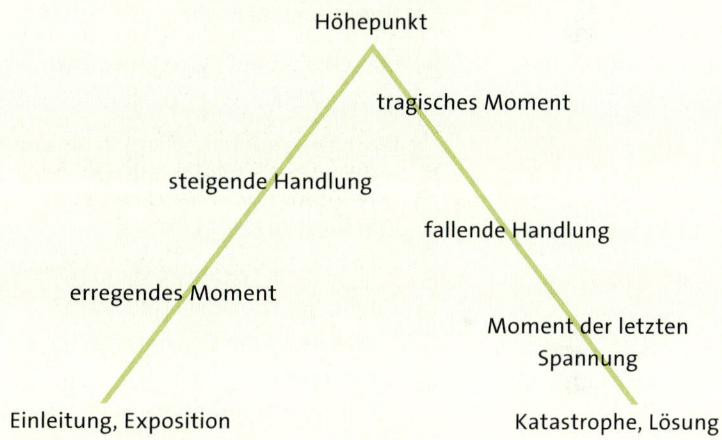

Diese narrative Grundstruktur hat ihren Ursprung im Aufbau des klassischen Dramas. Sie besteht aus einer Einleitung (Exposition), in der Ort, Zeit und die Hauptfiguren eingeführt werden.
Dann entwickeln sich die Komplikationen und Konflikte. Sie bilden die Handlung. Ein überraschendes Ereignis führt dazu, dass die Konflikte deutlich werden und sich die Handlung immer spannungsreicher zum Höhepunkt hin entwickelt.

Auf dem Höhepunkt, der spannendsten Stelle der Geschichte, geschieht etwas, das die emotionalen Verwicklungen, die Bedrohung der Heldenfigur löst. Das kann auf sehr unterschiedliche Weise erfolgen. Im Märchen sind es oft Helfer, die zuvor von der Heldenfigur durch gute Taten unterstützt wurden. Es kann aber auch eine Einsicht der Beteiligten sein oder eine Gabe der Heldenfigur oder ihrer Kontrahenten.

Am Ende ist das Problem gelöst, die Figuren haben beispielsweise eine neue Erkenntnis oder einen neuen Status: Sie sind beispielsweise keine Außenseiter mehr oder nicht mehr unwissend oder hilflos. Eine neue Harmonie, häufig mit neuen Konstellationen, stellt sich ein.

In einer Tragödie gelingt es den Heldenfiguren nicht, den Konflikt zu lösen. Sie zerbrechen daran.

Kontrahent: Gegner

Konstellation: Anordnung; hier: Stellung der Figuren zueinander.

Tragödie: Form des Dramas, die durch den schicksalhaften Konflikt der Hauptfigur gekennzeichnet ist.

AUFGABE

Erzählen Sie, der narrativen Grundstruktur folgend, eine Geschichte. Sie können dabei auch auf ein Märchen oder ein Ihnen bekanntes Bilderbuch zurückgreifen.

a) Verwenden Sie das folgende Raster und übertragen Sie es auf ein Blatt Papier oder übernehmen Sie es als Tabelle auf Ihren Laptop und füllen Sie es zunächst für Ihre Geschichte aus:

Einleitung: ▪ Wo und wann spielt die Geschichte? ▪ Wer ist die Hauptfigur?	
▪ Wie wird die Handlung in Gang gesetzt? ▪ Wodurch entstehen Komplikationen bzw. Konflikte?	
Wie reagiert die Hauptfigur auf die Komplikationen bzw. den Konflikt?	
Wodurch spitzen sich die Komplikationen bzw. der Konflikt zu?	
Was passiert auf dem Höhepunkt der Geschichte?	
Wie bzw. wodurch gelangen die Ereignisse an einen Wendepunkt?	
Was führt zu einer Lösung?	
▪ Wie ist der Gefühlszustand der Hauptfigur am Ende der Geschichte? ▪ Welche neuen Erkenntnisse hat sie gewonnen? ▪ Hat sie sich verändert, und wenn ja, wie?	

b) Lesen Sie in einem nächsten Schritt noch einmal durch, was Sie aufgeschrieben haben.
- Versuchen Sie, sich von jedem Aspekt ein Bild vorzustellen:
- Was sieht man am Anfang?
- Wie sehen die Figuren aus?
- Wie sprechen sie?
- Wo befinden sie sich?
- Wenn es ein Bilderbuch wäre, welches Bild würde man in dem Moment sehen, wenn die Handlung in Gang gesetzt wird?
- Wie sieht der Höhepunkt in einem Bild aus?
- Welches Endbild würde man in einem Bilderbuch sehen?
- Wie sieht der Weg aus, auf dem die Figuren zu diesem Endbild kommen?

c) Versuchen Sie nun, Ihre Geschichte anderen zu erzählen. Arbeiten Sie dabei mit Ihrer Stimme, Gestik und Mimik.

d) Werten Sie nach dem Erzählen die Erfahrungen aus, indem Sie fünf wichtige Punkte benennen, die eine mündliche Erzählung gelingen lassen.

 Werkzeug Sprache – Deutsch und Kommunikation für Erzieherinnen und Erzieher ISBN: 978-3-582-83521-5

5.4.5 Zuhören als Kompetenz

Zuhören ist grundsätzlich emotions- und interessengesteuert. Um einer Sprachäußerung bewusst zuhören zu wollen, muss sich die zuhörende Person entweder für das Thema interessieren oder das, was gesagt wird, muss direkte Auswirkungen auf sie und ihr Handeln haben.

emotionsgesteuert: durch Gefühle gesteuert.

Kinder müssen Zuhören erst erlernen, denn Zuhören verlangt viele Teilkompetenzen:
- die eigene Aufmerksamkeit steuern,
- innere Vorstellungen (mentale Modelle) der wichtigen Inhalte und ihrer Zusammenhänge entwickeln,
- diese Vorstellungen im Gedächtnis behalten und sich weitere wichtige Aspekte merken,
- dadurch ein Gesamtverständnis von der Handlung entwickeln,
- die Gedanken und Gefühle (der Figuren) verstehen,
- auf Betonung, Stimmklang sowie Tempo der Lesenden achten und diesem in der Gesamtheit Bedeutung zuschreiben.

mental: geistig

Um Zuhören zu können, muss ein Kind auch in der Lage sein, Silben zu erkennen, Wörter voneinander zu trennen, den Satzbau zu durchschauen und die Bedeutung der Wörter im Kontext zu verstehen.

Gleichzeitig bedarf es eines gewissen Weltwissens, um Sachverhalte verstehen zu können. Wenn ein Kind hört, dass der Mond hinter den Wolken verschwunden ist und dass es im Wald dunkel ist, dann muss es wissen, dass der Mond so hell scheinen kann, dass man auch bei Nacht sehen kann. Und es muss wissen, dass die Wolken ziehen und den Mond verdecken.

Auch müssen Kinder lernen, dass Geschichten eine innere Struktur haben. Sie müssen verstehen, wie eine Geschichte funktioniert.
Sie müssen sich in die Figuren hineinversetzen, ihre Absichten erkennen und ihre Gefühle verstehen können – und all dies mit der Handlung in Einklang bringen.

Beliebte Geschichten, wie beispielsweise die vom Grüffelo, sind erst dann spannend, wenn Kinder verstehen, welche Absichten die anderen Tiere mit der darin vorkommenden Maus haben (sie wollen sie fressen) und wie die Maus die anderen Tiere austrickst (sie erfindet ein Ungeheuer). Doch dann trifft sie genau dieses Ungeheuer, das sie ebenso fressen will. Ohne die Absichten der Maus zu verstehen, die das Ungeheuer durch den Wald führt und erzählt, dass alle Tiere fliehen würden, weil sie so eine gefährliche Maus sei, wird weder die Spannung noch die Auflösung der Spannung von den Kindern verstanden.

dialogische Bilderbuchbetrachtung: gemeinsames Betrachten und Lesen eines Bilderbuches, siehe auch Seite 200.

Beim mündlichen Erzählen und bei der dialogischen Bilderbuchbetrachtung gibt es einen direkten Kontakt zwischen Kind und Erzählenden bzw. Lesenden. Eine pädagogische Fachkraft kann so erkennen, wann das Kind das Interesse verliert, was es nicht versteht, wie es sich in die Figuren einfühlt und welche Interessen und Gefühle es beim Lesen äußert. Sie kann darauf reagieren und so das Kind unterstützen, die Teilkompetenzen des Zuhörens zu erlernen.

5.4.6 Das Zuhören anregen – dialogisches Lesen

Beim klassischen Vorlesen liest der Erwachsene vor und ein oder mehrere Kinder hören zu. Dadurch können Kinder in die Erzählung eintauchen und sich mit der Hauptfigur identifizieren.

Beim dialogischen Lesen findet eine Kommunikation zwischen Kind und Erwachsenem statt. Das Kind wird zum Erzähler der Geschichte, der Erwachsene hört zu, stellt Fragen, gibt Impulse. Für das Kind ist das ein wichtiger Vorgang, denn so kann es das, was es auf den Bildern sieht, in Beziehung zu seinen eigenen Erfahrungen setzen: Das abstrakte Bild wird konkret. Das ist die Grundvoraussetzung, um zuhören und einer Geschichte folgen zu können. Das Erzählte muss aufgenommen und mit der eigenen Lebenswelt verknüpft werden, damit sich innere Bilder entwickeln können. Dadurch entsteht ein Alltagsbezug und das Kind erweitert mithilfe des Erwachsenen seinen Wortschatz und sein Alltagswissen. Es erkennt, dass Lesen und vorgelesen bekommen auch von seiner Seite aus Aktivitäten erfordern: Es muss herausfinden, wer was tut und warum. Dabei greift es auf seine Erfahrungen zurück und bildet auf dieser Grundlage Hypothesen. Diese kann es beim dialogischen Lesen mit dem Erwachsenen teilen.

Die Techniken, mit denen eine pädagogische Fachkraft das Kinder unterstützen, die Aussagen des Kindes erweitern und zum Erzählen anregen kann, sind auf das Alter der Kinder abgestimmt.

Kinder unter vier Jahren werden durch einfache W-Fragen (Wer? Was? Wo? Wie?) angeregt. Dabei werden die Aussagen des Kindes wiederholt, das Wichtige betont und, wenn notwendig, Hilfestellungen gegeben. Der Erwachsene erweitert dem Sprachstand des Kindes entsprechend die Aussagen des Kindes. Wenn es z. B. sagt: „Da! Hund ist weg!", wiederholt die pädagogische Fachkraft. „Ja, jetzt ist der Hund weggelaufen."

Kinder ab vier Jahren kommen über erweiterte W-Fragen (Warum? Weshalb? Wie?) ins Gespräch. Hier ist es wichtig, auch Erinnerungsfragen zu stellen. Das Erinnern ist bedeutsam um einer Handlung folgen zu können, sonst kann das Kind keinen Handlungszusammenhang herstellen. Gleichzeitig unterstützt die pädagogische Fachkraft das Kind dabei, Alltagsbezüge herzustellen, indem sie das Kind fragt: „Hast du so etwas auch schon einmal erlebt?". Sie wiederholt und ergänzt die Aussagen des Kindes, lässt das Kind Vermutungen dazu anstellen, wie es weitergeht oder was die einzelnen Figuren denken und fühlen. Sie vervollständigt Sätze des Kindes und regt es dazu an, die Expansionen zu wiederholen.

Expansion: Erweiterung

AUFGABE

Stellen Sie in einer Tabelle die unterschiedlichen Verhaltensweisen beim dialogischen Lesen für zwei- bis dreijährige und vier- bis fünfjährige Kinder zusammen. Geben Sie auch konkrete Beispiele dafür, was die pädagogische Fachkraft sagen könnte. Erläutern Sie, welche Kompetenzen des Zuhörens dabei angeregt werden.

 ISBN: 978-3-582-83521-5

5.4.7 Geschichten zum Mitmachen und Klanggeschichten

Kinder bekommen Zugang zu Geschichten, wenn sie das Erzählte handelnd erleben. Es fällt ihnen leichter zu folgen, sich in die Figuren hineinzuversetzen und innere Bilder für die erzählten Aspekte zu finden, wenn sie selbst in die Handlung einbezogen sind. Hierzu sind Geschichten zum Mitmachen besonders geeignet.

Mitmachgeschichten haben große Ähnlichkeit mit dem Rollenspiel. Die Kinder übernehmen Rollen, agieren innerhalb dieser Rollen und spielen eine fiktive Handlung nach. Der Unterschied besteht darin, dass ein Text oder ein Bilderbuch die Grundlage für die Geschichte zum Mitmachen bildet und dass eine pädagogische Fachkraft die Impulse lenkt. Mit dieser Form der Erzählung können Kinder mit der Erzählstruktur einer Geschichte vertraut gemacht werden. Sie erleben den Einstieg, machen sich auf den Weg ein Problem zu lösen, geraten in Gefahr und bewältigen die Gefahrensituation.

Mit der Grundstruktur des Erzählens können Sie eine Geschichte selbst erfinden.
Sie können aber auch auf bekannte Geschichten zurückgreifen. Geeignet ist beispielsweise das Märchen „Der Wolf und die sieben Geißlein". Der Anfang kann vorgelesen werden. Dann sind die Kinder die Geißlein und spielen die Angst vor dem Wolf und das Verstecken nach. Sie können mithilfe einer Decke den Wolf spielen und die Kinder der Reihe nach finden und unter die Decke nehmen. Dort warten sie, bis das kleinste Geißlein, das nicht gefunden wurde, den Jäger ruft. Der Jäger befreit die Kinder und alle sind glücklich vereint.

Damit die Kinder aber bei einer Geschichte mitspielen können, müssen sie die Geschichte vorher kennen. Sie sollte also zuvor dialogisch erarbeitet worden sein. Im weiteren müssen die Rollen festgelegt werden und jedes Kind sollte angehalten werden, zu überlegen, welche Merkmale und Handlungen für die Rolle wichtig sind. Dann kann das „Rollenspiel" beginnen.

Utensilien für Mitmachgeschichten:

Hinweis:
Es gibt auch Bewegungsgeschichten, die körperliche Aktivitäten in den Vordergrund stellen, z. B. eine Schatzsuche, bei der ein Bewegungsparcours durchlaufen wird.

5

Im Gegensatz dazu sind Klanggeschichten eher geeignet, die Aufmerksamkeit der Kinder zu fokussieren, denn sie müssen zuhören und auf ihren Einsatz warten. Aber auch eine Klanggeschichte sollte gut vorbereitet werden:
Die Kinder müssen die Geschichte kennen. Sie müssen zuvor ausprobiert haben, welche Instrumente, Klänge, Geräusche zu welchen Aktionen in der Geschichte passen. Erst dann werden die Rollen verteilt und die Geschichte in Klänge umgesetzt.

Klang- und Bewegungsgeschichten regen die Vorstellungskraft der Kinder an und vermitteln die Grundstruktur von Geschichten. Daher sind sie gut geeignet, Kinder an das Zuhören heranzuführen. In der Vorbereitung haben Kinder die Möglichkeit, ihren Wortschatz zu erweitern und dadurch der Geschichte besser folgen zu können.
Denken Sie bei der Planung daran, dass diese Form der Geschichte vorbereitet und eingeführt werden muss. Eine Geschichte kann auch mehrmals gespielt oder vertont werden. Kinder lernen durch Wiederholung.

5.5 Schreiben und Literacy

Wie wichtig das Schreiben sein kann, wird beispielsweise in dem Bilderbuch „Die Geschichte vom Löwen, der nicht schreiben konnte" erzählt. Es beginnt mit den Worten:

„Der Löwe konnte nicht schreiben. Aber das störte den Löwen nicht, denn der Löwe konnte brüllen und Zähne zeigen. Und mehr brauchte der Löwe nicht."

Doch dann verliebt er sich in eine lesende Löwin. Um sich ihr zu nähern, möchte er einen Brief schreiben. Er geht zu verschiedenen Tieren, die ihm Liebesbriefe für die Löwin schreiben – allerdings aus der eigenen Perspektive. Der Affe lädt sie im Namen des Löwen zu Bananen und Bäume-Klettern ein. Das Nilpferd bittet zum Schwimmen. Der Löwe lässt sich die Briefe jeweils vorlesen und brüllt: „Nein, so etwas hätte ich doch nie geschrieben!" Er fragt noch einige andere Tiere und ist am Ende so frustriert, dass er brüllt, was er alles schreiben würde, wenn er nur könnte. Das Buch endet damit, dass ihm die Löwin das Schreiben beibringt.

5

5.5.1 Die Entwicklungsschritte des Schreiben-Lernens

Das Schreiben-Lernen beginnt schon im Säuglingsalter, wenn die Kinder die Fähigkeit entwickeln, Erfahrungen durch innere Bilder darzustellen. Genau dies bildet die Grundlage, um das Prinzip der Schrift zu verstehen: Ein Gegenstand, ein Mensch, ein Tier, eine Erfahrung lassen sich als Symbol darstellen.

Bereits in der Kita „schreiben" die Kleinsten, wenn sie beispielsweise das Symbol für den Waldtag im Wochenplan einkleben oder wenn sie das, was draußen angezogen werden muss, als Symbol an die Wand hängen.
Kinder interessieren sich schon früh für das Schreiben.

präliterarisch: vor dem Erwerb von Lese- und Schreibkompetenzen.

Logo: Abkürzung für Logogramm: Schriftzeichen, das für eine Firma, ein Produkt, einen Namen steht.

Graphem: kleinste, bedeutungsunterscheidende Einheit in der Schriftsprache.

phonetisch: lautlich; siehe auch Seite 113.

Die erste kindliche Schreibaktivität wird als „Kritzelphase" oder präliterarisch-symbolische Strategie bezeichnet. Die Kinder haben bereits erkannt, dass Schreiben wichtig ist und Geschriebenes eine Bedeutung hat. Sie ahmen die Schreibtätigkeit der Erwachsenen oder ihrer älteren Geschwister und Freunde nach und produzieren „Kritzeleien". Dabei steht nicht der kommunikative Akt, sondern die Handlung im Vordergrund.

Die zweite Phase im Erwerb der Schreibkompetenz ist die ganzheitliche Phase oder logographemische Strategie. Die Kinder beginnen willkürliche Buchstabenfolgen zu malen. Dabei fehlt ihnen noch die Laut-Buchstaben-Zuordnung. Sie erkennen das Wort als Ganzes, z. B. ihren Namen, ohne jedoch die einzelnen Buchstaben unterscheiden zu können. Wenn sie Wörter abschreiben, handelt es sich mehr um ein Abzeichnen. Dabei kommt es oft auch zum Vertauschen oder dem spiegelverkehrten Schreiben von Buchstaben.

Wenn Kinder erkennen, dass Buchstaben Laute verschriftlichen, haben Sie die dritte Phase erreicht: das teilphonetische Schreiben bzw. die alphabetische Phase.

Werkzeug Sprache – Deutsch und Kommunikation für Erzieherinnen und Erzieher ISBN: 978-3-582-83521-5

In dieser Phase schreiben sie nur nach Gehör, lassen Buchstaben aus oder schreiben bloß die Anfangs- und Endbuchstaben eines Wortes auf. Die Grundlage für diese Phase bildet ihre phonologische Bewusstheit.

phonologische Bewusstheit: siehe Seite 190.

In der vierten Phase beginnt das Kind das phonetische Schreiben. Es versucht, alle Laute, die es hört, zu verschriftlichen und schreibt die Wörter lautgetreu. Es benutzt dabei alphabetische Strategien, sagt das Wort, versucht die Buchstaben zuzuordnen und entsprechend zu schreiben.

alphabetische Strategi: Fähigkeit, den Lautstrom der Wörter zu erschließen, um ihn mittels Buchstaben schriftlich festzuhalten.

Diese Schreibprozesse können bereits im Kindergarten stattfinden. In der Grundschule werden sie dann systematisch gelehrt und gelernt.
Im Kindergarten ist es wichtig, die Kinder bei allen Schreibaktivitäten positiv zu unterstützen und ihnen die Möglichkeit zu geben, sich mit Schrift und Schreiben zu beschäftigen.

5.5.2 Anregungen, um in die Welt des Schreibens zu gelangen

Eine wichtige Anregung besteht darin, mündliche Sprache in Schrift zu verwandeln. Das kann, je nach Phase im Schreib-Lern-Prozess, vom Diktieren des Kindes hin bis zu ersten eigenen Versuchen des Beschriftens von Bildern reichen.
Wenn das Kind diktiert, sollte die pädagogische Fachkraft langsam schreiben und beim Schreiben die Laute bezeichnen, damit das Kind den Entstehungsprozess nachverfolgen kann.

Erste Schreib- und Leseanlässe können auch die visuelle Darstellung von Fingerspielen sein. Insgesamt sind alle Aktivitäten, bei denen es um Entziffern von Symbolen und bildlichen Darstellungen geht, Impulse für die Auseinandersetzung mit Schrift – denn hier lernen Kinder einen Zusammenhang von dem Zeichen und dem Bezeichneten kennen. Sie schulen ihr visuelles Gedächtnis und ihre Aufmerksamkeit für visuelle Unterschiede und Gemeinsamkeiten.

Hinweis:
Siehe auch Fingerspiele und Reime zum Mitmachen auf Seite 223.

Schreibwerkstätten bieten für interessierte Kinder besonders vielfältige Impulse. Hier können Kinder Buchstaben auf Anlauttabellen, in ABC-Büchern, auf Stempeln oder auch beim Schreiben auf einer Schreibmaschine oder einem PC begegnen. Sie können ihre eigenen Ansichtskarten „schreiben“ und gestalten. Mit unterschiedlichsten Schreibwerkzeugen wie Federn, Stiften, Kreiden können sie Schriftversuche machen. Scheren, Tacker, Kleber, Notizzettel, Post-it-Zettel, aber auch Material für eine Geheimschrift laden zu unterschiedlichen Tätigkeiten ein.

Eine besonders anregende Form ist das „gezinkte“ Memory. Hier ist auf die Rückseite eines handelsüblichen Memorys der Begriff des Bildes der Vorderseite geschrieben.
Bilderbücher ohne Text, das Herstellen eines eigenen Bilderbuches, das Protokollieren von Ereignissen, all das sind Tätigkeiten, die zum Schreiben einladen, Interesse wecken und die Möglichkeiten der Schriftkultur für Kinder deutlich machen.
Kinder sind begeistert, wenn es darum geht, Eintrittskarten zu produzieren oder Einladungen zu schreiben und zu gestalten.

5.6 Digitale Medien und Literacy

digitale Medien: technische Geräte, die der Aufzeichnung, Darstellung, Verarbeitung usw. digitaler Inhalte dienen, z. B.: PC, Laptop, Tablet, Handy, Beamer, WLAN-Drucker, E-Books und enhanced E-Books, digitale Kamera, digitales Mikroskop.

Der Umgang mit digitalen Medien im Kita- und Grundschulalter ist oftmals umstritten. Die einen befürchten, dass Kinder ihre Kreativität verlieren und grundlegende sensorische und motorische Fähigkeiten mangels Erfahrungen mit der realen Welt einbüßen.
Die anderen malen ein düsteres Bild, in dem Kinder den Anforderungen des Arbeitsmarktes nicht gewachsen sein werden, wenn ihnen die Auseinandersetzung mit digitalen Medien nicht bereits im Krippenalter angeboten wird.

In Bildungsplänen für die frühkindliche Erziehung werden digitale Medien als ein Bildungsbereich gesehen, auf den die Kinder ein Anrecht haben. Der bayerische Bildungsplan sieht beispielsweise vor:

partizipieren: teilnehmen, teilhaben

> Medienkompetenz ist heute unabdingbar, um am politischen, kulturellen und sozialen Leben in der Informationsgesellschaft zu partizipieren und es souverän und aktiv mitzugestalten. Medienkompetenz bedeutet bewussten, kritisch-reflexiven, sachgerechten, selbstbestimmten und verantwortlichen Umgang mit Medien.
>
> (Bayerische Leitlinien für die Bildung und Erziehung von Kindern bis zum Ende der Grundschulzeit (BayBL), 5. Auflage, München 2012, S. 219)

Digitale Medien bieten für die Literacy-Erziehung viele Möglichkeiten. Mit einer digitalen Kamera lassen sich von den Kindern entwickelte Geschichten filmisch erzählen. Sie können ihre Geschichten nachspielen, Standbilder machen und mit diesen und dem Text ein Foto-Bilderbuch erstellen.
Es existieren zahlreiche pädagogische Fachbücher dazu, wie digitale Medien in der Kita und Grundschule eingesetzt werden können, um Kindern einen selbstbestimmten und kreativen Umgang mit Medien zu ermöglichen. Dabei geht es nicht um das Konsumieren von Medienprodukten, sondern um die Herstellung eigener Produkte mithilfe bestimmter digitaler Medien.

Hinweis:
Auf den Seiten 179–183 finden Sie einige Fachartikel zum Thema, ob Lese-Apps das Lesenlernen und die Freude am Lesen fördern.

Neuen Zugang zum Lesen bieten E-Books und Lese-Apps. Aber auch hier scheiden sich die Geister: Während diese Form von Literatur für die einen mit dem Untergang des Lesens verbunden ist, sehen die anderen darin eine Chance, auch solche Kinder für das Lesen zu begeistern, die sonst eher nicht zum Buch greifen.

enhanced: (englisch für) erweitert, verbessert

Der Markt an Lese-Apps und interaktiven E-Books, die auch als „enhanced E-Books", also „angereicherte bzw. erweiterte digitale Bücher" bezeichnet werden, ist sehr groß. Einen aktuellen Überblick hierzu sollten Sie sich im Internet verschaffen.

Tipp:
Stiftung Lesen bietet unter dem Stichwort „digitale Lesewelten" vielfältige Informationen, u. a. ein Dossier „Vorlesen mit Apps – Leseförderung mit interaktiven Kinderbüchern", das viele Vorschläge enthält, wie dieses Medium genutzt werden kann.

Die angebotenen Aktivitäten innerhalb von Lese-Apps können sehr unterschiedlich sein. Einfache Apps bieten ein Buch Bild für Bild auf dem Bildschirm an, zu denen die Geschichte vorgelesen wird. Ein vorgelesener Text kann dabei durch Geräusche und Bewegungen von Figuren oder Gegenständen zusätzlich verbildlicht werden.
Das erleichtert den Kindern beim Vorlesen den Text mit Bildern zu verbinden. Dadurch bekommen sie eine Anregung zum Imaginieren von Bildern, während sie den Text hören. Allerdings sind es mehr die vom Medium vorgegebenen Bilder als eigene, erdachte.

Viele Apps integrieren Animationen und Spiele. So gibt es beispielsweise eine App zum Bilderbuchklassiker „Die kleine Raupe Nimmersatt, in der die Raupe und der Zeichenstil aus dem Buch in die Illustration übernommen sind. Hier bestimmt eine Vielzahl an Aktivitäten (z. B. per Touchscreen die Raupe mit den richtigen Lebensmitteln

Werkzeug Sprache – Deutsch und Kommunikation für Erzieherinnen und Erzieher ISBN: 978-3-582-83521-5

füttern, Tiere erkennen, die vorher vorgestellt wurden oder die Raupe mit der richtigen Anzahl an Früchten füttern usw.) den Inhalt der App. Es geht hier also vorrangig um Sachwissen und Lernspiele, während die eigentliche Geschichte in den Hintergrund tritt.
Kinder werden darin zu immer neuen Aktivitäten animiert, sie können durch das richtige Füttern der Raupe ein „Ich-ernähre-mich-gesund-Abzeichen" gewinnen. Durch derartige Animationen sollen Kinder lernen, sich genau zu konzentrieren, hinzuhören und die Anweisungen zu befolgen.

In anderen Apps wird eine Geschichte durch Spiele und andere interaktive Anregungen angereichert. Die Kinder werden zu einem Teil der Geschichte, erledigen Aufgaben, unterstützen die Heldenfiguren und sorgen dafür, dass am Ende das Ziel erreicht werden kann.

Das Reizvolle an den Apps ist deren Verfügbarkeit: Mit einem Internetzugang kann sofort etwas auf das Handy oder Tablet heruntergeladen und dem Kind zur Verfügung gestellt werden. Das Kind kann sich intensiv und in seinem Tempo mit dem Medium beschäftigen. Es kann animieren werden, mitmachen oder auch nur vorgelesen bekommen. Dadurch ist der Kontakt mit Erzählungen, Bilderbüchern, Sachgeschichten, durch Sprache angeleiteten Spielen und vielem mehr sehr niedrigschwellig.

Aus diesem Grund erklärt die Stiftung Lesen derartige Apps als geeignet, um Lesefreude zu wecken und zu fördern.
Gleichzeitig gibt es klare Hinweise, worauf Erwachsene achten müssen, damit die Kinder nicht ungeschützt über die Apps im Internet unterwegs sind. Es wird auch betont, dass sie das Vorlesen nicht ersetzen können und Erwachsene gemeinsam mit ihren Kindern die Apps erkunden sollten, so wie sie ein Bilderbuch gemeinsam lesen.

Tipp:
Die EU-Initiative Klicksafe.de – eine Initiative für mehr Sicherheit im Netz – stellt ebenfalls viele Informationen im Internet zur Verfügung. Dort finden Sie auch Handreichungen zu unterschiedlichen Themen.

Hinweis:
Kinderapps sollten keinen unkontrollierten Zugang ins Netz bieten, keine Reklame enthalten und nicht durch einfache Klicks Zugriff auf kostenpflichtige Apps ermöglichen.

Anschauen – Aneignen – Anwenden
Die folgende Mindmap gibt Ihnen einen Überblick, welche Themen Sie in diesem Kapitel behandelt haben. Betrachten Sie diese Mindmap und bearbeiten Sie dann die Aufgabe.

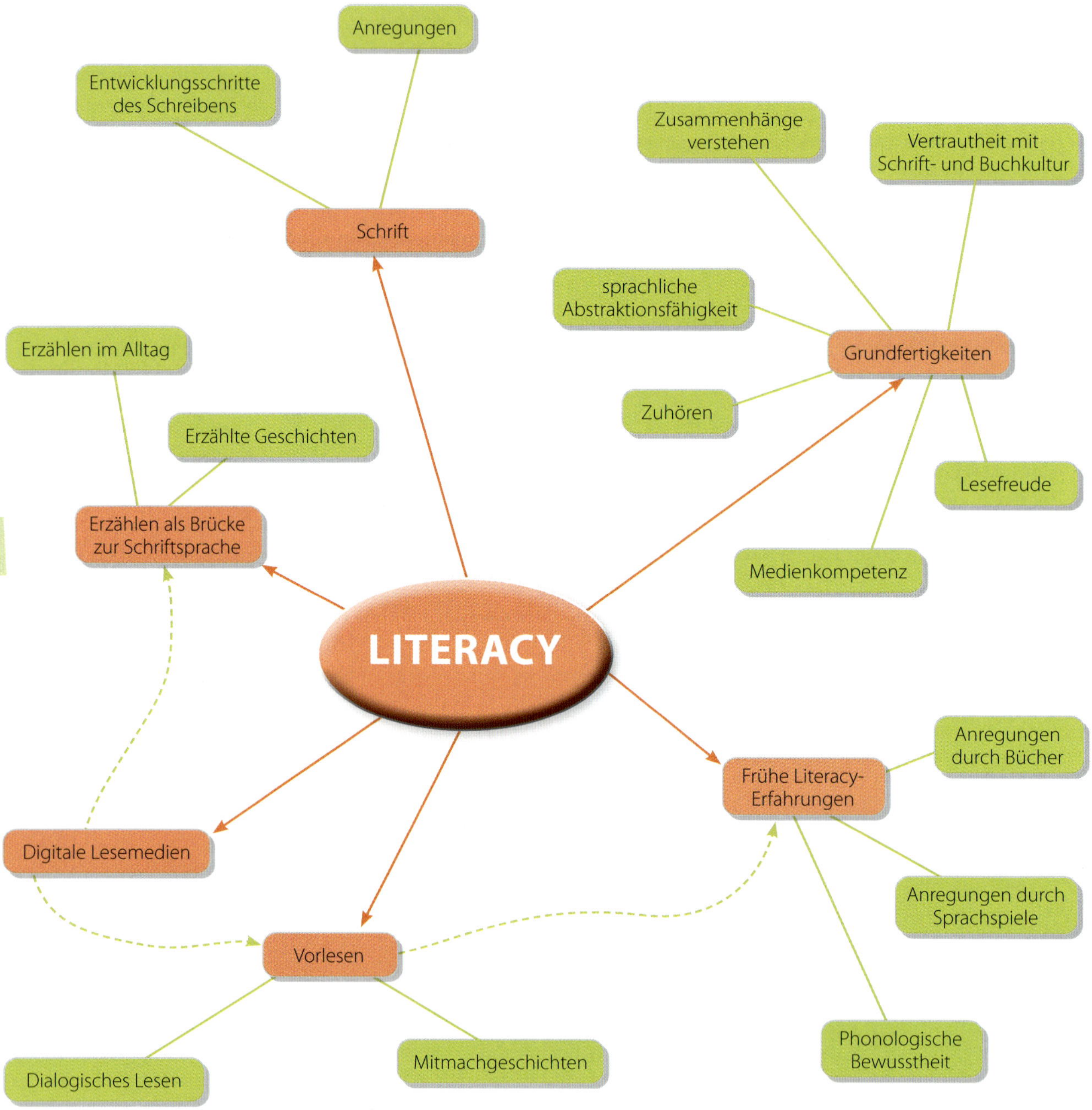

AUFGABE
„Wo und wie kann ich das Gelernte im Alltag, in der Ausbildung oder im Beruf anwenden?" Beantworten Sie diese Frage, indem Sie für die jeweiligen Endpunkte der Mindmap in der Klasse gemeinsam Beispiele zusammentragen.

 Werkzeug Sprache – Deutsch und Kommunikation für Erzieherinnen und Erzieher ISBN: 978-3-582-83521-5

KINDER- UND JUGENDLITERATUR

6

Situation:
Die pädagogischen Fachkräfte einer Kindertagesstätte haben den Auftrag bekommen, einen Elternabend zum Thema „Bilderbücher" vorzubereiten. Dazu sollen sie einen Büchertisch mit den Büchern, die bei den Kindern momentan besonders beliebt sind, zusammenstellen.
Außerdem möchten die Eltern gern wissen, worauf sie beim Auswählen von Büchern achten sollten und welche Themen in welchem Alter für die Kinder besonders wichtig sind. Einige Kinder in der Kita interessieren sich besonders für Märchen. Doch die Meinung im Team dazu ist gespalten. Die einen finden Märchen altmodisch und grausam, die anderen wollen gern ein Märchenprojekt machen. Daher wollen die Fachkräfte bei den Eltern an diesem Abend ein erstes Meinungsbild darüber einholen, was diese von Märchen halten.

Elena und Marek sind für den Büchertisch zuständig, während Nesrin und Greta die Eltern über Bilderbücher informieren wollen. Da die Leitung das Thema Märchen übernimmt, überlegen die vier in ihrer Teamsitzung, wie sie vorgehen wollen.

Lesen ist ein grenzenloses Abenteuer der Kindheit.
(Astrid Lindgren)

6 Kinder- und Jugendliteratur

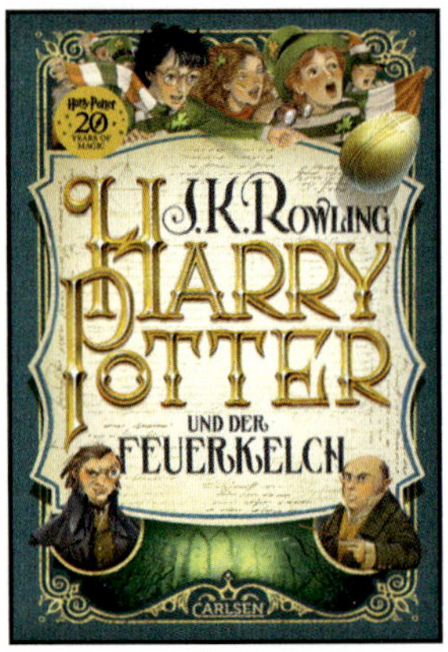

rezipieren: aufnehmen, verarbeiten

Hinweis:
Auf Seite 186–188 finden Sie Informationen
- zur Bedeutung von frühen Literacy-Erfahrungen,
- zur Anregung von Erzählhandlungen sowie
- zum Vorlesen und Arbeiten mit Bilderbüchern.

6.1 Grundlagen

Durch Bücher erschließen sich neue Welten, andere Perspektiven. Anders als beim Film muss man beim Zuhören und Lesen von Texten die eigenen inneren Bilder entfalten und Zusammenhänge zwischen Bildern und Geschichten herstellen.
Man kann verweilen, seinem eigenen Tempo folgen und Bilder wirken lassen. Dadurch werden Fantasie und Kreativität angeregt, Gefühle hervorgerufen und neue Gedanken und Ideen entwickelt.

Literatur kann von klein auf ein Wegbegleiter sein. Viele erinnern sich an ihre ersten Bilderbücher und an die Heldinnen und Helden der Kinderbücher der Grundschulzeit. Kindern die Welt der Bücher zugänglich zu machen, Schulkindern und Jugendlichen Buchempfehlungen zur Anregung zu geben, sind wichtige Impulse pädagogischer Fachkräfte.

Allgemein wird unter Kinder- und Jugendliteratur solche Literatur verstanden, die von Kindern und Jugendlichen rezipiert und in der Regel auch extra für sie geschrieben wird.
In Buchläden und Bibliotheken wird sie unter der Rubrik Kinder- und Jugendliteratur eingeordnet. Insofern entsteht die Zugehörigkeit zu Kinder- und Jugendliteratur durch eine Zuordnung.

Nicht alle Bücher, die heute von Kindern und Jugendlichen gelesen werden, waren ursprünglich für sie geschrieben, so z. B. Gullivers Reisen oder Robinson Crusoe. Gleichzeitig gibt es insbesondere im Fantasy-Bereich Romane wie beispielsweise Harry Potter, die ursprünglich für Kinder geschrieben wurden, sich aber auch bei Erwachsenen großer Beliebtheit erfreuen.
Eine weitere Besonderheit von Kinder- und Jugendliteratur besteht darin, dass sie häufig von Erwachsenen ausgesucht und gekauft wird – insbesondere dann, wenn es sich um Bücher für Kinder im Alter bis zu zwölf Jahren handelt.

Die Kinder- und Jugendliteratur weist eine Vielfalt von unterschiedlichen Gattungen und Medien auf. Neben fiktionalen Texten wie Erzählungen, Romanen, Lyrik und Schauspiel existieren Sach- und Spielgeschichten, Sachbücher, Comics, Zeitschriften, Hörspiele, um hier nur weniges zu nennen.

Die Auswahl in diesem Kapitel ist so getroffen, dass Sie einen Einblick in Bücher für unterschiedliche Lesealter bekommen. Dabei liegt der Schwerpunkt auf Literatur, die im Kindergarten und frühen Grundschulalter eingesetzt werden kann. Zudem wird der Fokus auf Kinderlyrik und Märchen als Gattung gerichtet. Ziel ist, Ihnen Informationen zu Qualitätskriterien und Themen zu liefern, damit Sie zielgruppenspezifisch Literatur für bestimmte Altersstufen und Anlässe aussuchen und einsetzen können.

6.2 Bilderbücher

6.2.1 Funktionen von Bilderbüchern

Bilderbücher können unterschiedlichste Funktionen haben. Ein Bilderbuch kann dienen als:

- Spielzeug, da Kinder es untersuchen oder auch damit bauen und es vielfältig im Rollenspiel einsetzen können.
- Bildungsmedium, da es Denk- und Wahrnehmungsprozesse anregt und beeinflusst.
- Medium zur Wissensaneignung, weil es Informationen vermittelt und Zusammenhänge erklärt.
- Hilfe bei der Bearbeitung von zentralen Entwicklungsthemen, weil Heldinnen und Helden in Konflikte geraten, diese bewältigen, Lösungen finden und ihre Gefühle äußern.
- Impulsgeber für sozial-emotionale Entwicklungsschritte, weil es die Identifikation mit Figuren anregt und somit eine Brücke zu Gefühlen und Gedanken anderer ermöglicht und so Perspektivwechsel und Empathie fördert.
- Medium zur Sprachförderung, weil der Wortschatz erweitert wird, eine Begegnung mit Schriftsprache erfolgt und es zur Kommunikation und zum Erzählen einlädt.
- Medium der ästhetischen Bildung, weil es die Entwicklung der Wahrnehmung von Formen, Farben und Perspektiven anregt.

6.2.2 Anregung durch Bilderbücher

Die Kinder erleben in den ersten Lebensjahren, dass die Sprache einen Symbolcharakter hat. Sie erkennen, dass fixierte Zeichen – zunächst Bilder, später auch längere Texte – etwas bezeichnen und beschreiben. Texte fassen in Worte, was im Bild passiert und Bilder erzählen Geschichten. Vergangenes, Zukünftiges und Fantastisches wird im Bilderbuch fixiert. Dadurch kann die Welt des Bilderbuches wiederholt abgerufen werden, sie bleibt gleich. Aber das Kind erlebt, dass sich sein Verhältnis zu dieser Welt verändern kann.

Angeregt durch Bilderbücher lernen Kinder ihre eigene Fantasie auszudrücken. Sie lernen, Worte zu hören und sich das Gehörte vorzustellen, innere Bilder zu entwickeln. Sie lernen, dass eine Geschichte einen Handlungsbogen hat und entwickeln so eine Leseerwartung und konzentrieren sich. Sie lernen, sich in die Welt der Figuren hineinzuversetzen, mitzufühlen, deren Gefühle und Motivationen zu verstehen und sich darüber auszutauschen.

Gleichzeitig entdecken sie, dass sie den Symbolcharakter von Sprache für sich nutzen können, um neue Welten zu erschaffen, Vergangenes zu fixieren, Zukünftiges zu planen und ihren eigenen Gedanken Ausdruck zu verleihen.
Die Bilder ermöglichen neue ästhetische Erfahrungen und laden ein, sich intensiver damit zu beschäftigen.

6.2.3 Qualitätskriterien für Bilderbücher

Einfach gesagt, sind Bilderbücher Bücher mit Bildern, die für Kinder gemacht sind. Aber diese einfache Beschreibung reicht nicht aus, um der Gattung „Bilderbuch“ gerecht zu werden. Zum einen stehen Text und Bilder in unterschiedlichem Verhältnis zueinander und zum anderen unterscheiden sich Bilderbücher stark in ihrer Qualität.

AUFGABE Lesen Sie den folgenden Textauszug und stellen Sie Kriterien auf, woran Sie anspruchsvolle und gute Bilderbücher erkennen können.

Es scheint, man muss, um dem Bilderbuch gerecht zu werden, zwei grundlegende Typen unterscheiden. Neben den zahlreichen Typisierungsversuchen gibt es doch eine deutliche Differenzierung in der Bilderbuchtheorie zwischen Kaufhausbilderbüchern im Stil des Naiven Realismus und künstlerisch anspruchsvollen Bilderbüchern.

Halbey schlägt die Bestimmung in „offene“ und „geschlossene“ Formen des Bilderbuches vor. Mit der offenen Bildform *„ist jede Bildmöglichkeit gemeint, die das kreative Betrachten in die Gestaltung mit einbezieht.“* Der Betrachter kann die eigentliche Bildaussage nur assoziativ in Verbindung mit den eigenen Erfahrungen erfassen – in einem aktiven Wahrnehmungsprozess. Dies gilt auch für den Text. […]
Die Gruppe der geschlossenen Bilderbücher meint jene bereits erwähnte naive Gebrauchsliteratur für Kinder, die zumeist klare, eindeutige und vordergründige pädagogische Ziele verfolgt und mit ihren stereotypen, verniedlichenden Protagonisten wenig künstlerisches Niveau anstrebt. Die Aussageabsicht des Buches soll möglichst eindeutig sein und die Bilder haben trotz ihrer Dominanz bezüglich des Textes oft eine illustrierende Funktion. […]

Der Text und die sprachliche Gestaltung neuer Bilderbücher sind oftmals fragmentarischer und offener gestaltet. Der Rezipient muss sich aktiv mit dem Bilderbuch auseinandersetzen, Zusammenhänge erkennen und eigene Schlüsse ziehen.
Auf der Bildebene orientieren sich die Bildgestaltungen an der Bildenden Kunst und ein künstlerischer Anspruch im Bild ist klar erkennbar. […]

Auf der inhaltlichen Ebene gelingt es den neuen Bilderbüchern zunehmend Tabuthemen anzusprechen und in Bild und Text darzustellen. Dabei wird keine pädagogische Quintessenz am Ende des Buches formuliert. Das Bilderbuch fordert die Meinungsbildung des Rezipienten heraus.

(Ritter, Alexander (2017): *Bilderbuchlesarten von Kindern. Neue Erzählformen im Spannungsfeld von kindlicher Rezeption und Produktion,* Hohengehren, Baltmannsweiler: Schneider Verlag, S. 14 f.)

Typisierungsversuch: hier: Versuch, unterschiedliche Typen von Bilderbüchern mittels Merkmalen in Gruppen einzuteilen, z. B. erste Bilderbücher, Tiergeschichten, Alltagsgeschichten usw.

assoziativ: verbindend; durch Verknüpfung von Vorstellungen entstehend

naiv: unkritisch, direkt

stereotype: immer gleich, klischeehaft

verniedlichen: verharmlosen; hier: eine Figur nach dem Kindchenschema (großer Kopf, große Augen) gestalten, damit sie niedlich wirkt.

Protagonist: zentrale Gestalt oder Figur

illustrieren: bebildern

fragmentarisch: bruchstückhaft, nicht vollständig

Quintessenz: Wesentliches, Wichtigstes; Hauptinhalt, Hauptgedanke

6.2.4 Bilderbücher – eine erste Einordnung

Bilderbücher lassen sich zunächst nach dem Verhältnis von Text und Bild einordnen. Es gibt textfreie Bilderbücher, Bilderbücher mit sehr kurzen Texten und Bilderbücher mit einem gleichrangigen Text-Bild-Verhältnis.

Textfreie Bilderbücher können Elementarbilderbücher mit einzelnen Gegenständen sein, Wimmelbilderbücher oder auch Bilderbücher, die durch das Erzählen einer Geschichte in Bildern zum Sprechen und Erzählen anregen. Kurze Texte sind häufig nur ein bis zweizeilige Kommentierungen oder Ergänzungen.

Bei einem gleichrangigen Textverhältnis erzählen Bilder und Text die Geschichte gleichrangig. Die Bilder stellen nicht nur die Illustration des Geschehens, sondern sind mit der Geschichte verknüpft, ergänzen diese oder schaffen eine neue Perspektive auf das Geschehen.

Ein weiteres Kriterium betrifft die Frage, ob eine fiktive Welt die Grundlage einer Geschichte ist oder ob es sich um ein informierendes Sachbuch handelt, das sich an der Wirklichkeit orientiert.

fiktional: auf einer Fiktion beruhend.

Fiktion: etwas Vorgestelltes, Erdachtes; etwas, was nur in der Vorstellung existiert.

Innerhalb der fiktionalen Bilderbücher gibt es wirklichkeitsnahe und fantastische Bilderbücher. Weiterhin lassen sich diese Bücher unterschiedlichen Themen zuordnen, wie beispielsweise Freundschaft, Familie, Gefühle, Abenteuer, fremde Welten.

Hinzu kommt die Einordnung für Kinder nach den kognitiven, sprachlichen und sozial-emotionalen Herausforderungen, die dann häufig in einer Altersangabe mündet.

kognitiv: das Denken, Erkennen und Wahrnehmen betreffend.

Grob eingeteilt lassen sich folgende Bücher unterscheiden:

Textfreie Bilderbücher
- Elementarbilderbuch – einzelne Gegenstände ohne Text
- Szenenbilderbuch – einfache bis komplexe Szenen werden dargestellt

Fiktionale Bilderbücher mit Text
- wirklichkeitsnahe Bilderbuchgeschichten über Umwelt, Natur, Farben, Zahlen, Buchstaben, Familie, Kindergarten, Arzt, Krankenhaus usw.
- fantastische Bilderbuchgeschichten mit unterschiedlichsten Themen
- problemorientierte Bilderbücher
- Märchenbilderbücher
- religiöse Bilderbücher

Non-fiktionale Bilderbücher
- Sachbilderbücher, die über Technik, Tiere, Umwelt, Geschichte, Berufe usw. informieren

6.2.5 Welche Themen interessieren Kinder?

Kleine Kinder ab ungefähr zwölf Monaten interessieren sich für Alltagsgegenstände und später auch für Alltagsgeschichten (Einkaufen, Spielzeug verlieren und finden usw.). Sie mögen Abbildungen von Dingen, die ihnen vertraut sind, und versuchen diese zu benennen.
Sehr früh schon beginnt die Lust an kurzen Texten mit Reimen. Dass Sprache und Bilder vorhersehbar sind, schafft für die Kinder Ordnung und vermittelt ihnen die Gewissheit, dass jedes Ding seinen Platz hat.

Spätestens ab drei Jahren sind Kinder in der Lage, einfache Handlungsabläufe in Form von Geschichten nachzuvollziehen. Sie lösen sich langsam von dem Vertrauten und interessieren sich für Fremdes. Sie schließen erste Freundschaften, nehmen Probleme wie Krankheiten, Streit, Scheidung, Umzug oder Tod wahr und beschäftigen sich damit. Sie können sich in die Hauptperson einer Geschichte hineinversetzen und erfahren so andere Sichtweisen und Lösungsversuche.

Im Alter von fünf bis sechs Jahren dürfen Handlungen bereits komplexer sein. Kinder interessieren sich in diesem Alter unter anderem für die Fragen des Lebens (Bibel, sehr einfache Märchen) und für Sachthemen (Dinosaurier, Autos, Flugzeuge, andere Länder, Tiere usw.). Sie wollen alles genau wissen und erkennen auch, dass andere Menschen Gründe haben, etwas zu tun oder zu lassen. Sie identifizieren sich stark mit den Hauptpersonen von Geschichten und nehmen Bücher gern zum Anlass, um über eigene Probleme zu sprechen.

Ab sechs Jahren sind die Interessen und Lesegewohnheiten noch unterschiedlicher. Manche Kinder lieben Märchen und Fantasiebücher, andere lange Bilderbücher und dritte möchten alles Erdenkliche über Sachthemen wissen.

Sprachliche Gestaltung

Für kleine Kinder sollten die Sätze einfach, kurz und anschaulich sein. Mit drei bis vier Jahren, können Kinder einfachen, klar gegliederten Haupt- und Nebensätzen folgen.

Mit fünf Jahren haben sie bereits einen erstaunlich großen Wortschatz. Ihr Denken ist sehr konkret, ihre Fähigkeit zu Schlussfolgerungen bemerkenswert. Sie können weitaus kompliziertere Sätze verstehen, als sie selbst sprechen. Wichtig ist, dass die Zuordnungen und Verknüpfungen eindeutig sind und die Sprache möglichst konkret und lebendig. Sie mögen keine langen Berichte, sondern bevorzugen konkrete, lebendige Erzählungen, in denen sie mitfiebern können, was passiert.

Insgesamt sind die Vorlieben und Interessen beeinflusst von der Erfahrung mit Büchern, der sprachlichen und kognitiven Entwicklung sowie vom Geschlecht.

6.2.6 Was erleben Kinder beim Vorlesen und Lesen?

Zunächst muss man unterscheiden, was gelesen oder vorgelesen wird und mit welchem Ziel dies geschieht. Grob gesehen lässt sich unterscheiden zwischen

- Lesen zur Unterhaltung und
- Lesen zur Information.

Es bestehen hier viele Überlappungen, auf die aber nicht weiter eingegangen werden soll.

Kinder, die sich mit Sachbüchern beschäftigen, tun dies allerdings nicht nur, um sich zu informieren, sondern um sich Zusammenhänge erklären zu können und zu entdecken, wie etwas funktioniert. Dies schafft Ordnung und Überschaubarkeit in einer Welt, die durch Schnelligkeit, viele Wechsel und Reizüberflutung geprägt ist.
Weiterhin können Sachbücher über Dinosaurier, Raubkatzen, Wölfe usw. die Fantasie anregen, selbst so ein Tier zu sein. Dieses vorgestellte Tier ist dann natürlich unverwundbar und beherrscht alle Situationen.

Der kleine Biber wohnte ganz allein ...

Und so kommt man von der Information zur Identifikation, denn jeder kennt das: Wir sehen einen Film, lesen ein Buch und sind mittendrin, fiebern mit, trauern, freuen uns, sind wütend, fühlen uns allein gelassen – ganz so, wie es der Hauptfigur der Geschichte auch geht. Die einen bevorzugen Literatur, die diesen Prozess „Mittendrin“ zu sein, verstärkt, andere lesen lieber Literatur, die mehr Abstand zulässt, zum Nachdenken und Nachfragen anregt. Das gilt für Leserinnen und Zuhörerinnen aller Altersgruppen.

Der kleine Biber wohnte ganz allein ...

Doch was passiert beim Lesen? Wir lesen oder hören den Satz: *„Der kleine Biber wohnte ganz allein an einem großen See.“* Und jeder von uns wird in seinem Kopf ein Bild von einem kleinen Biber und einem großen See haben. Und jedes dieser Bilder wird unterschiedlich sein. Und mit diesem Bild wird auch ein Gefühl einhergehen: Mitleid, Einsamkeit, Angst – auch das ist abhängig davon, was wir selbst erlebt haben und wie wir diesen Satz hören oder lesen. Beim Hören hängt es sogar davon ab, wie der Satz gelesen wird: traurig, als Herausforderung, Furcht einflößend oder sachlich. Was für uns ganz normal erscheint, muss aber erst gelernt werden. Wenn Sie diesen Satz einem Säugling vorlesen, wird der Ihren Mundbewegungen folgen, vielleicht sogar erschreckt schauen, aber nicht, weil er etwas versteht, sondern als Reaktion auf Ihre Furcht einflößende Stimme und Mimik.

Der kleine Biber wohnte ganz allein ...

Kinder müssen erst lernen ihre Fantasie zu entwickeln. Wörter müssen innere Bilder hervorrufen, ein Bild zu weiteren Tätigkeiten einladen. Das Kind muss sich den Übergang zwischen Wahrnehmen und Vorstellen erschließen. Es lernt zunehmend über etwas nachzudenken, wenn es beginnt zu verstehen, dass Worte und Bilder für etwas stehen, was in dem Moment nicht real vorhanden ist. Das Kind beginnt nach und nach innere Vorstellungen zu entwickeln, sich zu erinnern, im Voraus zu planen, sich seiner selbst in Zeit und Raum bewusst zu werden. All dies muss es können, bevor es wirklich in die Welt der Bücher, in die Welt der Fantasie eintauchen kann.

6.2.7 Zentrale Entwicklungsaufgaben als Themen in Bilderbüchern

Entwicklung wird definiert als ein über die Zeit ablaufender Prozess, *„der von verschiedensten Einflüssen immer wieder angestoßen und von diesen in Abfolge und Geschehen bestimmt wird."*[1]

Innerhalb dieses Entwicklungsprozesses ist das Kind immer wieder mit neuen Aufgaben konfrontiert. Im Alter zwischen zwei und vier Jahren entwickelt sich beispielsweise die Freude am Spiel mit anderen. Doch das gemeinsame Spiel muss ausgehandelt werden, damit es gelingen kann. Diese Aushandlungsprozesse verlangen sprachliche und sozial-emotionale Kompetenzen. Selbstkontrolle zu erlangen und emotionale Kompetenzen zu entwickeln, sind zentrale Entwicklungsaufgaben, bei denen Bilderbücher anregen und unterstützen können. Der Umgang mit Wut, Angst, Eifersucht, ersten Freundschaften, Ablösung von der Kernfamilie und Zuwendung zu anderen Menschen außerhalb der Familie sind hier wichtige Themen.

Kernfamilie: besteht aus einer Mutter und einem Vater sowie (gemeinsamen) Kindern, die in einem Haushalt zusammenleben.

Dabei ist das Thema des Buches nicht mit der Handlung zu verwechseln. In Maurice Sendaks Klassiker *„Wo die wilden Kerle wohnen"* erschließt sich das Thema, wenn man sich in die Welt der Hauptfigur begibt. Max wird von seiner Mutter verstoßen (ohne Abendessen ins Bett geschickt), weil er ungezogen war (den Wolfspelz trug). Max fühlt sich einsam und verlassen, aber Max ist auch wütend, so wütend, dass er am liebsten aus der Haut fahren würde. Das tut er auch: In seiner Fantasie reist er zur Insel der wilden Kerle, wird ihr König und macht mit ihnen den größten Unfug. Doch irgendwann muss er zurück. Er hält es allein bei den wilden Kerlen nicht mehr aus, seine innere Wut ist verflogen, er sucht wieder Geborgenheit. Diese findet er in Form des Abendessens, das noch warm auf dem Tisch steht, als er wiederkommt.

Kinder haben Angst verstoßen zu werden, wenn sie etwas Falsches getan haben. Gleichzeitig sind sie wütend, wenn sie bestraft werden. Deshalb brauchen sie die Gewissheit, zurückkehren zu können, auch wenn sie vor Wut außer sich waren. Dies vermittelt die Geschichte von Max. Das Thema ist also der Umgang mit Wut und die Ambivalenz zwischen Autonomie und Bindung.

Ambivalenz: Spannungszustand; Zerrissenheit; Zwiespältigkeit der Gefühle und Bestrebungen

Autonomie: Zustand der Unabhängigkeit, Selbstbestimmung, Entscheidungs- bzw. Handlungsfreiheit

Häufig haben Kinder zu einer bestimmten Zeit ein Lieblingsbuch, das immer wieder vorgelesen werden muss oder mit dem sie sich zurückziehen. Häufig wird in dem Buch ein Entwicklungsthema angesprochen, das für das Kind besonders aktuell ist. Wenn Sie das Entwicklungsthema eines Buches verstehen, dann können Sie das Buch gezielt anbieten. Und Sie können aus den Lieblingsbüchern der Kinder deren Themen erkennen.

Am leichtesten ist ein Thema zu erkennen, indem man sich den Gefühlen überlässt, ganz in die Welt des Buches einsteigt und sich hinterher fragt:
- Wie fühlte ich mich zu Anfang?
- Wie ging es mir währenddessen?
- Welches Gefühl habe ich am Ende?

Man kann auch versuchen, sich in die Hauptfigur hineinzuversetzen und aus deren Gefühlen und Erfahrungen auf das Thema schließen.
Nicht zuletzt kann man auch die Kinder fragen, was für sie in dem Buch besonders wichtig, traurig, aufregend, erfreulich oder überraschend ist. Dann wird man feststellen, dass ein gutes Buch auch Platz für mehrere Themen lässt.

1 Haug-Schnabel, Gabriele; Bensel, Joachim (2019): *Vom Säugling zum Schulkind. Entwicklungspsychologische Grundlagen* (Kindergarten heute. Wissen kompakt), Freiburg: Herder, S. 3

Wenn Sie betrachten, was die Kinder erleben, bekommen sie auch eine Ahnung davon, was sie beschäftigt: Gefühle am ersten Tag in der Schule, Rangkämpfe, körperliche Auseinandersetzungen, Freundschaften, die geschlossen und wieder aufgekündigt werden, Umzüge, ein neues Geschwisterkind – um nur einiges auf der konkreten Handlungsebene zu nennen.

Solche Situationen lösen unterschiedliche Gefühle aus. Kinder müssen lernen, mit ihren Gefühlen, mit elementaren Erfahrungen (wie verlassen werden, bedroht sein, anderen helfen usw.) umzugehen. Somit kann man sich einem Buchthema auch dadurch nähern, indem man sich anschaut, welche Erfahrungen die Heldinnen und Helden machen.

Um all die Angebote, die Bücher machen, auch wahrnehmen zu können, müssen Kinder die Worte verstehen, innere Vorstellungen entwickeln und an ihre eigenen Erfahrungen, ihre Lebenswelt, ihre Träume und Wünsche anknüpfen können. Daher gehört zur Auswahl eines Buches auch die Einschätzung, welche Impulse das Kind durch das Buch bekommen kann. Daher ist eine differenzierte Bilderbuchanalyse hilfreich, wenn Sie mit Kindern intensiver an einem Buch arbeiten wollen.

Überblick: Was gehört zur Bilderbuchanalyse?

Einleitung	▪ Titel, Autor/-in, Erscheinungsort und -jahr, Verlag ▪ Thema des Buches (Achtung: Nicht die Handlung, sondern das innere Thema, wie z.B.: einen Freund finden, sich in die weite Welt hinaustrauen usw.) ▪ kurze Inhaltsangabe
Hauptteil	Eine Analyse wichtiger Kriterien wie Aufbau, Darstellung der Figuren, Umgang mit Klischees, Raum, Zeit, Text-Bild-Verhältnis, sprachliche Gestaltung, kognitive Herausforderungen usw.
Fazit	Eine abschließende Beurteilung des Buches bzgl. Inhalt, Sprache, Qualität, Bedeutung für Kinder usw.

6.2.8 Die Bilderbuchanalyse

Beispiel für eine Bilderbuchanalyse:

Das Bilderbuch „Bist du feige, Willi Wiberg?“ stammt von der schwedischen Autorin Gunilla Bergström und setzt sich mit den Themen „körperliche Auseinandersetzung“ und „Mut haben, die eigene Angst einzugestehen“ auseinander. Es ist 1987 im Oetinger Verlag erschienen und ist immer noch sehr beliebt bei Kindern. Es hat eine Größe von ungefähr 25 cm mal 15 cm und einen festen Einband. Auf dem Einband sieht man einen Jungen in brauner Kleidung vor etwas davonlaufen. Er scheint nach links oben zu schauen. Dort erkennt man sehr klein und schwarz gezeichnet mehrere Personen, die in eine Prügelei verwickelt sind. Die Zeichnung geht auf der Rückseite des Bucheinbands weiter und zeigt im Hintergrund Hochhäuser. Der Einband ist in Blau gehalten und hat auf der Rückseite einen längeren Klappentext, der Auskunft über Inhalt und Thema des Buches gibt.
Die Hauptperson, Willi Wiberg, ist ein sechsjähriger Junge, der allein mit seinem Vater lebt. Er besucht die Vorschule, die schwedische Variante eines Kindergartens. Willi fällt dort auf, weil er sich nicht prügeln mag. Er wird als körperlich normal starker Junge beschrieben, der schon vieles kann, wie z. B. Einkaufstaschen schleppen oder dicke Stöcker in der Mitte durchbrechen. Die anderen Kinder akzeptieren, dass Willi sich nicht prügelt. Doch als drei neue Kinder in die Gruppe kommen, wollen sie ihn in eine Prügelei verwickeln. Willi muss sich deshalb der Situation aussetzen, vor allen Kindern zu sagen, dass er sich nicht schlagen mag, weil er Angst davor hat. Das Buch endet damit, dass Willi erkennt, dass es sehr mutig ist, seine eigene Angst vor anderen zuzugeben.
Das Buch macht also, wie auch in dem Klappentext beschrieben, Kindern Mut, sich nicht den Normen der anderen zu beugen, sondern bei der eigenen Einstellung zu bleiben.
Es handelt sich hier um eine Alltagsgeschichte. Die Zeichnungen sind sehr schematisch, doch die Mimik der Personen ist ausdrucksstark, sodass die Kinder genau sehen können, was die Personen denken und fühlen. Vom Stil her erinnern die Figuren an Kinderzeichnungen. Sie haben große, mehr oder minder kahle Köpfe, von denen ein paar Haare in die Höhe stehen. Doch Hände, Füße und Bewegungen sind genau zu erkennen.
Die Bilder illustrieren großflächig den Text. Wenn die Kinder den Text kennen, können sie ihn anhand der Bilder gut nachvollziehen. Der Text nimmt in der Regel nicht mehr als ein Viertel einer Doppelseite ein. Jede Szene wird auf einer Doppelseite dargestellt. Dabei sind Alltagsgegenstände und Alltagshandlungen zu erkennen. Die Bilder sind auf das Wichtigste beschränkt und bilden mit dem Text eine Verständniseinheit.
Das Buch orientiert sich an der Lebenswelt der Kinder. Es beschreibt aus der Perspektive Willis alltägliche Erfahrungen: Willi erlebt sich stark, er kann Zweige durchbrechen, Tabletts voller Geschirr und schwere Einkaufstüten tragen. Wenn er zu einer Prügelei herausgefordert wird, gibt er sich sofort geschlagen. Jede dieser Aussagen über Willi wird zeichnerisch dargestellt.
Willi erlebt, dass sein Vater ihn, was körperliche Auseinandersetzungen anbelangt, gern aktiver sehen würde. Er lädt ihn zu Rangeleien ein und gibt sich dann geschlagen. Doch Willi lässt sich nur darauf ein, weil es dem Vater Spaß macht, denn er weiß, dass dieser eigentlich stärker ist und nur so tut, als sei er besiegt. Dieser Szene widmet die Illustration zwei Doppelseiten. Während im Text sehr klischeehafte Äußerungen des Vaters, wie: „Man muss sich verteidigen können“, zu lesen sind, sieht man auf dem Bild einen mittelalten Mann mit wenigen Haa-

6

ren und abstehenden Ohren, der den Ärmel seines zu großen Wollpullovers hochgezogen hat und einen eher kleinen Oberarmmuskel präsentiert. Im nächsten Bild liegt der Vater, von Willi besiegt, auf dem Boden und Willi hockt mit einem eher betretenen Gesichtsausdruck auf ihm.
Hier wird sehr deutlich, dass mit Rollenklischees gespielt wird. Der Charakter des Vaters, so wie die Illustration ihn zeigt, passt so gar nicht zu seinen Äußerungen. Ein weiterer Bruch zwischen Sagen und Tun aus Willis Sicht wird dargestellt, wenn es um das Thema Prügeleien und Fernsehkrimis geht. Die Erwachsenen sagen den Kindern, und hier sind die Erwachsenen sehr moralisierend und ernst dargestellt, dass man keine Gewalt anwenden und sich nicht schlagen soll. Aber sie sehen gern Krimis im Fernsehen und da gibt es auch Schlägereien.
Für Kinder sehr ansprechend ist hier, dass diese Dinge aus Willis Sicht beschrieben werden. Willi stellt dies fest, ohne zu moralisieren oder sich weiter damit auseinanderzusetzen. So wie Kinder das auch oft erleben und selbst tun.
Der Wendepunkt in der Geschichte kommt, als drei neue Kinder in die Vorschule kommen, die gleich morgens anfangen zu zanken und zu prügeln. Am dritten Tag nehmen sie sich Willi vor und wollen ihn verprügeln. Diese für Kinder bedrohliche Situation wird am Bildrand dargestellt und nicht, wie sonst in dem Buch, in die Bildmitte gerückt.
Die anderen Kinder greifen ein und rufen, dass es mit Willi keinen Zweck habe, er würde sich nicht schlagen. Doch die drei Kinder glauben ihm nicht. Also wird Willi von den anderen Kindern aufgefordert, es zu sagen. Durch die Illustration wird Willi stark hervorgehoben. Er steht in der Mitte des rechten Bildes und alle Kinder sehen ihn an. Er schaut betreten aus und hat die Hände hinter dem Rücken versteckt. Der Text erzählt, dass Willi sagt: „Ich schlag mich nicht. Ich traue mich nicht“, und alle Kinder ganz still werden.
Hier wird durch Text und Bild sehr deutlich, dass Willi dieses Geständnis schwerfällt.
Im Anschluss an diese Szene fragen die drei Kinder, ob sie mit Willi an der Holzhütte bauen dürfen. Er lässt sie mitmachen.
Als Willi auf der Toilette ist, hört er, wie eines der Kinder zu dem anderen sagt, dass der kleine Willi doch recht mutig sei, seine Angst so offen zuzugeben. An Willis Gesicht ist zu sehen, dass er darauf stolz ist.
Das Buch endet damit, dass Vater und Willi zusammensitzen und Willi den Vater fragt, ob er sich früher oft und gern geprügelt hätte. Doch der Vater muss zugeben, dass er das nicht getan hat, weil er Angst hatte. Daraufhin lobt Willi ihn und sagt: „Das ist mutig von dir, Papa, dass du dich getraut hast, es zu sagen!“
Ich denke, dass Willi viel von dem thematisiert, was Kinder beschäftigt, die körperlichen Auseinandersetzungen aus dem Weg gehen und sich zurückziehen, wenn andere Kinder sich physisch und psychisch sehr viel Raum geben. Auch Willi hat Angst vor den Situationen, in denen es laut zugeht und in denen Kinder miteinander rangeln. Die Lösung für dieses Problem findet er selbst, indem er sagt, dass ihm das Angst macht. Doch es wird auch deutlich, dass dies Überwindung kostet und er erst noch die Aufforderung von außen braucht. Damit wird die Konfliktlösung für die Kinder nachvollziehbar.
Thematisch greift das Buch sehr alltagsnah einen bestehenden Konflikt auf. Dies tut es mit einfachen, ausdrucksstarken Bildern und in einer kindgerechten Sprache. Die Art der bildlichen und sprachlichen Darstellung, sowie die Länge der Geschichte und die Einfachheit der äußeren Handlung machen das Buch für die Altersgruppe der ungefähr Vierjährigen gut geeignet. Büchererfahrene Kinder können schon ab drei Jahren daran Interesse haben.

6.2.9 Mit Bilderbüchern Impulse für die emotionale Entwicklung geben

Wir Erwachsenen vergessen oft, wie schwierig die Welt der Gefühle für Kinder sein kann. Wenn mein Bauch grummelt, habe ich dann Hunger oder Angst? Wenn ein anderes Kind weint, ist es dann traurig oder hat es sich wehgetan? Wenn mich jemand anschaut, was empfindet die Person?
Das alles und vieles mehr lernen Kinder im Laufe der ersten Jahre über Gefühle. Dabei gibt es sehr wichtige Grundfähigkeiten, die ein Kind beherrschen muss, um mit den eigenen Gefühlen und denen anderer richtig umgehen zu können.

Wenn ein Kind sowohl mit seinen eigenen Gefühlen als auch mit denen anderer umzugehen weiß, dann kann es in konfliktträchtigen Situationen seine Bedürfnisse äußern. Es kann erklären, wie es sich fühlt, und die Gefühle des anderen erkennen und benennen. Um Kinder durch Bücher bei dieser Entwicklungsaufgabe zu unterstützen, ist es hilfreich zu wissen, welche Grundfertigkeiten zur emotionalen Entwicklung gehören und wie sie sich entwickeln.

Gestik: siehe Seite 58.

Mimik: siehe Seite 58.

mimischer Emotionsausdruck: durch Stimmlage, Mimik, Worte und Haltung verratener gefühlsmäßiger Zustand einer Person.

Emotionsregulation: Bezeichnung für alle Prozesse, mit denen jemand versucht, seine Gefühle in eine bestimmte Richtung zu beeinflussen.

Zum einen ist da der eigene mimische Emotionsausdruck. Das Kind lernt, wie es seine Gefühle durch Gestik und Mimik ausdrückt. Dann beginnt es den mimischen Emotionsausdruck anderer Personen zu deuten. Diese beiden Fähigkeiten entwickeln sich im ersten Lebensjahr. Wenn das Kind zu sprechen beginnt, dann lernt es auch seine Gefühle verbal auszudrücken und zu verstehen, wie andere Menschen dies machen. Es entdeckt, dass Gefühle und Gedanken eng zusammenhängen. Es lernt, dass man seine Gefühle auch verstecken kann und dass man ein Gefühl auch zeigen kann, wenn man es nicht hat. Eng damit verbunden ist die Emotionsregulation. Schon als Baby lernt ein Kind, seine eigenen Gefühle zu regulieren und später situationsangemessen auszudrücken.

Im Grunde eignet sich jedes Buch dazu, über Gefühle zu sprechen. Bei Bilderbüchern ist es besonders wichtig, das Wissen um den Emotionsausdruck, die Benennung von Emotionen und das Verständnis für Emotionen zu fördern.
Dies können Sie dadurch erreichen, indem Sie danach fragen, wie sich eine Figur fühlt, welchen Gesichtsausdruck, welche Körperhaltung sie hat. Lassen Sie Gefühle benennen oder benennen Sie diese. Lassen Sie sich von den Kindern erzählen, was sie tun, wenn sie dieses Gefühl haben. Fragen Sie nach, warum eine Figur das Gefühl hat. Wenn die Geschichte bereits komplexer ist, dann können Sie auch fragen, ob die anderen Figuren wissen, wie es der Hauptperson geht.

Geeignet sind Bücher in denen Konflikte thematisiert werden. Aber auch Bücher, in denen die Hauptfigur Abenteuer erlebt, Ängste bewältigt, mit Niederlagen klar kommen muss, stolz auf sich sein kann usw., können Anlass zu weiteren Gesprächen geben.

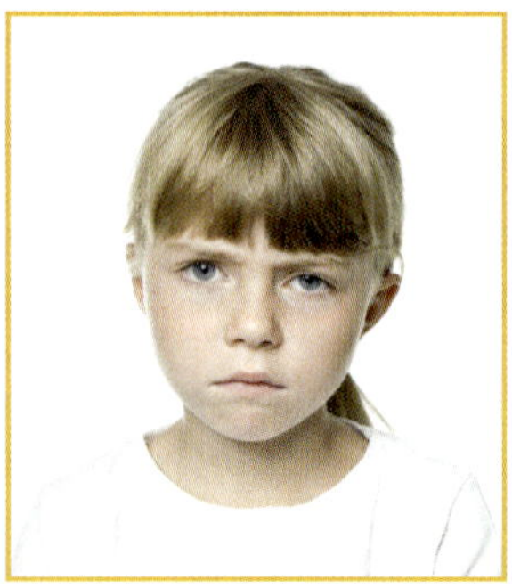

 Werkzeug Sprache – Deutsch und Kommunikation für Erzieherinnen und Erzieher ISBN: 978-3-582-83521-5

6.2.10 Gefühle in Bilderbüchern – drei Beispiele

(1) **„Die Schreimutter"** von Jutta Bauer, 2000 bei Beltz & Gelberg erschienen, wurde 2017 zum vierten Mal aufgelegt.

Das kleine Buch (20x16cm) zeigt auf dem Titelbild einen erwachsenen Pinguin, der ein zappelndes um sich schauendes Pinguinkind hinter sich her zieht.

Das Buch beginnt damit, dass die Pinguinmutter ihr Kind so anschreit, dass es auseinanderfällt und seine Körperteile sich in alle Himmelsrichtungen verteilen. Sie sucht alle Körperteile wieder zusammen und sagt am Ende: „Entschuldigung."

Mit den Worten *„Heute morgen hat meine Mutter so geschrien"* setzt die Geschichte ein. Der Satz steht auf der linken Buchseite, auf der rechten sieht man einen Pinguin mit stechenden Augen und weit aufgerissenem Schnabel einen kleinen Pinguin anschreien. Der Satz wird auf der nächsten Doppelseite fortgesetzt: *„dass ich auseinander geflogen bin."* Die Illustration dazu zeigt den bestürzten Blick des erwachsenen Pinguins sowie das Pinguinkind, wie es sich gerade auflöst. Auf diesen zwei Doppelseiten hat eine Grunderfahrung ihren Ausdruck gefunden. Das Pinguinkind erlebt den ganzen Zorn der Mutter, wird angeschrien, ohne zu verstehen, warum. Daraufhin löst es sich auf.

Auf den nächsten Seiten wird beschrieben, wohin Kopf, Körper, Flügel, Schnabel, Po sich hin verirrt haben.
„Meine Füße blieben stehen, aber dann rannten sie und rannten. Ich wollte suchen, aber die Augen waren im Weltall … wollte schreien, aber der Schnabel war in den Bergen …" Mit diesen Worten wird die Verzweiflung und das Gefühl von absoluter Verunsicherung deutlich. Die Bilder geben diesem Gefühl einen intensiven Ausdruck. Die jeweiligen Körperteile sind klein in eine Landschaft gezeichnet. Das Pinguinkind erlebt sich zerbrochen, hilflos und ängstlich. Es spürt sich nicht mehr.

„Ganz müde waren die Füße abends in der Wüste Sahara angekommen, als sich ein großer Schatten über sie legte." Die Mutter hat die Körperteile des Kindes bereits eingesammelt und zusammengenäht. Nur die Füße fehlen noch. Der große, fast bedrohlich wirkende Schatten ist das Boot, mit dem die Schreimutter, wie sie im Buch heißt, die Körperteile gesucht hat. Doch erst als sie am Ende *„Entschuldigung"* sagt, fühlt sich das Kind wieder ganz. Nun stehen die beiden an der Reling des Bootes und die Schreimutter hat einen Flügel um das Kind gelegt.

In *„Schreimutter"* findet die Verzweiflung des Kindes eine Ausdrucksform, aber auch das beschämte Entsetzen der Schreimutter über sich selbst und ihre darauffolgende Mühe werden deutlich. Damit richtet sich das Buch an Eltern und Kinder gleichermaßen. Es bietet Bilder für Gefühle an, über die sonst nicht gesprochen wird und lädt zum Gespräch ein.

(2) **„‚Hast du Angst?', fragte die Maus."** So lautet der Titel eines Bilderbuches von Rafik Schami, mit Illustrationen von Kathrin Schäfer.
Es ist 2013 bei Beltz & Gelberg erschien.

Das Titelbild ist in einem warmen Rot gehalten, eine vollständig abgebildete kleine Maus blickt neugierig auf eine viel größere Katze, von der nur die riesigen Augen und die Nase zu sehen sind. Der Gegensatz zwischen den beiden Figuren wirkt fast bedrohlich und erzeugt Spannung.

Mina, die kleine Maus, wartet mit ihren vielen Geschwistern auf die Mutter. Als diese atemlos hineinstürzt und von ihrer Angst vor der Katze erzählt, fragt Mina, wo sie sei, die Angst. Die Mutter antwortet, dass man Angst nicht zeigen könne. Das bereitet Mina eine unruhige Nacht. Sie will wissen, was Angst ist. In der Morgendämmerung macht sie sich auf den Weg, um das herauszufinden. Sie fragt einen Löwen, ein Nilpferd, einen Igel, einen Elefanten, einen Hund, eine Grille und eine Schildkröte. Doch kein Tier macht ihr Angst oder kann ihr Angst erklären. Dann schlängelt sich eine Schlange von hinten an Mina heran und Mina spürt, wie Angst sich anfühlt. Sie rennt los und sucht Schutz bei der Mutter, der sie erzählt, dass sie nun Angst habe. Die Mutter lädt sie ein, zu ihr zu kommen, damit die Angst verschwindet.

Die Illustrationen des Buches sind sehr ausdrucksstark, da sie die Größenverhältnisse und zum Teil auch die Gefahr, die von dem Tier ausgehen kann, deutlich machen. Der riesige Löwe mit seinen spitzen Zähnen ist belustigt, dass es ihm nicht gelingt, der Maus Angst zu machen. Die anderen Tiere können Mina auch nicht erklären, was Angst ist. Dadurch, dass die kleine Maus unterschiedlichste Tiere fragt, steigt die Spannung. Spannung und Angst liegen dicht beieinander.

Doch Spannung kann etwas Lustvolles sein, das Spiel mit der Angst auch. Aber die echte Angst ist bedrohlich. Diese wird als körperliches Gefühl beschrieben. Mina hört die Schlange zischelnd fragen, ob sie etwas suche. *„Plötzlich spürte sie Kälte in ihren Pfoten. Mina drehte sich um und blickte einer Schlange genau in die Augen." „Mina fühlte eine bedrückende Enge in ihrer Brust. Sie bekam keine Luft mehr, gerade so, als würde ihr jemand den Hals zudrücken. Und ihr Herz klopfte gegen ihren Brustkorb, als wollte es flüchten."* Mina flüchtet in die Mausehöhle zur Mutter. In der Umarmung der Mutter und zwischen den schlafenden Geschwistern spürt sie Geborgenheit. *„Mina schmiegte sich zwischen sie. Langsam spürte sie, wie ihr warm wurde und wie durch das Kuscheln die Enge im Hals und Herzen verschwand. Sie atmete erleichtert auf und schlief sofort ein."*

Die Wärme der Geborgenheit löst die Kälte der Angst auf. Kinder können mit dem Buch die Angst spüren, sie wird in Worte gefasst und dadurch greifbar. Und sie erleben, wie die Angst durch das Gefühl der Sicherheit und Geborgenheit abgelöst wird. Damit verarbeiten sie eigenes Angsterleben und können den damit verbundenen Gefühlen Worte geben. Die differenzierte Beschreibung, wie Angst sich anfühlt, lädt zu Gesprächen darüber ein.

(3) **„Nusret und die Kuh"** – von Anja Tuckermann, Mehrdad Zaeri und Uli Krappen, erschienen 2016 im Tulipan Verlag – thematisiert die Gefühle beim Verlassen der Heimat und bei einem Neuanfang in einem anderen Land.

In der Geschichte berichtet Nusret in der Ich-Form von seinem Leben bei den Großeltern, während die Eltern in Deutschland arbeiten. Dann holen die Eltern Nusret nach Deutschland. Er beschreibt das andere Leben in Deutschland, bis er zu Besuch zu den Großeltern fährt.

In der Erzählung spielt die Kuh eine bedeutende Rolle. Am Anfang ist sie ein wichtiger Bestandteil des bäuerlichen Lebens mit den Großeltern. *„Am liebsten mag ich unsere Kuh. Sie ist schwarz-weiß, sie gibt uns viel gute Milch. Aus der Milch machen wir Quark, Joghurt, Butter und Käse. Omi melkt sie und ich muss der Kuh währenddessen ein Lied vorsingen und den Schwanz festhalten."* Auf dem Bild, das sich über eine Doppelseite erstreckt, sieht man Nusret, wie er auf dem Boden liegt und die Kuh ihn mit ihrer breiten feuchten Zunge ableckt, weil er, wie im Text dargestellt, ihr vom Heuboden vor das Maul gefallen ist.

Als Nusret erfährt, dass er mit den Eltern nach Deutschland soll, beschreibt er seine Gefühle. *„Ich, Nusret, höre gar nicht mehr richtig hin, weil ich mich umschaue und denke: Omi und Opi und die Hühner [...] und die Kuh, meine Kuh, sie alle würde ich nie wiedersehen oder nur noch einmal im Jahr."*
Nusret nimmt die Kuh mit. Er beschreibt den Weg und die Ankunft. Er erzählt in einem Brief an die Großeltern, wie schnell er Freunde gefunden hat und was er schon alles kann. Während bisher Nusret und seine Kuh im Einklang waren, betont Nusret nun die Unterschiede zwischen den beiden: *„Ich, Nusret, gehe gern in die Schule, weil ich Freunde habe. Die Kuh nicht. Sie kann schon lesen und schreiben, mehr will sie nicht lernen".* Die Trauer über den Verlust der gewohnten Umgebung, das Gefühl von Einsamkeit und das Bedürfnis nach Rückzug werden auf die Kuh projiziert. Dadurch kann Nusret sich dem neuen Leben widmen. Als er nach einem Jahr wieder zu den Großeltern fährt, bleibt die Kuh dort zurück. Nusret kommentiert: *„Wir verbringen die Ferien zusammen und ich will mit meinen Eltern wieder nach Deutschland fahren. Ich möchte meine Freunde wiedersehen. Die Kuh bleibt bei Omi und Opi. Schon wieder ein Abschied."*

Die Kuh ist für Nusret nicht nur Projektionsfläche und ein Teil seiner selbst, den er nicht nach außen zeigt, sondern auch eine Möglichkeit, einen inneren Konflikt symbolisch zu lösen. Er fährt, die Kuh, seine Verankerung mit der Heimat, bleibt und er weiß, dass sie nun bei den Großeltern ist und ihnen die Post vorliest, weil sie ja lesen und schreiben kann. Nun schreibt er, wie früher seine Eltern, Briefe an die Großeltern und die Kuh: *„Liebe Omi, lieber Opi, liebe Kuh, ich spiele mit den anderen Kindern [...]. Ich bin gern bei Mama und Papa [...] und auch bei Euch, aber ich weiß, das geht nicht gleichzeitig. Euer Enkel Nusret und der Freund von der Kuh."*

Für Kinder und Erwachsene werden hier Sehnsucht und innere Zerrissenheit in einer Form beschrieben, die es möglich macht darüber zu sprechen.

6.3 Kinderlyrik

Lyrik: Dichtung in Versform.

Gattung: Einordnung literarischer Werke in bestimmte Gruppen.

mündlich tradiert: mündlich überliefert.

Prosatext: erzählender Text, der nicht in Reimform verfasst ist.

Der Begriff Kinderlyrik ist nicht ganz einfach zu definieren. Mit dem Begriff der Lyrik wird eine der drei großen Gattungen der Literatur bezeichnet. Unter Kinderlyrik fallen Gedichte für Kinder, aber auch Liedtexte, Abzählreime, Fingerspiele und Mitmach-Gedichte, ebenso wie Bilderbücher mit gereimten Texten.

Man kann zwischen mündlich tradierten Texten, die irgendwann schriftlich fixiert wurden, und Texten, die von Autorinnen und Autoren eigens für Kinder geschrieben wurden, unterscheiden.
Kinderlyrik zeichnet sich, wie die Lyrik für Erwachsene, durch eine verdichtete, bildhafte Sprache aus.

6.3.1 Die Bedeutung von Kinderlyrik für die Sprachentwicklung

AUFGABE

a) Lesen Sie den folgenden Text.

b) Fassen Sie in einer Concept-Map zusammen, warum Reime für Kinder wichtig sind.

Concept-Map: siehe Seite 30.

Kinder sind für Melodie und Rhythmus der Sprache sehr empfänglich. Die Lust an der Verdopplung gehört zu unseren frühesten Erfahrungen mit Sprache. „Mama" ist häufig eines der ersten Wörter, das Kinder sprechen. Es folgen „wauwau", „dada", „lala" – Silbenverdoppelungen prägen den frühkindlichen Sprachgebrauch.

Vokale: Selbstlaute; der Unterschied zwischen kurzen Vokalen wie in „Ratte" und langen Vokalen wie in „Rate" ist bedeutungstragend.

Akzentuierung: Betonung

Stabreim: besondere Form der Alliteration (mehrere Worte beginnen mit dem gleichen Buchstaben oder der gleichen Buchstabenkombination), durch die besonders wichtige Wörter hervorgehoben werden.

Literalisierung: Herausbildung der Lese- und Schreibfähigkeit.

expressiv: ausdrucksstark

In unserer Sprache entsteht der Sprechrhythmus aus langen und kurzen Vokalen, aus betonten und unbetonten Silben. Melodie, Rhythmus und Akzentuierung sind die Klangmerkmale der deutschen Sprache. Diese Klangmerkmale können kaum besser als mit Fingerspielen und Reimen, durch Spielverse, Spiellieder und Gedichte vermittelt werden. Kinder werden auf diese Weise spielerisch mit dem Klang der Sprache vertraut. Stab- und Endreime, Abzählverse und Lieder aktivieren expressives Sprechen und regen Kinder an, sich sprachlich auszudrücken. Dass Kinder Sprachklang, Sprachrhythmus und Reim erleben, ist entscheidend für die spätere Literalisierung.

Sprachbildung und Sprachförderung erfordern stets ganzheitliches Lernen mit allen Sinnen. Sprache, Motorik und Sinneswahrnehmung sind voneinander abhängig. Daher wecken Fingerspiele und Verse, Reime und Gedichte ganz spielerisch die Lust am Sprechen. Sprache in Bewegung erleben, das bedeutet, mit dem ganzen Körper, mit Stampfen, Klatschen oder Hüpfen, Singen oder Gehen dem Rhythmus und dem Takt der Sprachstruktur zu folgen. Reime sind nicht nur heiter und machen Spaß, sie lassen sich auch gut merken, können leicht erinnert und vielfach wiederholt werden – und Kinder lieben die Wiederholung von Aktionen, die ihnen Freude machen.

 Werkzeug Sprache – Deutsch und Kommunikation für Erzieherinnen und Erzieher ISBN: 978-3-582-83521-5

> Bei Reim- und Sprachspielen sowie Gedichten steht nicht der Wortsinn im Vordergrund – das Verstehen -, sondern es geht um Gefühle. Wenn Kinder sich bei bekannten Versen und Gedichten sicher fühlen, wenn sie sich erinnern und wiederholen können, was sie schon können, finden sie einen positiv besetzten Zugang zum Sprechen und zur Sprache.
>
> (Näger, Sylvia (2013): *Literacy. Kinder entdecken Buch-, Erzähl- und Schriftkultur,* Freiburg: Herder Verlag, S. 29 f.)

Tipp:
Viele schöne Fingerspiele können Sie unter dem Stichwort Fingerspiele im Internet recherchieren.

Hinweis:
Mehr Informationen zu Fingerspielen und Reimen finden Sie im Kapitel 3 – im Rahmen von Spracherwerb, Sprachförderung und Zweitsprachenerwerb.

6.3.2 Reime als Begleiter von Übergängen

Reime sind vorhersehbar. Sie vermitteln nicht nur eine sprachliche Struktur, sondern können durch ihre Struktur Übergänge im Alltag erleichtern und bei Alltagshandlungen beruhigend wirken. Daher sind Reime und kleine Fingerspiele in Wickelsituationen so beliebt. Auch beim Anziehen, Aufräumen, Verabschieden, Aufstehen und ins Bett gehen, bei all den kleinen Übergängen im Alltag können sie Kinder dabei unterstützen, von einem Ort zum nächsten, von einer Tätigkeit zur nächsten zu wechseln.

6.3.3 Fingerspiele und Reime zum Mitmachen

Hinweis:
Siehe Seite 197.

Kinder lieben Fingerspiele und Reime zum Mitmachen, weil sie dabei aktiv gestalten und dabei sein können. Sie erlernen die Verse durchs Zuhören und Zuschauen.

Schon kurze Reime können eine Geschichte erzählen. Das beliebte Kniereiterspiel *„Hoppe, hoppe, Reiter"* beginnt mit diesem einführenden Satz. Dann wird die Geschichte weiter erzählt: *„Wenn er fällt, dann schreit er."* Nun kommt das spannungssteigernde Moment: *„Fällt er in den Graben, fressen ihn die Raben."* Die Spannung erreicht den Höhepunkt: *„Fällt er in den Sumpf,"* und auf die Frage, wie es nun weitergeht, kommt die Auflösung: *„Macht der Reiter plumps."* Damit folgt dieser Reim dem Aufbau einer klassischen Geschichte: Einführung – Spannungsaufbau – Höhepunkt und Lösung.
Das Kind entwickelt an die Erzählung eine Erwartungshaltung, die immer wieder befriedigt wird. Es lernt dadurch, dass Erzählungen aus mehreren, aufeinander aufbauenden Teilen bestehen, einen roten Faden und einen Spannungsbogen haben. Das sind wichtige Voraussetzungen, um in die Welt der Geschichten eintauchen zu können.

Wenn Sie bei komplexeren Mitmach-Reimen oder Fingerspielen den Kindern das „Mitlesen" durch Bilder ermöglichen, können die Kinder nicht nur schneller aktiv dabei sein. Ganz nebenher lernen sie, dass man einen Ablauf mithilfe von Symbolen fixieren und wieder abrufbar machen kann. Denn die Bilder haben eine „Leserichtung" und eine Bedeutung.

6.3.4 Lyrische Sprache im Bilderbuch

Kleine Kinder mögen kurze gereimte Sätze, da sie das Reimwort auch bei einem kleinen Wortschatz schnell mitsprechen können. Besonders Bücher, in denen sich Wörter und Geräusche aufeinander reimen, erfreuen sich großer Beliebtheit.

Gut geeignet für Kinder ist die Geschichte *„Morgens früh um sechs kommt die kleine Hex"*, da mit jeder fortschreitenden Stunde eine Tätigkeit verbunden ist:

> Morgens früh um sieben, schabt sie gelbe Rüben, morgens früh um acht, wird Kaffee gemacht, morgens früh um neune, geht sie in die Scheune, morgens früh um zehne, putzt sie ihre Zähne, feuert an um elfe, kocht dann bis um zwölfe Fröschebein und Krebs und Fisch. Hurtig Kinder, kommt zu Tisch.

Am Ende des Buches wird das Muster etwas variiert, der Rhythmus jedoch beibehalten. Dadurch entsteht eine Spannung. Die Aneinanderreihung von Uhrzeiten und Tätigkeiten nähert sich dem Ziel. Die Kinder werden zu einem „Hexenessen" eingeladen.

Sehr viel komplexer ist die Geschichte *„Es klopft bei Wanja in der Nacht"* von Reinhard Michl und Tilde Michels. Es beginnt mit den Worten *„Weit fort in einem kalten Land/steht Wanjas Haus am Waldesrand./In langen Zapfen hängt das Eis,/und rings umher ist alles weiß."*

In dieses Haus von Wanja flüchten sich im Laufe eines Schneesturms unterschiedliche Tiere, die sonst nicht friedlich miteinander leben. Als der Hase, das erste Tier, hört, dass der Fuchs rein will, ruft er: *„... Nein, o nein,/lass bloß den Fuchs hier nicht herein"/ Er ist darauf versessen,/uns Hasen aufzufressen."*

Doch der Fuchs schwört, den Hasen nicht zu fressen und darf herein. Als der Bär vor der Tür steht, bekommen alle Angst. Doch auch der Bär darf die Nacht bei Wanja verbringen. Die Tiere verlassen in der Dämmerung das Haus. Als Wanja aufwacht und die Spuren im Schnee sieht, endet das Buch mit den Versen:

„Der Wanja schaut und nickt und lacht:/"Wir haben wirklich diese Nacht/gemeinsam friedlich zugebracht.-/Was so ein Schneesturm alles macht!"

Die Verse beschreiben konkrete Handlungen und die Bilder illustrieren dies gleichzeitig, da sie die Gefühle der Protagonisten und die Stimmung einfangen. Die gereimten Wörter und der verwendete Wortschatz gehen über den mündlichen Sprachgebrauch hinaus. Doch die Reime und die Handlungsorientierung der Erzählung führen dazu, dass die Kinder die Wörter schnell in ihren Wortschatz aufnehmen und mitsprechen können.

Achten Sie bei der Auswahl lyrischer Bücher auf die auftretenden Herausforderungen durch Satzbau, Wortwahl und Länge der Geschichte. Auch sind pauschale Altersangaben schwierig, weil individuell vorhandene bzw. fehlende Literacy-Erfahrungen der Kinder große Unterschiede im Verständnis mit sich bringen.

Wiederholungen – eine besondere Form der lyrischen Sprache

Wiederholungen sind bei Kindern sehr beliebt. Das können mehrfach wiederholte, formelhafte Wendungen wie im Märchen sein oder auch wiederkehrende Abläufe.

Hinweis:
Zu den typischen Merkmalen von Märchen zählen formelhafte Wendungen, die als Anfangs- und Schlussformeln auftreten, z. B.:

- „Es war einmal ...“,
- „In einem großen, prächtigen Schlosse lebte ...“,
- „Und wenn sie nicht gestorben sind, dann leben sie noch heute.“,
- „... und sie lebten glücklich und zufrieden“.

Siehe auch Seite 232 zum Thema Märchen.

Solche wiederkehrenden Abläufe werden beispielsweise in der bebilderten Geschichte *„Die kleine Spinne spinnt und schweigt“* von Eric Carle verwendet. Die kleine Spinne wird beim Spinnen immer wieder von unterschiedlichen Tieren eingeladen, etwas zu tun. Ein Pferd kommt und sagt: *„Jiihiia! Jiihiia! Willst du reiten?“* Doch: *„Die kleine Spinne spinnt und schweigt.“* Sie antwortet auch nicht der Kuh, die sie fragt, ob sie Heu und Hafer möge. Am Ende fängt sie in ihrem Netz eine Fliege und geht schlafen. Diese kleinen Episoden erhalten ihre Einprägsamkeit durch kurze Sätze und deren Wiederholung: *„Die kleine Spinne spinnt und schweigt.“* Durch diese feste Struktur vermittelt die Geschichte Sicherheit. Das Geschehen ist vorhersehbar und wird erst am Ende variiert.

Um anspruchsvolle lyrische Sprache handelt es sich bei *„Kommt das Nashorn“* von Heinz Janisch und Helga Bansch. Durch unvollständige Satzkonstruktionen werden die Wörter zu Bildern. Die Illustrationen verstärken diesen Prozess.

„Kommt das Nashorn./Schönes Gebirge./ Sitzt so eine kleine Schneeflocke oben/und zwitschert./Kleiner Vogel./Lässt sich tragen./Fliegt bald weg.“

Mit diesen Versen auf der rechten Buchseite beginnt das Bilderbuch. Auf der linken Seite schreitet ein riesiges, grau-erdig gezeichnetes Nashorn ins Bild. Auf seinem Rücken sitzt ein in seinen Konturen fast nur angedeuteter weißer Vogel und schaut keck zur Seite. *„Kommt das Nashorn./Erde bebt./Die Stille riecht jetzt anders“* steht auf der linken Seite und das Nashorn, im Gras stehend, erstreckt sich über beide Buchseiten.
Jede Buchseite beginnt mit den Worten *„Kommt das Nashorn“*, bis es traurig den Wunsch äußert, leicht sein zu wollen. Dann beginnen zwei Seiten mit Sätzen, die die Tiere an das Nashorn richten. Die darauffolgende Seite wird wieder eingeleitet mit den Worten *„Kommt das Nashorn“*.
Nun wünscht sich der Vogel, so schwer wie das Nashorn zu sein *„und wird vom Sturm/aus dem Bild geweht.“* Die nächste Doppelseite zeigt ein glückliches Nashorn, begleitet von Zebra und Strauß. *„Kommt das Nashorn./Steht da./Und lacht./ Wartet auf das kleine,/viel zu leichte/Schneeflockengezwitscher.“* Das Buch endet mit den Worten, mit denen es begonnen hat. *„Kommt das Nashorn./Schönes Gebirge.“*

Bis auf die Wortneuschöpfung „Schneeflockengezwitscher“ ist die Sprache einfach. Die Sätze sind kurz und doch ist das Buch vermutlich nicht für alle Kinder leicht zugänglich. Es hat viele Leerstellen, die Gefühle des Protagonisten sind in den Bildern ausgedrückt. Die Zusammenhänge müssen selbst erschlossen werden. Der Text wirkt wie das Nashorn: langsam, schwer und etwas behäbig. Gleichzeitig strahlen Bilder und Worte am Anfang Wehmut und am Ende Ruhe und Sicherheit aus. Ein Buch in einer lyrischen Sprache, die dazu anregt, eigene Bilder zu malen.

6.4 Kinderbücher

Kirsten Boie (*1950): eine der bekanntesten Kinder- und Jugendbuchautorinnen in Deutschland. Sie hat über 100 Bücher geschrieben.

> Beim Lesen ist man auf eine andere Weise bei sich selbst als beim Filmegucken oder beim Computerspielen. Einfach deshalb, weil man im Buch nur diese kleinen schwarzen Zeichen auf weißem Papier hat. Damit daraus die berühmten inneren Bilder entstehen, steuere ich meine eigenen Gefühle, Erinnerungen und Gedanken bei. Deshalb ist ja auch dasselbe Buch im Kopf jedes Lesers ein anderes. Jeder Leser ist gleichzeitig Mitautor, der beim Lesen auf ganz intensive Weise sein eigenes Gedächtnis- und Gefühlsmaterial bearbeitet. Das ist fast wie eine kleine Psychotherapie."
>
> (Boie, Kirsten (2016): *Wollt ihr noch lesen, Kinder?* In: DIE ZEIT Nr. 36)

In diesem Zitat von Kirsten Boie wird deutlich, welche Möglichkeiten das Lesen bietet, um sich aktiv mit den eigenen Themen auseinanderzusetzen.
Im Kindergarten suchen Kinder diese Möglichkeiten, wenn sie darin eingeführt und begleitet werden. Mit Beginn der Grundschule dienen Texte dann auch dazu, dass Kinder lesen lernen.

Bevor Kinder lesen lernen, dienen Bücher, um zu informieren, zu unterhalten, die Nähe einer Vorlesesituation zu genießen und um über das Gelesene und die eigenen Gedanken zu sprechen. In dieser Phase geben Bücher Anregungen, bieten sie Bilder und Sprache für wichtige Themen und verschaffen Sicherheit, weil sie die immer gleichen Worte und Bilder beinhalten, weil das, was passiert, immer wieder abrufbar ist und somit vorhersehbar wird.

In der nächsten Phase bekommen Texte zusätzlich einen „belehrenden" Charakter – in dem Sinne, dass an ihnen das Lesen geübt werden muss.

Die einen Kinder kämpfen mit den „kleinen, schwarzen Zeichen auf weißem Papier", für die anderen kann es nicht schnell genug gehen, weil sie mit der Lesefähigkeit endlich unabhängig von der Vermittlung durch Erwachsene sind.

Aufgabe für Sie als pädagogische Fachkraft ist es nun, die Kinder weiter in die Welt der Bücher zu begleiten und sie für das Lesen zu begeistern – am besten ohne den Druck, dabei endlich auch das Lesen zu lernen.

Auf die Frage „Wie muss eine Geschichte sein, dass du sie toll findest?" gaben Kinder im Rahmen der Vorlesestudie der Stiftung Lesen von 2016 die folgende Auskunft:

Hinweis:
Zum Bundesweiten Vorlesetag führt die Stiftung Lesen seit 2007 jährlich in Deutschland eine Studie mit wechselnden Themen zum Vorleseverhalten durch. 2016 wurde erforscht, was 5- bis 10-jährigen Kindern am Vorlesen gefällt.

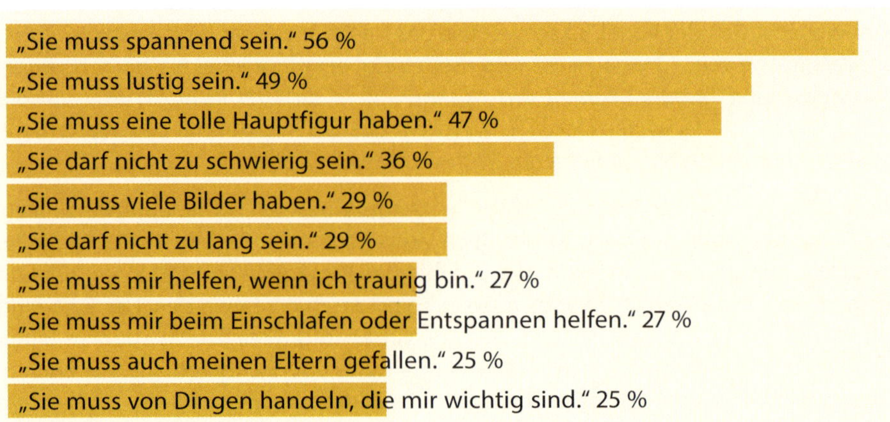

(Stiftung Lesen; Vorlesestudie 2016)

Für Kinder im Grundschulalter gibt es eine Vielzahl von Buchangeboten. Kurze Geschichten für Erstleser, Geschichten für Jungen, Geschichten für Mädchen, Kriminalromane, Fantasy-Romane, Bücher, in denen über problematische Themen wie Mobbing, der Holocaust oder soziale Außenseiter geschrieben wird.

Doch das Lesen reizt nur dann, wenn beim Lesen innere Bilder entstehen können und sich eine Beziehung zum Thema und der Sprache des Buches entwickelt. Dabei spielen die sprachlichen Herausforderungen wie Satzlänge, Nähe zur Alltagssprache, Anschaulichkeit und Lebensnähe eine wichtige Rolle.

Je lesegeübter Kinder sind, desto leichter fällt es ihnen, auch dann innere Bilder zu entwickeln, wenn eine Geschichte komplexer ist und sie aus dem Text Informationen aktiv zu einem Bild zusammenfügen müssen – also die Leerstellen eines Textes mit eigenen Gedanken füllen müssen.

Leerstellen im Text: Ausdrücke, Textpassagen, in denen nicht alle Informationen gleichzeitig vorhanden sind und die von den Lesenden aktiv und eigenständig gefüllt werden müssen, um den Sinn zu erschließen und das Gelesene verstehen zu können.

AUFGABE

1. Lesen Sie den folgenden Textauszug.
2. Arbeiten Sie heraus, was Kinder an diesem Text besonders begeistern könnte. Greifen Sie dabei auf die Kriterien zurück, die von Kindern in der Studie genannt wurden.
3. Arbeiten Sie die sprachlichen Anforderungen des Textes heraus. Beachten Sie dabei auch die Leerstellen.

Die Nudel lag auf dem Gehsteig. Sie war dick und geriffelt, mit einem Loch drin von vorn bis hinten. Etwas getrocknete Käsesoße und Dreck klebten dran. Ich hob sie auf, wischte den Dreck ab und guckte an der alten Fensterfront der Dieffe 93 rauf in den Sommerhimmel. Keine Wolken und vor allem keine von diesen weißen Düsenstreifen. Außerdem, überlegte ich, kann man Flugzeugfenster nicht aufmachen, um Essen rauszuwerfen.
Ich ließ mich ins Haus ein, zischte durch das gelbgetünchte Treppenhaus rauf in den Dritten und klingelte bei Frau Dahling. Sie trug bunte Lockenwickler im Haar, wie jeden Samstag.
„Könnte 'ne Rigatoni sein. Die Soße ist auf jeden Fall Gorgonzola", stellte sie fest. „Lieb von dir, mir die Nudel zu bringen, Schätzchen, aber ich hab sie nicht aus dem Fenster geworfen. Frag mal Fitzke."
Sie grinste mich an, tippte sich mit dem Finger an den Kopf, verdrehte die Augen und guckte nach oben. Fitzke wohnt im Vierten. Ich kann ihn nicht leiden und eigentlich glaubte ich auch nicht, dass die Nudel ihm gehörte. Frau Dahling war meine erste Wahl gewesen, weil sie öfters mal was aus dem Fenster wirft, letzten Winter zum Beispiel den Fernsehapparat. Fünf Minuten später schmiss sie auch noch ihren Mann raus, den allerdings nur aus der Wohnung. Danach kam sie zu uns, und Mama musste ihr ein Schlückchen Gutes einschenken.

(Steinhöfel, Andreas (2011): *Rico, Oskar und die Tieferschatten,* Hamburg: Carlsen Verlag, S. 9)

Rico, der Ich-Erzähler, ist ein – wie er sagt – tiefbegabter Junge, der in den Sommerferien ein Tagebuch über seine Erlebnisse schreibt. Der hier gewählte Ausschnitt ist der Einstieg in den ersten Band der Serie um Oskar und Rico. Die beiden lernen sich in diesem ersten Band kennen und werden zu Freunden, während sie gemeinsam einen Kriminalfall lösen.

6.4.1 Leerstellen in der Literatur

Der Begriff *Leerstellen* stammt aus der Literaturwissenschaft und bezeichnet die Aspekte eines Textes, die nicht ausformuliert sind.

AUFGABE

1. Lesen Sie den folgenden Text und stellen Sie mit eigenen Worten dar, was Leerstellen im Text sind und welche Funktion sie erfüllen.
2. Erklären Sie am Beispiel des Textauszuges aus „Rico, Oscar und die Tieferschatten", welche Andeutungen Lesende verstehen müssen, um einen Zusammenhang herstellen zu können.

Hypothese: Vermutung, Annahme

Leerstellen sind ungeklärte Beziehungen zwischen Teilen eines Textes, Teilen eines Bildes oder zwischen Text und Bild. Die ungeklärten Beziehungen müssen durch Hypothesen geklärt werden. Was genau ist hier passiert? Welche Bedeutung gebe ich diesem Bild? Wie löse ich den Widerspruch zwischen Text und Bild auf? Leerstellen, diese „unformulierten Beziehungen", geben Texten und Bildern Offenheit. Und darum geht es. Die Geschichte will ja „verstanden" sein. Und dazu müssen die Mit-LeserInnen sich ein eigenes zusammenhängendes Bild vom Geschehen machen. Leerstellen enttäuschen zunächst unser Bedürfnis nach Sinn und Zusammenhang, zugleich machen sie uns zu LeserInnen, die aktiv die Bedeutung eines Textes herstellen.

Die Kunst – und damit auch die Literatur – bricht mit Leerstellen gezielt unsere Erwartung nach sinnvollen Zusammenhängen und Verstehen. Gute Literatur lässt Reste, regt Fantasie und Denken in Möglichkeiten an. [...]

Leerstellen haben einen dialogischen Charakter und setzen ein produktives Gespräch mit dem Text in Gang. Wir müssen uns ein Bild machen. Wir denken weiter.

(Hering, Jochen (2016): *Kinder brauchen Bilderbücher. Erzählförderung in Kita und Grundschule,* Seelze: Klett-Kallmeyer, S. 142 f.)

6.4.2 Mädchen und Jungen haben unterschiedliche Leseinteressen

Schon im Kindergartenalter entwickeln sich bei Jungen und Mädchen unterschiedliche Vorlieben für Bücher. Dies verstärkt sich in der Grundschulzeit.

homogen: einheitlich, aus Gleichartigem zusammengesetzt

Kinder erkennen sehr früh den Unterschied zwischen Mann und Frau. Die eigene Geschlechtszugehörigkeit ist ein wichtiges Merkmal für die eigene Identität. Um die eigene geschlechtliche Identität zu festigen, haben die meisten Jungen und Mädchen eine Phase, in der sie sich in geschlechtshomogenen Gruppen zusammenfinden und geschlechtstypische Spiele spielen. Diese Phase beginnt bereits im Kindergartenalter und ist in der Grundschulzeit besonders ausgeprägt.

Als pädagogische Fachkraft haben Sie die Aufgabe, Kinder für das Lesen zu begeistern und sie mit entsprechendem Lesestoff zu locken. Gleichzeitig ist es wichtig, dass sie genderbewusst handeln. Dazu gehört auch, dass Sie Rollenklischees nicht unkritisch weitergeben.

Und dann kann es vorkommen, dass Sie in einer Kindergruppe vor einem Dilemma stehen:

- Die Mädchen wollen Pferdebücher, Geschichten von Hexen und Feen,
- die Jungen Superhelden, wilde Tiere und große Schlachten.

Dilemma: auch Zwickmühle; eine Situation, in der zwei Entscheidungen möglich sind, die beide zu einem unerwünschten Ergebnis führen.

Und genau diese Wünsche werden auch vom Buchmarkt bedient. Es gibt nur wenige Bücher, die von Jungen und Mädchen gleichermaßen gelesen werden. Beispiele hierfür sind: *„Eine Woche voller Samstage“* oder *„Der kleine Drache Kokosnuss“*.
Das Dilemma werden Sie also nicht völlig auflösen. Wichtig ist es daher vielmehr, dass Sie die Kinder für das Lesen begeistern, indem Sie generell auf Bücher zurückgreifen, die gern gelesen werden bzw. die man sich gern vorlesen lässt.

AUFGABE

a) Lesen Sie den folgenden Text über das unterschiedliche Leseverhalten von Jungen und Mädchen.

b) Diskutieren Sie die Aussage „Lesen ist weiblich“ auf Grundlage Ihrer Leseerfahrungen und Ihrer Beobachtungen in der Praxis.

Jungen brauchen Bücher

Die PISA-Studie 2018 hat ergeben, was schon seit 2000 bekannt ist: Jungen lesen schlechter, der Anteil an leseschwachen Jungen ist hoch und sie verfügen über deutlich weniger Lesestrategien als Mädchen.
Und Jungen lesen anders. Sie wollen Action und Bilder. Sie lieben handlungsorientierte Erzählungen, in denen es um Kampf und Abenteuer geht. Fantasyromane, in denen der Held Herausforderungen erlebt und sich gegen übermächtige Gegner durchsetzen muss, wecken Lesefreude. Und Lesefreude ist nötig, damit durch Übung Lesekompetenz entsteht.
Mädchen hingegen fühlen sich gern in die Charaktere ein, wollen einen Bezug zu ihrem Alltag haben, sind an inneren Handlungen, Entwicklungen und zwischenmenschlichen Beziehungen interessiert.
Aber die Vorlieben der Jungen werden in Kita und Schule zu selten berücksichtigt. Fantasy gehört kaum zum Lesekanon in der Schule. In Kita und Grundschule dominieren Erzieherinnen und Lehrerinnen den pädagogischen Alltag. Diese würden, so der Erziehungswissenschaftler Wolfgang Tischner aus Nürnberg, eine eher weibliche Bücherauswahl treffen. Bei den Jungen präge sich dadurch schon früh ein: Lesen ist weiblich.

(Reinhardt, Gabriele (2024): Jungen brauchen Bücher; Fachartikel)

6.4.3 Fantasy in Kinder- und Jugendliteratur

Spätestens seit dem Erfolg der Harry Potter Romane von J. K. Rowling, deren Verfilmung sowie der Verfilmung des Klassikers „Der Herr der Ringe" von J. R. R. Tolkien gibt es kein Verlagsprogramm für Kinder, Jugendliche und Erwachsene, das ohne den Bereich der Fantasy-Literatur auskommt.
Doch was genau ist „Fantasy"? Und warum ist sie so beliebt, dass sie auch Kinder und Jugendliche zum Lesen verführen kann, die sich nicht übermäßig für Bücher interessieren?

Untergruppen der Fantasy-Literatur:

High-Fantasy: komplexere Erzählstruktur, häufig mittelalterliche Welten, in denen ein Held oder eine Heldin eine Aufgabe erledigen muss.

Low-Fantasy: gradlinigere Erzählstruktur, häufig in Ich-Form oder personaler Er- bzw. Sie-Form ohne Einblick in den Charakter anderer Figuren; Spannung entsteht auch durch mehr und zum Teil gewalttätigere Action.

Urban-Fantasy: nicht eine mittelalterliche, sondern eine modernere (groß-)städtische Welt ist Ausgangspunkt des Geschehens.

Bestimmung des Begriffs Fantasy-Literatur

Der Begriff „Fantastik" kommt aus dem Griechischen und bezeichnet Imagination, Vorstellungskraft. Im Zusammenhang mit Literatur versteht man im weiteren Sinne darunter die Literatur, die dem realen und überprüfbaren Weltbild des Lesers ein anderes entgegenstellt.
Der Fantasy-Roman ist eine Gattung innerhalb der fantastischen Literatur. Hier werden Stoffe und Motive von Mythen, Sagen und Märchen aufgegriffen und weiterverarbeitet.

AUFGABE

a) Lesen Sie den vorliegenden Ausschnitt aus einem Fachartikel zum Begriff „Fantasy".

b) Stellen Sie grafisch dar, in welcher Beziehung reale und fantastische Welt zueinander stehen können.

c) Nennen Sie für jede Form der Beziehung Romane oder Filme als Beispiele.

Genre: Art, Gattung; Zusammenfassung von Kunst in Gruppen nach gemeinsamen Merkmalen.

In Deutschland wird Fantasy häufig als Untergenre der fantastischen Kinder- und Jugendliteratur aufgefasst. Nach Maria Nikolajeva ist diese durch die Existenz einer Sekundärwelt gekennzeichnet, die zur Alltagswelt der Protagonisten in unterschiedlichen Beziehungen stehen kann: beide Realitätsebenen können in Kontakt zueinander stehen und gleichermaßen im Text präsent sein (offenes Modell), sie können unabhängig voneinander existieren und in der Regel keinen Kontakt haben (geschlossenes Modell) oder die Sekundärwelt kann in die Primärwelt einbrechen (implizites Modell).

Nikolajeva zählt auch die Darstellung einer geschlossenen Sekundärwelt ohne eine an die Alltagswelt der Leserinnen und Leser angelehnte Primärwelt zur fantastischen Kinder- und Jugendliteratur. (Nikolajeva 1988) Diese Form ist in der Regel Grundlage für die Definitionen des Untergenres Fantasy.

(Cuypers, Mathias (2012): *Fantasy,* in: kinderundjugendmedien.de)

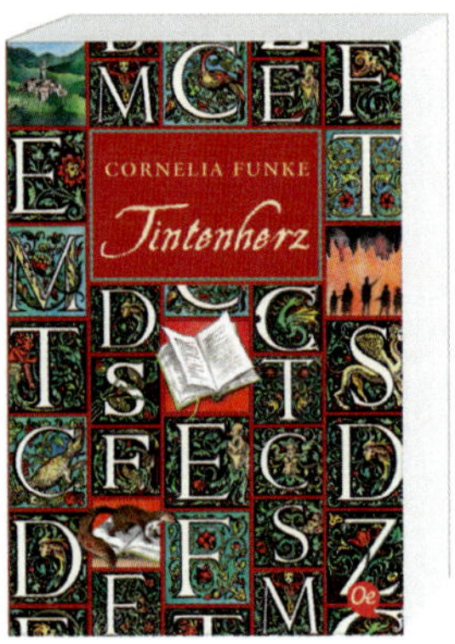

Beispiel für Urban Fantasy

Fantasy – worin liegt der Reiz?

Der Fantasy-Literatur wird oft vorgeworfen, dass sie der Flucht diene und von den existenziellen Problemen im Leben ablenke. Sie würde die Leserinnen und Leser zu Konsumenten machen, die nicht lernen, kritisch mit Literatur umzugehen. Ihr ästhetisches Empfinden werde nicht geschult.

Neuere Forschungen haben gezeigt, dass Kinder, die viel Fantasy lesen, viel Fantasie haben und Zusammenhänge schneller begreifen.[2] Schließlich lernen sie beim Lesen auch, dass sie sich schnell in die neue Welt bzw. die Zusammenhänge zwischen gedachter realer und fantastischer Welt eindenken müssen. Und wer viel liest, automatisiert den Leseprozess und kann sich dadurch mehr auf die Inhalte konzentrieren, ist also aufnahmefähiger beim Lesen.

Fantasy-Bücher sind häufig umfangreich und laden zum Viellesen ein, weil ein Spannungsbogen gehalten wird und kurze Episodenspannungen die Aufmerksamkeit beim Lesen erleichtern. Die Lesenden tauchen in eine Welt ein, in der die Logik der Erwachsenen keine Macht und Geltung mehr hat. Alles ist in dieser Welt möglich. Das macht ihren Reiz aus. Es werden Dinge entwickelt, die neu sind, die es in diesen Kombinationen so nie vorher gegeben hat. Dazu kommen Helden und Heldinnen, die sich trotz großer Gefahren behaupten, etwas bewirken, die Welt verändern. Sie geben die Position der Ohnmacht auf, überwinden diese.

In der Identifikation mit solchen Figuren werden die eigenen Fantasien lebendig, allmächtig zu sein, etwas Besonderes zu können, auserwählt zu sein. Hinzu kommt die Spannung. Die Hauptfigur wird mit einem Problem konfrontiert, das nur sie aufgrund ihres Charakters, ihrer Eigenschaften lösen kann. Der Spannungsaufbau beginnt. Viele Schwierigkeiten tauchen auf, die der Lösung des Problems entgegenwirken. Feinde müssen besiegt, wichtige Verbündete gefunden werden, die Bewältigung der Aufgabe steht im Vordergrund. Die Lesenden fiebern mit: Wie wird es der Hauptfigur gelingen? Welche Hindernisse begegnen ihr? Dadurch bekommt die Geschichte einen leicht zu verfolgenden roten Faden, der dem klassischen Erzählaufbau folgt. Die Hauptfigur stellt sich durch ihr Handeln vor, das Problem entsteht und muss gelöst werden, weil sonst Schreckliches passieren wird. Sie trifft unterschiedliche Figuren, die sie unterstützen oder sich ihr entgegenstellen, Widersacher sind.

klassischer Erzählaufbau: siehe Seite 197.

Am Ende wird das Problem gelöst und das Schreckliche verhindert. Das kindliche Bedürfnis nach Gerechtigkeit wird befriedigt, das Böse ist besiegt und das Gute hat sich durchgesetzt. Gleichzeitig erleben die Lesenden die Emotionen der Figuren mit: Angst, Wut, Trauer, Glück. Sie erleben mit ihr tiefe Freundschaft, selbstlose Unterstützung, aber auch Verrat und Niederlage. Am Ende steht die Hauptfigur als Gewinnerin bzw. Gewinner da. Die Aufgabe ist bewältigt, daran ist die Hauptfigur gewachsen. Somit vermittelt sie ein positives Lebensgefühl, Zuversicht und den Glauben an die eigene Stärke. Das beflügelt das Lesen.

---

2 Weisberg, Deena (2016): *Wie Fantasie das Lernen beflügelt*, Spectrum: Gehirn & Geist 24/01 2017, S. 25–29.

epische Texte: erzählende Texte; siehe auch Seite 248.

Hinweis:
Fabel, Schwank, Mythos, Sage und Legende sind weitere epische Formen, die mündlich weitergegeben wurden, die aber andere Merkmale als das Märchen aufweisen.

Hans Christian Andersen (1805–1875): der bekannteste Dichter und Schriftsteller Dänemarks, berühmt besonders für seine Märchen.

Brüder Grimm: die Sprachwissenschaftler und Volkskundler Jacob Grimm (1785–1863) und Wilhelm Grimm (1786–1859). Sie nutzten diese Bezeichnung bei gemeinsamen Veröffentlichungen.

Repertoire: Gesamtheit der einstudierten Darbietungen, die eine Künstlerin oder ein Künstler jederzeit spielen, vortragen oder vorführen kann.

6.5 Märchen

Mit *Märchen* wird eine Untergattung der epischen Texte bezeichnet. Man unterscheidet grob zwischen Kunstmärchen und Volksmärchen.

Die Kunstmärchen sind von einer Autorin bzw. einem Autor geschrieben – wie z. B. *Die kleine Seejungfrau* von Hans Christian Andersen. Sie orientieren sich in ihren wundersamen Elementen und Motiven, im Aufbau und teilweise auch sprachlich an den Volksmärchen.

Volksmärchen wurden ursprünglich mündlich weitergegeben und erst um 1800 begannen u. a. die Brüder Grimm im deutschen Sprachraum herumzureisen und die Märchen, die ihnen erzählt wurden, schriftlich zu fixieren. Dabei veränderten sie die Märchen jedoch sprachlich, bevor sie in Buchform veröffentlicht wurden.

Zunächst waren Märchen für Jugendliche und Erwachsene gedacht, auch wenn Kinder immer auch zum Publikum gehörten. Sie wurden häufig von Märchenerzählerinnen und -erzählern dargeboten. Die Erzählenden hatten und haben auch noch heute ein bestimmtes Repertoire an Märchen. Die Art, wie ein Märchen erzählt wird, wird in der Regel vom Märchenerzähler auf das Publikum abgestimmt.

6.5.1 Gattungstypische Merkmale von Märchen

Eine bestimmte Gruppe von Märchen, die häufig als Zaubermärchen bezeichnet werden, hat eine Reihe von Merkmalen, die sie von anderen Formen der Kurzprosa unterscheiden.
Im Aufbau der Handlung ist die klassische dramatische Form des Erzählens zu erkennen. Allerdings ist die Vorgeschichte im Märchen sehr kurz. Es gibt eine Hungersnot im Land, Hänsel und Gretel müssen als zusätzliche Esser verschwinden. Damit ist die Notlage hinreichend skizziert. Das Märchen endet immer gut. Das Böse wird vernichtet, die Heldin oder der Held bewältigen die lebensbedrohliche Lage und sind am Ende ihres Abenteuers bereichert.

Aufbau der Handlung:
- Der Held oder die Heldin erlebt eine existenzielle Notlage (verstoßen, verzaubert, verkannt und verlacht, bedroht).
- Meistens muss sich die Hauptfigur auf den Weg machen (jemanden retten, ihr Glück finden, ihr Leben retten) oder ihre gewohnten Bahnen verlassen (Aschenputtel geht auf ein Fest, die Goldmarie stürzt sich in den Brunnen).
- Auf dem Weg begegnen der Hauptfigur Helfer und Widersacher.
- Es müssen Aufgaben erledigt werden, die unlösbar erscheinen, bei denen die Hauptfigur aber magische Hilfe bekommt.
- Am Ende ist die existenzielle Notlage gelöst und die Hauptfigur erhält einen neuen Status (heiratet den Prinzen/die Prinzessin, ist reich, kann ihr eigenes Leben in die Hand nehmen).
- Die Handlung ist einsträngig, es gibt keine Nebenhandlungen.

Werkzeug Sprache – Deutsch und Kommunikation für Erzieherinnen und Erzieher ISBN: 978-3-582-83521-5

Diese Klarheit der Handlungsführung zeigt sich auch in der Sprache.

Merkmale der sprachlichen Gestaltung:
- einfache Sprache, aber altertümlich anmutend;
- Gliederung häufig durch die Zahl Drei: Wiederholungen und Sprüche oder Zauberformeln (gut für die Einprägsamkeit);
- Gefühle werden handlungsgebunden dargestellt (jemand weint, wenn er traurig ist; zittert oder erstarrt vor Angst)
- Entfernungen werden handlungsgebunden dargestellt (sie gingen viele Tage und Nächte),
- Reichtum oder Armut werden handlungsgebunden und konkret dargestellt (hatten nichts zu essen; gab das letzte Hemd und war nackt; Kisten quellen über mit Gold und Edelsteinen),
- formelhafte Wendungen wie „Es war einmal".

Gattungstypische Merkmale:

Eindimensionalität: Die diesseitige und die jenseitige Welt berühren sich, ohne dass es Raum- und Zeitgrenzen gibt. Die magische Welt ist nicht von der realen getrennt und die Übergänge sind fließend. Beispiel: Mädchen wirft sich in Brunnen und kommt auf einer Wiese wieder zu sich; Ente dient als Boot, kann aber nicht zwei Kinder transportieren; Tiere und Gegenstände sprechen.

Flächenhaftigkeit: Raum und Zeit sind nicht benannt. „Es war einmal …" „In einem Wald …", „Am Ende der Welt …". Im Märchen gibt es keine Vergangenheit und keine Zukunft. Personen und Orte werden nicht detailliert beschrieben. Auch die Gefühle der Personen werden nur über ihre Handlung ausgedrückt.

Polarisation: Weil die Personen nur flächenhaft beschrieben sind, treten sie nur als Extreme auf, als gut oder böse, alt oder jung, hässlich oder schön, faul oder fleißig. Ein äußeres Merkmal steht für den Charakter der Person.

Isolation: Die Märchenhelden wandern allein (oder auch mit Brüdern, Schwestern oder einem vertrauten Tier) durch die Märchenwelt. Sie lösen sich aus ihrem sozialen Raum. Sie begegnen nur Lebewesen, die direkt etwas mit ihnen zu tun haben.

Allverbundenheit: Durch die Isolation, in der sich die Märchenhelden bewegen, können sie neue Kontakte knüpfen, Verbündete finden und sich zum Schluss binden. Aber ihre Isolation, die Notwendigkeit in die Welt auszuziehen, die gewohnten Pfade zu verlassen, bildet die Grundlage für ihre Entwicklung und für die Belohnung mit Reichtum, der Hochzeit oder einem Königreich.

Hinweis:
Unter gattungstypischen Merkmalen versteht man Merkmale, die für eine bestimmte Form besonders typisch sind.

Stadium des präoperationalen Denkens: In dieser Entwicklungsstufe, im Alter von zwei bis vier Jahren, entwickelt das Kind die Fähigkeit des repräsentativen Denkens. Das Kind kann Objekte oder Phänomene durch Symbole und Zeichen ersetzen.

Kausalität: Ursache-Wirkungs-Prinzip (wenn – dann)

Polarisation: Merkmale werden durch Gegensätzlichkeit strukturiert: hässlich = böse, schön = gut.

anthropomorph: Tieren und Pflanzen werden menschliche Eigenschaften zugesprochen (Blume ist traurig, wenn sie kein Wasser bekommt).

animistisch: unbelebte Dinge werden belebt (Der Stuhl hat mich runtergeschmissen).

Analogie: Entsprechung, Ähnlichkeit

Egozentrismus: Welt wird aus der eigenen Perspektive heraus wahrgenommen (Wenn ich Hunger habe, dann hat Mama auch Hunger).

6.5.2 Märchen und präoperationale Denkstrukturen

Die gattungstypischen Merkmale, die Sprache und der Handlungsaufbau von Märchen entsprechen den präoperationalen Denkstrukturen des Kindes.

Erwachsene erschließen sich die Welt überwiegend mithilfe des logisch-rationalen Denkens. Zusammenhänge werden auf Grundlage von logischen Schlüssen und Kausalitäten erklärt. Kinder hingegen denken sehr anschaulich und aus ihrer Perspektive heraus. Sie erschließen sich die Welt durch Erklärungen, die emotionale Nähe herstellen. Sie reduzieren die Vielfalt, indem sie sich auf ein Merkmal konzentrieren. Genau das geschieht in Märchen durch die Polarisation. Die Hexen haben rote Augen, also ist eine weibliche Figur mit roten Augen eine Hexe.

Das kindliche Denken ist animistisch und anthropomorph. Kinder schreiben unbelebten Dingen, Pflanzen und Tieren magische Eigenschaften und ein eigenes Seelenleben zu. Fantasie und Realität liegen dicht beieinander. Vorstellungen und äußere Gegebenheiten werden miteinander vermischt. Gegenstände können im Spiel durch die entsprechende Benennung eine völlig andere Funktion bekommen, ein Pappkarton wird zu einem Flugzeug und ist ein Flugzeug – bis es eine andere Zuschreibung bekommt. Kraft seiner Wünsche glaubt das Kind, die Welt beherrschen zu können. Es denkt magisch: *„Ich kann nur gewinnen, wenn ich mit Rot spiele."* Dabei gibt es keinen Übergang zwischen der logischen und der magischen Welt. Dies spiegelt das Märchen in seiner Eindimensionalität.

Zusammenhänge werden häufig handlungsgebunden beschrieben, ebenso wie Raum-, Zeit- und Mengenangaben: Drei Tage sind dreimal schlafen. Erklärungen für ein Phänomen erfolgen anhand von Analogien. Dabei ist die egozentrische Perspektive das Maß der Dinge: Die Sonne ist müde und geht abends schlafen. Genau in diesem Muster werden im Märchen Phänomene beschrieben – z. B. schneit es, wenn Frau Holle ihre Betten ausschüttelt. Der Held muss bis ans Ende der Welt gehen, was sehr weit ist.

Kinder interessieren sich nicht für die Motive und das Innenleben aller Figuren in einer Geschichte. Was die Figuren denken und fühlen, sollen sie durch ihr Handeln ausdrücken. Dem entspricht die Flächenhaftigkeit von Märchen.

Kinder lieben gradlinige Erzählungen, einen Spannungsaufbau durch Wiederholungen und einen Höhepunkt mit einem guten Ende. Genau so ist der Erzählaufbau von Märchen: eindimensional und linear.

Mit ihrem moralischen Urteil sind Kinder noch kompromisslos. Nicht die Absicht, sondern das Ergebnis der Handlung zählt und wer gegen Regeln verstößt, muss seine gerechte Strafe bekommen. Daher ist es für sie am Ende nur folgerichtig, wenn die böse Hexe vernichtet wird, schließlich hat sie die Vernichtung des Helden angestrebt. Der Tod ist die gerechte Strafe, Mitgefühl gibt es nicht für jemanden, der so böse ist.

6.5.3 Märchen unterstützen die seelische Gesundheit

AUFGABE

a) Lesen Sie den vorliegenden Text und fassen Sie den Inhalt mit eigenen Worten zusammen.

b) Entfalten Sie argumentativ Ihre eigene Position.

Seelische Gesundheit durch Coping

Die Belebung der kindlichen Fantasie durch Märchen ist keineswegs ein Selbstzweck, sondern für die seelische Gesundheit von großer Bedeutung, was wir aus der Coping-Forschung wissen. Unter dem Begriff „Coping" versteht man in der Psychologie Selbsthilfemaßnahmen, die in jedem Menschen zur Problembewältigung angelegt werden […].

Jeder von uns, auch die jüngsten Kinder bereits, verfügt in unterschiedlichem Ausmaß über die Reaktionsmuster, die in kritischen Situationen und Konflikten eingesetzt werden können. Je mehr dieser Reaktionsmuster einem Menschen zur Verfügung stehen, desto individueller, schneller und flexibler kann er auf unterschiedliche Herausforderungen reagieren und diese bewältigen. Welche Reaktionsmuster uns zur Verfügung stehen, hängt wesentlich von unseren Vorerfahrungen ab. Vorerfahrungen speisen sich aus konkret erlebten Situationen, aber auch aus perzipierten Problemstellungen, auf die wir in unserer Fantasie Antworten suchen. Durch die märcheninduzierte Belebung der kindlichen Fantasiewelt, durch das Aufzeigen unterschiedlicher Lösungs- und Entwicklungswege wird die Flexibilität von Kindern im Umgang mit Entwicklungsherausforderungen und Konfliktsituationen vergrößert und ihr Handlungsspektrum erweitert. Kinder fühlen sich sicherer und gefestigter, was die von ihnen als quälend empfundenen Gefühle der Ohnmacht und Angst reduzieren helfen kann. […]

Märchen sind Mutmachgeschichten: Vertraue den guten Kräften und deinen eigenen Fähigkeiten, lautet ihre Botschaft, so wie es die HeldInnen in den Märchen tun […].

Besonders wirksam scheinen Märchen zu sein, wenn sie Kindern in Situationen vorgelesen oder besser noch erzählt werden. Die vertraute Stimme des Erwachsenen schafft eine besonders emotionale Atmosphäre, die das Verständnis für das Märchen erleichtert. Aufregende und manchmal auch beunruhigende Abenteuer werden in einer solchen Stimmung eingebettet in Gefühle der Nähe und des Schutzes, wodurch auf neurobiologischer Ebene die Erregungsmuster, welche die Aussprossung und Verknüpfung neuer Synapsen fördern, stabilisiert und geordnet werden.

(Wilkes, Johannes (2016): *Was Märchen zur psychischen Gesundheit von Kindern und Jugendlichen beitragen*, in: *Televizion*, Heft 29/1, S. 52 f.)

Tipp:
Die *Fachzeitschrift* TELEVIZION ist ein Forum von Berichten, Analysen und Tendenzen praktischer und wissenschaftlicher Arbeiten rund um das Thema Kinder- und Jugendfernsehen des Bayerischen Rundfunks und kann im Internet eingesehen werden.

perzipieren: (sinnlich) wahrnehmen

märcheninduziert: durch Märchen hervorgerufen.

Neurobiologie: den genauen Aufbau des Nervensystems (und damit insbesondere auch des Gehirns) betreffend.

Synapse: Stelle, an der im Gehirn Nervenenden miteinander verknüpft werden.

6.5.4 Märchen bieten Projektionsflächen für innere Konflikte

Hinweis:
- Märchen lassen durch die flächenhafte und polarisierte Darstellung der Figuren viel Raum für eigene Bilder.
- Eigene Bilder ermöglichen Identifikation und Übertragung der eigenen inneren Konflikt auf die Geschichte.

Viele von Ihnen werden das Phänomen kennen: Jemand liest den Satz vor: „Vor einem großen Walde wohnte ein armer Holzhacker mit seiner Frau und seinen zwei Kindern; das Bübchen hieß Hänsel und das Mädchen Gretel." Und Sie werden ganz gespannt und hören aufmerksam zu, obwohl Sie schon durch diesen Satz wissen, um welches Märchen es sich handelt und wie es weitergehen wird. Was macht also diesen Reiz von Märchen aus, dem sich auch viele Erwachsene nicht entziehen können, wenn ein Märchen gut vorgetragen wird?

Märchen sind viel skizzenhafter angelegt als Fantasy-Geschichten. Die Figuren im Märchen wirken durch ihre flächenhafte Darstellung fast wie eine Schablone. Damit laden Märchen dazu ein, die eigene Lebenssituation, den eigenen inneren Konflikt zu projizieren. Die inneren Bilder können sich der jeweiligen Stimmung entsprechend entfalten, weil sie nicht durch detailreiche Beschreibungen fixiert sind.
Und dadurch, dass die Erzählstruktur den kindlichen Denkmustern so nahe ist, regen sie zusätzlich den Projektionsprozess aus kindlichen Anteilen heraus an.

Bruno Bettelheim, ein bekannter amerikanischer Kinderpsychologe und Psychoanalytiker, schrieb 1977 das Buch „Kinder brauchen Märchen". In dieser Zeit waren Märchen in den westlichen Ländern in Verruf gekommen, weil sie das Kind zu einer Flucht in die Fantasiewelt verleiten und Gewalt als Lösung legitimieren würden. Außerdem war man der Meinung, dass die dargestellte Gewalt Kindern Angst machen und Aggressionen hervorrufen könnte. Dem stellt Bettelheim seine These entgegen, dass Kinder Märchen bräuchten.

Hinweis:
- Die böse Hexe im Märchen steht fur den Teil der Mutter, auf den das Kind wütend ist. Die Abspaltung erlaubt die Wut.
- Väter in Märchen schützen häufig ihre Töchter nicht oder zwingen sie in die Welt hinaus.
- Allein gelassen zu sein ist eine existenzielle Notlage, die im Märchen neue Kräfte mobilisiert.

> Die Gestalten und Ereignisse im Märchen personifizieren und schildern innere Konflikte, aber äußerst behutsam, wenn sie andeuten, wie diese Konflikte gelöst werden könnten und welches der nächste Schritt in der Entwicklung zu einem höheren Menschentum sein könnte.
>
> (Bettelheim, Bruno (1999): *Kinder brauchen Märchen*, München: dtv, S. 34)

Für Bettelheim bringen Märchen innere Vorgänge nach außen. Wenn Hänsel und Gretel allein durch den Wald irren, von den Eltern ausgesetzt und verlassen, dann ist das eine Erfahrung, die jedes Kind schon gemacht hat und die kindliche Wut in dem Moment ist ebenso groß wie Angst und Verzweiflung. Doch in dem Märchen sind die Kinder nicht allein, sie haben sich selbst. Mutig gehen sie voran, durch den dunklen Wald. Sie geraten in noch größere Gefahr durch eine Hexe. Hier – so die psychoanalytische Sicht von Bettelheim – symbolisiert die Hexe den Teil der Mutter, der als böse und vernichtend erlebt wird. Genau dieser Teil wird in Form der Hexe von Gretel verbrannt. Die Kinder sind frei und kehren reich nach Hause zurück. Auch dort ist die böse Mutter verschwunden.

Damit thematisiert das Märchen einen inneren Konflikt, den jedes Kind erlebt: Wut auf die Mutter, abgrundtiefe und ohnmächtige Wut. Im Märchen wird dieser Wut ein Bild gegeben und kann damit greifbar werden.

Für Kinder kann das sehr entlastend sein, dass innere Konflikte, starke Gefühle einen Ausdruck finden. Durch die Polarisation und die flächenhafte Zeichnung hat das Kind die Möglichkeit, seine eigenen Bilder zu entwickeln und in der Identifikation mit der Heldin oder dem Helden den Konflikt zu durchleben. Grundsätzlich gilt dies auch für viele andere Geschichten. Kinder haben Phasen, in denen sie ein bestimmtes Buch,

Werkzeug Sprache – Deutsch und Kommunikation für Erzieherinnen und Erzieher ISBN: 978-3-582-83521-5

eine bestimmte Geschichte immer wieder hören wollen, bis sie „mit dem Thema durch sind" und eine andere Geschichte dran ist.

Doch Märchen wirken tiefer, weil sie mehr Raum für die eigenen Bilder lassen und ganz und gar dem prälogischen Denken verhaftet sind. Das Märchen bietet Platz für das Ungeheuerliche und für das Ungeheuer im Kind. Den Märchenkritikern hält Bettelheim entgegen:

prälogisches Denken: nicht problemorientiertes, sondern emotionales und einfallsmäßiges Denken.

> Wenn die Erwachsenen von diesem Ungeheuer im Kind nicht sprechen, wenn sie es im Unterbewussten versteckt halten wollen und dem Kind nicht erlauben, es mithilfe der Bilderwelt des Märchens in seiner Fantasie zu bedenken, lernt das Kind das Ungeheuer nicht besser kennen und erhält auch keinen Hinweis, wie es gebändigt werden kann.
>
> (Bettelheim, Bruno (1999): *Kinder brauchen Märchen,* München: dtv, S. 139)

Hinweis:
Ein Gefühl, für das Worte oder Bilder gefunden werden, wird beherrschbar.

Kinder haben auch in Rollenspielen gewalttätige Fantasien, „bringen" sich gegenseitig „um" oder verwandeln sich in Frösche, Baumstümpfe oder Anderes.

Polarisation und Flächenhaftigkeit erlauben auch keinen Einblick in die Innenwelt der Figuren. Daher werden deren seelische Zustände nur durch äußere Handlung ausgedrückt. Auch – im Gegensatz zu anderen Geschichten – werden weder körperliche noch seelische Qualen ausgeschmückt. Intensität und Dosierung bestimmen die Zuhörenden. Deshalb erlebt das Kind auch die Grausamkeit einer Bestrafung nicht. Es wechselt nicht die Perspektive, versetzt sich nicht in die Gefühle der bösen Person. Damit erlebt es die Bestrafung aus der Sicht der Heldenfigur: Das Böse muss besiegt werden, damit die Heldin, der Held das ihm Zustehende (Reichtum/Schloss/Prinz oder Prinzessin) erlangen kann. Genau aus dieser Logik heraus vermittelt das Märchen Mut, Zuversicht in die eigenen Kräfte und in die Verbundenheit mit den guten Kräften der Welt in Form von magischen Wesen, die bei der Überwindung des lebensbedrohenden Problems unterstützen.

Hinweis:
Die Intensität der Gefühle wird durch die Zuhörenden bestimmt, weil nichts ausgeschmückt wird.

Genau wie bei Bilderbüchern ist es bei Märchen wichtig, den inneren Konflikt, die existenzielle Notlage zu erkennen und die Herausforderungen, die das Märchen bietet, einzuschätzen. Dazu trägt eine Märchenanalyse bei.

Aufbau einer Märchenanalyse
Einleitung: Quellenangaben (Titel, Herausgeber/Herausgeberin oder Autor/Autorin, Jahr und Ort der Herausgabe), Textsorte, Thema (existenzielle Notlage/Grundkonflikt), kurze Inhaltsangabe.

Hauptteil: Bestimmung der gattungstypischen Merkmale, Deutung des Grundkonfliktes und dessen Lösung.

Fazit: Botschaft, die vermittelt wird und deren Bedeutung für die kindliche Entwicklung.

Hinweis:
Häufige existenzielle Notlagen im Märchen:
- ausgestoßen oder verlassen werden;
- von Vater oder Mutter mit dem Tod bedroht werden;
- Geschwisterneid;
- in die Welt ziehen müssen, weil eine Aufgabe zu bewältigen ist.

6.5.5 Märchen analysieren: Beispiel „Die weiße Schlange"

Hinweis:
Brüder Grimm (1812): *Die weiße Schlange*, in: Brüder Grimm (Hrsg.): *Kinder- und Haus-Märchen Band 1, Große Ausgabe*, Berlin: Realschulbuchhandlung, S. 63–67.

Einleitung:
Das Märchen „Die Weiße Schlange" ist in der Sammlung der Hausmärchen der Brüder Grimm erschienen. Hier wird ein Ablösekonflikt thematisiert.

Der Held des Märchens ist ein Diener, der unberechtigterweise des Diebstahls bezichtigt wird. Da er sich die Eigenschaft verschafft hat, alle Tiere zu verstehen, kann er sich von dem Verdacht freisprechen und verlässt den Königshof. Er zieht in die Welt hinaus und hält um die Hand einer Prinzessin an, die bisher alle Anwärter hat töten lassen, weil sie die ihnen gestellte Aufgabe nicht bewältigt haben. Der Diener jedoch bewältigt nicht nur alle drei Aufgaben, sondern gewinnt auch ihr Herz. So lebt er bis ins hohe Alter glücklich vermählt mit der Prinzessin und herrscht über ein Königreich.

Hauptteil:
Das Märchen beginnt nicht direkt mit einer Notlage, sondern erzählt zunächst von einem König, der über alles Bescheid weiß und immer allein etwas aus einer geheimnisvollen Schüssel isst. Diese Schüssel wird ihm von seinem Diener gebracht. Ohne Erklärung dafür, warum den Diener plötzlich die Neugier überfällt, öffnet der Diener heimlich die Schüssel. In dieser liegt eine weiße Schlange, der Diener isst davon ein Stück und versteht nun die Sprache der Tiere. Damit hat der Diener **übernatürliche Kräfte** erlangt und kann etwas, das außer dem König niemand kann. Diese Fähigkeit rettet ihn vor dem Tod.

Der Ring der Königin verschwindet und der Diener wird verdächtigt, ihn genommen zu haben. Er soll hingerichtet werden. Er geht *„in seiner Angst und Unruhe"* in den Hof. **Dieser innere Prozess der Angst wird durch Handlung, durch Unruhe und Bewegung, ausgedrückt.** Seine Angst treibt ihn zu der Stelle, an der er die Lösung hört. Eine Ente hat den Ring verschluckt. Hier findet eine Vermischung von innerer Gegebenheit (Angst) und äußerer Welt (die Lösung) statt, **also ein Zeichen von Eindimensionalität**. Gleichzeitig werden die Tiere mit menschlichen Eigenschaften ausgestattet, sie erzählen sich etwas und äußern ihre Befindlichkeiten. Das sind Elemente des anthropomorphen Denkens **und ebenfalls Zeichen der Eindimensionalität**. Der Diener lässt die Ente schlachten. Der Ring wird gefunden und der Diener wird freigesprochen. Doch nun will er nicht mehr am Hofe bleiben, sondern erbittet sich ein Pferd und will in die Welt hinausziehen.

Auf seiner Reise trifft er drei Fische, Ameisen und drei Raben. Alle Tiere sind in einer Notlage, die sie ihm mitteilen können, weil er sie versteht (**Eindimensionalität**). Er rettet die Tiere vor dem Tod und sie versprechen ihm Hilfe, wenn er sie braucht. Hier wird die Handlungsgebundenheit des Denkens sehr deutlich. Der Diener zeigt sehr tatkräftig, dass er hilfsbereit ist. Damit wird er außer durch die Eigenschaft neugierig, auch als gut dargestellt, **worin sich die Flächenhaftigkeit**, also die Zeichnung eines Charakters anhand von nur ein bis zwei Merkmalen, zeigt. Die Tiere sind für den weiteren Handlungsverlauf wichtig, denn ihre Hilfe ermöglicht dem Diener die Prinzessin für sich zu gewinnen. Damit bilden die natürliche und die übernatürliche Welt eine Einheit, das Wunderbare geschieht ganz selbstverständlich und der Held hat Helfer mit übernatürlichen Kräften bekommen.

In diesen Merkmalen des prälogischen Denkens werden wieder die Eindimensionalität, aber auch die Allverbundenheit deutlich. Der Held trifft auf Hilfe und kann mit zufälligen Begegnungen eine neue und hilfreiche Beziehung eingehen. Hier fällt auf, dass die Handlung, das Pferd für die Raben zu töten, nicht moralisch bewertet wird. **Dies ist typisch für einen einsträngigen Handlungsverlauf**, wichtig ist, was den Held an sein Ziel führt. Das Überleben der Raben, die ihre Angst äußern, steht über dem Pferd, das ohne Sprache und damit ein normales Tier bleibt. Hier wird durch die Handlung gezeigt, wie groß die Opferbereitschaft des Helden ist, denn er muss jetzt zu Fuß weitergehen.

Auch spielen hier die Zahl drei und die Wiederholung (drei Mal) eine Rolle. Die Handlung wird so gegliedert. **Zeit und Raum** werden ohne nähere Angaben durchschritten – ein Zeichen für die **Flächenhaftigkeit**. Nach einem langen Weg durch den Wald kommt die Stadt, in der die Prinzessin wohnt. In diese verliebt sich der Held, weil sie so schön ist. Auch hier wird eine Person auf eine Eigenschaft reduziert, nämlich die Eigenschaft, die die Handlung vorantreibt. Der Held muss die Prinzessin wollen, damit die Handlung weitergeht. **Darin liegen auch die Flächenhaftigkeit der Personendarstellung und die Polarisation. Beide Figuren weisen ihren Charakter durch jeweils eine Eigenschaft aus. Die Prinzessin ist wunderschön und der Held ist sehr hilfsbereit.** Darin werden die Gradlinigkeit und Eindimensionalität des Denkens deutlich, aber auch die Urteilsbildung anhand eines Merkmals.

Nun muss der Held drei Aufgaben erfüllen, um die Prinzessin zu beeindrucken. Die Unlösbarkeit der Aufgaben wird bei den beiden ersten Aufgaben durch das Einteilungsprinzip des Gegensatzes verdeutlicht. Ein winziger Ring muss in einem unendlich großen Meer gefunden werden, unzählige kleine Hirsekörner müssen in nur einer Nacht eingesammelt werden und keines darf fehlen. In der dritten Aufgaben macht der Held sich auf die Suche nach dem Baum des Lebens, einem magischen Baum. Die Länge seines Weges wird wieder handlungsgebunden beschrieben: „Als er schon durch drei Königreiche gewandert war". Auch hier eilen ihm die von ihm geretteten Tiere zur Hilfe, die Raben. Sie sind „bis an das Ende der Welt" geflogen und haben den Apfel gefunden – eine Metapher, die verdeutlichen soll, wie weit dieser Baum entfernt ist.

Wie am Anfang der Geschichte, so wird auch am Ende durch **die dreimalige Wiederholung** die Handlung gegliedert, die Spannung aufgebaut. Der Apfel ist der letzte Gegenstand **mit einer magischen Eigenschaft**, den der Held braucht, um sein Glück zu erlangen. Als die Prinzessin diesen mit ihm teilt, verliebt auch sie sich in ihn und beide „erreichten in ungestörtem Glück ein hohes Alter".
In dem vorliegenden Märchen wird ein Ablöseprozess thematisiert. Im Grunde beginnt die Ablösung schon damit, dass der Diener ein Gebot übertritt und seine Neugier befriedigt. Dadurch erlangt er die Fähigkeit, die er braucht, um sein Leben in glückliche Bahnen zu lenken. Ablösung ist ein Lebensthema: Jedes Kind kennt den inneren Konflikt zwischen dem Wunsch nach Geborgenheit und der Neugier auf das Neue, Unbekannte. Das Märchen fordert dazu auf, das Neue zu wagen und sich vom Vertrauten zu lösen. Nur so kann der Held sein Lebensglück finden. Seine erste Neugier stattet ihn mit einer besonderen Eigenschaft aus, er kann die Tiere verstehen. Damit rettet er sich vor der Hinrichtung und kann die Tiere retten, die ihm später helfen werden. Dabei spielt seine gute Eigenschaft, die Hilfsbereitschaft, eine wichtige Rolle. Ganz dem kindlichen Gerechtigkeitssinn entsprechend *„Wie du mir, so ich dir"*, gibt es für die Leistung eine Gegenleistung. Der Held bewährt sich auf dem ersten Teil seines Weges. Diese Bewährung ist die Voraussetzung dafür, dass er die unlösbaren Aufgaben bewältigen kann.

Bei den Aufgaben nimmt er sein Schicksal an, erkennt die Unlösbarkeit, aber wie durch ein Wunder kommen die Tiere und helfen ihm. Immer das richtige Tier zum richtigen Zeitpunkt. Auch die Ablehnung durch die Prinzessin wird durch die Magie des Apfels überwunden. Hier werden das egozentrische Denken und dessen Eindimensionalität deutlich. Der Weg geht nach vorn, die Prinzessin und das Königreich müssen erobert werden. Da stört es auch nicht, dass die Prinzessin zwar überaus schön ist, aber ein stolzes Herz hat. Am Ende hilft das magische Denken, der richtige Apfel zur richtigen Zeit erfüllt ihr Herz mit Liebe.

Fazit:
Dieses Märchen erfüllt den Leser / die Leserin bzw. den Zuhörer / die Zuhörerin mit Zuversicht. Der Held ist auch niemand Besonderes, ein Diener, der sogar etwas heimlich tut, einer, der sich angesichts der Hirse ins Gras setzt und darauf wartet, am nächsten Tag hingerichtet zu werden. Aber durch seine Hilfsbereitschaft hat er **magische Helfer** und kann am Ende sein Leben glücklich in die eigene Hand nehmen. Das Märchen eignet sich für Kinder, die schon eine längere Aufmerksamkeitsspanne haben und einer einsträngigen, aber mehrteiligen Handlung folgen können. Es lässt sich auch gut als Impuls für weitere Rollenspiele nutzen.

6

AUFGABE

Analysieren Sie das vorliegende Märchen und halten Sie Ihre Arbeitsergebnis schriftlich fest.

Die Kristallkugel

Es war einmal eine Zauberin, die hatte drei Söhne, die sich brüderlich liebten; aber die Alte traute ihnen nicht und dachte, sie wollten ihr ihre Macht rauben. Da verwandelte sie den ältesten in einen Adler, der musste auf einem Felsengebirge hausen, und man sah ihn manchmal am Himmel in großen Kreisen auf- und niederschweben.

Den zweiten verwandelte sie in einen Walfisch, der lebte im tiefen Meer, und man sah nur, wie er zuweilen einen mächtigen Wasserstrahl in die Höhe warf. Beide hatten nur zwei Stunden jeden Tag ihre menschliche Gestalt.

Der dritte Sohn, da er fürchtete, sie möchte ihn auch in ein reißendes Tier verwandeln, in einen Bären oder einen Wolf, so ging er heimlich fort. Er hatte aber gehört, dass auf dem Schloss der goldenen Sonne eine verwünschte Königstochter säße, die auf Erlösung harrte: es müsste aber jeder sein Leben daran wagen, schon dreiundzwanzig Jünglinge wären eines jämmerlichen Todes gestorben und nur noch einer übrig, dann dürfte keiner mehr kommen. Und da sein Herz ohne Furcht war, so fasste er den Entschluss, das Schloss von der goldenen Sonne aufzusuchen.

Er war schon lange Zeit herumgezogen und hatte es nicht finden können, da geriet er in einen großen Wald und wusste nicht, wo der Ausgang war. Auf einmal erblickte er in der Ferne zwei Riesen, die winkten ihm mit der Hand, und als er zu ihnen kam, sprachen sie: „Wir streiten um einen Hut, wem er zugehören soll, und da wir beide gleich stark sind, so kann keiner den andern überwältigen. Die kleinen Menschen sind klüger als wir, daher wollen wir dir die Entscheidung überlassen." „Wie könnt ihr euch um einen alten Hut streiten?", sagte der Jüngling. „Du weißt nicht, was er für Eigenschaften hat, es ist ein Wünschhut, wer den aufsetzt, der kann sich hinwünschen, wohin er will, und im Augenblick ist er dort." „Gebt mir den Hut", sagte der Jüngling. Ich will ein Stück Wegs gehen, und wenn ich euch dann rufe, so lauft um die Wette, und wer am ersten bei mir ist, dem soll er gehören." Er setzte den Hut auf und ging fort, dachte aber an die Königstochter, vergaß die Riesen und ging immer weiter.

Einmal seufzte er aus Herzensgrund und rief: „Ach, wäre ich doch auf dem Schloss der goldenen Sonne!" Und kaum waren die Worte über seine Lippen, so stand er auf einem hohen Berg vor dem Tor des Schlosses.

Er trat hinein und ging durch alle Zimmer, bis er in dem letzten die Königstochter fand. Aber wie erschrak er, als er sie anblickte: Sie hatte ein aschgraues Gesicht voll Runzeln, trübe Augen und rote Haare.

„Seid Ihr die Königstochter, deren Schönheit alle Welt rühmt?", rief er aus. „Ach," erwiderte sie, „das ist meine Gestalt nicht, die Augen der Menschen können mich nur in dieser Hässlichkeit erblicken, aber damit du weißt, wie ich aussehe, so schau in den Spiegel, der lässt sich nicht irre machen, der zeigt dir mein Bild, wie es in Wahrheit ist."

Werkzeug Sprache – Deutsch und Kommunikation für Erzieherinnen und Erzieher ISBN: 978-3-582-83521-5

Sie gab ihm den Spiegel in die Hand, und er sah darin das Abbild der schönsten Jungfrau, die auf der Welt war, und sah, wie ihr vor Traurigkeit die Tränen über die Wangen rollten. Da sprach er: „Wie kannst du erlöst werden? Ich scheue keine Gefahr.“ Sie sprach: „Wer die kristallne Kugel erlangt und hält sie dem Zauberer vor, der bricht damit seine Macht, und ich kehre in meine wahre Gestalt zurück. Ach,“ setzte sie hinzu, „schon so mancher ist darum in seinen Tod gegangen, und du junges Blut, du jammerst mich, wenn du dich in die großen Gefährlichkeiten begibst.“

„Mich kann nichts abhalten,“ sprach er, „aber sage mir, was ich tun muss.“ „Du sollst alles wissen,“ sprach die Königstochter, „wenn du den Berg, auf dem das Schloss steht, hinabgehst, so wird unten an einer Quelle ein wilder Auerochs stehen, mit dem musst du kämpfen. Und wenn es dir glückt, ihn zu töten, so wird sich aus ihm ein feuriger Vogel erheben, der trägt in seinem Leib ein glühendes Ei, und in dem Ei steckt als Dotter die Kristallkugel. Er lässt aber das Ei nicht fallen, bis er dazu gedrängt wird, fällt es aber auf die Erde, so zündet es und verbrennt alles in seiner Nähe, und das Ei selbst zerschmilzt und mit ihm die kristallne Kugel, und all deine Mühe ist vergeblich gewesen.“

Der Jüngling stieg hinab zu der Quelle, wo der Auerochse schnaubte und ihn anbrüllte. Nach langem Kampf stieß er ihm sein Schwert in den Leib, und er sank nieder. Augenblicklich erhob sich aus ihm der Feuervogel und wollte fortfliegen, aber der Adler, der Bruder des Jünglings, der zwischen den Wolken daher zog, stürzte auf ihn herab, jagte ihn nach dem Meer hin und stieß ihn mit seinem Schnabel an, so dass er in der Bedrängnis das Ei fallen ließ. Es fiel aber nicht in das Meer, sondern auf eine Fischerhütte, die am Ufer stand, und die fing gleich an zu rauchen und wollte in Flammen aufgehen. Da erhoben sich im Meer haushohe Wellen, strömten über die Hütte und bezwangen das Feuer.

Der andere Bruder, der Walfisch, war herangeschwommen und hatte das Wasser in die Höhe getrieben. Als der Brand gelöscht war, suchte der Jüngling nach dem Ei und fand es glücklicherweise: Es war noch nicht geschmolzen, aber die Schale war von der plötzlichen Abkühlung durch das kalte Wasser zerbröckelt, und er konnte die Kristallkugel unversehrt herausnehmen.

Als der Jüngling zu dem Zauberer ging und sie ihm vorhielt, so sagte dieser: „Meine Macht ist zerstört, und du bist von nun an der König vom Schloss der goldenen Sonne. Auch deinen Brüdern kannst du die menschliche Gestalt damit zurückgeben.“ Da eilte der Jüngling zu der Königstochter, und als er in ihr Zimmer trat, so stand sie da in vollem Glanz ihrer Schönheit, und beide wechselten voll Freude ihre Ringe miteinander.

(Brüder Grimm: *Kinder- und Hausmärchen,* Band 2, Stuttgart 1980, S. 415–418)

6.5.6 Märchen erzählen

Da Märchen einen sehr klaren Aufbau haben, lassen sie sich gut nacherzählen und auch selbst erfinden.

Hinweise:
Das Aschenputtelthema tritt in Märchen sehr häufig auf: Fähigkeiten der Heldenfigur werden verkannt, sie wird unterschätzt, gedemütigt und erweist sich zum Schluss als überlegen.

Flächenhafte und polarisierte Darstellung der Hauptpersonen:
- Aschenputtel bemitleidenswert und schön,
- Stiefschwestern arrogant und faul

Erzählbausteine am Beispiel von „Aschenputtel"

Einleitung

Ort	Haus, in dem die Familie wohnt.
Zeit	Es war einmal …
Hauptperson	Leibliche Tochter des Vaters aus erster Ehe, „Aschenputtel".
Problem	Hauptperson wird von Stiefschwestern und Stiefmutter verachtet und zum Dienstmädchen gemacht; Trauer und Einsamkeit, Demütigung, verkannt werden.

Handlungsbeginn

Plötzliches, neu eintretendes Ereignis	Vater bringt für die Mädchen Geschenke mit: Gold und schöne Kleider für Stieftöchter, einen abgebrochenen Haselnusszweig für seine Tochter
Reaktion der Hauptperson auf das Ereignis	Mädchen pflanzt Haselnusszweig auf Grab der Mutter und begießt ihn mit Tränen, dreimal täglich geht sie dorthin zum Beten und Weinen.
Wenn notwendig, Hilfsmittel der Hauptperson	Haselnusszweig wird ein kleiner Busch, in dem ein weißer Vogel sitzt und die Wünsche des Mädchens erfüllt.

Haselnusszweig hat magische Kräfte (Eindimensionalität).

Hauptteil

Hauptperson auf dem Weg zur Problemlösung	Ein Prinz will an drei Tagen ein Fest veranstalten, um sich dort eine Frau zu suchen. Die beiden Stiefschwestern gehen mit ihrer Mutter dahin und überlassen dem Mädchen unlösbare Aufgaben (Linsen aus Asche sammeln, Erbsen sortieren).
Hauptperson trifft Helfer/Begleiter/ Gegenspieler	Mädchen löst mithilfe des weißen Vogels im Haselbusch ihre Aufgaben und bekommt von ihm jedes Mal ein schöneres Kleid, um zum Fest zu gehen. Prinz verliebt sich in sie und versucht sie an jedem Abend zu fangen, bevor sie verschwindet. Am letzten Abend lässt der Prinz Teer auf den Weg schütten, so dass er ihren kleinen, zierlichen Schuh behält.

Allverbundenheit durch den Vogel, repräsentiert die guten Mächte und verhilft ihr zu einem Ausweg aus ihrer Situation.

Gegenspielerinnen sind die Stiefschwestern und die Stiefmutter, Helfer der Vogel.

Werkzeug Sprache – Deutsch und Kommunikation für Erzieherinnen und Erzieher ISBN: 978-3-582-83521-5

Schluss

Hauptperson erreicht Ziel	Prinz geht mit Schuh zum Haus, in dem das Mädchen verschwunden war, und hält um die Hand des Mädchens an, dem der Schuh passt. Mutter schickt erst die Älteste, doch ihre Füße bluten auf dem Weg zur Kirche, der Zweitältesten ergeht es genauso.	Typisch für das Märchen: Schmerz beim „Zurechtschneiden des Fußes“ wird nicht dargestellt.
Problem wird durch Hauptperson mithilfe der Begleiter/Helfer gelöst	Tauben am Wegesrand verraten dem Prinzen jeweils, dass Blut im Schuh ist. Der Schuh passt dem Mädchen, der Prinz heiratet das Mädchen, die Stiefschwestern werden von den Tauben bestraft, sie hacken ihnen die Augen aus.	Bestrafung der bösen Stiefschwestern, Aschenputtel hat nun einen neuen Status.

AUFGABE

a) Übertragen Sie die linke Spalte der Bausteine in eine Tabelle.

b) Füllen Sie die rechte Spalte mit eigenen Ideen aus.

c) Erzählen oder verfassen Sie mithilfe Ihrer Aufzeichnungen ein eigenes Märchen.

Das Erzählen von Märchen hat einen besonderen Reiz. Sie können sich als Erzählerin oder Erzähler ganz auf die Kinder konzentrieren, wenn Sie Ihre Geschichte gut kennen. Da Märchen einen immer gleichen Aufbau haben, lernen die Kinder eine Erwartungshaltung zu entwickeln. Die Darstellung der Figuren ist flächenhaft und polarisiert. Gefühle werden handlungsgebunden dargestellt. Dadurch bekommen die Kinder nicht zu viele Informationen und können sich auf das Wichtigste konzentrieren.

Halten Sie beim Erzählen von Märchen Augenkontakt mit den Kindern. Dann erkennen Sie, ob die Kinder alles verstehen und Ihnen folgen können. Sie können mithilfe Ihrer Stimme, Gestik und Mimik Spannung in die Geschichte bringen. Dadurch wissen die Kinder, dass sie jetzt besonders aufpassen müssen, weil gleich etwas Wichtiges passiert. Das erleichtert Kindern beim roten Faden der Erzählung zu bleiben und nicht mit ihren eigenen Gedanken abzuschweifen. Dadurch verlängert sich die Konzentrationsspanne beim Zuhören. Diese Fähigkeit überträgt sich dann auch auf andere Geschichten, beispielsweise in Bilderbüchern.

Am Anfang können Märchen sehr kurz erzählt werden. Die häufigen Wiederholungen, dass etwas drei Mal passieren muss, bis es Erfolg hat, können zunächst weggelassen werden. Wenn die Kinder dann länger zuhören können, lassen sich die Wiederholungen nutzen, um die einsträngige Handlung zu verlängern und den Spannungsbogen zu vergrößern.

Anschauen – Aneignen – Anwenden
Die folgende Mindmap gibt Ihnen einen Überblick, welche Themen Sie in diesem Kapitel behandelt haben. Betrachten Sie diese Mindmap und bearbeiten Sie dann die Aufgabe.

AUFGABE

„Wo und wie kann ich das Gelernte im Alltag, in der Ausbildung oder im Beruf anwenden?" Beantworten Sie diese Frage, indem Sie für die jeweiligen Endpunkte der Mindmap in der Klasse gemeinsam Beispiele zusammentragen.

 Werkzeug Sprache – Deutsch und Kommunikation für Erzieherinnen und Erzieher ISBN: 978-3-582-83521-5

LITERARISCHE TEXTE VERSTEHEN UND ANALYSIEREN

7

Situation:
Merve und Elmar sind pädagogische Fachkräfte in einer Jugendwohngruppe. Sie unterhalten sich während der Mittagspause über die Jugendlichen in der Gruppe und die Kontakte zu deren Eltern. Merve sagt, dass es ihr schwerfallen würde, Eltern zu verstehen, die so massive Probleme mit ihren Kindern haben.

Elmar, der schon einige Jahre älter ist und selbst zwei Kinder hat, antwortet: „Das ging mir am Anfang auch so. Ich war ganz dicht bei den Jugendlichen und hatte das Gefühl, die Eltern sind das Problem. Damit kann man natürlich nicht positiv in Elterngespräche reingehen. Ein Kollege hat mir damals empfohlen, mehr zu lesen, auch mal schwierigere Bücher. Das fand ich erst nicht so gut. Aber ich war damals in der Ausbildung und wir haben „Der Hals der Giraffe" gelesen. Da habe ich plötzlich viel mehr verstanden, welche Perspektive Eltern, in dem Fall eine Mutter, haben können. Dann habe ich mir das Buch „Scherbenpark" vorgenommen. Das fand ich total spannend, weil mir viele Verhaltensweisen der Jugendlichen hier plötzlich nachvollziehbarer wurden." Merve überlegt und antwortet: „Na ja, aber es gibt doch so viele Bücher. Woher weiß man, welches einen weiterbringt?"

7 Literarische Texte verstehen und analysieren

7.1 Formen literarischer Texte

Matthias Brandt (*1961): Schauspieler und Autor.

> Alles, was ich erzähle, ist erfunden. Einiges davon habe ich erlebt. Manches von dem, was ich erlebt habe, hat stattgefunden.
>
> (Brandt, Matthias (2016): *Raumpatrouille. Geschichten.* Köln: Kiepenheuer & Witsch, S. 5)

fiktiv: nur angenommen, erdacht, erdichtet.

fiktional: auf etwas Erdachtem beruhend.

In literarischen Texten wird eine fiktive, also eine erfundene Welt entfaltet. Orte, Handlung, Personen sind ausgedacht beziehungsweise auf Grundlage realer Geschehnisse in eine fiktive Welt eingefügt worden.

Solche fiktionalen Texte haben Urheber (Autorinnen und Autoren), auch wenn diese nicht immer namentlich bekannt sind. Die Urheber der Texte möchten mit ihrem Werk etwas mitteilen und eine Wirkung erzeugen, z. B. aufrütteln, auf Missstände hinweisen oder Stimmungen, Gefühle und Überzeugungen vermitteln oder einfach nur unterhalten. Zu diesem Zweck können Autorinnen und Autoren sich für unterschiedliche Formen entscheiden: ein erzählender Text, ein Gedicht oder ein Theaterstück. Es werden drei Hauptformen unterschieden, die als *Gattungen* bezeichnet werden.

Gattung (auch Textgattung): Zuordnung von literarischen Werken zu bestimmten Gruppen anhand ihrer formalen oder inhaltlichen Merkmale.

Hinweis:
Literarische Texte weisen einen historischen Zeitbezug auf. Dieser kann in Ihre Textanalyse einfließen. Man spricht dann von einer werkübergreifenden Interpretation. Ihre Deutung kann sich aber auch nur auf ein einzelnes Werk konzentrieren. Man spricht dann von einer werkimmanenten Interpretation. Welche Art der Interpretation Sie wählen, hängt vom Arbeitsauftrag und/oder von der Leseabsicht ab.

Gattungen literarischer Texte		
Epik	**Lyrik**	**Drama**
▪ Kurzgeschichte	▪ Ballade	▪ Tragödie
▪ Roman	▪ Sonett	▪ Komödie
▪ Märchen	▪ Moritat	▪ episches Theater
▪ usw.	▪ usw.	▪ usw.

Jede dieser Gattungen hat Untergruppen – Untergattungen, die durch bestimmte Merkmale geprägt sind.

In der Analyse der literarischen Gattungen geht es darum,
- die typischen Gattungsmerkmale sowie weitere Gestaltungsmerkmale zu erkennen,
- diese Merkmale für einen vorliegenden Text zu beschreiben,
- die Wirkung dieser Merkmale darzustellen und
- daraus eine Deutung abzuleiten.

Literarische Texte entstehen zu einer bestimmten Zeit. Diese Zeit, der historische Hintergrund, ist durch die jeweilige gesellschaftliche und politische Situation gekennzeichnet und prägt somit auch die Themen und die Darstellungsform der literarischen Texte. Eine Autorin bzw. ein Autor macht vor diesem historischen Hintergrund und an den Orten, an denen sie oder er lebt, Erfahrungen, die wiederum in die Texte einfließen.

7.1.1 Literarische Texte im beruflichen Kontext

Die Auseinandersetzung mit literarischen Texten vermittelt Kompetenzen, die auch für Ihren Beruf wichtig sind.
Wie beim Beobachten auch, bildet eine nicht-wertende Beschreibung die Grundlage Ihrer Textanalyse. Sollen Sie beispielsweise die Figuren eines Theaterstückes charakterisieren, dann machen Sie dies auf Grundlage einer beschreibenden Darstellung von deren Eigenschaften – so wie sich diese aus dem gesprochenen Wort und der Handlung ableiten lassen.

Hinweis:
Die folgenden beruflichen Handlungskompetenzen entwickeln Sie anhand der Arbeit mit literarischen Texten weiter:
- Beobachten,
- Beschreiben,
- Analysieren,
- Deuten.

Dazu müssen Sie zunächst beobachten und Ihre Beobachtungsergebnisse anschließend sachlich und am Text belegt darstellen. Erst dann erfolgt der nächste Schritt: Aus Ihren Beobachtungen leiten Sie Vermutungen über die Motive des Handelns und den Charakter der Figur ab und deuten diese vor dem Hintergrund einer Fragestellung.
Das bedeutet, dass Sie in der Arbeit mit literarischen Texten das genaue Beobachten, die sachliche Beschreibung, die Analyse sowie die Deutung vertiefen.

Gleichzeitig erfahren Sie viel darüber, wie die Figuren ihre Welt sehen. Sie lernen das Psychogramm einer Figur zu erarbeiten. Wie steht die Figur zu sich selbst? Hält sie sich für handlungsfähig, liebenswert und entwicklungsbereit? Wie steht sie Anderen gegenüber? Sind diese eine Bedrohung, eine Bereicherung, eine Last? Wie erklärt die Figur sich Veränderungen? Fühlt sie sich ausgeliefert oder versucht sie Veränderungen aktiv mitzugestalten? Wie geht die Figur mit extremen Erfahrungen von Bedrohung, Verlust, Veränderungen um? Welches Verhältnis zur Welt entwickelt sie dadurch?

Genau diese Fragen stellen Sie sich auch, wenn Sie mit Kindern und Jugendlichen arbeiten. In der Auseinandersetzung mit literarischen Texten können Sie sich in eine Person einfühlen, die Perspektive wechseln sowie andere Welten und Weltsichten kennenlernen.
Gerade die anderen Welten und Weltsichten können Ihnen auch unbekannte Erfahrungshintergründe näherbringen: Welche Reaktionen können durch traumatische Erfahrungen wie Flucht, Gewalt, existenzielle Angst entstehen? Wie stellt sich die Welt für Menschen aus anderen Kulturkreisen dar? Wie gehen die Menschen in diesen Kulturen miteinander um? Welche moralischen Regeln sind wichtig? Wie werden Beziehungen gestaltet? Wie werden Zu- und Abneigungen ausgedrückt? Welche Machtverhältnisse prägen das Zusammenleben?

Hinweis:
Literatur kann andere Weltsichten, Perspektiven und Erfahrungen vermitteln, mit denen Sie vorher noch nie konfrontiert waren.

Nicht zuletzt bietet die Auseinandersetzung mit literarischen Texten unterschiedlicher historischer Herkunft einen Einblick in die fortlaufende Veränderung der Lebensphasen Kindheit und Jugend. Durch solch eine Auseinandersetzung wird lebendig, wie das Verhältnis zwischen Gleichaltrigen war, welche Bedeutung Eltern hatten oder wie gesellschaftspolitische Ereignisse sich auf das Leben von Menschen ausgewirkt haben.

Um all diese Aspekte herausarbeiten zu können, brauchen Sie das entsprechende Handwerkszeug, mit dem literarische Texte analysiert werden. Sie lernen es zunächst für epische und anschließend für lyrische und dramatische Texte kennen. Neben Einführungen in den Umgang mit den Texten, sollen Ihnen aufeinander aufbauende Aufgaben die Möglichkeit vermitteln, eigene Gedanken mündlich und schriftlich zu präzisieren und anderen nachvollziehbar mitzuteilen.

7.2 Epische Texte analysieren

7.2.1 Epische Texte: Autor/-in – Text – Leser/-in

In epischen Texten wird ein Erzählstoff von einer Autorin oder einem Autor in einer fiktiven Welt entfaltet. Dabei kann diese vorgestellte Welt unterschiedlich eng mit der realen Welt verzahnt sein.
In autobiografischen Romanen greifen die Autoren bewusst auf eigene Lebenserfahrungen zurück.
Romane der fantastischen Literatur hingegen scheinen zunächst sehr weit außerhalb der realen Welt zu handeln. Trotzdem können sie bewusst als ein Gegenentwurf oder eine Mahnung konstruiert sein und damit durchaus einen sehr engen Bezug zur Wirklichkeit aufweisen.

autobiografisch: das eigene Leben beschreibend.

Eine Autorin oder ein Autor konstruiert diese fiktive Welt. Zu dieser Konstruktion gehört die Ausgestaltung der Zeit, der Orte, der Handlung, der Personen und natürlich der Erzählfigur. Dabei ist die Figur des Erzählers nicht identisch mit der Autorin, auch dann nicht, wenn es sich um eine Ich-Erzählung handelt. Gleichzeitig muss eine Erzählung, die sehr eng mit der eigenen Geschichte verwoben ist, also Bestandteil der eigenen Biografie ist, keine Ich-Erzählung sein.

Durch den Lesevorgang wird der Leser / die Leserin Bestandteil des literarischen Textes, weil die eigenen Erfahrungen in die Vorstellung einfließen und dem Text eine ganz eigene Bedeutung geben. Diesen Vorgang nennt man Textrezeption.
Durch die Textrezeption entsteht ein Verhältnis zwischen Leserin bzw. Leser und Text. Dieses Verhältnis ist geprägt
- von der Art und Weise, wie der literarische Text konstruiert ist und
- von den Erfahrungen des Lesenden.

Die Erfahrungen beeinflussen beim Lesen die eigenen Gefühle und bilden die Grundlage für innere Bilder und Deutungen.

Rezeption: die verstehende Aufnahme eines Textes durch den Lesenden oder die Lesende.

rezipieren: (einen Text) aufnehmen, verstehen.

Sich mit einem literarischen Text auseinanderzusetzen und diese Auseinandersetzung mit anderen zu teilen, ist ein wichtiger Bestandteil der Analyse literarischer Texte. Damit diese Analyse auch für andere verständlich und nachvollziehbar wird, bedient man sich bestimmter Begriffe und Techniken:
- Zunächst beschreiben Sie, wie der Text konstruiert ist. Hierzu bedienen Sie sich der entsprechenden Fachsprache.
- Dann zeigen Sie die daraus entstehende Wirkung des Textes auf.
- Zum Schluss legen Sie dar, wie dieses Zusammenspiel von Konstruktion und Wirkung ausgelegt bzw. gedeutet werden kann.

Durch dieses Vorgehen versuchen Sie, Ihre eigenen, subjektiven Erfahrungen mit dem literarischen Text für andere nachvollziehbar zu machen.

 ISBN: 978-3-582-83521-5

INFOBOX

Merkmale des Erzählens benennen – Fachbegriffe

Fachbegriff	Erklärung
Erzähler/Erzählerin (Erzählfigur)	vom Autor konstruierte Figur, die die Geschichte vermittelt und dem Leser präsentiert wird
Erzählform	Form der Gestaltung des Erzählers:
▪ Ich-Erzählung	Erzählung aus der Ich-Perspektive
▪ Er-/Sie-Erzählung	Erzählung aus der Perspektive einer Figur in der 3. Person
Erzählperspektive (Erzählverhalten)	Perspektive, aus der erzählt wird:
▪ auktoriales Erzählverhalten	Die Erzählfigur greift in den Erzählvorgang ein. Sie weiß alles und macht das auch deutlich.
▪ personales Erzählverhalten	Die Erzählfigur tritt hinter eine Figur zurück und berichtet aus deren Perspektive über das Geschehen.
▪ neutrales Erzählverhalten	Die Erzählfigur berichtet sachlich und wertungsfrei über das Geschehen. Weder die Gefühle einzelner Figuren noch die der Erzählfigur werden benannt.
Standort der Erzählfigur	Entfernung zwischen Erzählfigur und Geschehen bezogen auf Nähe und Distanz, Raum und Zeit
Sichtweise	Die Darstellung der Figuren durch die Erzählfigur:
▪ Innensicht	Die Erzählfigur vermittelt die Innensicht einer Figur, ihre Gedanken und Gefühle.
▪ Außensicht	Die Erzählfigur vermittelt die Gefühle einer Figur über ihr Verhalten, beschreibt diese Figur von außen.
Darstellungsform	Art der Darstellung des Geschehens:
▪ Erzählfigur erzählt	Die Erzählfigur erzählt das Geschehen beispielsweise durch einen Erzählbericht, einen Kommentar oder eine Bewertung oder durch Beschreibungen.
▪ Figuren erzählen	Die Figuren stellen sich selbst dar, kommen direkt oder indirekt zu Wort, indem sie ihre Gedanken und Gefühle in Form von inneren Monologen oder erlebter Rede äußern.
Figurendarstellung	Die Form, in der die Figuren dargestellt werden:
▪ direkte Charakterisierung	Figuren werden in ihrem Aussehen, Verhalten und Auftreten direkt beschrieben.
▪ indirekte Charakterisierung	Auftreten und Verhalten der Figuren werden durch die Handlung dargestellt. Daraus kann auf den Charakter, die Wesensmerkmale der Figur geschlossen werden.
Zeitgestaltung	Gestaltung der Zeit beispielsweise durch Rückblenden, chronologisches Erzählen, Zeitsprünge
Verhältnis von Erzählzeit (Zeit, die man zum Lesen benötigt) **und erzählter Zeit** (Zeit, die im Text tatsächlich erzählt wird)	▪ **Zeitraffung:** Die Erzählzeit ist kürzer als die erzählte Zeit (erzählte Zeit umfasst in diesem Fall einen großen Zeitraum, während die Erzählzeit kurz ist). ▪ **Zeitdehnung:** Die Erzählzeit ist länger als die erzählte Zeit. ▪ **Zeitdeckung:** Erzählzeit und erzählte Zeit sind identisch/gleich lang.
Raumgestaltung	Beschreibung des Raums

7

7.2.2 Aufbau der Analyse eines literarischen Textes

Einleitung: Einleitungssatz mit Titel, Autor, Quellenangaben und Thema; Inhaltsangabe und Einbettung in den Gesamtzusammenhang, wenn es ein Textauszug ist, ggf. eine Deutungshypothese

Hauptteil: Analyse und Deutung, ggf. unter bestimmten Gesichtspunkten

Schluss: Zusammenfassung der Analyseergebnisse in einem Fazit und eine eigene Stellungnahme

Arno Geiger (*1968): österreichischer Schriftsteller.

Hintergrund:
Julian, Student der Veterinärmedizin, erlebt seine erste Trennung, die viel Unordnung in sein Leben bringt. In dieser Situation übernimmt er die Pflege eines Zwergflusspferds, das dann den Takt des Sommers bestimmt.

Beispiel für die Textanalyse eines Romanauszugs

Auszug: Selbstportrait mit Flusspferd

Die Trennung von Judith hatte ich herbeigesehnt in dem diffusen Gefühl, was wir hatten, sei nicht das Wahre. Seltsamer Ausdruck: Das Wahre. Es kann aber sein, dass die erste Liebe etwas Wahres verliert, wenn sie nicht mehr nur die erste, sondern auch die einzige sein will, erste, einzige und letzte. Was, wenn ich bei Judith hängen bleibe? – Diese Vorstellung versetzte mich in Unruhe, damals. Ich hatte Angst … Wovor eigentlich? Dass ich etwas versäume … in erster Linie. Kann das alles gewesen sein? Weil: Wenn ich an die Zukunft mit Judith dachte, kam mir alles absolut vorhersehbar vor, unser Leben eine glückliche Einöde, flach und weit. Und obwohl am Ende Judith die Trennung vollzog, war ich es gewesen, der sie betrieben hatte, bockig, trotzig und wild entschlossen, mich in Gefahr zu begeben.

Zu diesem Zeitpunkt bin ich zweiundzwanzig. Der Umstand, erwachsen zu sein, gefällt mir außerordentlich.

(Geiger, Arno (2015): *Selbstportrait mit Flusspferd,* München: Hanser Verlag, S. 9)

Analyse

Einleitungssatz → Der vorliegende Text stammt aus dem Roman „Selbstportrait mit Flusspferd" von Arno Geiger, der 2015 im Hanser Verlag in München erschien.

Einordnung in den Gesamttext → Der Ich-Erzähler Julian, ein Student der Tiermedizin, schildert im Rückblick die Zeit, als er 22 Jahre alt war und mit der Trennung von seiner ersten Freundin kämpfte. Der Roman beginnt mit einer Szene in einer Tierarztpraxis. Der Ich-Erzähler arbeitet als Tierarzt. Er begegnet seiner ersten Liebe Judith wieder, als diese einen schwer verletzten Uhu in die Praxis bringt.

Inhaltsangabe → Nach der Verabschiedung erinnert sich Julian an die Zeit der Trennung. Er fragt sich, warum er sich hatte trennen wollen und macht deutlich, dass Judith die Trennung herbeigeführt hatte.

Funktion der Romanstelle → Mit dem Satz „Zu diesem Zeitpunkt bin ich zweiundzwanzig" schlägt er einen Bogen zwischen dem Romanbeginn und dem weiteren Verlauf. Gleichzeitig wechselt er die Zeit vom Präteritum ins Präsens. Dadurch wird deutlich, dass die eigentliche Geschichte jetzt beginnt und rückblickend erzählt wird.

Analyse und Deutung → Durch den Gebrauch des Präsens versetzt sich der Ich-Erzähler direkt in diese Zeit zurück.

Zunächst beschäftigt sich der Ich-Erzähler mit der damaligen Trennungssituation. Dass seitdem zehn Jahre vergangen sind, kann die Leserin / der Leser dem zweiten Satz entnehmen. Der Ich-Erzähler ist offensichtlich in der Zwischenzeit Tierarzt geworden und arbeitet in einer Praxis. Zur Zeit der Trennung war er 22 Jahre alt und – wie später zu erfahren ist – im Studium.

← **Informationen, die dem Text zu entnehmen sind**

In diesem kurzen Rückblick wird ein Gegensatz zwischen ihm und jener Judith deutlich. Er hatte sich nach der Trennung gesehnt, weil er nicht bei ihr hängen bleiben wollte. Der Vollzug der Trennung ging jedoch von ihr aus. Er beschreibt, dass Judith seine erste Liebe gewesen sei und die Vorstellung bei ihr hängen zu bleiben, Unruhe in ihm ausgelöst habe. Diese Unruhe begründet er in Form einer Metapher. „[...] unser Leben eine glückliche Einöde, flach und weit" (Z. 9).
Am Ende der Textstelle stellt er dar, wie er die Trennung betrieben hatte, die aber letztendlich von Judith vollzogen wurde, mit den Worten „bockig, trotzig, und wild entschlossen, mich in Gefahr zu begeben" (Z. 10).

← **Beschreibung der Gedanken und Gefühle des Ich-Erzählers auf Grundlage des Textes**

Dadurch entsteht das Bild eines jungen Mannes, der sein Leben zu diesem Zeitpunkt nicht aktiv in die Hand nimmt. Denn sonst hätte er sich getrennt. Vielmehr verhält er sich so, dass die Freundin sich von ihm trennt. Dieses Verhalten zeigt er, weil er vor der Vorhersehbarkeit des Lebens fliehen will. Hier wird die Ambivalenz des Ich-Erzählers deutlich. Er will nicht „hängen bleiben", es zieht ihn in ein Leben, in dem er sich in Gefahr begibt, aber er hat nicht den Mut, sich aktiv zu trennen, sondern lässt die Freundin diese Entscheidung treffen.
Im letzten Satz beschreibt er sein damaliges Lebensgefühl als 22-Jähriger leicht ironisch: „Der Umstand, erwachsen zu sein, gefällt mir außerordentlich." Denn sehr erwachsen scheint die Person, die eine Trennung herbeigeführt hat, nicht zu sein.

← **Deutung**

Ambivalenz: Zwiespältigkeit; Zerrissenheit (der Gefühle).

Mit diesem Textauszug setzt der Ich-Erzähler sich in Beziehung zu seiner Erzählung, indem er deutlich macht, dass er über sich als sehr junger Erwachsener erzählen wird. Er deutet an, dass es eine entscheidende Zeit in seinem Leben war. Und er beschreibt indirekt einen Charakterzug seines früheren Ichs: die Unwilligkeit oder Unfähigkeit sein Leben aktiv handelnd zu gestalten.

← **Fazit**

7.3 Beispiele der Gestaltung epischer Texte

7.3.1 Erzählstrategien

Erzählstrategie: Art und Weise, auf die eine Autorin bzw. ein Autor die Geschichte vermittelt.

Irmgard Keun (1905–1982): deutsche Schriftstellerin; begann ihre Karriere mit Romanen in der Endphase der Weimarer Republik.

Ich-Erzählung: Geschichte wird in der Ich-Perspektive von einer Figur erzählt.

auktoriales Erzählverhalten: Geschichte wird durch eine allwissende Erzählfigur erzählt, die kommentiert und die Lesenden über Vergangenes und Zukünftiges informiert.

Rafik Schami (*1946): syrisch-deutscher Schriftsteller und promovierter Chemiker.

Ein zentrales Gestaltungsmittel von epischen Texten ist die Figur der Erzählerin bzw. des Erzählers. Sie begleitet die Lesenden durch die Welt der Erzählung. Sie kann Nähe oder Distanz erzeugen, das Geschehen als real und authentisch vermitteln oder es als Handlung in einer fiktiven Welt erscheinen lassen. Erzählerin und Erzähler sind aber nie mit der Autorin oder dem Autor identisch. Eine Autorin ist eine real lebende Person, die Erzählerin ist immer eine Figur der Fiktion.

Tritt diese Erzählfigur direkt in einer Ich-Erzählung in Erscheinung, so erleben die Lesenden die Welt der Erzählung aus der Sicht dieser Figur. Das Geschehen wirkt authentisch, als habe es sich genau so in der realen Welt zugetragen.

Irmgard Keuns Text beginnt mit folgenden Worten:

Auszug: Ich habe Angst

Wenn sie meinen, ein Kind hätte keine Sorgen, dann ist das dumm von ihnen. Immer sagen sie: ach, so eine sorglose Kindheit, nie kommt sie wieder. Aber ein Kind hat bestimmt viel mehr Sorgen als ein Erwachsener.
Ich habe so furchtbar Angst, das kann ich keinem sagen, auch meiner Mutter nicht, die findet mich dann dumm.

(Keun, Irmgard (1991): *Ich habe Angst.* Aus der Textsammlung: Bronnen, Barbara (Hrsg.): *Kind, ach Kind. Geschichten über Kinder,* München: Beck'sche Reihe, S. 145)

Indem die Ich-Erzählerin ihre Gedanken und Gefühle, ihre innere Überzeugung direkt am Anfang mitteilt, stimmt sie die Leserin bzw. den Leser auf die kommende Geschichte ein und holt sie in ihre Welt.

Durch eine auktoriale Erzählfigur, die in der Er-/Sie-Form erzählt, entsteht für die Lesenden mehr Distanz zu den Figuren. Die Erzählfigur macht deutlich, dass sie der Leserin oder dem Leser von etwas erzählt, wovon sie mehr weiß als die Figuren der Erzählung – und sie kommentiert deren Gedanken und Gefühle. Auch dadurch entsteht der Eindruck, das Geschehen habe sich genau so zugetragen, da es von jemandem geschildert wird. Ein typisches Beispiel für diese Erzählform zeigt ein Textausschnitt aus einem Roman von Rafik Schami:

Auszug: Sophia oder Der Anfang aller Geschichten

Karim erschien die davorliegende Zeit wie eine in Nebel getauchte Harmlosigkeit. Erst im Dezember 2010 kehrten die Jahre der Kindheit und Jugend mit aller Macht ins Zentrum seiner Erinnerungen zurück und verbannten die späteren Jahrzehnte in die dunkle Ecke seines Gedächtnisses. Ein seltsamer Besucher und ein gegebenes Wort, von dem noch zu erzählen ist, veranlassten ihn nun, als über Achtzigjährigen, erzählend und nachdenkend zurück zu den Anfängen zu reisen.

(Schami, Rafik (2015): *Sophia oder Der Anfang aller Geschichten,* München: Carl Hanser Verlag, S. 61)

Eine weitere Form der Er-/Sie-Form ist die personale Erzählung. Ein Beispiel für diese Erzählstrategie stammt aus dem autobiografischen Roman „Gebranntes Kind sucht das Feuer" von Cordelia Edvardson.

personales Erzählverhalten: Die Erzählfigur tritt hinter die Figur zurück.

Auszug: Gebranntes Kind sucht das Feuer

Das Mädchen ging zu ihnen, vielleicht, so dacht sie, ist einer aus Berlin dabei. Jemand, der ihre Existenz bestätigen konnte, jemand, der sie wahrnehmen würde, so wie Anna sie wahrgenommen hatte, jemand der verstehen würde, dass sie nicht nur „Schutzhäftling A3709" war, was sie freilich auch war, aber noch, noch war sie auch Cordelia, Delia, das Mädchen aus Berlin-Eichkamp.

(Edvardson, Cordelia (2002): *Gebranntes Kind sucht das Feuer,* München: dtv, 7. Auflage, S. 34)

Cordelia Edvardson (1929–2012): in München geborene schwedisch-israelische Schriftstellerin und Journalistin.

Durch diese Erzählform, die die Innensicht der Figur darstellt, erlebt der Leser / die Leserin das Geschehen zusammen mit der Hauptfigur. Er/sie ist in dieser Situation direkt beteiligt, spürt die Angst des jungen Mädchens vor dem Vergessenwerden, vor dem Verlust der Identität. Obwohl der Roman autobiografisch ist und die Hauptfigur den Namen der Schriftstellerin trägt, hat die Autorin sich für eine Sie-Erzählform entschieden. Dadurch entsteht eine starke Identifikation mit der Figur, sodass die Lesenden dem Geschehen genauso ausgeliefert sind, wie die Figur selbst. Sie wissen nicht, was passieren und wie es ausgehen wird. Das wäre anders, wenn eine Ich-Erzählerin am Anfang deutlich gemacht hätte, dass sie das Erzählte überlebt hat und es sich um einen Rückblick handelt.

AUFGABE

1. Lesen Sie den folgenden Textausschnitt und ordnen Sie die Erzählform ein.
2. Gestalten Sie den Ausschnitt um, indem Sie eine neutrale Erzählerfigur in der Er-Form das Geschehen distanziert schildern lassen.
3. Vergleichen Sie die beiden Texte miteinander und erläutern Sie die unterschiedlichen Wirkungen der Erzählstrategien.

Hermann Hesse (1877–1962): deutsch-schweizerischer Schriftsteller, Maler und Dichter.

Auszug: Kinderseele

Aus allen Himmeln gerissen starrte ich dem Vater entgegen. Ich hasste ihn, warum war er nicht gestern gekommen? Jetzt war ich auf nichts vorbereitet, hatte nichts bereit, nicht einmal Reue oder Schamgefühl. – Und wozu brauchte er oben in seiner Kommode Feigen zu haben?

Er ging zu meinem Bücherschrank, griff hinter die Bücher und zog einige Feigen hervor. Es waren wenige mehr da. Dazu sah er mich an, mit stummer peinlicher Frage. Ich konnte nichts sagen. Leid und Trotz würgten mich.

„Was ist denn?", brachte ich dann heraus.

„Woher hast du diese Feigen?", fragte er, mit einer beherrschten, leisen Stimme, die mir bitter verhasst war.

Ich begann sofort zu reden. Zu lügen.

(Hesse, Herrmann (1979): *Kinderseele,* in: Hofmannsthal, Hugo von und Kaschnitz, Marie Luise (Hrsg.): *Deutsche Erzähler,* Frankfurt am Main: Insel-Verlag, S. 135)

Hintergrund: Der elf Jahre alte Ich-Erzähler hat am Vortag aus dem Arbeitszimmer des Vaters, als dieser nicht anwesend war, Feigen entwendet. Nun kommt der Vater zu ihm ins Zimmer.

7.3.2 Gestaltung der Figuren

Thema des Textes: das Rohmaterial für die Erzählung, z. B.: erste Liebe, gescheiterte Ehe, Geschwisterbeziehungen usw.

Geschehen im Text: Handlungsgerüst der Erzählung, gebildet durch eine Reihe von Ereignissen.

Einen Zugang zu einem epischen Text bekommen Sie häufig über die Figuren. Wenn Sie verstehen, wie diese die Welt sehen, wie sie handeln, was sie treibt und was sie hindert, dann verstehen Sie das Thema.

Die Figuren zeigen durch ihre Handlungen, ihre Gedanken und Gefühle, wie sie sich mit diesem Thema auseinandersetzen bzw. welche Beziehung sie dazu entwickeln. Daraus entwickelt sich das Geschehen, von dem die Erzählfigur berichtet.

Die Figuren können unterschiedlich charakterisiert sein: direkt oder indirekt.
Bei der direkten Charakterisierung wird eine Figur in ihren Eigenschaften beschrieben. Diese Beschreibung kann durch die Erzählfigur oder eine andere Figur der Erzählung erfolgen. Im folgenden Textausschnitt beschreibt der Ich-Erzähler seinen besten Freund.

Finn-Ole Heinrich (*1982): deutscher Schriftsteller und Filmemacher.

Auszug I: Räuberhände

Samuel achtet sehr auf sein Äußeres, nur seine Finger sind zerbissen. Wahrscheinlich ist es die Stelle, an der seine Ordnung am augenfälligsten bröckelt: Das Chaos am Ende seiner Finger. Die zurückgekauten Nägel, die blutig gebissene Haut, die in kleinen Fetzen um die offen liegenden Nervenenden steht. Er hat kaum noch Haut an den Seiten seiner Nägel. Es sind die Räuberhände, die ihn verraten.

(Heinrich, Finn-Ole (2010): *Räuberhände*, München: btb, 2. Auflage 2017, S. 8)

In einer weiteren Textpassage wird dieser Freund durch sein Verhalten und seine Sprache indirekt charakterisiert, d. h., seine Eigenschaften, Gedanken und Gefühle müssen aus dem Text erschlossen werden.

Hintergrund:
Janik und Samuel, Freunde aus unterschiedlichen sozialen Verhältnissen, reisen nach Istanbul. Samuels geheimes Ziel ist es, seinen unbekannten Vater zu finden. Während Janik, dessen Eltern Lehrer sind, in behüteten Verhältnissen aufgewachsen ist, war Samuels Mutter alleinerziehend. Sie konnte sich aufgrund einer psychischen Erkrankung nicht angemessen um ihren Sohn kümmern. Dieser verbrachte seine Schulzeit überwiegend bei Janik und dessen Familie.

Auszug II: Räuberhände

Ich habe die Augen geschlossen, den Nacken gemütlich auf der Lehne der Hollywoodschaukel, die Sonne brennt in mein Gesicht, so liege ich da und genieße unseren Abi-Stress.
„Simsalabim", sagt Samuel. „Simsalabim – und es geschah!"
Ich blinzele ihn an, manchmal könnte man denken, er tickt nicht richtig. Er grinst und sagt mit seiner Besserwisserstimme: „Weißt du, woher das kommt? Simsalabim? Von meinen Leuten! Weil wir euch im Mittelalter ewig weit voraus waren und hier in Europa, da haben die Leute geglaubt, die Muslime wären Zauberer."
„Ach so."
„Nein, weißt du, so richtige Muslime sagen doch immer *Bismillah rahman i rahim*, also *Im Namen Gottes, des Allbarmherzigen*, bevor sie irgendetwas besonders Wichtiges tun. Und dann haben deine Leute früher echt geglaubt, das wär ein Zauberspruch und haben es nachgemacht, verstehst du: *Bismillah – Simsalabim.*"

(Heinrich (2010), S. 10 f.)

Werkzeug Sprache – Deutsch und Kommunikation für Erzieherinnen und Erzieher ISBN: 978-3-582-83521-5

Die Charakterisierung der Figuren ist ein wichtiger Bestandteil der Textanalyse. Hierzu werden ihre Merkmale, ihre Einstellungen, ihre Beziehungen zu anderen Figuren, ihre Handlungsmotive und ihre Veränderungen analysiert.

Charakterisierung: Beschreibung der äußeren Merkmale einer Figur sowie ihrer Einstellungen und Handlungsmotive auf Grundlage des Textes.

Anhand der beiden Textauszüge aus dem Roman „Räuberhände" können Sie erste Eindrücke für eine Charakterisierung von Samuel entnehmen:
„Samuel achtet sehr auf sein Äußeres, nur seine Finger sind zerbissen. Wahrscheinlich ist es die Stelle, an der seine Ordnung am augenfälligsten bröckelt: Das Chaos am Ende seiner Finger."

Aus diesen Zeilen können Sie schließen, dass Samuel nach außen hin ordentlich wirkt und ihm das auch wichtig ist. Gleichzeitig sieht es in ihm drinnen anders aus. Er trägt in sich ein Chaos, das nur an seinen Händen abzulesen ist. Das Knabbern an den Händen scheint er nicht im Griff zu haben. Sie, so sagt der Ich-Erzähler am Ende der Textstelle, verraten ihn.

Aus der indirekten Charakterisierung, durch das Gespräch in der Hollywood-Schaukel, wird deutlich, dass Samuel einen Unterschied zwischen Janik und sich sieht. Er bezeichnet die Muslime als „meine Leute" und die anderen als Janiks Leute. Dabei betont er, dass im Mittelalter seine Leute, die Muslime, Janiks Leuten weit überlegen gewesen seien und sich davon noch Spuren finden lassen, z.B. in dem Wort „Simsalabim". Anhand dieser Textstelle wird deutlich, dass er sich intensiv mit der Geschichte der Muslime beschäftigt hat und ihm das wichtig ist.

Wenn Sie sich weiter mit dem Roman und dessen Figuren beschäftigen, müssten Sie herausfinden, warum für Samuel *„seine Leute"* wichtig sind, was er damit meint und wie dies seine Einstellung und seine Handlung prägt.
Das Interesse an „seinen Leuten" entsteht, weil Samuel seinen Vater nicht kennt und nur weiß, dass er Türke ist. Er will wissen, wo er herkommt, was sein Vater ihm mitgegeben hat. Dieses Interesse setzt die Romanhandlung in Gang. Der Roman hat dadurch zwei Ebenen: auf der einen Seite die Rückblicke des Ich-Erzählers auf die gemeinsame Kindheit und Jugend, und auf der anderen Seite die Erzählung von der gemeinsamen Suche nach Samuels Vater in Istanbul.

Ein weiteres Gestaltungsmittel bei der Darstellung der Figuren ist die Figurenkonstellation – sie ist das Beziehungsgeflecht der Figuren zueinander. Dieses Beziehungsgeflecht ist dadurch geprägt, wie die Figuren zueinander stehen, welche Gemeinsamkeiten und Unterschiede sie mitbringen, wie sie durch ihre Einstellungen, ihre Gedanken und Gefühle, ihre Erfahrungen die Beziehungen gestalten. Dabei können die Figuren in einem Kontrast zueinander stehen, beispielsweise von ihrer Herkunft her und in ihren Interessen sehr unterschiedlich sein. Die Figuren können sich aber auch in ihrer Herkunft und ihren Interessen sehr ähneln.

Konstellation: Lage, Zusammentreffen, Stellung von Objekten, Personen zueinander.

Kontrast: Unterschied, Gegensatz

7

7.3.3 Gestaltung der Zeit

erzählte Zeit: Zeitraum, in dem sich das erzählte Geschehen abspielt.

historische Verankerung: die geschichtlichen Hintergründe zu der Zeit, in der das Geschehen stattfindet.

chronologische Erzählung: die Ereignisse werden in der Reihenfolge ihres Geschehens erzählt.

anachronische Erzählung: nicht in der zeitlichen Reihenfolge des Handlungsablaufes erzählt.

Erzählzeit: Zeit, die man zum Lesen einer Textstelle benötigt.

Die Gestaltung der Zeit in literarischen Texten hat drei Dimensionen.

Eine Dimension bildet die historisch bestimmte Zeit, zu der das Geschehen stattfindet – dies kann auch die Jetztzeit sein. Ein solcher Zeitpunkt bzw. eine solche Zeitspanne mit ihren geschichtlichen, politischen und gesellschaftlichen Hintergründen bildet die Grundlage für die Entfaltung des Erzählten und hat damit auch eine Bedeutung für das Geschehen.

Die zweite Dimension betrifft die Reihenfolge der dargestellten Ereignisse. Ein Geschehen kann sich langsam entwickelnd erzählt werden und die Darstellung dieser Entwicklung kann chronologisch erfolgen.
Dies hat eine andere Wirkung, als wenn der Schluss am Anfang erzählt wird und so der Blick der Leserin bzw. des Lesers stärker darauf gelenkt wird, wie es zu diesem Schluss gekommen ist.
Springt die Erzählerin bzw. der Erzähler zwischen den unterschiedlichen Zeitebenen, sodass sich beispielsweise vergangene Ereignisse mit einer aktuellen Handlung abwechseln, und es so zu Rückwendungen und Vorausdeutungen kommt, dann entsteht ein zeitliches Puzzle vor den Augen des Lesers. In solch einem Fall bekommt jedes einzelne Puzzleteil erst im Laufe der Erzählung eine Bedeutung für die Entwicklung des Gesamtgeschehens.

Die dritte Dimension der Zeitgestaltung umfasst das Tempo einer Erzählung. Hier ist das Verhältnis zwischen der erzählten Zeit und der Erzählzeit bedeutsam. Die häufigste Form der Zeitgestaltung ist die Zeitraffung. Hier umfasst die Handlung mehr Zeit als ein Leser braucht, um diese lesend zu erfassen. Bei der Zeitdehnung benötigt die Handlung weniger Zeit als für das Lesen gebraucht wird. Bei der Zeitdeckung, wie beispielsweise in der wörtlichen Rede, sind Handlung und Lesedauer in etwa gleich.

AUFGABE

1. Lesen Sie den Text und untersuchen Sie die Gestaltung der Zeit.
2. Gestalten Sie die Situation um, indem Sie diese sowohl zeitdehnend als auch zeitraffend darstellen.
3. Beurteilen Sie die Unterschiede in der Wirkung zwischen den drei Formen der Zeitgestaltung.

Martin Suter (*1948): Schweizer Schriftsteller.

Hintergrund: Blank, die Hauptfigur, wird bei der Rückkehr zum Auto nach dem Joggen an einem einsamen Parkplatz von einem jungen Mann überfallen.

Auszug: Die dunkle Seite des Mondes

„Geld und Wertsachen sind im Wagen. Soll ich sie holen?"
„Aber kein Scheiß", sagte der Junge und erschrak über die Lautstärke seiner Stimme. Blank öffnete die Fahrertür, nahm den Fahrzeugausweis, ein paar Karten und was er sonst noch an Papieren fand und griff sich die schwere Taschenlampe im Türfach.
„Hier." Er streckte dem Jungen die Papiere entgegen und ließ sie fallen.
Als der Junge sich hinunterbeugte, traf ihn die Taschenlampe am Hinterkopf.
Er sackte zusammen.

(Suter, Martin (2001): *Die dunkle Seite des Mondes*, Zürich: Diogenes, S. 132)

AUFGABE

1. Lesen Sie den folgenden Romanausschnitt.
2. Analysieren Sie den Ausschnitt aus dem ersten Kapitel des Romans, indem Sie die folgenden Aspekte beachten:
   a) Merkmale von Ort und Zeit,
   b) Gedanken und Gefühle des Erzählers,
   c) Wirkung auf die Lesenden.

Auszug: Die Erfindung des Lebens

Damals, in meinen frühen Kindertagen, saß ich am Nachmittag oft mit hochgezogenen Knien auf dem Fensterbrett, den Kopf dicht an die Scheibe gelehnt, und schaute hinunter auf den großen, ovalen Platz von unserem Kölner Wohnhaus. Ein Vogelschwarm kreiste weit oben in gleichmäßigen Runden, senkte sich langsam und stieg dann wieder ins letzte verblassende Licht. Unten auf dem Platz spielten Kinder, müde geworden und lustlos. Ich wartete auf den Vater, der bald kommen würde, ich wusste genau, wo er auftauchte, denn er erschien meist in einer schmalen Straßenöffnung zwischen den hohen Häusern schräg gegenüber, in einem langen Mantel, die Aktentasche unter dem Arm. [...]

Wenn ich mich zurückerinnere, sehe ich dieses Ritual von Vaters Heimkehr in immer derselben Reihenfolge ablaufen, als hätte es eine geheime Vorschrift oder sogar ein Gesetz gegeben, dass alles genau so und nicht anders abzulaufen hatte. Wie Darsteller in einem Stück waren wir drei aufeinander bezogen, beinahe jeden Tag handelten wir in derselben Weise, und niemand von uns störte sich an dieser Wiederholung, sondern tat im Gegenteil alles dafür, dass alles so blieb.
Heute weiß ich, dass uns die Wiederholung beruhigte und dass sie unser merkwürdiges und gewiss nicht einfaches Leben ordnete. Jeder hatte seine Rolle und hielt sich genau daran, das gab uns eine kurzfristige Sicherheit und band uns eng aneinander. Wir drei waren sogar so eng miteinander verbunden, dass jeder von uns sofort in Panik geriet, wenn unsere Rituale durch irgendeine Kleinigkeit durcheinandergerieten. Meist kamen sie durch Einwirkungen von außen durcheinander, und meist taten wir dann beinahe zwanghaft und hektisch alles, um Störenfriede zu vertreiben oder auf andere Weise aus unserem Kreis zu verdrängen.
So war die Welt der Kleinfamilie Catt damals, in den frühen fünfziger Jahren des vergangenen Jahrhunderts, auf eine beinahe unheimliche Weise geschlossen, und jeder von uns wachte mit all seinen Sinnen darüber, dass sich daran nichts änderte.

(Ortheil, Hanns-Josef (2009): *Die Erfindung des Lebens,* München: Luchterhand, 3. Auflage, S. 9, 14–15)

Hintergrund:
Der autobiografische Roman erzählt die Geschichte eines jungen Mannes von seinen Kinderjahren bis zu seinen ersten Erfolgen als Schriftsteller. Als einziges Kind seiner Eltern, die im Zweiten Weltkrieg und in der Zeit danach vier Söhne verloren haben, wächst er in Köln auf. Die Mutter ist stumm geworden, und auch ihr letzter Sohn lebt stumm an ihrer Seite. Nach Jahren erst kann er sich aus der Umklammerung der Familie lösen, in Rom eine Karriere als Pianist beginnen und nach deren Scheitern versuchen, mit dem Schreiben sein Glück zu machen.

Hanns-Josef Ortheil (*1951): deutscher Schriftsteller, Drehbuchautor und Hochschullehrer.

7.3.4 Gestaltung des Raumes

Raum als Bedeutungsträger: Die Raumbeschreibung vermittelt wichtige Informationen über Zeithintergrund, Figuren, Stimmung und Handlungsort.

Raum als Symbol: Die Raumbeschreibung ist symbolhaft und steht für etwas anderes, z. B. ein zukünftiges Ereignis.

Wolfdietrich Schnurre (1920–1989): deutscher Schriftsteller.

Handlungsraum/ Lebensraum: Die Raumbeschreibung soll zeigen, in welchem Umfeld die Figur lebt und handelt; sie liefert Informationen beispielsweise zum sozialen und wirtschaftlichen Umfeld.

Alina Bronsky (*1978): russisch-deutsche Schriftstellerin.

Der Raum gibt – ebenso wie die Zeit – der Handlung einen Rahmen und kann eine bedeutungstragende Funktion haben:

- Durch die Darstellung des Raumes können Figuren in ihrer Lebensweise charakterisiert werden.
- In der Raumbeschreibung kann die Stimmung der Figuren ausgedrückt werden.
- Die Raumbeschreibung kann Symbole enthalten oder insgesamt Symbolcharakter haben.

Gerade in Kurzgeschichten, die nur einen kurzen Moment im Leben der Figuren darstellen, kann die Beschreibung des Raumes zur Intensivierung der Atmosphäre beitragen und Ansätze für eine Deutung liefern. Ein Beispiel hierfür ist ein Ausschnitt aus der folgenden Kurzgeschichte, die von einem Paar mit Kind handelt, das sich auf der Flucht befindet. Alle drei leiden Hunger. Der Mann lässt Frau und Kind zurück und sucht nach etwas zu essen. Dabei durchquert er die beschriebene Landschaft, die in ihrer Symbolik ein Spiegel für die Ausweglosigkeit der Situation ist.

Auszug: Auf der Flucht

Er ging durch den sterbenden Wald. Er schnitt Zeichen ein in die Bäume. Er kam an eine Sandrinne. Die war ein Bach gewesen. Er lief über einen schwarz staubenden Platz. Der war eine Wiese gewesen. Er lief zwei Stunden. Dann fing die Sandheide an. Auf einem Stein lag eine Kreuzotter; sie war verdorrt. Das Heidekraut staubte.

(Schnurre, Wolfdietrich (1966): *Auf der Flucht,* in: ders. (Hrsg.): *Die Erzählungen,* Olten: Walter, S. 24–28)

In dem Roman „Scherbenpark" von Alina Bronsky beschreibt die Ich-Erzählerin, die als 10-Jährige mit ihrer Mutter und den Geschwistern von Russland nach Deutschland gezogen ist, ihr eigenes Zuhause, nachdem sie zu Besuch bei einer wohlhabenden Mitschülerin war.

Auszug I: Scherbenpark

Ich stellte mir vor, wie die saubere Melanie in ihrer Jeansjacke mit mir im Aufzug fährt. Wie sie sich dabei genauso hektisch umsieht wie ihre Mutter. Wie ihr Seifenduft mit den Urindämpfen im Treppenhaus in einen aussichtslosen Kampf tritt – und verliert. Wie sie durch die Tür geht. Unsere Sperrmüll-Couch mit dem kleinen Tisch davor sieht, dessen drittes Bein abbricht, wenn man es schief anguckt. Die Bücher auf dem Boden. Den kleinen Fernseher und den Stapel Videokassetten. Schon damals hatte kein Mensch mehr Videokassetten! Den Schrank ohne Tür. Die Socken meines Stiefvaters auf der Heizung. Die Strumpfhose meines Bruders über dem Stuhl. Wir hatten fünf Stühle, und keiner war wie der andere, denn alle kamen vom Sperrmüll.

(Bronsky, Alina (2009): *Scherbenpark,* Köln: Kiepenheuer & Witsch, S. 18)

Im vorhergehenden Textauszug wird der Raum als Lebensraum dargestellt: als der Raum, in dem die handelnde Person zu Hause ist, der ihr Denken, Fühlen und Handeln prägt.
Im Kontrast dazu steht der Raum, in dem bürgerlich-wohlhabende Menschen wohnen. Diesen Kontrast macht die Ich-Erzählerin deutlich, indem sie sich vorstellt, wie die Mitschülerin aus gutem Hause ihre kleine Wohnung in einem Hochhaus sehen würde.

Im weiteren Verlauf des Romans lernt sie einen Journalisten kennen, der ihr für einige Tage einen Schlafplatz in seinem Haus zur Verfügung stellt. Im folgenden Text beschreibt sie das Gästezimmer.

In dieser Beschreibung ist der Raum als Kontrast entworfen, durch dessen Darstellung die sozialen Unterschiede thematisiert werden.

Kontrastraum: Raumbeschreibung soll einen Unterschied, einen Gegensatz deutlich machen.

Auszug II: Scherbenpark

Das Zimmer, dessen Tür er vor mir öffnet, ist doppelt so groß wie meins. Meins hat ja auch nur acht Quadratmeter. Am Fenster steht ein Bett, die Bezüge leuchten hell in der Dunkelheit. Daneben eine schwere alte Kommode, ein kleiner runder Tisch und ein Korbsessel.
Ich mache einen Schritt und stehe drin. Ziehe die Luft ein, den Geruch frisch gewaschener Wäsche. Mache einen zweiten Schritt und stehe an einer verglasten Tür. Sie führt in den Garten.

(Bronsky (2009), S. 99)

AUFGABE

1. Lesen Sie den folgenden Textauszug und beschreiben Sie die Wirkung der dargestellten Landschaft.
2. Erläutern Sie, durch welche Worte diese Wirkung entsteht.
3. Gestalten Sie den Text um, indem sie eine möglichst sachliche Beschreibung der Landschaft entwerfen.

Georg Britting (1891–1964): deutscher Dichter und Schriftsteller.

Wasserjungfer: Libelle

Bürstling: Flussbarsch, ein Raubfisch

Auszug: Brudermord im Altwasser

Das sind grünschwarze Tümpel, von Weiden überhangen, von Wasserjungfern übersurrt, das heißt: wie Tümpel und kleine Weiher, und auch große Weiher, ist es anzusehen, und es ist doch nur Donauwasser, durch Steindämme abgesondert, vom großen, grünen Strom, Altwasser, wie man es in der Gegend nennt. Fische gibt es im Altwasser, viele; Fischkönig ist der Bürstling, ein Raubtier mit zackiger, kratzender Rückenflosse, mit bösen Augen, einem gefräßigen Maul, grünschwarz schillernd wie das Wasser, darin er jagt. Und wie heiß es hier im Sommer ist! Die Weiden schlucken den Wind, der draußen über dem Strom immer geht. Und aus dem Schlamm steigt ein Geruch wie Fäulnis und Kot und Tod. Kein besserer Ort ist zu finden für Knabenspiele als dieses gründämmerige Gebiet. Und hier geschah, was ich euch jetzt erzähle.

(Britting, Georg (1958): *Brudermord im Altwasser,* in: Haefs, Wilhelm (Hrsg.): *Georg Britting. Sämtliche Werke – Prosa, Band 3/2,* München: Süddeutscher Verlag, S. 20.)

7.4 Aspekt-orientierte Analyse

7.4.1 Das Bild der Mutter

AUFGABE

1. Lesen Sie den vorliegenden Romanausschnitt und notieren Sie Ihre Ersteindrücke.
2. Analysieren Sie den vorliegenden Romanausschnitt und arbeiten Sie das Verhältnis der Mutter zur Tochter heraus.
   Halten Sie Ihre Arbeitsergebnisse schriftlich fest.

Hinweis:
Beachten Sie folgende Aspekte für die Analyse des epischen Textes:
- Welche Erzählstrategien werden verwendet?
- Wie ist die Wirkung dieser Erzählstrategien?
- Wie sieht die Mutter ihr Kind?
- Welche Gefühle hat die Mutter für ihr Kind?
- Wie behandelt sie ihr Kind?
- Was wird dadurch über die Mutter deutlich?
- Nimmt sie die Bedürfnisse der Tochter wahr?
- Wie reagiert sie auf diese Bedürfnisse?

Erich Hackl (*1954): österreichischer Schriftsteller und Übersetzer.

Auszug: Auroras Anlass

Jeder Kleinigkeit schenkte die junge Mutter über Gebühr, wie viele meinten, Beachtung. Sie ließ es nur ungern zu, dass man Hildegart auf den Arm nahm, achtete darauf, dass das Kind, fiel es hin, allein aufstand. Eines Tages ließ sie zur Überraschung der übrigen Hausbewohner zwei Fuhren Sand und eine Fuhre Schotter im Garten abladen und erklärte auf Befragen, damit das sinnvollste Spielzeug für Hildegart angeschafft zu haben. Dazu kamen Bauklötze und buntbemalte Hölzer in Form von Buchstaben, die, richtig zusammengesetzt, Wörter ergaben. Das erste Wort, das Hildegart, wie ihre Mutter später dem Journalisten Guzmán erzählte, ohne fremde Hilfe zusammensetzte, lautete V-I-D-A, Leben. [...]

Es gab Augenblicke, in denen Aurora Rodriguez an ihrer Mission schwankend wurde. Bei der Geburt zum Beispiel hatte sie, den kleinen, nackten Menschen neben sich, nur Glück verspürt, den unbedingten Wunsch, dieses Wesen, das doch bloß sie hatte und durch sie existierte, zu beschützen, ihm zu helfen, aber es nicht, nie, zu zwingen. Auch später überkam sie manchmal das Bedürfnis, Hildegart absichtslos zu liebkosen, ihrer Tochter alle Zeit des Lebens zu schenken, ungeachtet ihres Erziehungsprogramms, das Müßiggang und Selbstzweck nicht vorsah. Sie verfiel dann der Sehnsucht, das zeitliche Gefüge aufzuheben, nur diesen einen Moment zu leben, in dem ihre Tochter neben ihr einschlief, die kleine Hand in der ihren, oder anfing sie nachzuahmen, ihren Tonfall, das Stirnrunzeln, die Art, wie sie ein Buch aufschlug.

Es kostete sie, obwohl sie das später leugnen sollte, keine geringe Mühe, diese Anfälle von Schwäche zu überwinden. Mit Hildegart sprach Aurora Rodriguez vom Tag der Geburt an, unbekümmert, ob ihre Tochter sie verstand oder nicht. Sie besorgte ihr auch gleich eine Tafel mit Kreide, schnitt das Alphabet aus, klebte es auf Pappe. Bezeichnete dem Kind Zahlen und Buchstaben, wie sie ihm Gegenstände bezeichnete. Das ist ein Haus. Das ist ein Baum. Das ist das A. Und das ist die Fünf.

(Hackl, Erich (1989): *Auroras Anlass,* Zürich: Diogenes Taschenbuch, S. 61 f.)

AUFGABE

Analysieren Sie den vorliegenden Romanausschnitt und arbeiten Sie das Verhältnis der Mutter zu ihrer Tochter heraus. Nehmen Sie dazu aus pädagogischer Sicht Stellung.

Auszug: Der Hals der Giraffe

Manchmal kam sie verweint nach Hause. Dann hatten sie wieder irgendwas mit ihr angestellt. Einen Bleistift zerbrochen, in den Pullover Löcher gerissen, so groß, dass sie nicht zu stopfen waren, den Kugelschreiber geklaut, den, der in allen Farben schreiben konnte. Aber gewehrt hat sie sich nie.

Auch nicht an jenem Freitag, der vorletzten Stunde, keiner war mehr bei der Sache. Der Unterricht begann. Claudias Platz war leer. In der dritten Reihe. Weit weg vom Lehrertisch, weit weg von ihr. Irgendwann kam sie. Die Tür nur einen Spalt weit offen und Claudia huschte herein. Sie sah mitgenommen aus. Es musste etwas vorgefallen sein. Die Haare vorm verheulten Gesicht. Sie ignorierte die Blicke und schleppte sich an ihren Platz. Und dann war irgendwas. Sie selbst stand mit dem Rücken zur Klasse, schrieb etwas an die Tafel, als Claudia plötzlich aufschrie. Markerschütternd. Unglaublich laut. Sie drehte sich um. Claudias Tisch war verrückt. Ihr Biobuch lag auf dem Boden. Claudia stand auf. Lief nach vorn. Direkt auf sie zu. Sie hatte die Schultern hochgezogen, den Kopf geduckt. Sie wimmerte: Mama. Ihre ausgebreiteten Arme. Und sie? Was willst du von mir? Das waren ihre Worte. Ein Stoß. Von sich weg. Was wollte sie von ihr? Claudia fiel. Blieb liegen. Weinte immer noch. Wie sie da auf dem Boden lag. Sich krümmte. Im Gang, zwischen den Bänken und Stühlen. Mitten in der Klasse. Verschluckte sich an ihren Tränen. Die Augen geschlossen, die Lippen aufeinandergepresst. Sie hörte nicht auf zu wimmern. Mama. Immer wieder: Mama. Ein kleines Kind. Claudia schrie nach ihr. Vor der ganzen Klasse. Natürlich war sie ihre Mutter. Aber zuallererst ihre Lehrerin. Sie lag nur da und konnte sich nicht beruhigen. Niemand ging zu ihr. Niemand tröstete sie. Auch sie nicht. Es ging nicht. Vor der ganzen Klasse. Nicht möglich. Sie waren in der Schule. Es war Unterricht. Sie war Frau Lohmark.

(Schalansky, Judith (2011): *Der Hals der Giraffe,* Berlin: Suhrkamp Verlag, S. 218 f.)

Hintergrund:
Inge Lohmark unterrichtet seit mehr als 30 Jahren Biologie. Ihre Schule in der schrumpfenden Kreisstadt im vorpommerschen Hinterland soll aus Mangel an Kindern in vier Jahren geschlossen werden. Ihr Mann, der zu DDR-Zeiten Kühe besamt hat, züchtet nun Strauße, ihre Tochter Claudia ist vor Jahren in die USA gegangen und hat nicht vor, Kinder in die Welt zu setzen.
Alle verweigern sich dem Lauf der Natur, den die Biologielehrerin tagtäglich im Unterricht beschwört.

Judith Schalansky (*1980): deutsche Schriftstellerin, Herausgeberin und Buchgestalterin.

7.4.2 Das Bild vom Kind in literarischen Texten

Konstrukt: eine gedankliche Erklärungshilfe, eine Arbeitshypothese (im Gegensatz zu Fakten).

Unsere heutige Vorstellung von Kindheit ist ein Konstrukt, denn unterschiedliche Zeiten und Kulturen haben unterschiedliche Vorstellungen davon, was Kindheit ausmacht. Dazu gehören Vorstellungen darüber, wie Kinder lernen, was sie benötigen und wie sie erzogen werden müssen.

Hinweis:
Ariès, Philippe (1975): Die Geschichte der Kindheit. München: Hanser Verlag.

Der Historiker Philippe Ariès hat sich in seinem Buch „Die Geschichte der Kindheit" damit beschäftigt, welche Vorstellungen über die Kindheit vom Mittelalter bis heute existierten und existieren.
So gab es beispielsweise im Mittelalter keine Abgrenzung zwischen Erwachsenen und Kindern. Die Kinder lebten mit den Erwachsenen, teilten ihren Arbeitsalltag und wurden im Rahmen ihrer körperlichen Möglichkeit sofort in den Arbeitsprozess integriert. Sie waren den Erwachsenen untergeordnet, wurden aber nicht aus der Erwachsenenwelt ausgeschlossen.

Hinweis:
Mögliche Aspekte der Analyse von Texten bezogen auf das Bild vom Kind:
- Alltagsbeschreibung
- Darstellung des Verhältnisses zu Erwachsenen und anderen Kindern
- Ängste, Wünsche, Gedanken und Handlungen der Figur(en)
- Einbeziehung der Informationen über Autor/in und historisch-politische Hintergründe der Entstehungszeit für Zusammenhang und Fazit

Im Folgenden werden Sie unterschiedliche Auszüge aus Romanen und Erzählungen kennenlernen, aus denen sich erschließen lässt,
- wie Kinder gelebt haben,
- wie sie ihre Welt gesehen haben und
- in welchem Verhältnis sie zu den Erwachsenen standen.

Gehen Sie bei der Analyse der Texte so vor, wie Sie es auf den vorhergehenden Seiten kennengelernt haben. Konzentrieren Sie sich dabei auf die Aspekte des Textes, die Ihnen Informationen über die Welt des Kindes geben:
- Beschreibungen des Alltags,
- das Verhältnis zu Erwachsenen und zu anderen Kindern,
- Ängste, Wünsche, Gedanken und Handlungen der Figur(en).

Weiterhin sollten Sie sich über die Entstehungszeit des Textes und dessen Autorin bzw. Autor informieren, um die Informationen aus dem Text in einen Zusammenhang zum historisch-politischen Hintergrund stellen zu können.

AUFGABE
Analysieren Sie den vorliegenden Text und arbeiten Sie heraus, welche Vorstellungen von Kindheit und Lernen deutlich werden. Halten Sie Ihre Arbeitsergebnisse in Stichworten fest.

Auszug: Der Abenteuerliche Simplicissimus Teutsch

Hintergrund: Der Roman wurde 1669 verfasst und beschreibt das Leben im Dreißigjährigen Krieg. Der ungefähr zehn Jahre alte Ich-Erzähler hat gerade die brutale Plünderung seines Elternhauses erlebt und ist geflohen. Im Wald trifft er auf einen Einsiedler. Dieser versorgt ihn mit Essen und nimmt ihn bei sich auf.

Eine Zeit von ungefähr drei Wochen war mein Probierjahr, [...] ich hielt mich so wohl, dass der Einsiedel ein sonderliches Gefallen an mir hatte, nicht zwar der Arbeit halber, so ich zuvor zu vollbringen gewohnt war, sondern weil er sah, dass ich ebenso begierig seine Unterweisungen hörete, als geschickt die wachsweiche und zwar noch glatte Tafel meines Herzens solche zu fassen sich erzeigte.

Werkzeug Sprache – Deutsch und Kommunikation für Erzieherinnen und Erzieher ISBN: 978-3-582-83521-5

Solcher Ursachen halber wurde er auch desto eifriger, mich in allem Guten anzuführen, er machte den Anfang seiner Unterrichtungen vom Fall Luzifers, von dannen kam er in das Paradeis, und als wir mit unsern Eltern daraus verstoßen wurden, passierte er durch das Gesetz Mosis, und lehrete mich vermittelst der zehn Gebot Gottes und ihrer Auslegungen (von denen er sagte, dass sie ein wahre Richtschnur seien, den Willen Gottes zu erkennen, und nach denselben ein heiliges Gott wohlgefälliges Leben anzustellen) die Tugenden von den Lastern zu unterscheiden, das Gute zu tun, und das Böse zu lassen:
Endlich kam er auf das Evangelium, und sagte mir von Christi Geburt, Leiden, Sterben und Auferstehung; zuletzt beschloss ers mit dem Jüngsten Tag, und stellet' mir Himmel und Höll vor Augen, und solches alles mit gebührenden Umständen, doch nit mit gar zu überflüssiger Weitläufigkeit, sondern wie ihn dünkte, dass ichs am allerbesten fassen und verstehen möchte; wann er mit einer materia fertig war, hub er ein andere an, und wusste sich bisweilen in aller Geduld nach meinen Fragen so artlich zu regulieren und mit mir zu verfahren, dass er mirs auch nicht besser hätte eingießen können; sein Leben und seine Reden waren mir eine immerwährende Predigt, welche mein Verstand, der eben nicht so gar dumm und hölzern war, vermittels göttlicher Gnad nicht ohn Frucht abgehen ließ, allermaßen ich alles dasjenige, was ein Christ wissen soll, nicht allein in gedachten dreien Wochen gefasst, sondern auch ein solche Lieb zu dessen Unterricht gewonnen, dass ich des Nachts nicht davor schlafen konnte.

(Grimmelshausen, Hans Jakob Christoffel von (1668/69): *Der Abenteuerliche Simplicissimus Teutsch*, München: dtv, S. 28 f.)

Hans Jakob Christoffel von Grimmelshausen (1622–1676): deutscher Schriftsteller. Der abenteuerliche Simplicissimus Teutsch ist ein 1668/69 erschienener Roman und das Hauptwerk von Grimmelshausen. Es schildert umfang- und detailreich den Dreißigjährigen Krieg (1618–1648) sowie die verrohte Nachkriegsgesellschaft.

AUFGABE

Vergleichen Sie die erarbeitete Auffassung vom Lernen mit dem heutigen Bild davon, wie Kinder lernen. Notieren Sie Ihre Ergebnisse. Beziehen Sie dabei den unten stehenden Text mit ein.

Überraschenderweise hat uns gerade die Hirnforschung davon überzeugt, dass auch die vorgebahnten Reifungsprozesse auf passende Herausforderungen in der sozialen Umwelt des Kindes angewiesen sind, und es auf dem Weg zur verantwortlich und kompetent handlungsfähigen Person folglich um einen Dreiklang von Betreuung, Entwicklung und Bildung geht:

- um verlässliche Beziehungen, Betreuung,
- um die Herausforderung der angelegten Potenziale, Entwicklung,
- um die gezielte Einführung in die Kultur, in der Werte und Regeln angeboten werden, Bildung.

(Krappmann, Lothar (2012): *Kinder im Grundschulalter – Besonderheiten und Entwicklungserfordernisse*, in: Textor, Martin R. und Bostelmann, Antje (Hrsg.): *Das Kita-Handbuch*.)

Bildertitel der Erstausgabe von 1669

AUFGABE Vergleichen Sie die beiden folgenden Textauszüge miteinander und arbeiten Sie heraus, wie die Ich-Erzähler ihre Kindheitserfahrungen bewerten. Notieren Sie Ihre Ergebnisse stichwortartig.

Johann Ludwig Tieck (1773–1853): deutscher Schriftsteller, Dichter und Herausgeber.

Hintergrund:
In dem vom Autor Ludwig Tieck selbst als „Märchennovelle" bezeichneten Werk, das 1797 erschien, geht es um ein kinderloses Paar, den blonden Eckhart und seine Frau Bertha. Beide leben sehr zurückgezogen und haben nur Kontakt zu ihrem Freund Walther. Dieser ist zu Besuch und Bertha erzählt abends am Feuer ihre Lebensgeschichte. Diese fängt sehr realitätsnah an – das Kind flieht vor dem Vater – und geht dann am Ende ins Märchenhafte über, als das Kind eine Hütte im Wald findet, in der eine alte Frau wohnt.

Auszug: Der blonde Eckbert

Bertha erzählt ihre Lebensgeschichte:

Ich bin in einem Dorfe geboren, mein Vater war ein armer Hirte. Die Haushaltung bei meinen Eltern war nicht zum besten bestellt, sie wussten sehr oft nicht, wo sie das Brot hernehmen sollten. Was mich aber noch weit mehr jammerte, war, dass mein Vater und meine Mutter sich oft über ihre Armut entzweiten, und einer dem andern dann bittere Vorwürfe machte. Sonst höre ich beständig von mir, dass ich ein einfältiges dummes Kind sei, das nicht das unbedeutendste Geschäft auszurichten wisse, und wirklich war ich äußerst ungeschickt und unbeholfen, ich ließ alles aus den Händen fallen, ich lernte weder nähen noch spinnen, ich konnte nichts in der Wirtschaft helfen, nur die Not meiner Eltern verstand ich sehr gut.

Oft saß ich dann im Winkel und füllte meine Vorstellungen damit an, wie ich ihnen helfen wollte, wenn ich plötzlich reich würde, wie ich sie mit Gold und Silber überschütten und mich an ihrem Erstaunen laben möchte, dann sah ich Geister heraufschweben, die mir unterirdische Schätze entdeckten, oder mir kleine Kiesel gaben, die sich in Edelsteine verwandelten, kurz, die wunderbarsten Fantasien beschäftigten mich, und wenn ich nun aufstehn musste, um irgendetwas zu helfen, oder zu tragen, so zeigte ich mich noch viel ungeschickter, weil mir der Kopf von allen den seltsamen Vorstellungen schwindelte.

Mein Vater war immer sehr ergrimmt auf mich, dass ich eine so ganz unnütze Last des Hauswesens sei, er behandelte mich daher oft ziemlich grausam, und es war selten, dass ich ein freundliches Wort von ihm vernahm. So war ich ungefähr acht Jahr alt geworden, und es wurden nun ernstliche Anstalten gemacht, dass ich etwas tun, oder lernen sollte. Mein Vater glaubte, es wäre nur Eigensinn oder Trägheit von mir, um meine Tage in Müßiggang hinzubringen, genug, er setzte mir mit Drohungen unbeschreiblich zu, da diese aber doch nichts fruchteten, züchtigte er mich auf die grausamste Art, indem er sagte, dass diese Strafe mit jedem Tage wiederkehren sollte, weil ich doch nur ein unnützes Geschöpf sei.

Die ganze Nacht hindurch weinte ich herzlich, ich fühlte mich so außerordentlich verlassen, ich hatte solches Mitleid mit mir selber, dass ich zu sterben wünschte. Ich fürchtete den Anbruch des Tages, ich wusste durchaus nicht, was ich anfangen sollte, ich wünschte mir alle mögliche Geschicklichkeit und konnte gar nicht begreifen, warum ich einfältiger sei als die übrigen Kinder meiner Bekanntschaft. Ich war der Verzweiflung nah.

(Tieck, Ludwig (1797): *Der blonde Eckbert*, in: Biedrzynski, Effi (Hrsg.): *Das große deutsche Novellenbuch*, Düsseldorf: Patmos Verlag, 2004, S. 77 f.)

Werkzeug Sprache – Deutsch und Kommunikation für Erzieherinnen und Erzieher ISBN: 978-3-582-83521-5

Auszug: Aus meiner Jugend

Der Hauptreiz der Kindheit beruht darauf, dass alles, bis zu den Haustieren herab, freundlich und wohlwollend gegen sie ist, denn daraus entspringt ein Gefühl der Sicherheit, das bei dem ersten Schritt in die feindselige Welt hinaus entweicht und nie zurückkehrt.

Besonders in den unteren Ständen ist dies der Fall. Das Kind spielt nicht vor der Tür, ohne dass die benachbarte Dienstmagd, die zum Einkaufen oder Wasserschöpfen über die Straße geschickt wird, ihm eine Blume schenkt; die Obsthändlerin wirft ihm aus ihrem Korb eine Kirsche oder eine Birne zu, ein wohlhabender Bürger wohl gar eine kleine Münze, für die es sich eine Semmel kaufen kann; der Fuhrmann knallt vorüberkommend mit seiner Peitsche, der Musikant entlockt seinem Instrument im Gehen einige Töne, und wer nichts von allem tut, der fragt es wenigstens nach seinem Namen und Alter oder lächelt es an.

Freilich muss es reinlich gehalten sein. Dieses Wohlwollen wurde auch mir und meinem Bruder in reichlichem Maße zuteil, besonders von den Mitbewohnern unseres Hauses, den vorzugsweise sogenannten Nachbarn, die uns fast ebenso viel galten als die Mutter und mehr als der strenge Vater. Im Sommer hatten sie ihre Arbeit und konnten sich nur wenig mit uns abgeben, da war es aber auch nicht notwendig, denn wir spielten von früh bis spät, von der Betzeit bis zur Bettzeit im Garten und hatten an den Schmetterlingen Gesellschaft genug. Aber im Winter, bei Regen und Schnee, wo wir auf das Haus beschränkt waren, ging fast alles, was uns unterhielt und erheiterte, von ihnen aus.

Die Frau des Tagelöhners, Meta mit Namen, eine riesige, etwas vorwärtsgebeugte Figur mit einem alttestamentarisch ehernen Gesicht, [...] kam gewöhnlich, ein rotes Tuch um den Kopf gewunden, in den langen Winterabenden zur Zeit der Dämmerung zu uns herum und blieb bis zum Lichtanzünden.
Dann erzählte sie Hexen- und Spukgeschichten, die aus ihrem Munde eindringlicher wie aus jedem andern klangen; wir hörten vom Blocksberg und vom höllischen Sabbat; der Besenstiel, der so verächtlich erscheinende, erhielt seine unheimliche Bedeutung, und die finstere Schornsteinhöhle, die in jedem Hause, und also auch in dem unsrigen, auf eine so boshafte Weise von den Mächten der Hölle und ihren Dienerinnen gemissbraucht werden konnte, flößte uns Entsetzen ein.

Genau erinnere ich mich noch des Eindrucks, den die Erzählung von der verruchten Müllerin, die sich nachts in eine Katze verwandelte, auf mich machte, und wie ich mich beruhigte, dass sie für diesen schlechten Streich doch endlich die gebührende Strafe erhielt; der Katze wurde nämlich, als sie einmal den nächtlichen Spaziergang antrat, von dem Müllerburschen, dem sie verdächtig vorkam, eine Pfote abgehauen, und am nächsten Tag lag die Müllerin mit blutigem rechtem Arm ohne Hand im Bett.

(Hebbel, Friedrich (1854): *Aus meiner Jugend,* in: Hofmannsthal, Hugo von und Kaschnitz, Marie Luise (Hrsg.): *Deutsche Erzähler,* Frankfurt am Main: Insel-Verlag, S. 49 ff.)

Christian Friedrich Hebbel (1813–1863): deutscher Dramatiker und Lyriker.

Hintergrund:
Friedrich Hebbel wurde 1813 in Wesselburen (Dithmarschen) als Sohn eines Maurers geboren. Aufgrund von Schulden seines Vaters verbrachte er eine ärmliche Jugend. Später machte er eine Maurerlehre, arbeitete dann aber als Schreiber. Seine akademischen Kenntnisse hat er sich selbst beigebracht. Er ist bekannt für seine Theaterstücke, Gedichte und Erzählungen.

7

AUFGABE Analysieren Sie den folgenden Romanausschnitt und arbeiten Sie die Gedanken und Gefühle des Kindes heraus.

Jenny Erpenbeck (*1967): deutsche Schriftstellerin und Regisseurin.

Hintergrund:
Das jüdische Mädchen, aus dessen Perspektive in dem vorliegenden Romanauszug erzählt wird, hat die Ferien stets bei ihrem Großvater in einem Haus an einem märkischen See verbracht. Nun lebt sie in einem Versteck, bedroht vom Hungertod oder der Entdeckung durch die SS. Immer wieder kehren ihre Erinnerungen an den Ort zurück, an dem sie als kleines Kind sehr glücklich war.

Auszug: Heimsuchung

Das Mädchen

Jetzt weiß niemand mehr, dass sie da ist. Rings um sie ist alles schwarz, und der Kern dieser schwarzen Kammer ist sie. Dass es nicht einmal einen kleinen Spalt gibt, durch den Licht einfällt, soll ihr das Leben retten, aber es macht auch, dass sie sich in nichts mehr von der Dunkelheit unterscheidet. Sie würde gern irgendeinen Beweis dafür haben, dass sie da ist, aber es gibt keinen Beweis. Sie, Doris, Tochter von Ernst und Elisabeth, zwölf Jahre alt, geboren in Guben. Wem gehören jetzt noch, in solcher Dunkelheit, diese Worte?

Während sie auf der kleinen Kiste sitzt, und ihre Knie an die gegenüberliegende Wand stoßen, und sie ihre Beine manchmal nach rechts, manchmal nach links schräg stellt, damit sie nicht einschlafen, vergeht Zeit. Wahrscheinlich vergeht Zeit. Zeit, die sie wahrscheinlich immer weiter und weiter entfernt von dem Mädchen, das sie vielleicht einmal war: Doris, Tochter von Ernst und Elisabeth, zwölf Jahre alt, geboren in Guben. Es ist niemand mehr da, der ihr sagen könnte, ob diese Worte herrenlos sind und sich nur zufällig in diese Kammer, in diesen Kopf verirrt haben, oder ob sie wirklich zu ihr gehören. Zeit hat sich zwischen sie und ihre Eltern, zwischen sie und alle übrigen Menschen geschoben, Zeit hat sie mit sich fortgerissen und in diese dunkle Kammer gesperrt. Farbig ist nur noch das, woran sie sich erinnert, mitten in dieser Dunkelheit, die sie umgibt, deren Kern sie ist, farbige Erinnerungen hat sie in ihrem vom Licht vergessenen Kopf, Erinnerungen von jemand, der sie einmal war. Wahrscheinlich war. Wer war sie? Wessen Kopf war ihr Kopf? Wem gehörten jetzt ihre Erinnerungen? Lief die schwarze Zeit immer weiter, auch wenn der Mensch nur noch saß, lief die Zeit immer weiter und riss selbst ein versteinertes Kind mit sich fort? […]

Jetzt ist es nur noch ein kleiner Übergang, der ihr bevorsteht. Entweder verhungert sie in hier in ihrem Versteck, oder sie wird gefunden und abtransportiert. Niemand von denen, die wussten, wer sie war, weiß mehr, dass sie da ist. Das macht den Übergang so gering. Schritt für Schritt ist sie bis hierher gelangt, bis beinahe zum Ende, das heißt, der Weg muss auch einen Anfang gehabt haben, und an diesem Anfang muss sie um genauso Geringes vom Leben entfernt gewesen sein, wie sie es jetzt vom Tod ist. Der Anfang muss beinahe noch genauso ausgesehen haben wie das Leben, muss irgendwo mittendrin gewesen sein und noch unerkennbar als erster Teil dieses Weges, von dem sie jetzt erst weiß, wohin er führt.

(Erpenbeck, Jenny (2008): *Heimsuchung*, Frankfurt am Main: Eichborn Verlag, S. 79)

AUFGABE

Analysieren Sie den Romanausschnitt und arbeiten Sie heraus, welche Bedeutung Heimat für die Ich-Erzählerin hat.

Auszug: Tauben fliegen auf

Der weiche Singsang meiner Großmutter, das nächtliche Gequake der Frösche, die Schweine, wenn sie aus ihren Schweinchenaugen blinzeln, das aufgeregte Gegacker eines Huhnes, bevor es geschlachtet wird, die Nachtviolen und Aprikosenrosen, derbe Flüche, die unerbittliche Sommersonne und dazu der Geruch nach gedünsteten Zwiebeln, mein strenger Onkel Mòric, der plötzlich aufsteht und tanzt. Die Atmosphäre meiner Kindheit.

So habe ich nach langem Überlegen geantwortet, als mich Jahre später ein Freund gefragt hat, was denn Heimat für mich bedeute, und wesentliche Dinge sind mir in dem Moment nicht eingefallen. Erstens das relativ unbekannte, aber eigentlich weltbeste Getränk namens Traubensoda, das bestimmt auch von Papst Johannes Paul II. gesegnet worden ist und ich so fraglos mit Heimat verbinde, dass ich es zu nennen vergessen habe.

Und zweitens etwas, das sich nicht so leicht auf einen Begriff bringen lässt, die Erinnerung nämlich an Nomi, wie sie mit ihrer Quengelei Vater und Mutter nervte, damals, im Sommer 1980, als sie, kurz nachdem wir [in der Schweiz] angekommen waren, alles von Mamika wissen wollte, nicht nur alles, sondern sofort alles; die Quengelei meiner Schwester, so verstand ich plötzlich, war vergleichbar mit meinen geheimen, rasend schnell durchgeführten Inspektionen: Weil wir beide die Angst hatten, nichts mehr mit unserer Heimat zu tun zu haben, wollten wir die Zeit einholen, in der wir nicht da gewesen waren, und in diesem Wettrennen waren wir unsäglich erleichtert, wenn wir uns an ganz banalen, alltäglichen Dingen orientieren konnten, dem Spaltblock, der glücklicherweise immer noch an derselben Stelle steht, nämlich beim Schweinestall, in der Nähe des Plumpsklos, Mamika, die sich in der Zwischenzeit keine Kühe angeschafft hat oder Fasane, sondern immer noch mit ihren Schweinen, Hühnern, Gänsen und Enten lebt, dem winzigen Taubenschlag, den wir unverändert auf dem Dachboden vorfinden [...], da sind Nomi und ich beruhigt, weil sich unsere Heimat nie verändern darf und wenn, dann nur ganz geringfügig (und mit achtzehn, wenn wir volljährig sind, würden wir zurückkommen, unter Mamikas warme, dicke Bettdecke kriechen, und wir würden davon träumen, dass wir ein paar Jahre weg gewesen sind, in der Schweiz).

Ja, endlich sind wir da, nach unserem Rundgang merken wir, dass wir wirklich angekommen sind, dass wir jetzt da sind, wo unsere Großmutter ihr Leben verbringt [...].

(Abonji, Melinda Nadj (2012): *Tauben fliegen auf*, München: dtv, S. 19 f.)

Melinda Nadj Abonji (*1968): ungarisch-schweizerische Schriftstellerin und Musikerin.

Mamika: Kosename der Großmutter

Hintergrund: Die eingebürgerte Familie aus der Vojvodina, einer autonomen Provinz in der Republik Serbien, betreibt in der Schweiz ein Café in bester Seelage. Doch angekommen sind sie nicht, denn die beiden Töchter Ildiko und Nomi wachsen zwischen zwei Welten auf. Sie sind hin- und hergerissen zwischen der alten Heimat und dem Wunsch, Teil der Schweizer Gesellschaft zu sein. Aber hinter dem Schweizer Idyll verbirgt sich die Fremdenfeindlichkeit.

AUFGABE Arbeiten Sie aus dem vorliegenden Romanausschnitt heraus, welches Bild von Männlichkeit dem Ich-Erzähler vorgelebt wird und wie er selbst dazu steht.

Abbas Khider (*1973): in Deutschland lebender deutsch-irakischer Schriftsteller.

Hintergrund:
Der Roman zeichnet ein Bild in der Diktatur des Irak der 80er- und 90er-Jahre. 1989, am Tag der letzten Abiturprüfung wird Mahdi zu einem Ausflug eingeladen. Sein Klassenkamerad Ali und er wollen das Ende der Schulzeit feiern und fahren mit einem ausgeliehenen Auto, das den „falschen" Leuten gehört. Beide werden ohne Anklage und Prozess inhaftiert.
In der Hölle des Gefängnisses rettet sich Mahdi durch seine Begabung zum Geschichtenerzählen. In diesem Ausschnitt erzählt er eine Episode aus seiner Kindheit.

Auszug: Die Orangen des Präsidenten

Im vierten Kriegsjahr musste ich wie alle Schüler der vierten bis sechsten Klasse zu den Jungpionieren. Jeden Donnerstag hatten wir in unserer Militäruniform anzutreten, die uns die Regierung kostenlos zur Verfügung stellte. Der Sportlehrer und Schutzpolizist der Führer-Grundschule – so hieß die Schule, die ich besuchte – begleitete uns zum Pionierlager, wo bereits eine Menge anderer Schüler aus verschiedenen Schulen versammelt waren. Auf dem großen Platz des Lagers sollten wir dann militärisch Marschieren und Exerzieren lernen: „Haltung annehmen! Hinsetzen! Vortreten! Seid bereit! – Immer bereit", auch den Umgang mit Pistolen und anderen Waffen.

Ich ging aber nur drei Mal hin und dann nie wieder, weil einige ältere Schüler mich dort nach allen Regeln der Kunst vermöbelt hatten. Ich hatte nicht bemerkt, dass ich einem großen, kräftigen Schüler auf den Fuß getreten war. Ich wusste auch nicht, dass er ein großer Anführer an seiner Schule war. Nach der Tracht Prügel weigerte ich mich, in der folgenden Woche wieder zu dieser Veranstaltung zu gehen. Der Sportlehrer bestrafte mich deshalb sehr hart. Ich musste vor allen Schülerinnen und Schülern auf dem Hauptplatz der Schule stehen und erhielt von ihm zehn Stockschläge auf die Hand. Anschließend befahl er den anderen, mich abzuklatschen. Aber nicht mit den Händen, sondern mit den Füßen. Zuletzt durften sie mich auch noch „Mädchen" nennen.

An diesem Tag weinte ich sehr viel, weil meine Hände schmerzten. Als meine Mutter von der Bestrafung erfuhr, war sie sehr aufgebracht. Leider aber hatte sie nicht die geringste Chance, irgendetwas gegen den Sportlehrer zu unternehmen, weil er der Regierungspartei angehörte.

Einige Zeit später störte es mich überhaupt nicht mehr, ein „Mädchen" geworden zu sein. Es war angenehm, die Zeit mit den Schülerinnen zu verbringen, denn sie hatten amüsantere Spiele. Und was mich am meisten freute, war die Tatsache, dass ich auf diese Weise viel Zeit mit Rosa, der Schwester meines Freundes Jack, verbringen konnte.

(Khider, Abbas (2011): *Die Orangen des Präsidenten,* Hamburg: Nautilus Verlag, S. 50 f.)

Werkzeug Sprache – Deutsch und Kommunikation für Erzieherinnen und Erzieher ISBN: 978-3-582-83521-5

AUFGABE Analysieren Sie den vorliegenden Romanausschnitt und arbeiten Sie heraus, wie die Ich-Erzählerin sich und ihre Umwelt als Kind erlebt hat.

Auszug: Streulicht

Ich hatte schon früh den Verdacht, dass die Arglosigkeit ihrer Mutter auf Sophie abgefärbt hatte und dass meine Unwissenheit etwas ganz anderes war. Es lag nichts Liebenswürdiges darin, es handelte sich um eine tiefsitzende Verunsicherung, die weiter ging als bei allen anderen Mädchen und etwas damit zu tun hatte, dass ich keinen Namen hatte, der in einem Lesebuch oder auf einem Schulranzen stand. Meine Unwissenheit war nichts, was weitläufig akzeptiert war und oft sogar begrüßt wurde – ein schmaler Grad, den Sophia schon als Kind zu navigieren wusste. […]

Es war eine Unwissenheit, die weit hineinreichte in meine Vergangenheit, weit über den Zeitpunkt meiner Geburt hinaus, die gekoppelt war an helle staubige Straßen an Berghängen entlang, die ich noch nie im Leben gesehen hatte, die aber meinem Aderlauf entsprachen, die Luft klar, aber in der Mittagshitze drückend; eng stehende Augen, weil man mich als Kind zu lang auf dem Rücken hat liegen lassen.
Ich konnte die Sprache meiner Mutter nicht sprechen. Aber das galt nicht. Jeden Mittwochnachmittag schickte sie mich zum Schreibunterricht. Er fand im Keller der Schule statt für ein paar ausgewählte Kinder, die alle über die Scherze des Lehrers lachten, ich verstand sie nicht, aber ich lachte mit, aus Verlegenheit. Ich war die Einzige, die ratlos Kringel auf das linierte Papier zeichnete, als wären die Buchstaben Hieroglyphen. Wenn ich meinen Namen sagte, berichtigte der Lehrer meine Aussprache.
Es war die Zeit, in der das Comedyduo Mundstuhl die Figuren Dragan und Alder erfand, deren Witz daraus entsprang, dass sie dumm waren. Es war die Zeit, in der Häuser brannten, wovon ich nichts mitbekam, weil meine Mutter die Nachrichten abschaltete, wenn ich dabei war. Es war die Zeit, in der alles ein unbegreiflicher Ekel war, der wortlos in mir gärte. Es war die Zeit, in der ich mit meiner Mutter im Auto saß und sie fragte, was eine Schmiererei an der Ortsausfahrt bedeutete, am westlichen Tor des Industrieparks, von wo aus man kilometerweit nichts als geschwungene Röhren sehen konnte, Schornsteine und verwinkelte Straßenzüge, durch den Fluss geteilt. Meine Mutter sagte, sie wolle es mir nicht übersetzen, es sei nichts, was ein Kind zu wissen braucht.

(Ohde, Deniz (2020): Streulicht, Berlin: Suhrkamp, S. 41 f.)

Deniz Ohde (*1988): deutsche Schriftstellerin.

Hintergrund:
In dem Roman „Streulicht“ von Deniz Ohde (Berlin 2020) kehrt die namenlose Ich-Erzählerin an den Ort ihrer Kindheit zurück, weil ihre Kindheitsfreunde Sophia und Pikka heiraten. Sie hat nach einem Schulabbruch den Ort verlassen, das Abitur nachgeholt und ein Studium abgeschlossen. Während sie verschiedene Orte aufsucht, erinnert sie sich an Erlebnisse aus ihrer Kindheit und Jugend in den 90er- und Anfang der 2000er-Jahre in dem Industrieort. Ihr Vater, ein deutscher Metallarbeiter, lebt noch. Ihre türkische Mutter ist bereits in ihrer Jugend verstorben.

Comedyduo Mundstuhl:
Bestehend aus Lars Niedereichholz (*1968) und Ande Werner (*1969). Dragan und Alder sind ihre Kunstfiguren, die Parodien von sogenannten „Kiez-Türken“ darstellen und einen entsprechenden Dialekt sprechen.

7.5 Literatur verstehen – Zugänge zum Roman „Ellbogen" von Fatma Aydemir

7.5.1 Der Romananfang

Fatma Aydemir (*1986): geboren in Karlsruhe, lebt in Berlin. Arbeitete als Kolumnistin und Redakteurin bei der TAZ, einer überregionalen Tageszeitung. Seit 2023 ist sie Kolumnistin der europäischen Ausgabe des Guardian.
Ihr Debütroman „Ellbogen" erschien 2017.

Einen Romananfang zu lesen ist so, als wenn Sie durch die Eingangstür in ein unbekanntes Gebäude – z. B. ein Museum – treten. Die Raumgestaltung ist genau durchdacht, soll eine bestimmte Atmosphäre vermitteln, Interesse wecken und Sie auf das einstimmen, was Sie erwartet.
Treten Sie also zunächst in diesen Roman ein, indem Sie die drei ersten Seiten lesen.

Tipp zum ersten Arbeitsauftrag:
Wenn Sie einen Text zum ersten Mal lesen, sind Sie offen für das, was Sie lesen. Sie haben noch keine genauen Vorstellungen. Das ist gut so! Beim ersten Lesen eines Textes stellen sich Gefühle, Gedanken und Bilder ein. Diese sollten Sie sich notieren, weil häufig darin schon gute Ideen enthalten sind. Diese Ideen und Eindrücke helfen Ihnen, einen Zugang zum Text zu finden.

AUFGABE

1. Lesen Sie den Romanausschnitt und beantworten Sie die folgenden Fragen in Stichworten.
   a) Wie gefällt Ihnen der Text? Begründen Sie Ihre Meinung.
   b) Welche Gefühle und Gedanken hatten Sie beim Lesen des Textes und am Ende?
   c) Was erfahren Sie über die Ich-Erzählerin?

Hinweis:
Alle Zitate und Seitenangaben beziehen sich auf die 5. Auflage der Taschenbuchausgabe bei dtv (2022).

Hätte Desiree mir nicht mit ihren langen, sauberen Fingern jeden Lippenstift und Nagellack einzeln vorgeführt, wäre ich niemals auf die Idee gekommen zu klauen. Es war Sommer, das weiß ich noch genau, denn Desiree trug hellblaue Hotpants und die auf ihren Beinen glänzenden Härchen standen aufrecht, weil die Klimaanlage den Supermarkt in einen großen Kühlschrank verwandelt hatte. Obwohl ich erst sieben war, wusste ich, dass ich so kurze Hosen niemals würde tragen dürfen. Und ich wusste auch, dass Mama mir niemals erlaubt hätte, einen Glitzerlippenstift zu kaufen. Desiree aber hatte einen Geldschein in der Hand und musste sich nur noch für eine Farbe entscheiden. Sie nahm den pinken Lippenstift, klar, denn Desiree war blond und hielt sich für Barbie. Eigentlich sah sie tatsächlich ein bisschen aus wie Barbie, doch das habe ich ihr nie gesagt. Das Leben war schon gut genug zu Desiree.
Ich begleitete sie bis fast an ihre Haustür. Desirees Mutter stand schon auf dem Balkon, die Hände in den Hüften. Sie war groß, extrem dünn und immer ein bisschen braun gebrannt. Keine Ahnung wieso, wahrscheinlich fuhren sie oft in den Urlaub. Sie trug ein enges Tanktop und keinen BH darunter, so dass man immer nur Titten sah, wenn man an Desirées Mutter dachte. Die Titten waren viel kleiner als die von Mama, aber nicht spitz, sondern rund wie zwei Tennisbälle, eigentlich ganz hübsch. Desirees Mutter rief uns mit strengem Blick zu, dass die Familie nun zu Mittag essen würde. Desiree nickte, schaute mich an und winkte mir zum Abschied. Sie winkte, obwohl ich neben ihr

stand. Nie habe ich Desirees Wohnung von innen gesehen, aber oft habe ich mir vorgestellt, wie es drinnen aussehen könnte.

Danach ging ich wieder zurück zum Supermarkt und ließ den Lippenstift unauffällig in meiner Hosentasche verschwinden. Ich kann nicht sagen, was ich mit ihm vorhatte, ich glaube, es ging nur darum, ihn zu besitzen, ab und zu daran zu riechen. Denn auftragen konnte ich ihn auf keinen Fall, Mama hätte mir dafür direkt eine Schelle verpasst. Als ich an der traurigen Kassiererin mit dem Damenbart vorbeischlich, senkte ich meinen Blick und konzentrierte mich auf die Fliesenrillen. Draußen rannte ich die dreihundert Meter nach Hause, als müsste ich dringend aufs Klo, schloss mit dem Schlüssel, der an einem dunkelblauen Faden um meinen Hals hing, die Tür auf, sprang die Treppenstufen in den ersten Stock hoch, schloss die Wohnungstür auf, lief direkt in unser Kinderzimmer und hielt den Lippenstift Onur stolz vor die Nase. Onur schenkte mir nur einen fragenden Blick und spielte weiter mit seinen beschissenen Legosteinen.

Dann stand Mama in der Tür. Sie starrte auf die glitzernde Packung in meiner Hand und fragte, was das sei. Ich sagte: „Ein Lippenstift." Sie wollte wissen, wo ich ihn herhatte. „Tante Semra hat mir fünf Euro geschenkt, morgens, als ich sie vor der Bäckerei getroffen habe", log ich. Mama glaubte mir natürlich kein Wort. Niemals hätte Tante Semra mir einfach so fünf Euro geschenkt, wieso auch. Es war weder mein Geburtstag noch irgendein Bayram. Keiner schenkt einem einfach so fünf Euro auf der Straße, zwei vielleicht, ja, eine Zweieuromünze kann man mal hergeben. Aber einen Schein? Niemals.

Bayram: das türkische Wort für Fest- und Feiertag. Es bezeichnet religiöse und staatliche Feiertage.

Als Mama schon den gelben Telefonhörer abnahm, um Tante Semra anzurufen, legte ich meine kleine Hand auf die schwarze Auflegetaste und sagte es ihr. „Ich habe ihn geklaut." Ich sagte es so schnell, dass ich kurz selbst darüber erschrak, dann kamen mir die Tränen. Einfach so.

Mama knallte den Hörer hin und flippte völlig aus. Sie hasst es, wenn ich weine, das ist heute noch so. Sie sagt, ich weine immer nur, wenn ich schuldig bin. Sie nennt das Krokodilstränen. Ein komisches deutsches Wort, das sie aufgeschnappt hat und übertrieben gerne benutzt. Wahrscheinlich gefällt ihr das Bild: Weinende Krokodile, die in Schuldgefühlen schwimmen. Mit ihrem schweren plüschigen Nuttenpantoffel in der Hand scheuchte sie mich durch die ganze Wohnung und rief: „Du verdammtes Hurenkind!" Ich sprang auf die samtene Blumencouch, von dort auf den Sessel mit dem Brandloch, ich rannte ins Kinderzimmer und verkroch mich in der hintersten Ecke des Raums.

Mama blieb schnaufend vor mir stehen. Es dauerte keine zwei Sekunden und sie fing selbst an zu heulen. Da wusste ich: Okay. Ich habe wirklich große Scheiße gebaut.

Mama rannte in die Küche und kam mit dem größten Messer zurück, dem, mit dem mein Vater immer das Fleisch schnitt. „Mit welcher Hand hast du geklaut?", brüllte sie. „Links oder rechts?" Ich versteckte die Hände hinter meinem Rücken und schob sie in den Spalt zwischen Heizung und Fensterbrett. Ich schluchzte und schrie, ich rief, ich würde es nie wieder tun. Aber Mama hörte nicht auf. Sie fragte immer wieder nur: „Links oder rechts?" Ich glaube nicht, dass ich jemals wieder solche Angst um meinen Arsch gehabt habe wie damals. Nicht mal, als ich mit vierzehn die ganze Packung Blutdrucksenker von meinem Opa gefressen habe, und das war schon krass.

Mama packte mich am Nacken, riss mich aus der Wohnung und schleppte mich zurück in den Supermarkt. Ich starrte auf meine weißen Plastiksandalen, während ich neben ihr stand und ihr zuhörte, wie sie mit ihrem gebrochenen

Deutsch auf den dicken Filialleiter einredete. Irgendwann kniff sie mich in den Arm und keifte mich auf Türkisch an. Heute glaube ich, es wäre weniger schlimm gewesen, meine rechte Hand zu verlieren, als mich bei dem Typen entschuldigen zu müssen. Scham ist nämlich viel beschissener als Angst. Denn wenn man sich schämt, dann hat man sogar Angst davor, sich zu fürchten. Der Filialleiter kratzte sich an seinem fetten Bauch und warf mir nur diesen Blick zu, den ich nie vergessen werde. Die winzigen blauen Augen hinter den dicken Brillengläsern lachten. Ha! Ihm gefiel es, dass ich geklaut hatte. Und noch mehr gefiel ihm, dass ich mich schämte, diesem Schwein.

(Aydemir, Fatma: *Ellbogen*, München, 5. Aufl. 2022, S. 7–10)

WEITERFÜHRENDE AUFGABE

1. Ordnen Sie die Figuren, die in diesem Romanausschnitt vorkommen, ein:

Familie	**Freundin und deren Elternhaus**	**Supermarkt**
...		...

2. Beschreiben Sie diese Figuren und arbeiten Sie dabei heraus, was die Ich-Erzählerin über diese Figuren denkt und welche Gefühle sie ihnen entgegenbringt. Wie sieht die Ich-Erzählerin ihre Welt?

3. Erläutern Sie, was sie mit den folgenden Sätzen meint: „Heute glaube ich, es wäre weniger schlimm gewesen, meine rechte Hand zu verlieren, als mich bei dem Typen entschuldigen zu müssen. Scham ist nämlich viel beschissener als Angst. Denn wenn man sich schämt, dann hat man sogar Angst davor, sich zu fürchten."

 Werkzeug Sprache – Deutsch und Kommunikation für Erzieherinnen und Erzieher ISBN: 978-3-582-83521-5

7.5.2 Wer ist Mehmet? – Eine Figur durch die Augen der Ich-Erzählerin erkunden

Information zur Ich-Erzählperspektive:
Der Roman ist in der Ich-Form geschrieben, aber diese Figur ist nicht die Autorin, sondern ebenfalls eine Figur in dem Roman: Die Figur, die die Geschichte erzählt.
Wenn in der Ich-Form erzählt wird, dann wirkt das sehr authentisch und gerade in diesem Roman hat man den Eindruck, dass sich alles so abgespielt hat, wie es erzählt wird. Die Ich-Erzählerin wechselt zwischen Erinnerungen und dem Zeitpunkt der jetzt stattfindenden Ereignisse hin und her. Aber sie erzählt den Lesenden nur das, was sie von sich erzählen möchte. Andere Informationen müssen wir aus dem, was sie erzählt, ableiten. Und wir erleben die anderen Figuren nur durch die Augen der Erzählerin. Sie sprechen nicht für sich selbst.
Indem Sie die Figur durch die Augen der Ich-Erzählerin erkunden, erfahren Sie etwas über die Figur „Mehmet" und über die Ich-Erzählerin.

Verhältnis Autor/in – Text – Leser/in: siehe hierzu die Seite 248.

Erzählstrategien: siehe die Seiten 252 bis 253 und 288 bis 289.

AUFGABE

1. **a)** Analysieren Sie die vorliegende Textstelle und arbeiten Sie heraus, wie die Ich-Erzählerin Mehmet sieht und welche Gemeinsamkeiten sie aus ihrer Sicht mit ihm hat.

   b) Erläutern Sie, welcher Zusammenhang zwischen dem besteht, was Mehmet beschreibt und der Wut, die die drei Mädchen empfinden, nachdem sie nicht in den Club gelassen wurden.

Informationen zum Roman:
Die junge Frau, die Sie durch ihre Kindheitserinnerung auf den ersten Romanseiten kennengelernt haben, heißt Hazal. Sie erzählt von den Ereignissen in ihrem Leben kurz vor und nach ihrem 18. Geburtstag. Gleichzeitig beschreibt sie immer wieder zwischendurch Erinnerungen, so wie zum Beginn des Romans. Sie lebt zum Zeitpunkt der Ereignisse immer noch bei ihrer Familie. Sie besucht eine berufsvorbereitende Bildungsmaßnahme, findet keinen Ausbildungsplatz und ist viel mit ihren drei besten Freundinnen zusammen.

Der folgende Romanausschnitt befindet sich in Kapitel sechs von Teil Eins. Die Ich-Erzählerin ist an dem Tag, an dem die Ereignisse stattfinden, achtzehn geworden und mit zwei der drei Freundinnen ausgegangen. Sie wollten in einem Club in Berlin feiern und wurden von den Türstehern nicht reingelassen. Sie befinden sich nun auf dem Rückweg von dem Club. Am Anfang des Ausschnittes erinnert sich Hazal daran, wie sie Mehmet in einem Chat kennengelernt hat. Danach erzählt sie, wie die drei Mädchen sich auf den Rückweg machen.

In der Nacht, in der ich Mehmet zum ersten Mal geschrieben habe, gab es ein paar Blocks neben unserer Wohnung eine Schießerei. [...]

Bei den Vorschlägen erschien das Profil von einem Meh Met aus Istanbul. Sein Foto zeigte ein halbvolles, in der Mitte zersprungenes Rakiglas. Ich ging auf das Profil und sah, dass dieser Meh Met weder auf meine Schule gegangen noch mit mir verwandt war, und dass wir außerdem keine gemeinsamen Freunde hatten, weshalb ich mir echt nicht erklären konnte, weshalb ihn Facebook mir vorgeschlagen hatte. Ich sah mir seine restlichen Fotos an. Comics, Bilder von Sonnenuntergängen, irgendwelche Photoshopmontagen mit einem fußballspielenden oder Geld zählenden Erdogan. Ganz unten fand ich schließlich ein Foto von ihm. Er schaute nicht direkt in die Kamera, sondern leicht nach links, als wäre er ein bisschen neben der Spur. Die Haare und der Bart hatten einen schmutzigen Blondton, und die eisblauen Augen erzählten Stories, Stories ohne Ende. Ich fand ihn überhaupt nicht mädchenhaft wie sonst alle blonden Männer, vielleicht lag das an seinem breiten, kantigen Kinn. Unter den wenigen Posts, die für Nicht-Freunde sichtbar waren, gab es auch ein paar deutsche Kommentare, und das machte mich so richtig neugierig. Und brachte mich am Ende dazu, ihm zu schreiben. Mein Türkisch ist zwar okay, aber wenn ich mit Türken aus der Türkei spreche, komme ich immer ins Schwitzen. Und erzähle nur Scheiße.

Kennen wir uns?

Er antwortete nach ein paar Minuten.

Wollen wir uns kennen?:)

So fing es an. Unser Gespräch endete erst am Morgen, als die Müllabfuhr die gelben Tonnen vor der Tür leerte. Wir sprachen von Tupac, von deutschen Frauen, von Gras und von Mehmets Abschiebung. Er erzählte ganz offen davon.

Es kam irgendwie überhaupt nicht so opfermäßig rüber. Natürlich war die Abschiebung eine ziemlich große Sache für Mehmet, aber sie machte ihn nicht fertig, im Gegenteil, er meinte sogar, sie sei seine Rettung gewesen. Ihm sei es danach so gut gegangen wie nie zuvor. Ich habe später viel darüber nachgedacht und mich gefragt, ob das in dieser Nacht nur Gelaber von ihm war und er sich die Dinge einfach schönredete, weil es für ihn sowieso kein Zurück mehr gibt.

Macht man ja oft so. Oder ob er es wirklich ernst meinte. Er schrieb jedenfalls, früher sei er ständig deprimiert gewesen und habe aber nie verstanden, wieso. Erst als er in Istanbul gelandet war und von null anfangen musste, machte plötzlich alles Sinn für ihn. Er habe früher Nasen gebrochen, Menschen beklaut, sei nie richtig zur Schule gegangen. Eigentlich habe er dabei immer nur das gemacht, was die ganze Welt von ihm erwartet hatte. Er, Mehmet aus Frankfurt-Sossenheim, habe Scheiße gebaut, weil er nichts anderes zu tun hatte. Weil er sich die ganze Zeit am falschen Ort aufgehalten habe. Er nannte es ein „Missverständnis des Universums", dass er in Deutschland geboren worden war, als Mehmet. Weil da gar kein Platz war für ihn. Weil alle Stühle besetzt und alle Lücken ausgefüllt waren. Keine Jobs, keine Kohle, nur unerträgliches Gelaber bei irgendwelchen Behörden. Er sagte, für ihn sei es so, als hätte er sein Leben lang durch eine verschmierte Linse gesehen, und plötzlich, als er mit leeren Händen, gebrochenem Türkisch und ohne Freunde in Istanbul stand, war die Linse sauber. Alles wurde klar. Zum ersten Mal sah er richtige Farben.

Das mit der verschmutzten Linse geht mir seitdem ziemlich oft durch den Kopf. Ich weiß auch nicht. Vielleicht habe ich es auch, vielleicht merke ich es nur nicht, weil ich mich schon so sehr daran gewöhnt habe. Oder ich merke es doch, aber nur manchmal, so wie jetzt, während wir langsam zurück zum Ostkreuz laufen und um uns die Lichter der Straßenlaternen zu Tupfern verschwimmen. Während das Klackern unserer Absätze durch die Weiten der Abstellplätze hinter der Fabrik hallt. Während der Drang, von hier wegzukommen so groß ist, dass keine von uns auf die Idee kommt, die Schuhe zu wechseln. Während Gül besoffen und laut darüber nachdenkt, wo wir noch hingehen könnten, und im nächsten Moment schon wieder nicht mehr über die Sache an der Tür hinwegkommt.
„Wären wir aus Polen oder Spanien oder so, und hätten wir so dreckige Turnschuhe an, wären wir bestimmt reingekommen. Diese Bastarde!“
Elma und ich sagen kein Wort und vermeiden es, einander anzuschauen. Aber wir fühlen es, wir fühlen dasselbe. Es ist so da und es ist so heftig, dass man es fast anfassen kann. Wut. Meine ist so groß, dass sie nicht in mich hineinpasst. Sie droht, meine Haut zu sprengen, mich von innen aufzuessen und wieder auszuspucken und wieder aufzuessen. Meine Wut berührt Elmas Wut, kocht und wuchert gemeinsam mit ihr, lässt sich von ihr immer wieder anstacheln. Die letzten Meter vor dem Ostkreuz stolpern wir nur noch. [...]

Wir gehen durch die stinkende Unterführung. Ich starre zu den Lichtern in der Ferne, zu den Metallbögen über unseren Köpfen, Gül labert und labert. In der S-Bahn ist kaum etwas los, und wenn schon, in mir kocht die Wut so heftig, dass nichts zu mir durchdringen kann. Ich ziehe unsichtbare Wände hoch und puste sie wieder um. Die Nacht zerfällt in Millionen einzelne Legosteine. Aber mit jeder Haltestelle klärt sich meine Sicht ein bisschen mehr.
Die Bahn wird voller. Ich beginne, Umrisse von Personen zu erkennen, Stimmen zu hören, Münder zu riechen. Die Gesichter um uns herum, sie sind alle satt. Sie haben alle Ziele, die sie ansteuern, Türen, die sich für sie öffnen. Sie haben Dinge und Menschen, an denen sie sich festhalten können. Sie besitzen Kram, sie verreisen, sie schlafen in Doppelbetten mit ihren Liebhabern, die ihnen dann morgens Kaffee kochen, sie lesen nicht die Bild-Zeitung, sie kaufen nicht bei Primark, sie haben Ansprüche und Abschlüsse und Jobs und schwere hölzerne Pfeffermühlen. Ihre Haare sind glatt, ihre Hände weich, sie haben sich noch nie den Damenbart entfernt, sie feiern Weihnachten, und zwar nicht, weil sie die Geschenke mögen, sondern wegen der Kerzen und dem Geruch von Tannenbäumen. Mit achtzehn waren sie schon in allen Clubs der Stadt, mit zwanzig gehen sie nur noch in Bars und trinken Wein, und irgendwann trinken sie Whiskey.

(Aydemir, Fatma: *Ellenbogen*, 5. Aufl. 2022 München, S. 111–115 (gekürzt))

VERTIEFENDE AUFGABE

Diskutieren Sie die folgenden Fragen:
- Was macht die drei Mädchen so unendlich wütend?
- Welche Unterschiede zwischen sich und den Menschen in der U-Bahn beschreibt Hazal und was wird dadurch deutlich?

Im weiteren Verlauf dieses Kapitels begegnen die drei einem Studenten in der U-Bahn. Es kommt zu einem Streit, der eskaliert. Am Ende ist er tot.

7.5.3 Das Thema „Scham“ im Roman

Vergleichen Sie auch auf Seite 272 die letzten 9 Zeilen des Romanausschnitts.

Schon auf den ersten Seiten des Romans klingt das Thema „Scham“ an. Am Ende der ersten drei Seiten wird die Ich-Erzählerin von ihrer Mutter gezwungen, sich für den Diebstahl eines Lippenstiftes zu entschuldigen. Und sie schreibt aus der Sicht der fast 18-Jährigen: „Heute glaube ich, es wäre weniger schlimm gewesen, meine rechte Hand zu verlieren, als mich bei dem Typen entschuldigen zu müssen. Scham ist nämlich viel beschissener als Angst. Denn wenn man sich schämt, dann hat man sogar Angst davor, sich zu fürchten.“
Scham als Thema taucht an mehreren Stellen im Roman auf. Das zeigt, dass es für die Ich-Erzählerin ein wichtiges Thema ist. Hier sind einige Textstellen gesammelt, damit Sie sich ein tieferes Verständnis erarbeiten können.

AUFGABE

1. Berücksichtigen Sie die oben zitierte Textstelle und lesen Sie die drei vorliegenden kurzen Auszüge aus dem Roman.
2. Beschreiben Sie, in welchen Situationen die Ich-Erzählerin Scham empfindet.
3. Erklären Sie, was die Ich-Erzählerin damit verbindet, wenn Sie das Gefühl von Scham hat.
4. Was meint die Ich-Erzählerin, wenn sie schreibt: „Selbst wenn es ein Unfall war, dass der Studentenkörper unter der U-Bahn gelandet ist, fühlt sich das Ganze inzwischen überhaupt nicht mehr zufällig an. Plötzlich habe ich das Gefühl, dass mein ganzes Leben darauf zugesteuert ist. Auf diese eine Nacht, in der alles eine Bedeutung bekam.“

Informationen zum Kontext der ersten Textstelle: Im letzten Drittel des Romans beginnt die Ich-Erzählerin sich zunehmend mit der Situation in der U-Bahn auseinanderzusetzen. Sie hat, nachdem sie an ihrem 18. Geburtstag nicht in den Club gelassen wurden, mit ihren zwei besten Freundinnen Elma und Gül einen Studenten zusammengeschlagen. Als er schon schwer verletzt ist, hat Hazal, die Ich-Erzählerin, ihn auf das Gleisbett gestoßen. Hazal ist am nächsten Tag mit gestohlenem Geld nach Istanbul geflogen, wo sie Mehmet trifft und bei ihm wohnt. Nach 12 Tagen besucht sie ein Internetcafé und erfährt über deutsche Zeitungen, was über den Mord an dem Studenten bekannt ist.

Das folgende Zitat stammt von Seite 184:

> Wenigstens das mit den Albträumen sollte sich erledigt haben. Jetzt, da ich alles sicher weiß und nicht mehr grübeln muss. Tot. Selbst wenn es ein Unfall war, dass der Studentenkörper unter der U-Bahn gelandet ist, fühlt sich das Ganze inzwischen überhaupt nicht mehr zufällig an. Plötzlich habe ich das Gefühl, dass mein ganzes Leben darauf zugesteuert ist. Auf diese eine Nacht, in der alles eine Bedeutung bekam. Meine Scham, meine Angst, Hazalia. Irgendetwas zuckt in mir, wie ein kleiner giftiger Wurm. Der Wunsch, es der ganzen Welt zuzurufen: Ja, ich habe ihn getötet. Dear Future: I am ready! Allein schon, um all die schockierten Fressen zu sehen. Den Wurm muss ich irgendwie in den Griff kriegen.

„Hazalia“ ist Hazals Bezeichnung für ihre innere Welt, in der sie sehr belastende Erinnerungen und Ängste sammelt.

Werkzeug Sprache – Deutsch und Kommunikation für Erzieherinnen und Erzieher ISBN: 978-3-582-83521-5

Informationen zum Geschehen rund um die zweite und dritte Textstelle: Am Ende des Romans kommt Halzals Tante Semra nach Istanbul, um sie mit nach Deutschland zu nehmen. Tante Semra ist für die Ich-Erzählerin eine sehr wichtige Person, die einzige, der sie sich schon in der Vergangenheit häufiger anvertraut hat. Semra hat studiert, arbeitet als Sozialarbeiterin und ist die einzige akademisch gebildete, unverheiratet in einer eigenen Wohnung lebende Frau in der Familie.
Die beiden sprechen lange Zeit über das, was im U-Bahnhof geschehen ist. Semra versucht herauszufinden, ob der Mord an dem Studenten die Folge einer Provokation ist, damit es vor Gericht in Deutschland mildernde Umstände für die Tat geben könnte.
Das folgende Zitat stammt von Seite 242:

> Vor Gericht? Will Semra Elma und Gül helfen vor Gericht? Oder meint sie, ich werde vor Gericht sitzen? Wie sieht so etwas überhaupt aus? [...] Wir werden seltsame Ausreden von uns geben, die wir uns nicht mal selbst abnehmen. Und alle werden uns dabei beobachten, wie drei traurige Affen im Zoo. Ich kann da nicht hin. Niemals. Ich würde das nicht mal im Fernsehen gucken wollen.

Im weiteren Gesprächsverlauf um die Frage, wie es weitergehen soll, macht Semra deutlich, dass Hazal mit nach Deutschland kommen soll, um sich der Polizei zu stellen. Das Zitat ist von Seite 249:

> Ich soll Reue zeigen, na klar. Dabei müsste Semra doch wirklich wissen, wie der Scheiß läuft. Und das überall der gleiche Scheiß läuft. Irgendwelche Leute haben das Sagen und versuchen, die anderen fertigzumachen und mit dem Finger auf sie zu zeigen. Was macht es für einen Unterschied, ob ich in der Türkei bin oder in Deutschland? Hier machen die dieselben Sachen mit den Kurden. Die haben hier gar nichts zu melden. Okay, in Deutschland herrscht kein Krieg, aber irgendwelche Asylantenheime werden ständig angezündet. Ist jetzt nicht so der Unterschied. Kein Schwanz interessiert sich für uns, sie sehen uns nur, wenn wir Scheiße bauen, dann sind sie plötzlich neugierig. Wenn wir einen Thorsten vor die U-Bahn schmeißen, wollen sie auf einmal wissen, wer wir sind.

Informationen zum letzten Zitat: Im letzten Teil des Romans ist Hazal vor Tante Semra weggelaufen und in der Türkei geblieben. Semra fliegt nach Deutschland zurück. Hazal hat einen Job gefunden und gerät in die Unruhen der Niederschlagung des Putschversuches durch Erdogan im Sommer 2016.
Auf der letzten Seite (Seite 270) findet sich das folgende Zitat:

> Und Semra erst, die sich für übertrieben klug hält und dann bis nach Istanbul fliegt, um mir zu sagen, ich soll mich den Bullen stellen. Ich soll mich wohl erst entschuldigen und verschämt auf meine Schuhe starren, wie damals im Supermarkt beim Filialleiter mit den blauen Miniaugen. Aber die arme Semra, was soll sie schon sagen. Sie weiß es ja nicht besser, sie ahnt nicht, dass Scham viel beschissener ist als Angst. Dass Scham einem den letzten Verstand rauben kann. Sie kennt das Gefühl nicht, sie kennt nichts, was außerhalb von ihrem eigenen geordneten Leben liegt.

7.6 Lyrische Texte analysieren

7.6.1 Lyrische Texte: Autor/-in – Text – Leser/-in

Lyra: ein antikes Saiteninstrument

Der Begriff „Lyrik" leitet sich von der griechischen Bezeichnung für ein Zupfinstrument ab: die Lyra. Dieses Instrument wurde und wird als musikalisches Begleitinstrument bei der Darbietung von Liedern eingesetzt. Daher kann man lyrische Texte als eine besondere Form liedähnlicher Texte verstehen.
Die Musik bedient sich in allen Sprachen lyrischer Texte, aber nicht alle lyrischen Texte sind Liedtexte.

Ebenso wie in erzählenden Texten, wird in lyrischen Texten eine Situation entworfen, ein kleiner Ausschnitt aus einer fiktiven Welt geschaffen. Genau wie in epischen Texten gibt es auch in lyrischen Texten eine Erzählfigur. Diese wird als lyrisches Ich bezeichnet und ist nicht identisch mit der Autorin bzw. dem Autor.

Das besondere Merkmal von lyrischen Texten ist ihre Form. Das Zeilenende wird von der Autorin bzw. dem Autor bewusst gesetzt. In erzählenden Texten hingegen wird das Zeilenende durch das Papierformat bestimmt, auf dem der Text erscheint, und nur die Absätze werden bewusst festgelegt.

lyrisches Ich: fiktive Sprecherin bzw. fiktiver Sprecher des lyrischen Textes.

verdichten: Der Begriff kommt aus der Physik: Durch Verkleinerung des Volumens wird ein Stoff komprimiert.

Textrezeption: einen Text lesen und sich damit auseinandersetzen.

In lyrischen Texten wählt die Verfasserin oder der Verfasser für einen bestimmten Stoff oder ein ausgewähltes Thema die sehr verdichtete Sprache der Lyrik. Wenige Worte oder Andeutungen sollen genügen, um ein Geschehen, eine Stimmung deutlich zu machen und den Lesenden oder Zuhörenden einen Einblick in die Welt des lyrischen Ichs zu geben. Daher sind diese Texte geprägt von zahlreichen sprachlichen und formalen Gestaltungsmitteln.

Die Lesenden erschließen den Text auf der Grundlage ihrer eigenen Lebenswelt und ihrer Erfahrungen. Daher sind für Sie die sprachlichen Gestaltungsmittel ihrer Zeit deutlich leichter zu entschlüsseln als die älterer Texte.

Um den lyrischen Text zu analysieren, müssen Sie die Bedeutungen der Gestaltungsmittel und ihre Wirkung in einem Zusammenhang mit dem Thema und der Aussage erfassen.
Dabei gehen Sie sehr ähnlich wie bei epischen Texten vor. Sie lassen die Bilder, die Stimmung auf sich wirken. Sie versuchen zu verstehen, in welcher Situation sich das lyrische Ich befindet und was thematisiert wird. Sie beschreiben den Text, arbeiten die Gestaltungsmittel und ihre Wirkung heraus und beziehen dies auf Thema und Aussage.

Kinderlyrik: siehe Seite 208 ff.

Im beruflichen Kontext sind lyrische Texte deshalb spannend, weil sie häufig dazu aufrufen, sich in das lyrische Ich hineinzuversetzen. Sie wollen im Lesenden etwas zum Klingen bringen. Manche Jugendliche haben eine Phase, in der sie ihre Gedanken und Gefühle kreativ ausdrücken wollen. Dabei greifen sie gern zu Songtexten oder schreiben selber Texte.
Nicht zuletzt nimmt die Lyrik für Kinder einen besonderen Stellenwert ein, wenn es um das Spielen mit Sprache und das Erlernen von Sprache geht.

Werkzeug Sprache – Deutsch und Kommunikation für Erzieherinnen und Erzieher ISBN: 978-3-582-83521-5

INFOBOX

Merkmale lyrischer Texte benennen – Fachbegriffe

Fachbegriff	Erklärung	Beispiel
Vers	Gedichtzeile, deren Länge von der Autorin bzw. dem Autor festgelegt wurde; dabei können bestimmte Wörter hervorgehoben werden.	Durch so viel Formen geschritten, durch Ich und Wir und Du, doch alles bleibt erlitten durch die ewige Frage: wozu?[1]
Zeilenstil	Satz- und Versende fallen zusammen.	Das ist eine Kinderfrage.[1]
Enjambement	Das Satzende greift über das Versende hinaus.	Dir wurde erst spät bewusst, es gibt nur eines: ertrage[1]
Strophe	Gedichtabschnitt	Das ist eine Kinderfrage. Dir wurde erst spät bewusst, es gilt nur eines: ertrage – ob Sinn, ob Sucht, ob Sage – dein fernbestimmtes: Du musst.
Reim	Gibt dem Gedicht Struktur und Klangfarbe; Reime finden sich häufig am Versende (Endreim).	Ob Rosen, ob Schnee, ob Meere, was alles erblühte, verblich, es gibt nur zwei Dinge: Die Leere und das gezeichnete Ich.[1]
Reimschema	Das Muster, das sich aus den Reimen ergibt, z.B. Paarreim: Zwei aufeinanderfolgende Verse reimen sich jeweils.	Der Tag, vor dem der große Christ Zur Welt geboren worden ist War hart und wüst und ohne Vernunft. Seine Eltern hatten keine Unterkunft[2]
Metrum	Versmaß, die Abfolge von betonten und unbetonten Silben.	Heute sah ich wieder dich am Strand Schaum der Wellen dir zu Füßen trieb Mit dem Finger grubst du in den Sand[3]
Rhythmus	Bewusste Betonung einzelner Wörter und Silben, die sich am Klang orientieren und nicht streng dem Metrum folgen, was sonst sehr langweilig klingen würde.	Ganz versunken warst du in dein Spiel Mit der ewigen Vergänglichkeit Welle kam und Stern und Kreis zerfiel Welle ging und du warst neu bereit.[3]
Motiv	Inhaltlich kleinste Einheit eines Textes, hier im Beispiel ist es das Motiv der Stadt.	Honigabend hat die Stadt bronzefarben eingeschlossen. Durch das Schattenspiel der Gossen Tanzt ein gelbes Ahornblatt.[4]
Thema	Grundidee eines Textes, z. B. hier Todessehnsucht.	Schlafen, schlafen, nichts als schlafen! Kein Erwachen, keinen Traum! Jener Wehen, die mich trafen, leiseste Erinnerung kaum, dass ich, wenn des Lebens Fülle niederklingt in meine Ruh', nur noch tiefer mich verhülle, fester zu die Augen tu'![5]

1 Benn, Gottfried (1953): *Nur zwei Dinge*, in: Hentig, Hartmut (Hrsg.) (2001): Meine deutschen Gedichte. Eine Sammlung von Hartmut von Hentig, 2. Aufl., Seelze: Kallmeyersche Verlagsbuchhandlung, S. 415. Das Gedicht dient als Beispiel für die anderen Begriffe und ist so vollständig.
2 Brecht, Bertolt (1926): *Die gute Nacht*, in: Hentig (2001), S. 595.
3 Kaschnitz, Marie Luise: *Am Strande*, in: Hentig (2001), S. 521, ebenfalls das folgende Beispiel.
4 Nick, Dagmar (1992): *Großstadtabend*, in: Hentig (2001), S. 597.
5 Hebbel, Friedrich (1836): *Schlafen*, in Hentig (2001), S. 201.

Georg Trakl (1887–1914): österreichischer Dichter. Begann während des Pharmaziestudiums in Wien Gedichte zu veröffentlichen. Er wurde im Ersten Weltkrieg eingezogen und diente als Sanitäter. Dort zerbrach er an den traumatischen Kriegserfahrungen im Krieg und brachte sich im November 1914 im Lazarett von Krakau um. Trakl ist ein bedeutsamer Vertreter des Expressionismus. In seinen Gedichten entwirft er häufig dunkle, düstere Landschaften, die Spiegel der Stimmung des lyrischen Ichs sind.

7.6.2 Lyrische Texte analysieren – Aufbau

Einleitung: Einleitungssatz mit: Titel, Autor/in, Quellenangaben und Thema, ggf. kurze Inhaltsangabe oder Situationsbeschreibung

Hauptteil: Analyse und Deutung, ggf. unter bestimmten Gesichtspunkten

Schluss: Zusammenfassung der Analyseergebnisse in einem Fazit und eine eigene Stellungnahme

Beispiel

Georg Trakl: Verfall (1913)

Am Abend, wenn die Glocken Frieden läuten,
Folg ich der Vögel wundervollen Flügen,
Die lang geschart, gleich frommen Pilgerzügen,
Entschwinden in den herbstlich klaren Weiten.

Hinwandelnd durch den dämmervollen Garten
Träum ich nach ihren helleren Geschicken
Und fühl der Stunden Weiser kaum mehr rücken.
So folg ich über Wolken ihren Fahrten.

Da macht ein Hauch mich von Verfall erzittern.
Die Amsel klagt in den entlaubten Zweigen.
Es schwankt der rote Wein an rostigen Gittern.

Indes wie blasser Kinder Todesreigen
Um dunkle Brunnenränder, die verwittern,
Im Wind sich fröstelnd blaue Astern neigen.

(Trakl, Georg (1972): *Das dichterische Werk*, München: dtv, S. 35.)

Einleitung: Quellenangaben, Titel, Autor, Thema, Situationsbeschreibung

Das Gedicht „Verfall" von Georg Trakl findet sich in dem Band „Das dichterische Werk", der 1972 von dtv in München herausgebracht wurde. „Verfall" wurde zum ersten Mal 1913, ein Jahr vor dem Freitod des Dichters, veröffentlicht. Das Thema des Gedichtes wird bereits im Titel genannt und in der ersten Verszeile der vorletzten Strophe aufgegriffen.
In dem Gedicht beschreibt ein lyrisches Ich seine Eindrücke beim Spaziergang im abendlichen Garten im Herbst.

Beschreibung der Form: Gedichtform, Reimschema

Metrum siehe Seite 275.

Bei dem Gedicht handelt es sich um ein Sonett. Diese Gedichtform besteht aus zwei vierzeiligen Strophen (zwei Quartette) und zwei dreizeiligen Strophen (zwei Terzette). Die vierzeiligen Strophen haben einen umarmenden Reim, d.h., der erste und letzte Vers, sowie die beiden mittleren Verse reimen sich jeweils. Die beiden dreizeiligen Strophen folgen durchgehend dem Muster des Kreuzreims, die ungeraden und die geraden Verszeilen reimen sich jeweils. Jeder Vers hat fünf betonte Silben und das Betonungsmuster folgt dem Jambus, d.h., beginnend mit einer unbetonten Silbe ist jede zweite Silbe betont.

Inhaltlicher Aufbau

Zäsur: markanter Einschnitt

Im ersten Vers der vorletzten dreizeiligen Strophe „Da macht ein Hauch mich von Verfall erzittern" (V. 9) ist eine Zäsur zu erkennen. Vorher wandelte das lyrische Ich durch den Garten und lässt seine Blicke schweifen. Die Stimmung ist friedlich: Die Glocken läuten, Zugvögel ziehen am Himmel vorbei, denen das lyrische Ich hinterherschaut.

Dann ändert sich die Stimmung durch den klagenden Ruf einer Amsel. Das lyrische Ich wendet den Blick vom Zug der Vögel ab und schaut sich im Garten um. Dabei sieht es deutliche Zeichen des Herbstes und der Vergänglichkeit.

Der Autor hat mit dem Sonett eine strenge Gedichtform gewählt. Dies steht im Gegensatz zum Titel „Verfall", denn Verfall heißt Auflösung, Auseinanderfallen.

← Zusammenhang von Titel und Form

Sonett: ein vierzehnzeiliges Gedicht, das aus zwei vierzeiligen (Quartette) und zwei dreizeiligen Strophen (Terzette) besteht.

Mit dem ersten Vers macht das lyrische Ich die Situation deutlich. Es ist Abend und die Glocken läuten. Die Stimmung scheint friedvoll, denn die Glocken läuten „Frieden", was sowohl heißen kann, dass die Glocken den Frieden läuten, also auch, dass die Glocken friedlich läuten. Durch eine Auslassung (Ellipse) ist die Bestimmung nicht eindeutig. Die friedvolle Abendstimmung wird durch den Blick des lyrischen Ichs auf einen Vogelzug unterstützt, der mit „frommen Pilgerzügen" verglichen wird. Mit den Worten „Entschwinden in den herbstlich klaren Weiten." (V. 4) ist auch die Jahreszeit benannt. Damit wird ein klassisches Motiv umrissen: der Herbst, eine Zeit der Sehnsucht und des Verfalls. Die Sehnsucht wird im Blick auf den Flug der Zugvögel thematisiert und in der darauffolgenden Strophe noch intensiviert. Der Blick auf die Vögel am Himmel lässt das lyrische Ich die Zeit vergessen. Es träumt und folgt ihnen in Gedanken in die Ferne.

← sprachliche Gestaltung

Doch dann holt der Ruf einer Amsel das lyrische Ich zurück in den Garten. Dort erblickt es Zeichen des Verfalls, der Vergänglichkeit. Zunächst sind es entlaubte Zweige und rotgefärbtes Weinlaub, das an einem rostigen Gitter schwankt. In der letzten Strophe wird der Tod durch einen Vergleich thematisiert: Die blauen Astern, die um den Brunnen stehen, erinnern das lyrische Ich an den Todesreigen blasser Kinder. Hier scheint der Tod zu früh zu kommen, Kinder haben ein Leben vor sich, wie die Zugvögel, die in die klaren Weiten ziehen. Doch die Astern, die an die blassen, sterbenden Kinder erinnern, neigen sich in einem kalten Wind. Das lyrische Ich scheint sich plötzlich einsam, kalt und vom Verfall bedroht zu fühlen.

← sprachliche Gestaltung

Das Gedicht ist geprägt von einer sehr bildhaften Sprache. Vergleiche, Personifikationen (z. B. V. 14: *Im Wind sich fröstelnd blaue Astern neigen.*) und Metaphern (z. B. V. 9: *ein Hauch […] von Verfall*) machen Situation und Stimmung des lyrischen Ichs sehr deutlich. Während am Anfang in dem friedvollen Geläute der Glocken und dem Zug der Vögel Hoffnung lag, stehen am Ende Kälte und absolute Einsamkeit. Der Verfall scheint nicht aufzuhalten zu sein und es gibt kein tröstendes Hinübergleiten. Am Ende steht – ohne Hoffnung auf Erlösung – der Tod, dem man sich neigen muss.

← Fazit

sprachliche Mittel
siehe Seite 47.

sprachliches Bild: Hierbei handelt es sich um einen Ausdruck, der bei den Lesenden Gefühle, Stimmungen oder Vorstellungen erzeugt. Dabei wird das sprachliche Bild nicht wörtlich verstanden, sondern die Bedeutung wird auf etwas übertragen. Beispiel: *Ein Meer von Blumen* meint eine unendliche Menge an Blumen.

Bildfeld: hiermit ist eine Ansammlung bildhafter Ausdrücke gemeint, die in ihrer Bedeutung zusammenhängen.

7.6.3 Sprachliche Bilder in lyrischen Texten entschlüsseln

In lyrischen Texten finden Sie häufig Bildfelder, das heißt, mehrere sprachliche Bilder zu einem Thema. In dem Gedicht „Verfall" von Georg Trakl, dessen Analyse Sie auf den vorhergehenden Seiten finden, lässt sich dies an dem Bildfeld „Herbst" gut erkennen.

AUFGABE

1. a) Arbeiten Sie die sprachlichen Bilder, mit denen der Herbst in dem Gedicht „Verfall" beschrieben wird, heraus.

b) Erläutern Sie, wie sich die Bilder unterscheiden bzw. welche Veränderung sie durchlaufen.

Die sprachlichen Bilder zum Herbst werden durch sprachliche Bilder ergänzt, die eine genauere Beschreibung der Umgebung und der Stimmung darstellen, wodurch das Thema des Gedichtes „Verfall" entfaltet wird. Hierbei fällt auf, dass die Nomen durch Adjektive genauer bestimmt werden und so die Stimmung des lyrischen Ichs deutlich wird.

AUFGABE

2. Analysieren Sie die sprachlichen Bilder des Gedichtes tiefergehend, indem Sie zunächst Nomen und deren ergänzenden Adjektive notieren und daneben die von ihnen ausgehende Stimmung und Assoziation aufführen. Berücksichtigen Sie dabei auch die Bezüge der Wörter untereinander.

Beispiel:
der Vögel wundervollen Flügen (V. 2): Das lyrische Ich erlebt Begeisterung; man assoziiert Vögel am Himmel und eine Person, die den Blick zum Himmel hebt und den Vögeln begeistert folgt.

Indem Sie die vorhergehenden Aufgaben gelöst haben, haben Sie erarbeitet, wie sich das Bildfeld „Verfall" über mehrere sprachliche Bilder aus Herbst- und Naturbeschreibungen entwickelt. Dadurch können Sie nun nachvollziehen, wie sich die Stimmung vom Anfang des Gedichtes hin zu dessen Ende verändert und verdunkelt.
Diese Arbeit an den Bildfeldern eines Gedichtes hilft Ihnen, Thema und Bedeutung zu entschlüsseln.

AUFGABE

3. Analysieren Sie das folgende Gedicht. Nutzen Sie die Fachbegriffe der folgenden Seite.

Johann Wolfgang von Goethe (1749–1832): Dichter und Naturforscher. Er ist einer der bekanntesten und bedeutendsten deutschen Dichter.

Johann Wolfgang von Goethe: Ein gleiches (1780)

Über allen Gipfeln
Ist Ruh'
In allen Wipfeln
Spürest du
Kaum einen Hauch;
Die Vöglein schweigen im Walde,
Warte nur, balde
Ruhst du auch.

(Urbanek, Walter (1976): *Lyrische Signaturen*, Bamberg: Buchners Verlag, S. 100)

Werkzeug Sprache – Deutsch und Kommunikation für Erzieherinnen und Erzieher ISBN: 978-3-582-83521-5

INFOBOX

Fachbegriffe für die Analyse lyrischer Texte

Fachbegriff	Erklärung	Satzmuster
Reimschema und Metrum		
Reime: ▪ Paarreim	rein fein Wände Hände	Das Reimschema folgt dem Muster eines Paarreims. In der letzten Strophe findet sich ein umarmender Reim.
▪ Kreuzreim	rein Wände fein Hände	
▪ umarmender Reim	rein Wände Hände fein	
Metrum: ▪ Jambus ▪ Trochäus ▪ dreihebig	betonte Silbe: **x** unbetont: x x **x** x Ein **Vo**gel **x** x **x** **Wän**de **Hän**de drei betonte Silben in einem Vers, damit wird die Anzahl der betonten Silben im Vers angegeben	Die Verse der ersten Strophe beginnen jeweils mit einer unbetonten Silbe, der eine betonte folgt. Jeder Vers hat fünf betonte Silben. Somit handelt es sich um einen fünfhebigen Jambus.
Sprachbilder		**Textbeispiele**
Vergleich	Verknüpfung von zwei unterschiedlichen Bedeutungsbereichen durch das Vergleichswort „wie"	wie blasser Kinder Todesreigen […] sich fröstelnd blaue Astern neigen.
Metapher	ohne Vergleichswort werden Bilder aus unterschiedlichen Bedeutungsbereichen aufeinander bezogen	Da macht ein Hauch mich von Verfall erzittern.
Symbol	Sinnbild, das auf etwas Allgemeines verweist	der Stunden Weiser (Symbol für Zeit)
Chiffre	ein Bild, das sich nicht entziffern lässt und häufig im Werk des Dichters eine spezifische Bedeutung einnimmt	blasser Kinder Todesreigen (blasses Kind, blasser Knabe sind bei Trakl häufig auftauchende Bilder, die sich nicht immer aus dem Textkontext heraus entschlüsseln lassen)
Personifikation	ein Gegenstand, eine Pflanze oder ein Tier bekommen menschliche Eigenschaften oder Handlungsweisen zugeschrieben	Amsel klagt Es schwankt der rote Wein an rostigen Gittern. fröstelnd blaue Astern neigen
Synästhesie	Verbindung unterschiedlicher Sinneseindrücke in einem Bild	Süßer die Glocken nie klingen (Geschmack und Ton)

7.7 Klausurtraining Fachabitur – Kurzgeschichten analysieren

7.7.1 Grundlagen: Textsorte „Kurzgeschichte"

Der Begriff „Kurzgeschichte" ist eine Übersetzung des Begriffs „short story". Er stammt aus dem anglo-amerikanischen Raum. Während im 18. und Anfang des 19. Jahrhunderts die deutlich längeren Novellen als Erzählungen herausgegeben wurden, verlangte der neu entstehende Zeitschriftenmarkt nun nach kürzeren Texten. So entstand eine neue Erzählform: die Kurzgeschichte.
In der Nachkriegszeit wurde diese Gattung in Deutschland sehr bekannt. Die Erfahrungen im Krieg und in den Jahren danach waren zutiefst verstörend. Die Kurzgeschichte bot die Möglichkeit, ohne große Worte über diese existentiellen Erfahrungen zu schreiben.

Momentaufnahme: ein kurzer Ausschnitt, die Darstellung eines kurzen, eines wichtigen Moments.

Kurzgeschichten sind wie ein Roman in einer Nussschale. Sie müssen auf wenigen Seiten eine oder zwei Figuren, selten mehrere, an einem Wendepunkt ihres Lebens skizzieren. Die Lesenden erschließen sich Lebenssituation, Ort, Charakter und Lebensthema der Figuren während des Leseprozesses. Es gibt keinen Platz für lange Beschreibungen und Erklärungen, die dargestellte Situation ist eine Momentaufnahme. Das Ende selbst bleibt in der Regel offen. Daher bietet die Kurzgeschichte viele Möglichkeiten, eigene Erfahrungen zu projizieren und einen Bezug zwischen sich und dem Thema herzustellen. Die Themen, die behandelt werden, sind zeitlos. Es geht um existentielle Probleme, Begegnungen, Veränderungen, die das bisher Gelebte in Frage stellen. Am leichtesten gelingt der Zugang, wenn Sie sich in die Eingangssituation hineinversetzen. Dies ist der Anfang der Kurzgeschichte „An manchen Tagen" von Nadja Einzmann:

projizieren: jemandem eigene Gedanken und Gefühle zuschreiben.

Hinweis:
Kurzgeschichten sind häufig auch die erste epische Form, mit der junge Autorinnen und Autoren bei Literaturwettbewerben an die Öffentlichkeit treten.

> An manchen Tagen warte ich, dass etwas passiert. Auf einen Anruf; dass das Haus einstürzt; oder der Arzt mir sagt, dass ich nur noch wenige Wochen zu leben habe. Ich sitze im Bett und warte, und meine Mutter klopft an die Türe. Zu berichten hat sie nichts.
>
> (Einzmann, Nadja (2001): *An manchen Tagen*, in: dies. (Hrsg.): Da kann ich nicht nein sagen. Geschichten von der Liebe, Frankfurt/Main: S.Fischer Verlag, S. 41 f.)

Nadja Einzmann (*1974): deutsche Schriftstellerin.

Versuchen Sie sich in die Situation hineinzudenken. Sie liegen seit Tagen im Bett. Sie warten darauf, dass etwas passiert. In Ihren Vorstellungen sollten es schon dramatische Dinge sein, die geschehen. Ein Anruf, noch besser ein Hauseinsturz oder die Nachricht vom nahenden Tod durch Krankheit. Kennen Sie Momente wie diesen? Wie geht es Ihnen bei der Vorstellung? Und dann kommt das Klopfen an der Tür. Die Mutter klopft.

Wenn Sie diese Situation mit den dazugehörigen Gefühlen vor Augen haben, lesen Sie den Rest der Kurzgeschichte.

Sei so gut, sagt sie, bring den Müll hinunter, oder: Wie wäre es mit einem Spaziergang, es ist ein wunderbarer Tag, sonnig, und die Spatzen pfeifen es von allen Dächern. Nein, rufe ich ihr zu, durch die geschlossene Tür, mir ist nicht danach, mir ist nicht nach Welt. Und ich sitze im Bett, der Himmel schaut blau durch mein Fenster oder umwölkt sich, oder ein Gewitter zieht auf. Mein Bett ist mein Schiff, mein Bett ist mein Floß, ich treibe dahin, Haie und andere Meerestiere unter mir und Sterne und Himmel über mir. Was soll ich unternehmen mit dir, sagt meine Mutter, und stellt mir das Abendessen vor die Tür. Keines meiner Kinder, keines meiner Kinder, alle sind sie normal und gehen zur Arbeit, gehen morgens aus dem Haus und kehren abends zurück, nur du nicht. Was soll nur werden mit dir?

Unwichtiges, Alltägliches.

Personifikation: Der Himmel schaut blau durch mein Fenster.

Metapher: Mein Bett ist mein Floß.

Es gab Zeiten, da ich anders war, solche Zeiten hat es gegeben. Ausgesprochen lebhaft war ich. Keine Aufgabe war sicher vor mir, und dann noch zum bloßen Zeitvertreib zeichnete ich und voltigierte und focht und tanzte die Nächte durch. Meine Geschwister sahen müde aus, wenn sie von der Arbeit kamen. Sie hatten sich das Weiß in ihren Augen blutig gesehen über den Tag, und auch ihre Hände waren wund und schmerzten. Mir sah man keine Mühen an. Ich schwebte über den Boden, wo andere gingen, und dass ich mich bückte, kam nur sehr selten vor. Ja, es hat Zeiten gegeben, da ich anders war, und ich trauere ihnen nicht nach. Packt eure Herzen in Alufolie, dass sie geschützt sind, wenn ihr aus dem Haus geht, und reicht sie nicht frei herum!

Lebendigkeit, Aktivitäten werden beschrieben.

Bilder für körperliche Erschöpfung durch Arbeit.

Hinwendung an Lesende; Metapher, die entschlüsselt werden muss.

Es hat Zeiten gegeben, da ich anders war, und meine Mutter trauert ihnen nach. Kind, sagt sie, willst du nicht aufstehen, dass dein Vater mit dir fischen gehen kann und deine Geschwister dir berichten von ihrem Tag? Nein, sage ich, mir ist nicht nach Welt. In meinem Bett sitze ich, das mein Floß ist und der Seegang ist hoch. Salziger Wind fährt mir durchs Haar und die Wellen überschlagen sich.

(ebd.)

Rückkehr zum Bett, dem Floß auf dem Meer.

Nun müssen sie die Puzzleteile der Geschichte zusammensetzen. Es gibt andere Personen im Haus, Geschwister, die sind anders. Sie gehen zur Arbeit. Die Ich-Erzählerin berichtet, dass sie früher anders war. Sie war auch anders als ihre Geschwister, die von der Arbeit gezeichnet waren, während ihr alles leicht von der Hand ging. Doch dann muss etwas passiert sein. Die Ich-Erzählerin wendet sich direkt an die Lesenden und rät ihnen, ihre Herzen zu schützen. Das fällt sprachlich aus dem Rahmen. Anschließend knüpft sie wieder an das an, was sie vorher erzählt hat. Die Geschichte endet damit, dass sie in einem Bild deutlich macht, dass ihre Welt das Bett sei, ein Floß im hohen Wellengang auf dem Meer.

7.7.2 Grundlagen: Kurzgeschichten analysieren

Analyseaufbau:
- Einleitung
- Hauptteil
- Schluss

Vergleiche Seite 250.

Bausteine der Einleitung:
- Einleitungssatz
- Thema
- kurze Inhaltsangabe

Bausteine des Hauptteils:
Analyse bestimmter Aspekte wie
- Erzählstrategie,
- Figurenkonstellation,
- sprachliche Mittel,
- ...

Fazit:
- Zusammenfassung und
- abschließende Deutung

Hinweis:
Sprachhandlungen sind Handlungen mit dem Ziel der gegenseitigen Verständigung.

Sprachhandlungen in Analysen von Kurzgeschichten sind gekennzeichnet von Satzmustern.

Das Benutzen bestimmter Satzmuster strukturiert die Analyse und bietet gleichzeitig Formulierungshilfen.

Analyse-Bausteine für Kurzgeschichten

Einleitung: Einleitungssatz, Nennung des Themas, kurze Inhaltsangabe

Hauptteil: einzelne Aspekte der Analyse wie Merkmale, Erzählstrategien, Zeitstruktur, Charakterisierung der Figuren, sprachliche Gestaltung, Darstellung des Raumes, Zusammenhang von Titel und Geschichte

Fazit: die Zusammenfassung Ihrer Analyseergebnisse bezogen auf die Deutung und das Thema

In jedem Baustein müssen bestimmte Sprachhandlungen realisiert werden. Sprachhandlungen werden vereinfacht definiert als: „Schreiben oder Lesen als Handlung mit dem Ziel gegenseitiger Verständigung“. Wenn wir etwas erklären, informieren oder fragen, vollziehen wir also Sprachhandlungen.

Beim Analysieren von literarischen Texten wie der Kurzgeschichte folgen Sprachhandlungen häufig bestimmten Satzmustern. Sind Ihnen diese Satzmuster vertraut, lassen sich Analysen leichter schreiben oder beim Lesen besser verstehen. Lesen Sie beispielsweise: „Die Kurzgeschichte thematisiert die gestörte Kommunikation zwischen den Ehepartnern bereits zu Beginn ihrer Ehe“, dann wäre Ihnen sofort klar, dass es sich um einen Baustein des Einleitungsteils einer Analyse handelt.

Im Folgenden werden die typischen Sprachhandlungen und deren Umsetzung beim Schreiben von Analysen zu Kurzgeschichten erklärt. Wenn Sie verstehen, welche Sprachhandlungen Sie realisieren müssen und für diese Realisierung die typischen Satzmuster kennen, fällt es Ihnen leichter, Ihre Analyse zu strukturieren und Ihren Text angemessen zu formulieren.

AUFGABE Lesen Sie die folgenden Sätze und bestimmen Sie, zu welchem Baustein der Analyse diese gehören.

1. Die Ich-Erzählerin schildert emotionslos den Besuch am Krankenbett des Vaters. Dadurch wirkt sie distanziert zum Geschehen. Dies wird besonders in dem Satz deutlich: „Er starb ein Jahr lang, ich besuchte ihn im Krankenhaus und fragte, was er sich wünsche. Er sagte mir, er habe Angst vor dem Tod und wolle es so schnell wie möglich hinter sich bringen.“ (Z. 18–20).
2. Abschließend lässt sich sagen, dass die Gefühle der Protagonisten nur über ihre Handlungen zu erschließen sind. Dadurch bekommt der Leser Distanz zum tragischen Geschehen und muss sich der Frage stellen „Wie hätte ich gehandelt?“

 Werkzeug Sprache – Deutsch und Kommunikation für Erzieherinnen und Erzieher ISBN: 978-3-582-83521-5

Übersicht: Sprachhandlungen und Satzmuster

Einleitung

Baustein	Sprachhandlungen	Satzmuster
Einleitungssatz	Informieren: Welchen Titel hat die Kurzgeschichte? Wer hat sie verfasst? Wann ist sie wo erschienen?	Die Kurzgeschichte mit dem Titel „…" wurde von … verfasst und ist im Jahr … in … erschienen.
Thema	Darstellen: Was thematisiert die Kurzgeschichte?	In der Kurzgeschichte wird … thematisiert.
Inhaltsangabe	Textinhalt verkürzt wiedergeben, Handlung zusammenfassend beschreiben	*(sprachliche Merkmale: Präsens, sachliche Sprache, Angaben zu Zeit, Ort, Personen und Handlung:)* Die Ich-Erzählerin beschreibt … /zu dem Zeitpunkt/als/anschließend/ am Ende der Geschichte/ als/während

Hauptteil (Analyse)

Baustein	Sprachhandlungen	Satzmuster
Beschreibung der realisierten Merkmale der Kurzgeschichte	beschreiben, begründen / am Text belegen: **Welche typischen Merkmale werden in der Kurzgeschichte realisiert?**	Man befindet sich sofort mitten im Geschehen, da … Es handelt sich, wie in Kurzgeschichten typisch, um einen Ausschnitt aus einer Alltagshandlung, denn … Am ersten Satz ist ungewöhnlich, dass … Die Handlungsträger sind … und … Die Sprache ist … Ort und Zeit werden nur kurz skizziert. Der Ort der Handlung ist … Die Geschichte spielt … Der Aufbau ist zielgerichtet. Der Wendepunkt der Geschichte zeigt sich, als die Hauptfigur …
Analyse der Gestaltungsmittel wie ▪ Erzählperspektive ▪ Erzählhaltung ▪ Erzählstandort	beschreiben, am Text belegen, Wirkung erklären und begründen: **Wie gestaltet die Erzählfigur die Geschichte? Welche Erzählstrategien sind zu erkennen?**	Die Geschichte wird in der Er-/Sie-Erzählform geschildert. Der Leser nimmt die Handlung mit den Augen der Hauptfigur wahr. Es handelt sich also um ein personales Erzählverhalten. Dabei vermittelt die Erzählfigur die Innenperspektive der Hauptfigur. Daher kennt der Leser nur die Gedanken und Gefühle der Hauptfigur. Das wirkt auf den Leser … Die Handlung wird von einer/einem teilnehmenden Ich-Erzähler/-in geschildert. Der Leser erfährt nur, was sie denkt und fühlt, nicht wie die anderen Figuren empfinden.

		Die Geschichte wird zwar in der Er-/Sie-Form erzählt, aber der Erzähler wirkt wie unbeteiligt, als ob er die Handlung – das, was die Figuren sagen und ihre Gestik und Mimik – wie mit einer Kamera von außen aufzeichnet. Dadurch wirkt das Geschehen …
▪ Zeitstruktur		Die Geschichte ist zeitdeckend erzählt, das bedeutet, der Leser benötigt in etwa so viel Zeit, die Geschichte zu lesen, wie die Zeitspanne dauert, in der sich die Handlung abspielt. Das wirkt …, weil … Die Geschichte ist teilweise zeitraffend erzählt. Das wird z. B. in Zeile … erkennbar, da ein Zeitraum von … mit den Worten „…" (Z. …) zusammengefasst wird. Das wirkt …, weil … Die Geschichte ist zeitdehnend erzählt. Die Zeit, die die Hauptfigur braucht, um …, ist viel kürzer als die Zeit, die man als Leser/-in benötigt, um den Gedanken, Gefühlen und Erinnerungen der Hauptfigur zu folgen. Dadurch wirkt die Geschichte …
Charakterisierung der Figuren	beschreiben, am Text belegen, Wirkung erklären und begründen: **Wie sind die Figuren dargestellt? Was erfährt man über ihre Gedanken und Gefühle? Welche Eigenschaften werden deutlich? Wie verhalten sie sich?**	Die beiden Hauptfiguren stehen im Kontrast zueinander. Die eine ist …, die andere ist …. Dies wird in Zeile … deutlich. Hier steht … Die Ich-Erzählerin berichtet von sich „…" (Z. …) Daraus lässt sich schließen, dass … An der Darstellung der Gestik und Mimik wird deutlich, dass die Figur … Im Text werden die Gedanken und Gefühle der Hauptfigur deutlich. So werden ihre Gedanken, als sie … macht, mit den Worten beschrieben „…" (Z. …) Insgesamt wirkt die Figur … Dadurch wird deutlich, dass …
Analyse der sprachlichen Gestaltung	beschreiben, am Text belegen, Wirkung erklären und begründen: **Wie ist die Sprache gestaltet? Gibt es Auffälligkeiten? Ist die Sprache sehr einfach oder gibt es lange Beschreibungen? Wie werden Gefühle vermittelt?**	Durch … wirkt die dargestellte Situation wie … Das vermittelt ein Gefühl von … In der Darstellung wird viel direkte Rede verwendet, das wirkt, als ob … In der Darstellung wird viel indirekte Rede verwendet, dadurch bekommt der Leser … In der Erzählung werden viele Adjektive und Ver-

 ISBN: 978-3-582-83521-5

		ben verwandt, z. B. in dem Satz „…". Dadurch wirkt die Geschichte … Durch kaum variierte Wiederholungen mit ähnlichen Worten und einer identischen Satzstruktur entsteht der Eindruck von … Dies lässt sich besonders deutlich erkennen am Satz „…" Die (parataktische) Satzstruktur in Z. … und die Wiederholungen … vermitteln das Gefühl der Hauptfigur. Hier wird durch diese sprachliche Gestaltung deutlich, dass sie … empfindet.
Analyse des Raums	beschreiben, am Text belegen, Wirkung erklären und begründen: **Wie wird der Handlungsraum beschrieben? Hat er eine symbolische Bedeutung? Wird der Raum nur kurz skizziert? Ahnt man als Leser nur, an welchem Ort das Geschehen stattfinden könnte?**	„…" (Z. …) Dieses Zitat macht deutlich, dass der Raum eine symbolische Bedeutung hat. Die Darstellung von … verändert sich wie die Gefühle der Hauptfigur. … Über den Raum wird nichts ausgesagt, aber der Leser erahnt, dass es sich um … handelt. Dies wird deutlich in den Worten „…" (Z. …). Dadurch wirkt die Szene … Der Raum wird in wenigen Worten skizziert. Dadurch hat der Leser eine … Vorstellung von der Szene und kann sich … in die Situation hineinversetzen.
Analyse des Zusammenhangs zwischen Titel und Geschichte	beschreiben, am Text belegen, Wirkung erklären und begründen: **In welchem Zusammenhang stehen Geschichte, Thema und Titel der Geschichte?**	Der Titel „…" verdeutlicht ... Dem Wort „…" in der Überschrift kommt eine besondere Bedeutung zu, weil … Erst am Ende der Geschichte bekommt der Leser einen Bezug zum Titel. Hier kommt zum Ausdruck, dass …

Schlussteil

Baustein	Sprachhandlungen	Satzmuster
Zusammenfassung der Interpretationsaspekte	zusammenfassen, auf den Punkt bringen, abschließend die Problematik darstellen: **Welches Thema hat die Kurzgeschichte?** **Was wird dadurch deutlich?** **Mit welchen Gedanken und Gefühlen bleibt der Leser zurück?**	In dieser Kurzgeschichte wird besonders deutlich, dass … Durch die Gedanken und Gefühle der Hauptfigur wird das Thema der Kurzgeschichte besonders deutlich. Es geht um … Das Thema der Kurzgeschichte ist … Durch das offene Ende stellt sich der Leser die Frage, … Zusammenfassend lässt sich sagen, dass …

7

7.7.3 Vom Textverständnis zur Analyse und Deutung

Innere Bilder und Vorstellungen entwickeln

Berlin, Kurfürstendamm, 1946

Berlin, Kurfürstendamm, 1972

Berlin, Kurfürstendamm, 2011

Es ist wichtig, eine Idee davon zu haben, an welchem Ort und zu welcher Zeit eine Kurzgeschichte spielt. Auch sollten Sie sich die handelnden Figuren vorstellen können. Wenn dies der Fall ist, fällt es Ihnen deutlich leichter, die Handlung zu verstehen und einen Zugang zur Kurzgeschichte zu entwickeln.

Da Kurzgeschichten in der Regel einen Ausschnitt darstellen, steigt man mitten im Geschehen ein und muss sich die Zusammenhänge im Laufe der Geschichte erschließen. Dies wird einfacher, wenn Sie ein inneres Bild von der Anfangssituation entwickeln.

Dafür ist es wichtig zu wissen, zu welcher Zeit die Handlung spielt. Da Kurzgeschichten häufig einen Ausschnitt aus dem Alltag beleuchten, entspricht die Entstehungszeit häufig der Zeit der Handlung.

Auf der folgenden Seite finden Sie den Beginn von drei Kurzgeschichten. Die erste entstand 1947, also kurz nach dem Ende des Zweiten Weltkriegs, die zweite 1975 und die letzte Geschichte 2011.

AUFGABE Für die Bearbeitung der folgenden Aufgaben stellen Sie sich vor, dass Sie für ein Filmset oder ein Theaterstück die Regie der Anfangsszene führen. Bearbeiten Sie die folgenden Aufgaben für jeden der drei Textauszüge.

1. Lesen Sie die Informationen zum Entstehungszeitpunkt der jeweiligen Kurzgeschichte. Betrachten Sie auch die Bilder der Personen aus dieser Zeit am rechten Seitenrand.
2. Lesen Sie die Überschrift und den Anfang der jeweiligen Kurzgeschichte.
3. Verfassen Sie Notizen zu folgenden Aspekten:

   Raum/Ort des Geschehens, Atmosphäre, wichtige Gegenstände, ggf. auch die Tageszeit.
4. Beschreiben Sie, wie Sie sich die Figuren vorstellen: Kleidung, Bewegung, Sprache, Gestik und Mimik, das Verhältnis zueinander.

1945 – 1950
Diese Zeitspanne umfasst die ersten Jahre nach der nationalsozialistischen Diktatur und dem Ende des Zweiten Weltkriegs. Die meisten Städte waren stark zerstört. Trümmer, Ruinen und Hunger prägten den Alltag. Die Menschen waren damit beschäftigt

zu überleben und trotz ihrer Erfahrungen während des Krieges im Alltag zu funktionieren. Normalität des Alltags und Grauen des vorhergegangenen Kriegs lagen dicht beieinander. Viele Männer waren tot, verschollen oder befanden sich in Kriegsgefangenschaft. Heimgekehrte waren oftmals durch Krieg und Gefangenschaft traumatisiert. Die folgende Kurzgeschichte stammt aus dieser Zeit.

Die Küchenuhr (um 1947)

Sie sahen ihn schon von weitem auf sich zukommen, denn er fiel auf. Er hatte ein ganz altes Gesicht, aber wie er ging, daran sah man, dass er erst zwanzig war. Er setzte sich mit seinem alten Gesicht zu ihnen auf die Bank. Und dann zeigte er ihnen, was er in der Hand trug.
Das war unsere Küchenuhr, sagte er und sah sie alle der Reihe nach an, die auf der Bank in der Sonne saßen. Ja, ich habe sie noch gefunden. Sie ist übriggeblieben.

(Borchert, Wolfgang (1947): *Die Küchenuhr,* in: ders. (Hrsg.): *Das Gesamtwerk,* Halle/Saale: Mitteldeutscher Verlag, S. 249 f.)

Wolfgang Borchert (1921–1947): deutscher Schriftsteller der Nachkriegszeit (Trümmerliteratur).

1951–1965

Zu der Zeit als die Kurzgeschichte herausgegeben wurde, benötigten verheiratete Frauen die Erlaubnis ihres Mannes, um arbeiten gehen zu dürfen. Dieses Gesetz wurde erst 1977 geändert. Es war üblich, dass eine Frau mit der Heirat ihr berufliches Leben beendete und sich nur noch um Kinder und Haushalt zu kümmern hatte. Erst ab 1969 war es für verheiratete Frauen möglich, ein eigenes Bankkonto zu eröffnen.

Flitterwochen dritter Tag (1964)

Reinhard am dritten Tag gegen fünf, auf der Bierkneipenterrasse: Du wirst deine Arbeit aufgeben. Du wirst einfach kündigen. Es war fast windstill, die Luft feucht. Ich kam aber nicht ganz dahinter, ob es mir richtig behagte. Ich starrte immer weiter den Mann mit der Warze an. Reinhard hob sein Glas, trank mir zu, mit irgendeinem Trinkspruch auf unsere Zukunft.

(Wohmann, Gabriele (1964): *Flitterwochen dritter Tag,* in: dies. (Hrsg.): *Ausgewählte Erzählungen aus zwanzig Jahren Bd. 2,* München: Hermann Luchterhand Verlag, S. 50 f.)

Gabriele Wohmann (1932–2015): deutsche Schriftstellerin, die sich in ihrem Werk unter anderem auch mit der Problematik traditioneller Familienstrukturen auseinandersetzt.

Die Zeit ab dem Jahr 2000

An manchen Tagen (2001)

An manchen Tagen warte ich, dass etwas passiert. Auf einen Anruf; dass das Haus einstürzt; oder der Arzt mir sagt, dass ich nur noch wenige Wochen zu leben habe. Ich sitze im Bett und warte, und meine Mutter klopft an die Türe. Zu berichten hat sie nichts. Sei so gut, sagt sie, bring den Müll hinunter, oder: Wie wäre es mit einem Spaziergang, es ist ein wunderbarer Tag, sonnig, und die Spatzen pfeifen es von allen Dächern. Nein, rufe ich ihr zu, durch die geschlossene Tür, mir ist nicht danach, mir ist nicht nach Welt. Und ich sitze im Bett, der Himmel schaut blau durch mein Fenster oder umwölkt sich, oder ein Gewitter zieht auf.

(Einzmann, Nadja (2001): *An manchen Tagen,* in: dies. (Hrsg.): *Da kann ich nicht nein sagen. Geschichten von der Liebe,* Frankfurt/Main: S. Fischer Verlag, S. 41 f.)

Nadja Einzmann (*1974): siehe Seite 284.

Merkmale von Kurzgeschichten

Tipp: Notieren Sie sich nach dem ersten Lesen einer Kurzgeschichte Ihre ersten Eindrücke und Fragen. Diese können Ihnen bei der weiteren Analyse eine Richtung geben.

Merkmale einer Kurzgeschichte

- Der Inhalt behandelt oft Alltagssituationen.
- Die Handlung wirkt wie ein Ausschnitt aus einem Geschehen.
- Der Anfang setzt unvermittelt ein, das Ende bleibt offen.
- Bei den Figuren handelt es sich oftmals um alltägliche, ganz „normale" Menschen, aber auch um Außenseiter.
- Die Sprache ist häufig einfach und schmucklos, bedient sich kurzer Sätze und Formulierungen, die sich eng an der Alltagssprache orientieren. Wiederholungen einzelner Sätze und Satzteile sowie von Motiven weisen eine Bedeutung auf.
- Der Aufbau ist zielgerichtet, läuft auf einen Höhepunkt bzw. Wendepunkt hin, an dem den Figuren etwas Entscheidendes widerfährt oder sie handeln. Das Ende bleibt in der Regel offen.
- Personen sind häufig namenslos.
- Ort und Zeit werden kurz skizziert, aber ohne genauer beschrieben zu werden.
- Umweltschilderungen, Gegenstände sowie Tiere weisen oft eine symbolische Bedeutung auf.

Ein strukturelles Merkmal von Kurzgeschichten ist ihre Kürze. Dadurch muss die Erzählung in wenigen Worten den Lesenden Figuren, Ort, Zeit, Handlung und Umstände des Geschehens vermitteln. Kurzgeschichten weisen zwar bestimmte Merkmale auf, sie müssen aber nicht alle gleichzeitig in einer einzelnen Geschichte realisiert sein.

Für die Analyse einer Kurzgeschichte ist es wichtig, zu prüfen, ob und wie die einzelnen Merkmale in ihr umgesetzt sind. Wenn Sie wissen, dass die Handlung einen Ausschnitt aus einem Geschehen wiedergibt, können Sie aufmerksam nach Hinweisen suchen, die Ihnen Aufschluss über Ort, Zeit und Umstände der Handlung geben.

Wollen Sie sich das Thema der Geschichte erschließen, müssen Sie den Wendepunkt der Erzählung finden, die Stelle, an der das Entscheidende passiert.

Durch ein offenes Ende sind Sie als Leserin bzw. Leser dazu aufgerufen, sich Gedanken zu machen. Daher führen solche Fragen, die Sie selbst am Ende haben, häufig zum Thema bzw. zum existenziellen Problem, das in der Erzählung aufgeworfen wurde.

AUFGABE Lesen Sie die folgende Kurzgeschichte und notieren Sie, welche typischen Merkmale umgesetzt sind. Belegen Sie dies anhand von Textbeispielen.

Happy End

Sie umarmen sich, und alles ist wieder gut. Das Wort ENDE flimmert über ihrem Kuss. Das Kino ist aus.
Zornig schiebt er sich zum Ausgang, seine Frau bleibt im Gedrängel hilflos stecken, weit hinter ihm. Er tritt auf die Straße, bleibt aber nicht stehen und geht, ohne sie abzuwarten, geht voll Zorn, und die Nacht ist dunkel.
Atemlos, mit kleinen, verzweifelten Schritten holt sie ihn ein, er geht und sie holt ihn wieder ein und keucht.
Eine Schande, sagt er im Gehen, eine Affenschande, wie du geheult hast. Mich nimmt nur wunder, warum, sagt er. Sie keucht. Ich hasse diese Heulerei, sagt er, ich hasse das. Sie keucht noch immer. Schweigend geht er und voller Wut, so eine Gans, denkt er, und wie sie nun keucht in ihrem Fett.
Ich kann doch nichts dafür, sagt sie endlich, ich kann wahrhaftig nichts dafür, es war so schön, und wenn's schön ist, muss ich halt heulen. Schön, sagt er, dieser elende Mist, dieses Liebesgewinsel, das nennst du schön, dir ist ja nun wirklich nicht mehr zu helfen.
Sie schweigt und geht und keucht. Was für ein Klotz, denkt sie, was für ein Klotz.

(Marti, Kurt (1983): *Happy End,* in: ders. (Hrsg.): *Dorfgeschichten,* Darmstadt; Neuwied: Luchterhand, S. 20)

Kurt Marti (1921–2017): Schweizer Schriftsteller und Pfarrer.

Mich nimmt nur wunder: Ich frage mich; ich wundere mich.

Erste Eindrücke und Informationen festhalten

1. Nach dem Lesen notieren Sie Ihre ersten Eindrücke und Fragen.
2. Lesen Sie den Anfang nochmals und machen Sie sich Stichpunkte dazu, wie Sie sich die Szene vorstellen.
3. Nun lesen Sie die Kurzgeschichte ein zweites Mal. Notieren Sie dabei Stichworte zu folgenden Aspekten:
   Wer: Welche Figuren tauchen auf?
   Was passiert: Wie ist der Handlungsverlauf?
   Wo: Welche Informationen werden zum Ort vermittelt?
   Wann: Welche Informationen gibt es zur zeitlichen Gestaltung?
4. Wenn Sie sich auf diese Art einen ersten Eindruck verschafft haben, können Sie die einzelnen Aspekte einer Analyse erarbeiten.

Trotz vieler gemeinsamer Merkmale sind Kurzgeschichten sehr unterschiedlich. Deshalb müssen Sie bei der Bearbeitung der einzelnen Aspekte nicht immer in der gleichen Reihenfolge vorgehen.

Es kann sein, dass Sie eher einen Zugang über die Handlung oder die Figuren finden. In manchen Kurzgeschichten gibt es wenig Handlung und wenige Figuren. Dann könnte die Art und Weise, wie erzählt wird, ein erster Schritt Ihrer Arbeit werden.
Im Folgenden werden die wichtigsten Aspekte der Analyse von Kurzgeschichten vorgestellt.

Tipp:
Ihre gesammelten Informationen müssen nicht vollständig sein, weil es an dieser Stelle um erste Eindrücke geht. Die einzelnen Aspekte werden im Laufe der Analyse dann nochmals vertieft behandelt. Wenn Sie mit einer Tabelle arbeiten oder zu den einzelnen Punkten Platz lassen, dann können Sie diese ergänzen.

7.7.4 Eine Inhaltsangabe verfassen

Tipp: Verfassen Sie die Inhaltsangabe, bevor Sie das Thema formulieren.

Die Inhaltsangabe ist Bestandteil der Einleitung. Sie wird kurz, sachlich und im Präsens verfasst.

Vier Elemente bilden die Grundlage, um den Inhalt einer Geschichte erfassen und wiedergeben zu können.

1. Handlungen und Ereignisse, die erzählt werden.
2. Personen, die daran beteiligt sind bzw. die Handlungen ausführen oder die Ereignisse erleben.
3. Die Gestaltung der Zeit, Dauer sowie Abfolge der Handlungen und Ereignisse und wie dies erzählt wird.
4. Der Ort bzw. die örtlichen Gegebenheiten, an denen die Handlungen und Ereignisse stattfinden.

Aus diesen vier Elementen leiten sich die W-Fragen ab, mit deren Hilfe man den Inhalt einer Kurzgeschichte kurz, sachlich und im Präsens wiedergibt.

W-Fragen zur Strukturierung der Inhaltsangabe

1. **Was** geschieht? Was sind die **Hauptereignisse**?
2. **Wer** ist daran beteiligt? Wer sind die **Hauptpersonen**? Was tun sie?
3. **Wann**, in welcher **Zeit und in welcher Reihenfolge** geschehen die Ereignisse?
4. **Wo**, an welchen **Schauplätzen** spielt die Geschichte?
5. **Wie** und in welchen **Zusammenhängen** (aus welchen Gründen) ereignen sich die (im Text erzählten) Vorgänge?

AUFGABE

1. Lesen Sie die Kurzgeschichte „Bananen mit Zimt" von Barbara Agha Alikani.
2. Beantworten Sie zunächst die W-Fragen zur Strukturierung.
3. Vergleichen Sie Ihre Antworten auf die W-Fragen mit einer Arbeitspartnerin bzw. einem Arbeitspartner und begründen Sie jeweils Ihre Ergebnisse. Einigen Sie sich auf die wichtigsten Stichworte.
4. Verfassen Sie nun gemeinsam eine Inhaltsangabe.
5. Bilden Sie Gruppen und lesen Sie sich Ihre Inhaltsangaben vor. Wählen Sie die Inhaltsangabe aus, die Sie für am zutreffendsten halten – korrigieren Sie diese gegebenenfalls – und präsentieren Sie diese vor der gesamten Klasse.

Werkzeug Sprache – Deutsch und Kommunikation für Erzieherinnen und Erzieher ISBN: 978-3-582-83521-5

Bananen mit Zimt

Kaum einer ahnte, was ausgelöst wurde, als er in ihr Leben trat. Und sie sich in schlaflosen Nächten gegenseitig entdeckten. Doch das Glück währte nur kurz. Kaum einer ahnte, was ausgelöst wurde, als er in ihr Leben trat und sie sich wochenlang nur von Bananen mit Zimt ernährte. Die ersten Wochen waren der Wahnsinn, leben auf der Überholspur, durchredete Nächte, einander entdecken, Frühstück im Bett, Tage im Bett, Kontakt den ganzen Tag. Es dauerte Monate, bis sie sich das erste Mal trennten und die erste Nacht ohne ihn an ihrer Seite wurde die längste schlaflose Nacht ihres Lebens. Ihm ging es genauso und er verließ sein Bett um drei Uhr zweiunddreißig und schaltete den Fernseher ein, weil er es nicht aushalten konnte, die leere neben ihm, die Stille um ihn.

Alles fehlte, ihr Duft, ihr Atem, ihre Geräusche, die kleinen Seufzer, die sie im Schlaf von sich gab, wenn sie träumte und von denen er manchmal aufwachte. Nach dieser Nacht beschlossen sie, sich nicht mehr zu trennen. Aber etwas veränderte sich. Langsam und unbemerkt schlich sich die Gewohnheit in ihr Leben ein und zerfraß die Harmonie. Die früher so schönen Dingen schienen banal vor diesem Hintergrund.

Sie mussten sich mal wieder trennen und es wurde zur Gewohnheit, dass das Telefon immer um acht Uhr abends klingelte, irgendwann freute sie sich schon gar nicht mehr.

Als er wiederkam, war alles wie immer, gewohnt, schien aber nicht vertraut angenehm, sondern langweilig vorhersehbar. Er erschien ihr so berechenbar. Sie wusste, was er auf sein Brötchen schmieren würde, schon bevor er das Messer in der Hand hatte, sie wusste, dass er die Zeitung von hinten zu lesen beginnen würde, schon bevor er zum Briefkasten ging und sie holte. Und sie wusste, wenn sie nichts ändern würde, würden sie in zwanzig Jahren noch unter diesen Umständen beieinandersitzen.

Von wegen Kippen holen, es war ihm ja noch nicht einmal aufgefallen, dass sie das Rauchen aufgehört hatte. Sie zog die Tür hinter sich zu und wusste im gleichen Augenblick, dass sie sie nie wieder öffnen würde.

(Agha Alikani, Barbara (2008): *Bananen mit Zimt*, in: Zeit online, Netzmagazin Zuender, 2008, https://zuender.zeit.de/2008/35/sonntagstext-barbara-agha-alikani; entnommen: 12.05.2024)

Kippen holen: Ein Ausdruck dafür, dass jemand endgültig aus der Familie/Partnerschaft geht, ohne Ankündigung und ohne sich zu verabschieden, sondern nur sagt: „Ich geh mal kurz Zigaretten holen."

7.7.5 Wie ist die Geschichte erzählt? – Erzählstrategien analysieren

Hinweis:
Weiter Informationen zu den Erzählstrategien finden Sie auf Seite 252.

Wenn Sie sich klarmachen, aus welcher Perspektive heraus in welcher Situation die Geschichte erzählt wird, haben Sie einen ersten Zugang zum Geschehen. Das Schwierige an literarischen Texten ist zum einen, dass Autor und Erzählfigur nicht identisch sind (siehe auch Seite 249). Zum anderen erfolgt – anders als wenn jemand Ihnen eine Geschichte persönlich erzählt – kein direkter Austausch zwischen Erzählendem und Zuhörenden bzw. Lesenden.

Um die Erzählerin bzw. den Erzähler sowie die Erzählstrategien zu identifizieren, müssen Sie sich folgende Fragen stellen:

- Welche Erzählform und welches Erzählverhalten liegen vor?
- Wo befindet sich dieser Erzähler in der fiktiven Welt, welchen Standort hat er? Was wird über die Außen- und Innensicht der Figuren vermittelt?

Erzählform: Er-/Sie-Form, Ich-Form; selten: direkte Anrede des Lesers bzw. der Leserin.

Erzählverhalten: auktorial, personal, neutral; siehe auch Seite 249.

Außensicht: Sicht auf die Figur von außen; Gedanken und Gefühle können nur aus der dargestellten Handlung erschlossen werden.

Innensicht: Gedanken und Gefühle der Figur werden durch inneren Monolog oder Gedankenrede wiedergegeben.

Erzählperspektive: Blickwinkel der Erzählerin bzw. des Erzählers gegenüber dem Geschehen aus der Außen- oder Innenperspektive.

Erzählhaltung: Einstellung des Erzählers, mit der die Figuren und das Handeln vermittelt werden.

Welche Erzählform und welches Erzählverhalten liegen vor?

Erzählform:

- **Er-/Sie-Form:** Erzähler/-in tritt hinter die Figuren zurück, ist für die Lesenden nur schwer greifbar.
- **Ich-Erzähler/-in:** Erzähler/-in berichtet von sich, macht ihre Erlebnisse, Gedanken und Gefühle zum Thema.
- **Du-Form:** Kommt sehr selten vor. Hier wird der Leser bzw. die Leserin direkt angesprochen.

Erzählverhalten:

- **auktoriale Erzählerin / auktorialer Erzähler:** Die Erzählerin / der Erzähler weiß alles über die fiktive Welt, über die Figuren und ihre Gedanken und Gefühle. Sie/Er kann Vergangenes und Zukünftiges kommentieren und sich direkt an den Leser / die Leserin wenden.
- **personale Erzählerin / personaler Erzähler:** Die Handlung wird aus der Perspektive einer Figur erzählt. Der Erzähler / die Erzählerin tritt hinter die Figur zurück und erzählt alles genau so, wie diese das Geschehen erlebt. Gefühle und Gedanken der Figur werden für den Leser bzw. die Leserin deutlich.
- **neutrale Erzählerin / neutraler Erzähler:** Das Geschehen wird sachlich berichtet. Es ist nicht erkennbar, wie die Erzählerin / der Erzähler dazu steht. Auch das Innenleben der Personen wird nicht vermittelt.

Werkzeug Sprache – Deutsch und Kommunikation für Erzieherinnen und Erzieher ISBN: 978-3-582-83521-5

Standort, Außen- und Innensicht

Folgende Fragestellungen stehen hier im Vordergrund:
- Wo befindet sich der Erzähler in der fiktiven Welt, hat er einen oder gar mehrere Standorte?
- Was wird über die Außen- und Innensicht der Figuren vermittelt?

Standort des Erzählers: Der Ort, von dem aus die Erzählfigur die Geschichte erzählt.
- Der Erzähler / die Erzählerin kann mitten im Geschehen sein, indem er/sie beispielsweise durch ein personales Erzählverhalten hinter seinen Figuren verschwindet. Dadurch wird die Leserin bzw. der Leser direkt mit dem Geschehen konfrontiert.
- Ein Erzähler / eine Erzählerin kann aber auch über der Welt, von der er/sie erzählt, schweben und stark kommentierend eingreifen.

Außensicht und Innensicht: Die Sicht auf die Figuren, d. h., ob sie nur von außen betrachtet werden oder ihre Gedanken und Gefühle dargestellt werden.
- Der Erzähler / die Erzählerin kann nur die Außensicht darstellen. Hier wird nur berichtet, was von außen wahrgenommen wird. Der Charakter, die Gedanken und Gefühle der Figuren erschließen sich durch ihr Handeln und ihre verbale und nonverbale Kommunikation.
- Die Innensicht kann vermittelt werden, indem über die Gedanken und Gefühle der Figuren während des Geschehens berichtet wird.

Ich-Erzählfigur: steht mitten im Geschehen; Handlungen, Gedanken, Gefühle, Figurencharakteristik erfolgen nur aus der Perspektive der Ich-Erzählfigur.

Er-/Sie-Erzählform + personales Erzählverhalten: Erzähler/-in verschwindet hinter der Figur und ist damit im Geschehen.

Er-/Sie-Erzählform + neutrales Erzählverhalten: Erzählfigur hat Distanz zum Geschehen und wirkt neutral darstellend.

Standort, Erzählform und Erzählverhalten hängen eng zusammen. Bei der Ich-Erzählform ist die Erzählfigur eine der handelnden Figuren in der Geschichte, auch wenn sie nur beobachtet und diese Beobachtungen vermittelt. Die Lesenden erfahren etwas über die Innensicht des Ich-Erzählers / der Ich-Erzählerin, aber können die anderen Figuren und die Handlung nur durch die Augen dieser erzählenden Figur sehen.

Eine Figur kann sich an die Leserin bzw. den Leser wenden oder an eine zuhörende Figur, die aber nur als Zuhörerende/-r indirekt in Erscheinung tritt. Dann ist die Erzählung an ein Gegenüber gerichtet und die erzählende Figur präsentiert sich diesem Gegenüber. Dabei werden Gedanken, Gefühle, Ereignisse aus der Sicht der Erzählfigur dargestellt.

AUFGABE

1. Lesen Sie die zwei Texte auf der folgenden Seite. Hierbei handelt es sich jeweils um den Anfang einer Kurzgeschichte.
2. Beantworten Sie in Stichwort folgende Fragen:
   a) Welche Erzählform und welches Erzählverhalten liegen vor?
   b) Wo befindet sich die Erzählerin bzw. der Erzähler in der fiktiven Welt, welchen Standort hat er?
   c) Was wird über die Außen- und Innensicht der Figuren vermittelt?
   d) Welche Wirkung hat der jeweilige Anfang der Kurzgeschichte durch die gewählte Erzählstrategie auf die Lesenden?

Simon Bethge (*1996): deutscher Autor

Olcay: türkischer Vorname.

Kopfstand

Wieder mit dem Fuß umgeknickt. Seine Flanke brennt seit der letzten Kurve, und er spürt die Schlüssel nicht mehr in der Hosentasche. Die haben sie jetzt bestimmt, auch wenn er nicht gehört hat, wie sie anhalten; sie sind immer noch nah, immer noch schnell und sauer.

Und schon wieder näher.

Er ist sich keiner Schuld bewusst – wieso auch? Er hat keinen von ihnen angesehen oder angesprochen, aus Versehen im Vorbeigehen berührt. Schließlich weiß er, dass das böse enden kann. Olcay.

meingottolcay

ist der beste Beweis. Wenn er jetzt Tränen zulässt, kann, kann er gleich vergessen, heil davonzukommen. Sie sind ihm so dicht auf den Versen, dass er sie keuchen hören kann. Wenigstens haben sie zu brüllen aufgehört, sparen sich den Atem. Aber ist ja auch klar. Sie wissen, dass die Leute hinter den Fenstern rechts und links, auf der anderen Straßenseite, gerade ins Bett gehen. Die Rufe, die sie ihm vorhin noch in den Rücken schickten, würden nur Lauscher provozieren. Wo sind die Opas, die auf ihren Balkonen rauchen? Lieber sollte er einen Zahn zulegen. Der Schmerz in der Seite hat sich bis zum Hals vorgearbeitet, und sein Atem geht schnell. Trotzdem muss er weiter. Er muss, er muss, er muss.

(Bethge, Simon (2021): *Kopfstand*, in: Reimer, Boy Eilers und Olsson, Sven J. (Hrsg.): Suchbewegungen. Junge Literatur – Ein Lesebuch der Gruppe 48 anlässlich der Vergabe des Förderpreises 2021, Hamburg 2021, S. 21)

Helga M. Novak (1935–2013): deutsch-isländische Schriftstellerin, in Ostberlin geboren, studierte in der DDR und wurde als Regierungskritikerin 1966 aus der DDR ausgewiesen.

Schlittenfahren

Das Eigenheim steht in einem Garten. Der Garten ist groß. Durch den Garten fließt ein Bach. Im Garten stehen zwei Kinder. Das eine der Kinder kann noch nicht sprechen. Das andere Kind ist größer. Sie sitzen auf einem Schlitten. Das kleinere Kind weint. Das größere sagt, gib den Schlitten her. Das kleinere weint. Es schreit.

Aus dem Haus tritt ein Mann. Er sagt, wer brüllt, kommt rein. Er geht in das Haus zurück. Die Tür fällt hinter ihm zu.

Das kleinere Kind schreit.

Der Mann erscheint wieder in der Haustür. Er sagt, komm rein. Na wird's bald. Du kommst rein. Nix. Wer brüllt, kommt rein.

Komm rein.

Der Mann geht hinein. Die Tür klappt.

Das kleinere Kind hält die Schnur des Schlittens fest. Es schluchzt.

Der Mann öffnet die Haustür. Er sagt, du darfst Schlitten fahren, aber nicht brüllen. Wer brüllt, kommt rein. Ja. Ja. Jaaa.

(Novak, Helga M. (1968): *Schlittenfahren*, in: dies. (Hrsg.): *Aufenthalt in einem irren Haus. Gesammelte Prosa*, Frankfurt am Main: Schöffing und Co Verlagsbuchhandlung, 1995.)

 ISBN: 978-3-582-83521-5

Komplexe Erzählstrategien analysieren

Beim folgenden Text ist es etwas schwieriger, die Erzählform zu bestimmen. Lesen Sie die ersten Zeilen und überlegen Sie, welche Informationen hier von wem vermittelt werden.

Als er sie das letzte Mal besuchte

Als er sie das letzte Mal besuchte, besuchte sie es das letzte Mal. Es ist ihr Zuhause. Er, Karim Habib, 2015 aus Afghanistan nach Belgien geflüchtet. Sie, Sulamith Goldenthal, 1939 aus Deutschland nach Belgien geflüchtet. Zwei Heimatlose, deren Wege so verschieden gewesen und vom Schicksal doch zusammengeführt worden waren.

(Holbach, Amy (2021): *Als er sie das letzte Mal besuchte*, in: Reimer, Boy Eilers und Olsson, Sven J. (Hrsg.): Suchbewegungen. Junge Literatur – Ein Lesebuch der Gruppe 48 anlässlich der Vergabe des Förderpreises 2021, Hamburg 2021, S. 51)

Amy Holbach (*2001): deutsche Schriftstellerin.

Sie werden feststellen, dass Sie zu zwei Figuren der Geschichte, zu Karim und Sulamith, Informationen bekommen - über deren Alter und darüber, wann und wie sie nach Belgien gekommen sind. Damit führt die Erzählfigur in die Geschichte ein. Es folgt ein Satz, in dem die Erzählfigur die beiden als „Heimatlose“ beschreibt, als „vom Schicksal zusammengeführt“. Damit wird deutlich, dass es sich um einen auktorialen Erzähler handelt, der über seine Figuren spricht und alles über sie weiß.

Lesen Sie nun weiter und achten Sie darauf, wie sich der Standort des Erzählers verändert.

Hinweis:
Sulamith kommt aus Hessen und möchte nochmals ihre Heimat sehen.

An diesem bewölkten Julitag manövrierte Karim seinen altersschwachen Opel, den Sulamith ihm vor einigen Monaten mit den Worten „Fahr ihn zu Schrott, wenn du willst, aber vergiss nicht, Spaß dabei zu haben – und hol mich hier raus, wenn ich mich langweile!“ vermacht hatte, bevor sie ins Pflegeheim gezogen war, durch das hessische Hinterland.
Obwohl er geschworen hatte, sich niemals wieder freiwillig in diese Todesmaschine zu setzen. Den Führerschein hatte Karim damals, vor knapp zwei Jahren, gemacht, um weiterhin bei Sulamith wohnen zu dürfen, denn irgendwann war klar geworden, dass nun nicht mehr sie ihn beschützen und versorgen würde, sondern er sie. Er hatte sich zu einem engagierten jungen Mann entwickelt, der mit beiden Beinen fest im Leben stand, und sie sich zu einem weißhaarigen, ein wenig schwerhörigen und fast vollständig erblindeten Pflegefall.

(ebd.)

Während der auktoriale Erzähler am Anfang über seine Figuren spricht und sie mit wenigen Worten einführt, tritt er nun hinter Karim und seine Gefühle und Erinnerungen zurück. Trotzdem bleibt er ein auktorialer Erzähler, der seine Figuren kennt und kommentiert.
Am Ende des Textauszuges ist nicht deutlich, ob Karim denkt, er habe sich zu einem engagierten jungen Mann entwickelt oder ob die Erzählfigur dies so kommentiert.

7.7.6 Wie ist eine Geschichte zeitlich strukturiert?

Hinweis:
Weitere Informationen zur Zeitstruktur finden Sie auf Seite 288.

Da Kurzgeschichten oftmals eine Momentaufnahme zeigen, werden sie häufig zeitdeckend erzählt, d.h., die für das Lesen benötigte Zeit und die Dauer der dargestellten Handlung sind identisch. Das trifft insbesondere dann zu, wenn die wörtliche Rede ein Hauptbestandteil des Textes ist. Dadurch wirkt das Geschehen unmittelbar. Dies lässt sich sehr gut an der Kurzgeschichte „Schlittenfahren" von Helga M. Novak (siehe Seite 298) erkennen.

Andere Kurzgeschichten, wie z.B. „Bananen mit Zimt" (siehe Seite 295), weisen Zeitangaben auf, die darauf schließen lassen, dass die Ereignisse über einen längeren Zeitraum geschehen.
Es wird am Anfang durch die Erzählfigur angekündigt, dass das Glück nicht von langer Dauer sein wird. Dann tritt die Erzählfigur hinter ihre Protagonisten, hauptsächlich hinter die weibliche Protagonistin zurück und aus deren Sicht wird der Niedergang der Beziehung geschildert – bis zur endgültigen Trennung.
Eine ungewöhnliche Form der Zeitgestaltung finden Sie in dem Auszug aus der Kurzgeschichte „NEBEL rückwärts" von Noemi Schneider auf der folgenden Seite. Hier wird von einem – am Anfang nicht näher definierten Ereignis – die Geschichte wie in Tagebucheintragungen rückwärts erzählt.

Zeitraffung: der Zeitraum, innerhalb dessen die Geschichte spielt, ist deutlich länger als die Zeit, die zum Lesen des Textes benötigt wird.

Die Zeit in der Kurzgeschichte von Nadja Einzman „An manchen Tagen" (siehe Seite 284–285) wird durch zwei Ebenen strukturiert. Zum einen erzählt die Ich-Erzählerin in der Gegenwart, zum anderen erinnert sie sich daran, wie sie früher war. Gleichzeitig schildert sie die Kommentare der Mutter und deren Versuche, sie aus dem Zimmer zu bekommen. Diese finden nicht genau im Moment der Erzählung statt, aber prägen den Zeitraum, in dem sie ihr Bett nicht mehr verlässt. Die Lesenden bekommen dadurch einen direkten Einblick in ihre jetzige Lebenssituation, ohne zu wissen, wie diese zustande gekommen ist. Nur der Unterschied zwischen früher und jetzt wird deutlich. Das führt dazu, dass man sich fragt, was vorgefallen ist, sodass die Ich-Erzählerin sich in dieser Situation befindet.

Aspekte der Zeitgestaltung:
- Chronologie (Reihenfolge) der Ereignisse
- zeitliche Ebenen
- sprachliche Hinweise auf Zeitrahmen
- Wirkung der Zeitgestaltung

AUFGABE

1. Lesen Sie die Ausschnitte aus der Kurzgeschichte „NEBEL rückwärts" von Noemi Schneider.
2. Analysieren Sie die Zeitstruktur der Geschichte und arbeiten Sie heraus, was daran ungewöhnlich ist.
3. Stellen Sie einen Bezug zum Titel her.

NEBEL rückwärts

Juli. Weil, da kann man noch sagen, letztes Jahr. Letztes Jahr, kann man da jetzt noch sagen. In einem Jahr da sagt man dann vor zwei Jahren und in zwei Jahren vor drei Jahren und in drei Jahren vor vier Jahren und in vier Jahren vor fünf Jahren und in fünf Jahren vor sechs Jahren und in sechs Jahren vor sieben Jahren und in sieben Jahren vor acht Jahren und so weiter. Das sagt man nicht. Das denkt man vielleicht, aber man sagt es nicht. Man sagt, letztes Jahr.

Juni. Da sind so Sätze und der Klang seiner Stimme, die möchte ich mir am liebsten einfrieren, um sie ab und zu aufzutauen, sage ich. Ich weiß, sagt sie, ich auch.

Mai. Da spür ich jetzt so eine Stelle, sage ich zu ihr, so eine Stelle, wo vorher was war. So eine Stelle, wie ein Zimmer, wo die Tapete schon runter ist. Da steht vielleicht noch ein Besen rum oder ein Eimer Farbe, vielleicht hängt da noch eine Vorhangstange über dem Fenster, die nicht abmontiert wurde, aber mehr nicht. Jetzt ist das so eine Stelle geworden, sage ich, so ein fast leeres Zimmer, das ich kaputtschlagen will. Da hab ich gelesen, sage ich, dass es so was jetzt gibt, Stellen im Gehirn löschen, fast leere Zimmer endgültig rausreißen. Da gibt es so eine Professorin in Kalifornien, die heißt Elizabeth Loftus, die kann das. Die sagt, das Gedächtnis ist suggestiv, subjektiv und formbar. Da fragt sie, ob ich das Paket aufgemacht habe. Da trinke ich mir Mut an und mache es auf. Da ist ein Seidentuch drin, von ihm, das nicht mehr nach ihm riecht. Ich weiß noch, wie er riecht, wenn ich mich ganz doll anstrenge, dann kann ich ihn noch riechen. Das Tuch riecht nicht nach ihm. Ich lege das Tuch ganz vorsichtig auf die Stelle, zwischen den Besen und den Eimer Farbe, aber dann hänge ich es doch über die Vorhangstange. […]

Dezember. Da sagt sie, er hat was aufgeschrieben, für jeden von Euch. Ich will das nicht lesen, sage ich. ICH WILL DAS NICHT LESEN, ICH WILL DA NICHT DRÜBER REDEN, LASS MICH IN RUHE. Scheißweihnachten. Da hat er sich immer das ganze Jahr drauf gefreut, auf den Weihnachtsbaum, den auszusuchen und zu schmücken und da hat er dann geklingelt und dann durften wir rein. Letztes Jahr, da hat er es schon nicht mehr allein geschafft, da musste sie ihm dann helfen und da war er danach so erschöpft, das er sich dann hingelegt hat und wir haben uns alle betrunken, weil wir gewusst haben, das ist das letzte Scheißletzteweihnachten.

(Schneider, Noemi (2012): NEBEL rückwärts; in: Der zweite Platz des ZEIT CAMPUS-Literaturwettbewerbs, 6. September 2012, ZEIT Campus Nr. 35/2012, https://www.zeit.de/campus/2012/03/literaturwettbewerb-siegertext-2; entnommen: 20.05.2024)

Noemi Schneider (*1982): deutsche Schrifstellerin und Autorin.

7.7.7 Figuren charakterisieren

Wendepunkt: Einschnitt in der Geschichte, der zu einer entscheidenden Wendung für die Figur(en) führt.
Siehe auch Seite 284 sowie 292.

Die Figuren sind die Handlungsträger einer Erzählung. Ihre Motive, ihr Charakter und ihr Verhalten lassen die Handlung voranschreiten und führen zum Wendepunkt. Wenn Sie die Figuren verstehen, können Sie die Handlung besser nachvollziehen. Daher sollten Sie sich klar machen, welche Figuren auftauchen, wie diese charakterisiert sind und was Sie über ihre Innenwelt erfahren.
Im Folgenden erhalten Sie einen Überblick darüber, wie Figuren charakterisiert sein können.

Möglichkeiten der Figurencharakteristik

- direkte Charakterisierung:
  - ein auktorialer Erzähler beschreibt die Figur oder
  - ein Ich-Erzähler stellt sich mit seinen Eigenschaften vor oder
  - eine Figur der Erzählung beschreibt ihre Eindrücke von einer anderen Figur.
- indirekte Charakterisierung:
  - Figur zeigt den Lesenden durch ihre Sprache, ihr Verhalten und ihre Handlungen, welche Eigenschaften sie besitzt.
- äußere Handlung:
  - Erzähler oder Figuren berichten, was passiert, wie jemand sich verhält und spricht.
- innere Handlung/Vorgänge:
  - Erzähler berichtet, was die Figuren denken und fühlen in Form der erlebten Rede.
  - Figur spricht ihre Gedanken und Gefühle direkt in einem inneren Monolog aus.

Ein weiteres zentrales Element ist die Konstellation der Figuren. Aus ihr ergeben sich die Beziehung der Figuren zueinander und die daraus entstehenden Konflikte, beispielsweise zwischen Mann und Frau in der Ehe, zwischen Eltern und Kindern, zwischen Figuren mit unterschiedlichen Werten und Normen.

In der Kurzgeschichte „Glückskeks“ (siehe Seite 306–307) wissen die Lesenden sofort, dass es hier um ein Mutter-Kind-Verhältnis geht. Das erste Wort der Kurzgeschichte lautet „Mama“. Und durch den Satz „Mama müsste wissen, ich bekomme von chinesischem Essen Bauchschmerzen.“ wird deutlich, dass dieses Verhältnis konfliktbehaftet ist und dass, zumindest aus Sicht des Kindes, die Mutter nicht fürsorglich genug ist.

Die Kurzgeschichte „Schlittenfahren“ (siehe Seite 298) ist durch die Figurenkonstellation *Vater und zwei kleine Kinder,* in Kombination mit dem Ort „Eigenheim“, sofort als Familie zu erkennen. Daher wird das Verhalten des Vaters unmittelbar als lieblos empfunden.

AUFGABE

1. Lesen Sie den vorliegenden Textauszug.
2. Analysieren Sie, wie die Figuren charakterisiert sind.
3. Erläutern Sie die Wirkung der Figurencharakteristik sowie der Figurenkonstellation.

Was wir können

Evelyn hatte ein Café mit einem lächerlichen Namen vorgeschlagen, Aquarium oder Zebra oder Pinguin, ich kann mich nicht erinnern. Sie esse dort oft zu Abend, hatte sie gesagt. Als ich eintrat, waren nur zwei Tische besetzt. Ich nahm in der Nähe der Tür Platz und wartete. Ich studierte die Karte. Es war einer jener Orte, an dem die Gerichte originelle Namen tragen und halbe Portionen angeboten werden. [...]

Als Evelyn endlich kam, eine Viertelstunde zu spät, war ich schon ziemlich verärgert. „Macht es dir etwas aus, dort drüben zu sitzen?", fragte sie. „Ich sitze immer dort." Sie grüßt die Gäste an den anderen Tischen mit Namen.
„Ist das ein Heim hier, oder was?", fragte ich.
Evelyn hatte Mühe, sich für etwas zu entscheiden. Als die Kellnerin die Bestellung schon aufgenommen hatte, änderte sie ihre Entscheidung noch einmal.
„Du musst die Speisekarte auswendig kennen", sagte ich.
Evelyn lachte. „Ich nehme immer dasselbe," sagte sie. Dann sagte sie nichts mehr und strahlte mich nur noch an. Ich erzählte irgendetwas. Als endlich das Essen kam, wusste ich schon nicht mehr, worüber ich noch hätte reden können. Evelyn schien keine Interessen zu haben. Als ich sie irgendwann nach ihren Hobbys fragte, sagte sie: „Ich wollte immer gern singen können."
„Nimmst du Gesangstunden?"
„Nein", sagte sie, „das ist mir zu teuer."
„Bist du in einem Chor?"
„Nein. Ich schäme mich, vor anderen Leuten zu singen."
„Das sind nicht gerade ideale Voraussetzungen für eine Gesangskarriere", sagte ich, und sie lachte. „Ich würde es ja nur gern können."
Kaum hatten wir den Kaffee getrunken, sagte Evelyn, das Lokal schließe in einer Viertelstunde.
„Gehen wir noch irgendwo etwas trinken?", fragte ich aus Höflichkeit, als wir an der Straße standen.
„Ich gehe nicht gern in Bars", sagte Evelyn. „Ich hasse den Rauch. Aber wenn du willst, mache ich uns noch eine heiße Schokolade."
Sie wurde rot. Um die Situation nicht noch peinlicher werden zu lassen, sagte ich, wenn sie auch Kaffee hätte, käme ich gern mit.

(Stamm, Peter (2001): *Was wir können,* in: ders. (Hrsg.): *Blitzeis,* Zürich und Hamburg: btb, S. 79–81)

Peter Stamm (*1963): schweizer Schriftsteller.

7.7.8 Sprachliche Gestaltung von Kurzgeschichten

verdichtete Sprache: siehe Seite 270.

In der Regel liegt in Kurzgeschichten eine sehr verdichtete Sprache vor, das bedeutet, dass nur wenige Worte eine komplexe Situation darstellen.

Dies lässt sich am Beginn der Kurzgeschichte „Bananen mit Zimt" (siehe Seite 294) deutlich erkennen:

> Kaum einer ahnte, was ausgelöst wurde, als er in ihr Leben trat. Und sie sich in schlaflosen Nächten gegenseitig entdeckten. Doch das Glück währte nur kurz.

Mit diesen drei Sätzen wird der Ablauf einer Beziehung skizziert: Kennenlernen – schlaflose Nächte miteinander – Ende. Nun können die Lesenden sich darauf konzentrieren, warum das Glück nur von kurzer Dauer ist.

Auch Wiederholungen sind bedeutungstragend. Der Vater in „Schlittenfahren" (siehe Seite 298) weist seine Kinder mit fast gleichen Worten und durch das Schließen der Tür mehrmals ab. Diese Wiederholungen, die sachliche Sprache und die einfachen, kurzen Sätze verdeutlichen sein Desinteresse und seine emotionale Kälte. Am Ende offenbart sich der Leserin bzw. dem Leser die Katastrophe: Ein Kleinkind ist mit dem Schlitten in einen Bach gefahren.
Dem steht die Wiederholung des Satzes „Wer brüllt, kommt rein" gegenüber.
Die Steigerung der Spannung erfolgt hier durch den immer gleichen Wortlaut, während sich die Situation zuspitzt. Die Kinder wirken immer verzweifelter und überforderter mit der Situation. Der Vater erscheint mit jedem „wer brüllt, kommt rein" gefühlskälter.

Die sprachliche Gestaltung einer Kurzgeschichte dient also dazu, die Ausgangslage und das Problem oder den Konflikt möglichst eindringlich zu vermitteln und die Wirkung der Erzählung zu unterstützen. Daher sollten Sie bei der Untersuchung der sprachlichen Mittel immer auch deren Wirkung mit einbeziehen. Folgende Leitfragen können Sie darin unterstützen, gezielt auf die sprachlichen Mittel einzugehen.

Leitfragen zur Erschließung der sprachlichen Mittel:

- Welche Textstellen weisen eine besondere Sprache auf, z. B. sprachliche Bilder, Wiederholungen, Auslassungen?
- Welche Bedeutung haben diese Textstellen in Bezug auf den Handlungsverlauf?
- Wie wirken diese Textstellen?

Aspekte der sprachlichen Gestaltung

Leitfragen zur Erschließung der sprachlichen Mittel:

- **Sprachebene:** unterschiedlicher Sprachgebrauch
  - Beispiele: Umgangssprache, Jugendsprache, Fachsprache, Alltagssprache, Behördendeutsch, gehobenes Deutsch, Dialekt, Vulgärsprache
- **Satzbau:** Aufbau der Sätze
  - lange Sätze oder kurze
  - parataktischer Satzbau: längere Sätze, die durch nebenordnende Konjunktionen (und, oder usw.) verbunden sind
  - hypotaktischer Satzbau: längere Sätze, die durch unterordnende Konjunktionen (weil, dadurch, wenn usw.) miteinander verbunden sind, Schachtelsätze
  - Ellipsen: unvollständige Sätze, in denen ein oder mehrere Worte ausgelassen sind
  - Parallelismen: Sätze, die im Aufbau und häufig auch in der Wortwahl gleich sind
  - rhetorische Fragen, Ausrufe
- **Wortwahl:** Wörter und Wortarten
  - anschauliche und ausdrucksstarke Adjektive
  - Fachbegriffe
  - Substantive und Zusammensetzungen aus Substantiven
  - nüchtern/sachlich, emotional, dramatisierend
- **sprachliche Bilder:** bildhafte Ausdrücke zur Beschreibung von Personen, Gegenständen, Ereignisse usw.
  - Vergleiche (Das Kind hüpfte auf und ab wie ein kleiner, runder Tennisball.)
  - Symbole (Die Tür schlägt zu. – z. B. als Symbol für das Ende eines Gesprächs)
  - Personifikation (Fabriken drohten mit ihren himmelhohen Schornsteinen.)
  - Metapher (Sie hat einen messerscharfen Verstand.)

Eine besondere Bedeutung kommt der sprachlichen Gestaltung der Raumbeschreibung zu. Die Beschreibung eines Raumes, einer Landschaft oder beispielsweise des Himmels kann die Stimmung der Figuren wiederspiegeln. Diese Beschreibungen können auch deutlich machen, in welcher Situation sich eine Figur befindet, was sie umgibt, was ihr wichtig ist.

Leitfragen zur Erschließung der Bedeutung des Raums:

- Wie wird der Raum beschrieben, in dem die Handlung stattfindet?
- Verändert sich die Raumbeschreibung im Laufe der Erzählung?
- Spiegelt die Raumbeschreibung Gefühle und Stimmungen der Figuren wider?
- Welchen Einfluss hat der Raum auf die Handlung?
- Werden Gegenstände, Tiere, Geräusche im Raum sprachlich auffallend beschrieben? Welche sprachlichen Gestaltungsmittel werden dabei verwendet?
- Welche Wirkung hat die Raumbeschreibung auf den Leser bzw. die Leserin?

AUFGABE Analysieren Sie die vorliegende Kurzgeschichte.

Allegra Bosch (*2005): deutschsprachige Autorin.

Glückskeks

Mama müsste wissen, ich bekomme von chinesischem Essen Bauchschmerzen. Sie drückt ihre Lippen zu einem dünnen Strich aufeinander, während sie irgendetwas an der Wand hinter mir fokussiert. Dabei werden ihre Augen von Minute zu Minute farbloser.

Ich stelle mein Glas ab.

„Was ist?“, fragt sie.

„Nichts“, sage ich. Meine Stimme sollte energischer klingen, rebellischer. Schweigend male ich mit dem Zeigefinger Kringel über die Tischplatte und so von mir zur kleinen Elefantenstatue, die zwischen Mama und mir steht. Ich mag Elefanten, sie bringen mich zum Lachen. Ich pikse seine scharf zulaufenden Stoßzähne. Mama dreht ihren Kopf zur Seite und im Schein der Schirmlampen bemerke ich, wie verfilzt ihr braunes Haar ist. Auf Papas Bildern fand ich sie hübscher. Die Fotos waren so klein wie Briefmarken und auf postkartendickem Papier. Ich starre zum Aquarium am Eingang. Papa hat gestern gedroht, meinen Goldfisch in die Toilette zu werden, wenn ich mich heimlich mit einem Jungen treffen würde. Das hab ich Noah erzählt, während wir zum Restaurant fuhren. Papa denkt immer noch, wir wären bloß Lernfreunde.

Mama verzieht ihre Mundwinkel. Hat sie gerade gelächelt? Ich glaube, ich habe sie noch nie in echt lächeln gesehen.

„Wie geht es dir?“, fragt sie schließlich. Ihre Hände zittern, obwohl sie sich bemüht, es vor mir zu verbergen. Schnell schiebt sie sie unter den Tisch.

„Gut“, sage ich.

Eigentlich sollte ich wütend auf Papa sein, weil er mich jahrelang wegen Mama angelogen haben, aber ich kann auf niemanden gerade wütend sein, so ein komisches Gefühl. Mein Kopf ist komplett leer. Nur die Knöchel meiner rechten Hand tun noch weh, von heute Morgen, als ich gegen den Türrahmen geschlagen habe.

„Und die Schule?“, fragt sie zäh.

Irgendwie bin ich froh, dass sie mehr Interesse an mir hat als ich an ihr, das macht es mir leichter. Ich trinke von meiner Fanta, Mama trinkt von ihrer Cola. Sie ist gegangen, als ich sechs war, und trotzdem erinnere ich mich an die angebrochene Colaflasche, die mittags auf ihrem Schminktisch stand. Daneben lag ein in ungeöffneter Glückskeks. Seine goldene Verpackung glitzerte furchtbar schön geheimnisvoll.

„Schule läuft gut“, antworte ich.

Früher bestellte Mama jeden Tag vom Chinesen, wenn Papa arbeiten musste. Sie hat schon damals geraucht und mich selten in den Arm genommen. Oder gelächelt.

„Weißt du, ob du studieren gehen willst?“, fragt sie und strafft die Schultern, als wappne sie sich für meine Antwort.

„Keine Ahnung“, lüge ich, um sie zu provozieren, doch Mama schweigt.

Als Kind lernte ich Lesen durch die Glückskekssprüche, die ich versuchte, Mama beim Essen vorzutragen. Wenn alles fehlerfrei gewesen ist, durfte ich den Keks essen. Glückskekse schmecken mir nicht, aber das war nie wichtig.

Der Kellner kommt.

„Das riecht ja lecker“, sagt sie mit einem unschlüssigen Lächeln, als zwei dampfende Teller vor uns abstellt werden. Auf ihrem linken Schneidezahn klebt ein Stück Lippenstift.

Werkzeug Sprache – Deutsch und Kommunikation für Erzieherinnen und Erzieher ISBN: 978-3-582-83521-5

„Hm", mache ich.

„Ich hoffe, du magst immer noch gebratene Nudeln …?"

Ich nicke knapp.

Sie ist auf Abenteuerreise, in China, erzählte Papa jeden Abend, als er mich ins Bett brachte, Mama ist auf geheimer Mission: Sie muss magische Lotusblumen vor dem bösen Drachen beschützen, und der Drache wird dann ganz lieb, weil Mama ja da ist! Ich hebe den Kopf und beobachte sie beim Kampf mit ihren Essstäbchen, bis sie resigniert zur Gabel greift. Abenteuerreise in China, von wegen. Mir entfährt ein unkontrolliert lauter Lacher.

„Nina …", schreckt sie hoch und schaut sich hektisch um, „die Leute!"

An meinem dreizehnten Geburtstag fand ich auf der Straße eine Patronenhülse von 'ner 44er Magnum: the most powerful handgun in the world, erklärte Papa stolz. Zu diesem Zeitpunkt, denke ich, habe ich endgültig aufgehört, an die China-Geschichte zu glauben. Ich umklammerte die Patronenhülse die ganze Nacht und am Morgen darauf rochen meine Finger metallisch.

„Tut mir leid", murmele ich.

„Was war denn, Nina?"

In ihrem Blick lese ich ihr Dilemma: Sie hasst es, Mutter zu sein, und beugt sich gleichzeitig einem mir unverständlichen Pflichtgefühl, eine zu werden, mindestens ein Mittagessen lang. Bedeuten ambivalent und zwiegespalten dasselbe?

„Alles gut, Mama", sage ich.

Diese Worte habe ich zum ersten Mal so kombiniert. Ich bin kein besonders sentimentaler oder nachtragender Mensch, sondern Opportunist. Ich bin nicht stolz darauf.

Sie lächelt säuerlich. „Schmecken dir deine Nudeln?"

Jeder steht unter dem Schutz des Völkerrechts. Wenn Mama nach elf Jahren zurück in mein Leben stürzt, übertritt sie unautorisiert meine Grenzen und bricht mein Völkerrecht. Ihr Anruf heute Morgen glich einem Angriffskrieg.

„Schmecken gut", antworte ich und stochere unmotiviert in meinem Essen. Warum tut sie das? Mama versetzt uns in eine Zeit, in der ich verletzlich gewesen bin. Andererseits kennt sie nur die Nina von damals.

„Wie lange bist du in der Stadt?", frage ich. Ich will wissen, wie lange ich mich gegen sie verteidigen muss.

„Vielleicht bis Ende der Woche", sagt sie.

Mich stört ihr Lippenstift-Zahn genauso wie die Schwaden ihres süßlichen Parfüms, denen ich ausgeliefert bin. Ich fühle mich betäubt und trinke einen großen Schluck.

„Und", fragt Mama und guckt wieder an mir vorbei, „wie geht es deinem Vater?"

„Besser", sage ich.

Ich möchte aufstehen und zu Noah, der draußen auf dem Parkplatz auf mich wartet. Mir ist ihr Jammer egal – wirklich – aber … ich will nicht unnötig hart sein.

„Möchtest du von meinem Reis probieren, Nina? Er schmeckt wie früher", sagt sie tapfer.

Auf ihrem Ärmel klebt Soße und die Spitze ihres Blusenkragens steht ab. Sie wirkt ausgebrannt, ihre Haut hat einen rötlichen Stich bekommen, und sie hat gelbe Fingernägel an der rechten Hand vom Rauchen. Mein Magen krümmt sich von Neuem. Ich wollte ihr nie schaden; sie nicht noch trauriger machen. Besser greife ich nach meiner Fanta, nehme noch einen Schluck und antworte ihr, mindestens ein Mittagsessen lang.

(Bosch, Allegra (2023): *Glückskeks*; in: dies. (2023): *Manus Skript. Kurzgeschichten und Gedichte aus den Jahren 2019–2003*, Ludwigshafen am Rhein: Duo Achtundachtzig Vier, S. 53–57)

Dilemma: eine Situation, die zwei Möglichkeiten der Entscheidung bietet, die aber beide zu einem unerwünschten Ergebnis führen; man spricht in diesem Zusammenhang auch von einer Zwickmühle.

ambivalent: in sich widersprüchlich; zwiespältig

Opportunist: eine Person, die zweckmäßig handelt und sich so der Situation anpasst, um einen Vorteil daraus zu ziehen.

penetrant: aufdringlich

7.8 Dramatische Texte analysieren

7.8.1 Grundlagen des klassischen Dramas

Das Drama ist eine der drei großen Gattungen der Literatur.
Dramatische Texte wurden und werden geschrieben, um vor einem Publikum aufgeführt zu werden.

Die Handlung im Drama wird von einem Konflikt bestimmt, z. B. zwei Liebende, die nicht zueinanderfinden, ein Sohn, der vom Vater verstoßen wird. Der jeweilige Konflikt entfaltet sich in der Handlung und der Motor der Handlung sind die Dialoge.

Den Grundstein einer Theorie des Dramas wurde im antiken Europa von dem Philosophen Aristoteles (384–322 vor Christus) gelegt. Aristoteles ging davon aus, dass im Drama menschliche Realität in Form von Handlung nachgeahmt wird. Die Zuschauer sollten sich mit dem Helden identifizieren, mit ihm mitleiden und dadurch zu einer Reinigung, einer Art Heilungsprozess (Katharsis) kommen.
Dabei stellte Aristoteles bestimmte Anforderungen an ein Drama, die heute als die Merkmale des klassischen Dramas bekannt sind.

Drama: Der Begriff hat seinen Ursprung im Altgriechischen und bedeutet dort so viel wie „Handlung“. Es handelte sich um eine Form der Aufführung, die auf religiösen Festen veranstaltet wurde. Heutzutage wird der Begriff Drama als Oberbegriff für Texte mit verteilten Rollen verwendet.

Hinweis:
Die drei großen, grundlegenden literarischen Gattungen sind:
- Dramatik,
- Epik,
- Lyrik.

Merkmale des klassischen Dramas

Ort, Zeit und Handlung bilden eine Einheit, d. h. vereinfacht, dass die Dauer der Aufführung in etwa der Zeitdauer des Geschehens entspricht und diese Handlung an einem Ort stattfindet.

Das Geschehen konzentriert sich auf **eine lineare Haupthandlung**.

Es findet in drei bis fünf Akten statt, die einem bestimmten **Spannungsbogen** folgen.

1) **Exposition:** Ort, Zeit und Charaktere werden vorgestellt.
2) **steigende Handlung:** Der Konflikt wird durch ein erregendes Moment, ein Ereignis angekündigt.
3) **Höhepunkt (Peripetie):** Der dramatische Höhe- und Wendepunkt der Handlung wird erreicht.
4) **retardierendes Moment:** Ein Ereignis lässt hoffen, dass es doch einen guten Ausgang geben wird.
5) **Katastrophe:** Die Lösung des Problems wird nicht erreicht, die Katastrophe ist unaufhaltsam.

Dialog: Gespräch zwischen zwei Personen oder mehreren Personen.

Monolog: Gespräch einer Person mit sich selbst; Selbstgespräch.

Hinweis:
Die Handlung vieler aktueller Spielfilme und Bücher folgt heute immer noch dem Handlungsaufbau des Dramas, wobei es häufig im fünften Schritt nicht zur Katastrophe kommt, sondern die Heldin bzw. der Held im letzten Moment die Katastrophe verhindern kann.

Nach Aristoteles unterscheidet sich die Komödie vom klassischen Drama. Während in der Tragödie die guten, edlen Eigenschaften des Menschen dargestellt werden, geht dieser trotzdem unverschuldet unter. In der Komödie hingegen werden die schlechten Eigenschaften des Menschen überzeichnet dargestellt und so der Lächerlichkeit preisgegeben. In der Tragikomödie wiederum finden sich beide Elemente wieder, sodass Lachen und Entsetzen, Distanz und Mitgefühl nahe beieinanderliegen.

Heutzutage gibt es unzählige weitere Formen, die nicht dieser strikten Struktur des Aufbaus folgen.

7.8.2 Dramen analysieren

Exposition – die Einführung genauer betrachten

In erzählenden Texten kann sich die Handlung langsam entfalten. Eine Erzählfigur hat dort unterschiedliche Möglichkeiten, Ort, Zeit, Figuren und Konflikte vorzustellen.

Das klassische Theaterstück besitzt keine Erzählfigur. Die Figuren stellen sich über ihre Handlung und Dialoge dar. Ähnlich wie in einer Kurzgeschichte steigt das Theaterstück ohne Vorgeschichte mitten in die Handlung ein. Gleichzeitig müssen dem Publikum aber Ort, Zeit, Figuren sowie die Grundlagen des Konfliktes vermittelt werden. Dies geschieht in der ersten Szene, der Exposition.

Exposition: aus dem Lateinischen: „exposito" – Darstellung, Darlegung.

Szene: auch Auftritt, kleine Handlungseinheit an einem Ort, bei der sich die Anzahl der auftretenden Figuren nicht ändert.

Akt: größere Handlungseinheit, die an einem Ort spielt, ist unterteilt in mehrere Szenen. Nach jedem Akt (auch Aufzug) fällt im klassischen Drama der Vorhang.

Die Exposition analysieren:
Welche Informationen gibt es
- zum Ort der Handlung,
- zur zeitlichen Einordnung,
- zu Charaktereigenschaften, Herkunft, Wünschen, Ängsten und Gedanken der Figuren,
- zur Vorgeschichte,
- zu kommenden Ereignissen (Vorausdeutungen)?

AUFGABE
Analysieren Sie den kurzen Ausschnitt aus dem ersten Auftritt im ersten Aufzug aus dem klassischen Drama „Nathan der Weise" von Gotthold Ephraim Lessing. Arbeiten Sie hierzu heraus, welche Informationen der Zuschauer bekommt.

Gotthold Ephraim Lessing: siehe Seite 302.

Nathan von der Reise kommend. Daja ihm entgegen.

Daja: Er ist es! Nathan! – Gott sei ewig Dank,
Daß Ihr doch endlich einmal wiederkommt.
Nathan: Ja, Daja; Gott sei Dank! Doch warum endlich?
Hab ich denn eher wiederkommen wollen?
Und wiederkommen können? Babylon
Ist von Jerusalem, wie ich den Weg,
Seitab bald rechts, bald links, zu nehmen bin
Genötigt worden, gut zweihundert Meilen;
Und Schulden einkassieren, ist gewiss
Auch kein Geschäft, das merklich fördert, das
So von der Hand sich schlagen lässt.
Daja: O Nathan,
Wie elend, elend hättet Ihr indes
Hier werden können! Euer Haus …
Nathan: Das brannte.
So hab ich schon vernommen. – Gebe Gott,
Dass ich nur alles schon vernommen habe!
Daja: Und wäre leicht von Grund aus abgebrannt.
Nathan: Dann, Daja, hätten wir ein neues uns
Gebaut; und ein bequemeres.

(Lessing, Gotthold Ephraim (1779): *Nathan der Weise*, in: gutenberg.de)

Hinweis:
Nathan der Weise ist 1779 erschienen. Lessing selbst hat das Stück als dramatisches Gedicht in fünf Aufzügen bezeichnet.
Es spielt um 1192 in Jerusalem, zur Zeit der Kreuzzüge. Die Tempelritter, ein geistlicher Orden, der zum Schutz des heiligen Grabes Jesu gegründet wurde, brechen einen Waffenstillstand. Der Sultan Saladin will ihn wieder herstellen.

Die Figuren – Charakterisierung und Konstellation

Gotthold Ephraim Lessing (1729–1781): ein bedeutender deutscher Dichter zur Zeit der Aufklärung.

Die Figuren im Theaterstück zeigen sich in ihrer Rede (Monologe, Dialoge), ihrem Verhalten, Aussehen und ihrer Kleidung. Wenn Sie eine Aufführung sehen, dann erleben Sie die Figuren so, wie die Regisseurin bzw. der Regisseur sie interpretiert. Lesen Sie das Stück, bekommen Sie zusätzlich Hinweise über die Regieanweisungen und – falls vorhanden – zusätzliche Informationen von der Autorin oder vom Autor.

Charakterisierung einer Figur

Welche Informationen gibt es
- zum äußeren Eindruck,
- zur Herkunft, zum gesellschaftlichen Status, über den Beruf,
- zur Lebensgeschichte?

Was kennzeichnet Sprache und Handlung der Figur, bezogen auf:
- ihre Eigenschaften in ihren Handlungen, Verhaltensweisen und Aussagen?
- ihre Einstellungen und ihr Verhältnis zu anderen Figuren?
- ihre Wünsche, Lebensziele, Hoffnungen und Ängste?
- ihre politischen, weltanschaulichen und religiösen Einstellungen?

Wie wird die Figur von anderen beschrieben?
Wie begegnen die anderen Figuren dieser Figur und wie sieht sie sich selbst?

7

Aufzug: Akt; siehe Seite 301.

Auftritt: Szene; siehe Seite 301.

Das Stück „Nathan der Weise" spielt in Jerusalem. In der Stadt leben Muslime, Christen und Juden zusammen. Im fünften Auftritt des ersten Aufzugs begegnen sich ein Tempelherr und ein Klosterbruder. Der Tempelherr hat Nathans Pflegetochter Recha aus dem brennenden Haus gerettet. Er befindet sich auf einem Platz mit Palmen und wird vom Klosterbruder angesprochen, der ihm schon einige Zeit gefolgt ist.

Der Klosterbruder erklärt dem Tempelherrn, warum er ihn aufsucht: Oh nein! – Ich soll / Mich nur nach Euch erkunden, auf den Zahn / Euch fühlen."
Der Tempelherr zeigt sich verwundert, dass der Klosterbruder ihm das so frei mitteilt. Nach einigem Hin und Her erklärt der Klosterbruder ihm, wer ihn geschickt habe und warum. „Das Kürz'ste wird wohl sein, dass ich dem Herrn / Ganz geradezu des Patriarchen Wunsch / Eröffne." [...] Er hätte durch den Herrn / Ein Briefchen gern bestellt." Daraufhin antwortet der Tempelherr: „Durch mich? Ich bin / Kein Bote. – Das, das wäre das Geschäft, / Das weit glorreicher sei, als Judenmädchen / Dem Feuer entreißen?"

Patriarch: Oberhaupt der christlichen Kirche in Jerusalem

Damit sagt er über sich aus, dass für ihn die Rettung von Nathans Stieftochter Recha keine große Bedeutung hat. Er zeigt sich auch als stolzer Charakter, der sich auch dem Oberhaupt der christlichen Kirche gegenüber nicht verpflichtet fühlt, Botendienste zu übernehmen.

Nathan und Daja in einer Theaterszene aus „Nathan der Weise"

Werkzeug Sprache – Deutsch und Kommunikation für Erzieherinnen und Erzieher ISBN: 978-3-582-83521-5

AUFGABE Lesen Sie den folgenden Auszug aus der Begegnung zwischen Tempelherr und Klosterbruder. Arbeiten Sie heraus,

a) was Sie über die Figur des Patriarchen erfahren und

b) wie der Klosterbruder zu ihm steht.

Tempelherr:
Guter Bruder, wenn ich doch
Nun auch des Briefchens nähern Inhalt wüsste.
Klosterbruder:
Ja den, – den weiß ich nun wohl nicht so recht.
Das Briefchen aber ist an König Philipp. –
Der Patriarch ... Ich hab mich oft gewundert,
Wie doch ein Heiliger, der sonst so ganz
Im Himmel lebt, zugleich so unterrichtet
Von Dingen dieser Welt zu sein herab
Sich lassen kann. Es muss ihm sauer werden.
Tempelherr: Nun dann? der Patriarch?
Klosterbruder: Weiß ganz genau,
Ganz zuverlässig, wie und wo, wie stark,
Von welcher Seite Saladin, im Fall
Es völlig wieder losgeht, seinen Feldzug
Eröffnen wird.
Tempelherr: Das weiß er?
Klosterbruder: Ja, und möcht'
Es gern dem König Philipp wissen lassen:
Damit der ungefähr ermessen könne,
Ob die Gefahr denn gar so schrecklich, um
Mit Saladin den Waffenstillestand,
Den Euer Orden schon so brav gebrochen,
Es koste was es wolle, wiederher-
Zustellen.
Tempelherr: Welch ein Patriarch! – Ja so!
Der liebe, tapfre Mann will mich zu keinem
Gemeinen Boten, will mich – zum Spion. –
Sagt Eurem Patriarchen, guter Bruder,
Soviel Ihr mich ergründen können, wär
Das meine Sache nicht. [...]
Klosterbruder:
Dacht' ich's doch! –
Will's auch dem Herrn nicht eben sehr verübeln. –
Zwar kommt das Beste noch. – Der Patriarch
Hiernächst hat ausgegattert, wie die Feste
Sich nennt, und wo auf Libanon sie liegt,
In der die ungeheuern Summen stecken,
Mit welchen Saladins vorsicht'ger Vater
Das Heer besoldet, und die Zurüstungen
Des Kriegs bestreitet. Saladin verfügt
Von Zeit zu Zeit auf abgelegnen Wegen
Nach dieser Feste sich, nur kaum begleitet. –
Ihr merkt doch?
Tempelherr: Nimmermehr!
Klosterbruder: Was wäre da
Wohl leichter, als des Saladins sich zu
Bemächtigen? den Garaus ihm zu machen? –
Ihr schaudert? – O es haben schon ein paar
Gottsfürcht'ge Maroniten sich erboten,
Wenn nur ein wackrer Mann sie führen wolle,
Das Stück zu wagen. [...]
Tempelherr:
Ich wär dem Saladin meine Leben schuldig
Und raubt' ihm seines?
Klosterbruder:
Pfui! – Doch bliebe – meint
Der Patriarch – noch immer Saladin
Ein Feind der Christenheit, der Euer Freund
Zu sein kein Recht erwerben könne.
Tempelherr: Freund?
An dem ich bloß nicht will zum Schurken werden,
Zum undankbaren Schurken? [...]
Geht, Bruder! –
Erregt mir meine Galle nicht. – Geht! Geht!
Klosterbruder:
Ich geh, und geh vergnügter, als ich kam.
Verzeihe mir der Herr. Wir Klosterleute
Sind schuldig, unsern Obern zu gehorchen.

7.8.3 Dialoganalyse

Die Figuren in einem Drama entfalten ihren Charakter im Dialog. Daher ist die Dialoganalyse eine zentrale Methode in der Deutung eines Stückes.

Kontext: Zusammenhang

Zentrale Aspekte bei der Analyse eines Dialogs:

1) Wie sind Kontext und Situation?
   - Anlass, Thema
   - beteiligte Figuren
   - Atmosphäre, Ort, Zeit

2) Wie verläuft das Gespräch?
   - Konflikte, Positionen, Einigung oder Auseinandersetzung
   - Verteilung der Redeanteile
   - Gesprächsphasen: Begrüßung und Eröffnung, Austausch und Auseinandersetzung, Ende
   - Gesprächsstörungen

3) Wie verhalten sich die Gesprächspartner?
   - emotionales/rationales Gesprächsverhalten
   - sprachliches Handeln wie anklagen, beleidigen, fordern, trösten, zu etwas aufrufen usw.
   - hierarchisch oder symmetrisch

4) Welche sprachlichen Gestaltungsmittel gibt es?
   - Sprachebene (poetisch, alltagssprachlich, Dialekt usw.)
   - Versmaß und eventuell Reime oder ungereimter Satzbau (Prosa)
   - sprachliche Bilder und rhetorische Mittel

Hinweis:
Vergleichen Sie auch die Aspekte der Kommunikationsanalyse (Watzlawick: Die fünf Axiome der Kommunikation), Seite 60 f.

Hinweis:
Die Einordnung einer Szene gehört zu jeder Analyse eines dramatischen Textes, siehe auch: Analyse eines dramatischen Textes, Seite 308 f.

Der folgende Textauszug ist ebenso aus dem Stück „Nathan der Weise". Das Stück wurde von Gotthold Ephraim Lessing geschrieben und ist 1779 erschienen. Es spielt zur Zeit der Kreuzzüge im Jahr 1192 in Jerusalem. Drei Religionen leben zusammen in der Stadt: Muslime, Christen und Juden. Die Christen, hier vertreten durch einen Tempelritter, sind als Kreuzfahrer in das Heilige Land (Israel) gekommen, um die Grabstätte Jesus von Muslimen und Juden zu befreien. Sie verachten die Juden. Mit den Muslimen, die von dem Sultan Saladin angeführt werden, befinden sie sich in einer erbitterten kriegerischen Auseinandersetzung. Der derzeitige Waffenstillstand ist brüchig.

Im Zentrum des Stückes steht der Jude Nathan. Vor einigen Jahren hat er bei einem Überfall der Christen Frau und Kinder verloren. Dennoch hat er ein christliches Mädchen, Recha, als Baby bei sich aufgenommen und wie seine eigene Tochter großgezogen. Fast hätte er diese verloren, als sein Haus brannte. Doch der Tempelherr, den er in der vorliegenden Szene trifft, hat sie gerettet. Recha möchte ihn gern sehen, um ihm zu danken. Doch dies hat er der Dienerin des Hauses, Daja, gegenüber bisher abgelehnt. Seine Verachtung für Juden wird dabei sehr deutlich.
Nathan will nun selbst Kontakt zu dem Retter seiner Tochter aufnehmen.

Werkzeug Sprache – Deutsch und Kommunikation für Erzieherinnen und Erzieher ISBN: 978-3-582-83521-5

AUFGABE Analysieren Sie den Textauszug aus dem fünften Auftritt im zweiten Aufzug. Beachten Sie hierbei die links aufgeführten Aspekte zur Dialoganalyse und nutzen Sie diese als Leitfaden.

Nathan: Erlaubt …
Tempelherr: Was, Jude? was?
Nathan: Dass ich mich untersteh,
Euch anzureden.
Tempelherr: Kann ich's wehren? Doch nur kurz.
Nathan: Verzeiht, und eilet nicht so stolz,
Nicht so verächtlich einem Mann vorüber,
Den Ihr auf ewig Euch verbunden habt.
Tempelherr: Wie das? – Ah, fast errat ich's. Nicht?
Ihr seid …
Nathan: Ich heiße Nathan; bin des Mädchens Vater,
Das Eure Großmut aus dem Feu'r gerettet;
Und komme …
Tempelherr: Wenn zu danken: – spart's! Ich hab
Um diese Kleinigkeit des Dankes schon
Zu viel erdulden müssen. – Vollends Ihr,
Ihr seid mir gar nichts schuldig. Wusst' ich denn,
Dass dieses Mädchen Eure Tochter war?
Es ist der Tempelherren Pflicht, dem ersten
Dem besten beizuspringen, dessen Not
Sie sehn. Mein Leben war mir ohnedem
In diesem Augenblicke lästig. Gern,
Sehr gern ergriff ich die Gelegenheit,
Es für ein andres Leben in die Schanze
Zu schlagen: für ein andres – wenn's auch nur
Das Leben einer Jüdin wäre.
Nathan: Groß!
Groß und abscheulich! – Doch die Wendung lässt
Sich denken. Die bescheidne Größe flüchtet
Sich hinter das Abscheuliche, um der
Bewundrung auszuweichen. – Aber wenn
Sie so das Opfer der Bewunderung
Verschmäht: was für ein Opfer denn verschmäht
Sie minder? – Ritter, wenn Ihr hier nicht fremd
Und nicht gefangen wäret, würd' ich Euch
So dreist nicht fragen. Sagt, befehlt: womit
Kann man Euch dienen?
Tempelherr: Ihr? Mit nichts.
Nathan: Ich bin
Ein reicher Mann.
Tempelherr: Der reichre Jude war
Mir nie der bessre Jude.
Nathan: Dürft Ihr denn
Darum nicht nützen, was demungeachtet
Er Bessres hat? Nicht seinen Reichtum nützen?
Tempelherr:
Nun gut, das will ich auch nicht ganz verreden;
Um meines Mantels willen nicht. Sobald
Der ganz und gar verschlissen; weder Stich
Noch Fetze länger halten will: komm ich
Und borge mir bei Euch zu einem neuen,
Tuch oder Geld. – Seht nicht mit eins so finster!
Noch seid Ihr sicher; noch ist's nicht so weit
Mit ihm. Ihr seht; er ist so ziemlich noch
Im Stande. Nur der eine Zipfel da
Hat einen garstigen Fleck; er ist versengt.
Und das bekam er, als ich Eure Tochter
Durchs Feuer trug.
Nathan (der nach dem Zipfel greift und ihn betrachtet).
Es ist doch sonderbar,
Dass so ein böser Fleck, dass so ein Brandmal
Dem Mann ein bessres Zeugnis redet, als
Sein eigner Mund. Ich möcht' ihn küssen gleich –
Den Flecken! – Ah, verzeiht! – Ich tat es ungern.
Tempelherr: Was?
Nathan: Eine Träne fiel darauf.
Tempelherr: Tut nichts!
Er hat der Tropfen mehr. – (Bald aber fängt
Mich dieser Jud' an zu verwirren.)

7.8.4 Grundlagen des modernen Dramas am Beispiel des epischen Theaters

Bertolt Brecht (1898–1956): einflussreicher Dramatiker und Lyriker, der das epische Theater geschaffen hat. Seine Stücke werden noch heute weltweit aufgeführt.

Episches Theater: erzählendes Theater, bei dem Erkenntnis des Publikums nicht über Identifikation mit den Figuren, sondern durch Distanz und kritisches Denken erfolgen soll.

Verfremdungseffekt: hier: Effekte, die dazu führen, dass Illusion und Identifikation durchbrochen werden.

legitimiert: für rechtmäßig erklärt, begründet

Feldwebel: militärischer Dienstgrad

Butzen: Kerngehäuse

Die Form des klassischen Dramas wird als geschlossene Form bezeichnet. Im modernen Drama wird diese klare Struktur aufgebrochen. Das klassische Drama will das Publikum in die Handlung mit hineinziehen. Es lädt zur Identifikation mit den Figuren ein, will erschüttern und Mitleid wecken.

Das moderne Drama vermittelt eine Vielfalt an Botschaften in sehr unterschiedlicher Form. Illusionen sollen gebrochen werden, die Undurchschaubarkeit der Realität wird dargestellt. Das Publikum soll einen Distanz zum Geschehen und den Figuren entwickeln und die eigene Situation als Spiegel vorgehalten bekommen. Soziale Missstände, Kritik an den gesellschaftlichen und politischen Verhältnissen und der Appell zur Änderung sind wichtige Elemente.

Ein wichtiger Vertreter des modernen Dramas ist Bertolt Brecht mit seinem epischen Theater. Das epische Theater stellt im Begriff schon einen Widerspruch dar. Episch heißt erzählend, das Theaterstück ist jedoch handelnd.
Um das Publikum zum Reflektieren zu bringen, bedient Brecht sich bestimmter Techniken, mit denen Illusion und Identifikation durchbrochen werden sollen. Diese Techniken werden als „Verfremdung" bezeichnet. Die Darsteller können aus ihren Rollen treten und dem Publikum gegenüber kommentieren. Die Szenen sind kürzer, werden häufig durch Gesänge unterbrochen, die das Geschehen kommentieren. Auch eine erzählende, kommentierende Figur kann auftauchen und wieder Abstand zwischen Publikum und den handelnden Figuren schaffen.

In dem Stück „Mutter Courage und ihre Kinder" hat Brecht das Geschehen im Dreißigjährigen Krieg angesiedelt. Er hat also – ähnlich wie Lessing in „Nathan der Weise" – einen historischen Hintergrund gewählt. Auch der Dreißigjährige Krieg war, wie die Kreuzzüge, ein Krieg, der durch Glaubensfragen legitimiert wurde. Hier ging es um die Spaltung der christlichen Kirche in katholische und evangelische Gläubige.
Die Hauptfigur „Mutter Courage" ist eine Händlerin, die mit den Heeren mitwandert und davon lebt, an die Soldaten alles Notwendige zu verkaufen. Sie hat zwei Söhne und eine Tochter. Am Anfang des Stückes, in der ersten Szene, trifft sie auf zwei Soldaten, die junge Männer für den Krieg anwerben. Als diese ihren ältesten Sohn gewinnen wollen, zieht sie das Messer und versucht sie zu verjagen. Daraufhin erwidert ihr der Feldwebel:

> „So, den Butzen soll dein Krieg fressen, und die Birne soll er ausspucken! Deine Brut soll fett werden vom Krieg, und ihm gezinst wird nicht. Er kann schauen, wie er zu seine Sach kommt, wie? Heißt dich Courage, he? Und fürchtest den Krieg, deinen Brotgeber?"

Diese erste Szene endet damit, dass der Feldwebel dem rollenden Händlerwagen der Mutter Courage nachschaut und sagt:

> „Will vom Krieg leben / Wird ihm wohl müssen auch was geben."

Am Ende des Stückes zieht sie ihren Wagen mit Handelswaren allein. Zwei Söhne und zum Schluss auch die Tochter sind durch den Krieg gestorben.

In der vorletzten Szene hat Mutter Courage ihre stumme Tochter bei Bauern gelassen, um Vorräte in der evangelischen Stadt Halle einzukaufen. Diese sind billig, weil die Bewohner versuchen vor den katholischen Heeren zu fliehen. Ein Teil des katholischen

Heers gelangt zu dem Bauernhof und zwingt den Bauernjungen, ihnen einen Weg nach Halle zu zeigen. Den Bauersleuten ist klar, dass dies das Ende alle Bewohner der Stadt bedeuten würde, wenn die Truppen mitten in der Nacht ohne Vorwarnung in die Stadt einfallen. Die stumme Tochter erkennt die Gefahr, klettert mit ihrer Trommel auf ein Dach und trommelt die Bevölkerung im Tal wach bis sie erschossen wird. Sie bezahlt die Rettung der Stadt mit ihrem Leben.

Szene aus „Mutter Courage und ihre Kinder", 2005 am Berliner Ensemble

Szene aus „Mutter Courage und ihre Kinder", 2004 am Residenz Theater München

Die letzte Szene beginnt damit, dass Mutter Courage die tote Tochter in den Armen hält und ihr ein Schlaflied singt.

AUFGABE Lesen Sie den folgenden Auszug und arbeiten Sie heraus, welche Wirkung das Lied am Ende der Szene hat.

Mutter Courage: […]

Eia popeie was raschelt im Stroh?
Der eine liegt in Polen
Der andre ist wer weißwo.

Jetzt schlaft sie. Sie hätten ihr nix von die Kinder von Ihrem Schwager sagen sollen.

Die Bauersleute: Wenns nicht in die Stadt gegangen wärn, Ihren Schnitt machen, wärs vielleicht nicht passiert.

Mutter Courage: Ich bin froh, dass sie schlaft.

Die Bauersleute: Sie schlaft nicht. Sie müssen einsehn, sie ist hinüber. Und Sie selber müssen los endlich. Da sind die Wölfe, und was schlimmer ist, die Marodöre. […]

Ein weiteres Regiment zieht mit Pfeifen und Trommeln hinten vorbei.

Mutter Courage: Hola, nehmts mich mit!

Sie zieht an [den Wagen mit den Waren]. Man hört Singen von hinten.

Mit seinem Glück, seiner Gefahre
Der Krieg, er zieht sich etwas hin
Der Krieg, er dauert hundert Jahre
Der g'meine Mann hat kein' Gewinn!
Ein Dreck sein Fraß, sein Rock ein Plunder
Sein' halben Sold stiehlt's Regiment
Jedoch vielleicht gescheh'n noch Wunder –
Der Feldzug ist noch nicht zu End!
Das Frühjahr kommt. Wach auf, du Christ!
Der Schnee schmilzt weg. Die Toten ruh'n
Und was noch nicht gestorben ist
Das macht sich auf die Socken nun!

(Brecht, Bertolt (1941): *Mutter Courage und ihre Kinder. Text und Kommentar,* Berlin: Suhrkamp Basis Bibliothek, 14. Auflage, S. 102/103)

einen Schnitt machen: Gewinn machen

Marodör: Plünderer

Mutter Courage verlässt den Leichnam der Tochter und zieht ihren Wagen allein weiter.

7.8.5 Aufbau der Analyse eines dramatischen Textes

Einleitung: Autor/in, Titel, Textsorte, Erscheinungsjahr, kurze Inhaltsangabe der Szene bzw. des Textauszugs

Hauptteil: Einordnung des Textauszugs bzw. der Szene in die Dramenhandlung: Was geschieht vorher und nachher?
Welche Bedeutung hat dieser Auszug für das weitere Stück?
Untersuchungsschwerpunkt (z. B. Dialoganalyse, Charakterisierung, Figurenkonstellation) und Deutung

Schluss: Zusammenfassung der Ergebnisse, Einordnung in einen umfassenderen Deutungszusammenhang, Fazit

Sibylle Berg (*1962): Autorin von Romanen, Kurzgeschichten und Theaterstücken, ebenso ist sie Kolumnistin.

Tapir: Säugetier aus der Ordnung der Unpaarhufer.

Helmut [Helges Vater]: Ich gehe nicht gern nach Hause. Die Frau schaut mich an, dass mir ungemütlich wird. Mit dem Jungen kann ich nichts anfangen. Vielleicht später. Ich komme also nach Hause, sehe fern und hoffe, dass sie nicht wieder anfängt mit mir zu streiten. Um den Jungen kümmert sie sich nicht sehr. Keine Ahnung, ob sie ihn heute aus der Krippe abholt. Der tut mir leid. Aber ich weiß nicht, was ich mit ihm machen soll. Mir wird so ungemütlich, wenn der Junge mich ansieht und ich nicht weiß, was tun.

(Helge ist noch in der Kinderkrippe und wird nicht abgeholt.)

Helges Angst: Sie haben dich vergessen. Schwamm drüber. Dann sind wir unter uns. Schau mal, wie dunkel es ist. Stell dir vor, es würde immer so bleiben. Du alleine in einem Gitterbett, und die Welt vergisst dich einfach, die Geräusche in der Nacht, die sind wirklich gruselig. Aber was soll's. Zu Hause ist es doch auch nicht besser. Berühren tut dich keiner. Schade eigentlich.

Reh [Frau des Tapirs, schaut mit ihrem Mann das Stück „Helges Leben" an]: Das arme Junge. Sie mögen es nicht.

Tapir: Hast du gehört? Sie mögen dich nicht.

Reh: Sei doch nicht so herzlos.

Tapir: Es ist doch nur ein Mensch.

Reh: Aber sie haben Gefühle. Sie denken.

Tapir: Sie haben Instinkte, das ist der Unterschied. […]

(Berg, Sibylle (2008): *Helges Leben. Vier Stücke,* Stuttgart: Reclam Verlag. S. 19 – 20 (2. Szene); Uraufführung 2000 am Schauspielhaus Bochum)

Beispiel für die Analyse eines dramatischen Textes

Einleitung, Quelle, Textsorte →

Das Stück „Helges Leben" von der Schriftstellerin Sibylle Berg wurde 2000 im Schauspielhaus Bochum uraufgeführt. Der vorliegende Textauszug aus diesem modernen Drama ist der Reclam-Ausgabe „Vier Stücke" entnommen, die 2008 in Stuttgart erschien.

Kurze Inhaltsangabe →

Am Anfang des Textauszuges beschreibt Helges Vater, wie er sich zu Hause fühlt und was er seinem Sohn gegenüber empfindet. Dann gibt es einen Ortswechsel und Helge, der in der Krippe vergessen wurde, gerät in den Blick. Seine Angst, die als Figur dargestellt ist und ihn seit der Geburt begleitet, spricht mit ihm. Dieser Monolog wird durch einen Dialog zwischen Reh und Tapir, dem Ehepaar, das dieses Stück anschaut, kommentierend unterbrochen.

Werkzeug Sprache – Deutsch und Kommunikation für Erzieherinnen und Erzieher ISBN: 978-3-582-83521-5

Der Textauszug ist am Anfang des Stückes in der zweiten Szene. In einem Prolog wurde dem Publikum der fiktive Kontext vermittelt. Die Tiere sind an der Macht, die Menschen abgetreten. Zu ihrer Unterhaltung können die Tiere sich ein Theaterstück, z. B. ein Menschenleben, nach Hause bestellen. Das haben der Tapir und das Reh gemacht. Sie sehen heute „Helges Leben". In dem Stück haben Helmut und Helga sich kennengelernt und Helge ist gerade zur Welt gekommen. Im weiteren Verlauf des Stückes entfaltet sich Helges Biografie wie im Zeitraffer, bis er am Ende als alter Mann einsam stirbt.

Prolog: Vorrede, Vorwort, Einleitung eines literarischen Werkes.

← **Einordnung des Textauszuges in die Dramenhandlung**

Durch den kurzen Monolog des Vaters wird deutlich, dass Helge in einer gefühlskalten Atmosphäre sehr einsam und ungeliebt aufwächst. Helmut ist der Blick seiner Frau „ungemütlich". Er zieht sich vor den Fernseher zurück und hofft, dass es keinen Streit gibt. Mit dem Sohn, der ihm eigentlich Leid tut, kann er nichts anfangen. Die Mutter beschreibt er mit den Worten: „Um den Jungen kümmert sie sich nicht sehr. Keine Ahnung, ob sie ihn aus der Krippe abholt." (Z. 4 – 5)

← **Analyse der Figurenkonstellation und ihrer Charaktere**

Daraufhin wechselt der Fokus auf den kleinen Helge, der in der Krippe vergessen wurde. Die Worte, die seine Angst an ihn richtet, sind nicht tröstlich, sondern verstärken das Gefühl von Einsamkeit und Bedrohung. Diese düstere Situation wird von dem Reh kommentiert: „Das arme Junge. Sie mögen es nicht." (Z. 16)

Durch die Figurenkonstellation wirkt das Stück absurd. Tiere sind die Zuschauer. Sie kommentieren das Geschehen auf dem Hintergrund ihrer Wahrnehmung. Dabei erfüllen sie klassische Rollenklischees: Das Reh ist emotional, der Tapir rational. Das, was sie sehen, ist ebenfalls klischeehaft dargestellt. Mann und Frau verlieben sich, zeugen ein Kind und verlieren das Interesse an ihrem neuen Leben. Nicht nur die Beziehung zwischen den beiden stirbt ab, sondern das gemeinsame Kind hat von Anfang an keine Möglichkeit, sich sicher und geliebt zu fühlen. Ihm wird bereits beim ersten Auftritt, der Geburt, die Angst zur Seite gestellt. Sie stellt sich Helge mit den Worten vor: „Guten Tag, Helge. Ich bin deine Angst. Von nun an bist du nie mehr allein."

← **Deutung der Szene**

Durch diese absurd wirkende Situation bekommt das Publikum Abstand zum Geschehen. Gleichzeitig ist schon zu ahnen, wie Helges Leben weiter verlaufen wird. Er wird seine Angst als ewige Begleiterin und Regisseurin seines Lebens und seiner Gefühle behalten und am Leben scheitern.
Die Resignation und Aussichtslosigkeit, die über diesem Menschenleben liegen, sind nur auszuhalten, weil sie ins Grotesk-Absurde gesteigert wie ein zynischer Abgesang auf Zivilisation und Menschheit wirken.

← **Deutung im Gesamtzusammenhang**

Anschauen – Aneignen – Anwenden
Die folgende Mindmap gibt Ihnen einen Überblick, welche Themen Sie in diesem Kapitel behandelt haben. Betrachten Sie diese Mindmap und bearbeiten Sie dann die Aufgabe.

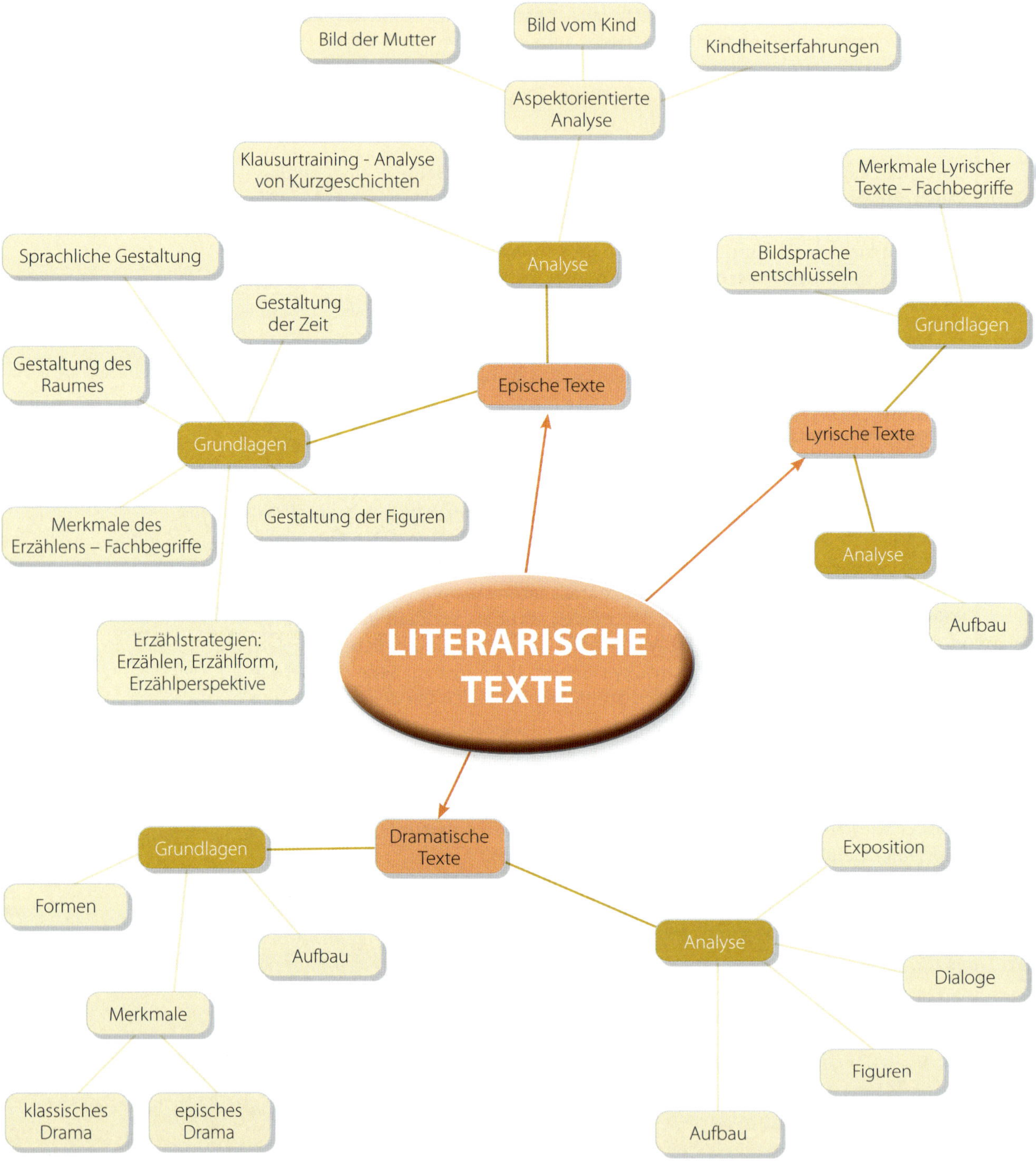

AUFGABE
„Wo und wie kann ich das Gelernte im Alltag, in der Ausbildung oder im Beruf anwenden?“
Beantworten Sie diese Frage, indem Sie für die jeweiligen Endpunkte der Mindmap in der Klasse gemeinsam Beispiele zusammentragen.

Abonji, Melinda Nadj (2012): *Tauben fliegen auf*, München: dtv, S. 19 f. **267**

Agha Alikani, Barbara (2008): *Bananen mit Zimt*, in: Zeit online, Netzmagazin Zuender, 2008, https://zuender.zeit.de/2008/35/sonntagstext-barbara-agha-alikani; entnommen: 12.05.2024 **295**

Aydemir, Fatma : *Ellbogen*, München: dtv, 5. Aufl. 2022, S. 7–10, 111–115, 184, 242, 249 **270 ff.**

Berg, Sibylle (2008): *Helges Leben – Vier Stücke*, Stuttgart: Reclam Verlag, S. 19 – 20 (2. Szene); Uraufführung 2000 Schauspielhaus Bochum. **316**

Bethge, Simon (2021): *Kopfstand*, in: Reimer, Boy Eilers und Olsson, Sven J. (Hrsg.): *Suchbewegungen. Junge Literatur – Ein Lesebuch der Gruppe 48 anlässlich der Vergabe des Förderpreises 2021*, Hamburg 2021, S. 21 **298**

Bettelheim, Bruno (1999): *Kinder brauchen Märchen*, München: dtv, S. 34. **236**

Boie, Kirsten (2016): *Wollt ihr noch lesen, Kinder?* In: DIE ZEIT Nr. 36/2016. **226**

Borchert, Wolfgang (1947): *Die Küchenuhr*, in: ders. (Hrsg.): *Das Gesamtwerk*, Halle/Saale: Mitteldeutscher Verlag, S. 249 f. **283**

Bosch, Allegra (2022): *Glückskeks*; in: dies. (2023): *Manus Skript. Kurzgeschichten und Gedichte aus den Jahren 2019–2003*, Ludwigshafen am Rhein: Duo Achtundachtzig Vier, S. 53–57. **306**

Bovermann, Philipp (2021): *Facebook-Konzern Meta: Soziale Medien sind nicht an allem schuld*, in: Online-Ausgabe der Süddeutschen Zeitung (22.11.2021), https://www.sueddeutsche.de/wirtschaft/instagram-risiken-gefahren-facebook-1.5470398, entnommen: 07.05.2024 **40 ff.**

Brandt, Matthias (2016): *Raumpatrouille. Geschichten*, Köln: Kiepenheuer & Witsch, S. 5. **246**

Brauns, Axel (2004): *Buntschatten und Fledermäuse. Mein Leben in einer anderen Welt*, Hamburg: Hoffmann & Campe, S. 131–132. **101**

Brecht, Bertolt (1941): *Mutter Courage und ihre Kinder. Text und Kommentar*, Berlin: Suhrkamp Basis Bibliothek, 14. Auflage 2017, S. 102 f. **315**

Britting, Georg (1958): *Brudermord im Altwasser* (Auszug), in: Haefs, Wilhelm (Hrsg.): Georg Britting. Sämtliche Werke – Prosa, Band 3/2, München: Süddeutscher Verlag, S. 20. **259**

Bronsky, Alina (2009): *Scherbenpark*, Köln: Kiepenheuer & Witsch, S. 18. **258**

Brüder Grimm (1812): *Die weiße Schlange*, in: dies. (Hrsg.): *Kinder- und Haus-Märchen Band 1, Große Ausgabe*, Berlin: Realschulbuchhandlung, S. 63–67. **238**

Brüder Grimm: *Die Kristalkugel*, in: *Kinder- und Hausmärchen, Band 2*, Stuttgart 1980, S. 415– 418. **240**

Cerutti, Franca (2023): *Psychologie – Der Schmerz hinter der Phrase*, in: DER SPIEGEL, 21.10.2023, Nr. 43, S. 41 **51**

Cuypers, Mathias (2012): *Fantasy*, in: http://www.kinderundjugendmedien.de/index.php/begriffe-und-termini/265-fantasy, entnommen: 24.03.2020. **230**

Edvardson, Cordelia (2002): *Gebranntes Kind sucht das Feuer*, München: dtv, 7. Auflage, S. 34. **253**

Einzmann, Nadja (2001): *An manchen Tagen*, in: dies. (Hrsg.): *Da kann ich nicht nein sagen. Geschichten von der Liebe*, Frankfurt/Main: S. Fischer Verlag, 2001, S. 41 f. **284 f.**

Erpenbeck, Jenny (2008): *Heimsuchung*, Frankfurt am Main: Eichborn Verlag, S. 79. **266**

Geiger, Arno (2015): *Selbstportrait mit Flusspferd*, München: Hanser Verlag, S. 9. **250**

Goethe, Johann Wolfgang von (1780): *Ein gleiches*, in: Urbanek, Walter (1976): *Lyrische Signaturen*, Bamberg: Buchners Verlag, S. 100. **282**

Gorny, Agnes (2022): *Apps in der Leseförderung – Tipps für den Praxiseinsatz*, in: www.einfachdigitallernen.de/lehrkraefte/gastbeitrag-apps-in-der-lesefoerderung-tipps-fuer-den-praxiseinsatz, entnommen: 05.05.2024 **179**

Grieper, Elena (2016): *Partizipation in der Krippe*, in: https://www.nifbe.de/component/themensammlung?view=item&id=427&catid=60&showall=1&start=0, entnommen 30.08.2021. **75**

Grimmelshausen, Hans Jakob Christoffel von (1668/69): *Der Abenteuerliche Simplicissimus Teutsch*, München: dtv 1975, S. 28 f. **262**

Grjasnowa, Olga (2013): *Der Russe ist einer, der Birken liebt*, München: dtv Verlagsgesellschaft, 12. Auflage 2022, S. 120 f. **108**

Günter, Michael (2011): *Gewalt entsteht im Kopf*, Stuttgart: Klett Cotta, S. 159. **12**

Hackl, Erich (1989): *Auroras Anlass*, Zürich: Diogenes Taschenbuch, S. 61 f. **260**

Haug-Schnabel, Gabriele; Bensel, Joachim (2012): *Wie kommt das Kind zum Wort? Sprachentwicklung und -förderung*, Freiburg: Herder Verlag (Kindergarten heute, Nr. 138), S. 4–9. **29**

Hebbel, Friedrich (1854): *Aus meiner Jugend*, in: Hofmannsthal, Hugo von und Kaschnitz, Marie Luise

(Hrsg.): *Deutsche Erzähler,* Frankfurt am Main: Insel-Verlag, S. 49 ff. **265**

Heinrich, Finn-Ole (2010): *Räuberhände,* München: btb, 2. Auflage 2017, S. 8 ff. **254**

Hering, Jochen (2016): *Kinder brauchen Bilderbücher. Erzählförderung in Kita und Grundschule,* Seelze: Klett-Kallmeyer, S. 142 f. **228**

Herrmann, Dr. Karsten (2016): *Perspektiven der Sprachförderung – Prof. Dr. Katja Koch im Interview,* nifbe (Niedersächsisches Institut für frühkindliche Bildung und Entwicklung), in:https://www.nifbe.de/component/themensammlung?view=item&id=289:interview-mit-prof-dr-katja-koch-zum-thema-sprachfoerderung, entnommen am 30.08.2021. **16**

Hesse, Herrmann (1979): *Kinderseele,* in: Hofmannsthal, Hugo von und Kaschnitz, Marie Luise (Hrsg.): *Deutsche Erzähler,* Frankfurt am Main: Insel-Verlag, S. 135. **253**

Heuken, Lutz (2016): *Furcht verwandelt sich in Aggression,* Westdeutsche Allgemeine Zeitung, 30.11.2016. **13**

Holbach, Amy (2021): *Als er sie das letzte Mal besuchte*, in: Reimer, Boy Eilers und Olsson, Sven J. (Hrsg.): *Suchbewegungen. Junge Literatur – Ein Lesebuch der Gruppe 48 anlässlich der Vergabe des Förderpreises 2021,* Hamburg 2021, S. 51 **299**

Jenny, Zoë (2000): *Sophies Sommer,* in: Kopfermann, Thomas (Hrsg.): *Editionen für den Literaturunterricht: Erfahrene Erfindungen. Deutschsprachige Kurzgeschichten seit 1989,* Leipzig: Klett, S. 31 – 36. **106**

Jüde, Peter (2008) : *Mamas Lachen*, in: „Zuender" – Zeitonlinemagazin 2008; https://zuender.zeit.de/2008/48/sonntagstext-49-peter-juede-mamas-lachen, entnommen: 24.05.2024 **96**

Keun, Irmgard (1991): *Ich habe Angst.* Aus der Textsammlung: Bronnen, Barbara (Hrsg.): *Kind, ach Kind. Geschichten über Kinder,* München: Beck'sche Reihe, S. 145. **252**

Khider, Abbas (2011): *Die Orangen des Präsidenten,* Hamburg: Nautilus Verlag, S. 50 f. **268**

Klenz, Stefanie (2003): *Fremdheit im Bilderbuch – Text und Bildeindrücke verhandelbar machen,* in: Jantzen, Christoph; Klenz, Stefanie (Hrsg.): *Text und Bild – Bild und Text – Bilderbücher im Deutschunterricht,* Stuttgart: Klett, S. 92 – 93. **19**

Knauf, Tassilo (2003): *Dokumentation als zentrales Element in der Reggio-Pädagogik,* in: Textor, Martin R. und Bostelmann, Antje: *Kita Handbuch online,* https://kindergartenpaedagogik.de/1059.html, entnommen: 30.08.2021. **155**

Krappmann, Lothar (2012): *Kinder im Grundschulalter – Besonderheiten und Entwicklungserfordernisse,* in: Textor, Martin R. und Bostelmann, Antje (Hrsg.): *Das Kita-Handbuch,* https://www.kindergartenpaedagogik.de/fachartikel/psychologie/1652, entnommen: 30.08.2021. **263**

Kuhn, Annette (2023): *Lesekompetenz. Mit digitalen Medien mehr Freude am Lesen wecken*, in: Deutsches Schulportal der Robert Bosch Stiftung, https://deutsches-schulportal.de/unterricht/uta-hauck-thum-lesefoerderung-les-o-mat-auf-digitalem-weg-mehr-freude-am-lesen-wecken/,entnommen: 05.05.2024 **180**

Lessing, Gotthold Ephraim (1779): *Nathan der Weise,* in: http://gutenberg.spiegel.de/buch/nathan-der-weise-1179/3), abgerufen am 20.02.2020. **301**

Marti, Kurt (1983): *Happy End,* in: ders. (Hrsg.): *Dorfgeschichten,* Darmstadt; Neuwied: Luchterhand, S. 20. **293**

Nager, Sylvia (2013): *Literacy – Kinder entdecken Buch-, Erzähl- und Schriftkultur,* Freiburg, Herder Verlag, S. 23 ff. **193, 223**

Nickel, Sven (2018): *Hochschuldidaktische Handreichungen – Sprach- und Literaturdidaktik im Elementarbereich: Literacy,* Universität Bremen, in: https://www.yumpu.com/de/document/read/6436197/sprach-und-literaturdidaktik-im-elementarbereich-literacy, entnommen: 02.09.2021. **187**

Novak, Helga M. (1968): *Schlittenfahren,* in: dies. (Hrsg.): *Aufenthalt in einem irren Haus. Gesammelte Prosa,* Frankfurt am Main: Schöffing und Co Verlagsbuchhandlung, 1995. **298**

Ohde, Deniz (2020): *Streulicht*, Berlin: Suhrkamp, S. 41 f. **269**

Ortheil, Hanns-Josef (2009): *Die Erfindung des Lebens,* München: Luchterhand, 3. Auflage, S. 9, 14 – 15) **257**

Panagiotopoulou, Argyro (2016): *Mehrsprachigkeit in der Kindheit. Perspektiven für die frühpädagogische Praxis. Weiterbildungsinitiative Frühpädagogische Fachkräfte,* WiFF Expertisen, Band 46, München. **31**

Pfreundner, Michael (2015): *Auffälliges Verhalten von Kindern aus systemischer Sicht.* (Kindergarten heute. Wissen kompakt), Freiburg: Herder, S. 13. **13**

Reinhardt, Gabriele (2024): *Traumatisierte Kinder im Alltag der Kita*, Fachartikel in: ebd.: *Werkzeug Sprache – Deutsch und Kommunikation für Erzieherinnen und Erzieher,* Hamburg: Verlag Handwerk und Technik 2024, S. 15 **15**

Ritter, Alexander (2017): *Bilderbuchlesarten von Kindern – Neue Erzählformen im Spannungsfeld von kindlicher Rezeption und Produktion,* Hohengehren, Baltmannsweiler Schneider Verlag, S. 14 f. **210**

Rosenberg, Marshall B. (2005): *Gewaltfreie Kommunikation. Eine Sprache des Lebens,* Paderborn: Junfermann Verlag, S. 35 – 37. **33**

Schalansky, Judith (2011): *Der Hals der Giraffe,* Berlin: Suhrkamp Verlag, S. 218 f. **261**

Schami, Rafik (2015): *Sophia oder Der Anfang aller Geschichten,* München: Carl Hanser Verlag, S. 61. **252**

Schneider, Noemi (2012): *NEBEL rückwärts,* in: Der zweite Platz des ZEIT CAMPUS-Literaturwettbewerbs, 6. September 2012, ZEIT Campus Nr. 35/2012, https://www.zeit.de/campus/2012/03/literaturwettbewerb-sieger text-2, entnommen: 20.05.2024 **301**

Schnurre, Wolfdietrich (1966): *Auf der Flucht,* in: ders. (Hrsg.): *Die Erzählungen,* Olten: Walter., S. 24 – 28. **258**

Stamm, Peter (2001): *Jedermannsrecht,* in: ders. (Hrsg.): *Blitzeis. Erzählungen,* 5. Auflage, München: btb, S. 41 – 42. **92**

Stamm, Peter (2001): *Was wir können,* in: ders. (Hrsg.): *Blitzeis,* Zürich und Hamburg: btb, S. 79 – 81. **295**

Stavanger-Erklärung, in: Leseförderungsblog Berlin-Brandenburg, https://lesefoerdern.de/die-stavanger-erklaerung/, entnommen: 05.05.2024 **180**

Steinhofel, Andreas (2011): *Rico, Oskar und die Tieferschatten,* Hamburg, Carlsen Verlag, S. 9. **227**

Suter, Martin (2001): *Die dunkle Seite des Mondes,* Zürich: Diogenes, S. 132. **256**

Tieck, Ludwig (1797): *Der blonde Eckbertin,* in: Biedrzynski, Effi (Hrsg.): *Das große deutsche Novellenbuch,* Düsseldorf: Patmos Verlag, 2004, S. 77 f. **264**

Trakl, Georg (1972): *Das dichterische Werk,* München: dtv, S. 35. **280**

Wahl-Immel, Yuriko (2019): *Buch oder Internet? Warum Lesen besser ist als Lesen,* in: https://www.aerzte zeitung.de/Panorama/Warum-Lesen-besser-ist-als-Lesen-403843.html; entnommen: 05.05.2024 **180**

Weltzien, Dörte (2016): *Interaktions- und Beziehungsgestaltung mit Kindern,* Freiburg: Herder Verlag (Kindergarten heute, Nr. 177), S. 15. **31**

Wilkes, Johannes (2016): *Was Märchen zur psychischen Gesundheit von Kindern und Jugendlichen beitragen,* in: Televizion, Heft 29/1, S. 52 f. **235**

Wohmann, Gabriele (1964): *Flitterwochen dritter Tag,* in: dies. (Hrsg.): *Ausgewählte Erzählungen aus zwanzig Jahren Bd. 2,* München: Hermann Luchterhand Verlag, S. 50 f. **291**

Zimmer, Renate (2015): *BaSiK Manual,* Freiburg: Herder, S. 6. **138**

akg-images GmbH, Berlin: S. 232; 252/2 (Frank May); 253/2; 256 (Frank May); 257 (Uwe Zucchi); 258/1; 263; 264; 265; 266 (Niklaus Stauss); 280; 282; 290/1,2 (Gert Schütz); 291/1 (Rosemarie Clausen); 293 (Niklaus Stauss); 303 (Anna Weise)
Bosch, Allegra, Ludwigshafen: S. 306
bpk, Bildagentur für Kunst, Kultur und Geschichte, Berlin: S. 59/1
Carl Hanser Verlag GmbH & Co. KG, Anna-Clara Tidholm, Klopf an! © 1999, aus dem Schwedischen von Anu Stohner: S. 209/1
Carlsen Verlag GmbH, Hamburg: S. 208; 227
Colourbox EU GmbH, Berlin: S. 188/3 (Eugen Wais)
Deutscher Taschenbuch Verlag GmbH & Co. KG, München: S. 229
Diogenes Verlag AG Zürich: S. 214
dpa-Picture-Alliance GmbH, Frankfurt a. M.: S. 18 (fStop); 59/3; 66/1 (Everett Collection); 101; 106 (KEYSTONE); 108 (Jan Woitas/dpa-Zentralbild/dpa); 191/1 (dpa-Zentralbild); 226/(Geisler-Fotopress); 250 (Jens Kalaene/dpa-Zentralbild); 252/1 (ullstein bild); 253/1 (Frank May); 254 (Frank May); 258/2 (Arno Burgi); 259/1; 260; 261 (Bernd Kammerer); 267 (Florian Eisele); 268 (Erwin Elsner); 269; 270; 290/3 (Soeren Stache); 291/2 (Anna Weise); 298; 301 (sz-photo); 310/1 (akg-images), 2 (Uwe Zucchi); 314 (Jörg Kolbe); 315/1 (Claudia Esch-Kenkel),2; 316/1 (Horst Galuschka)
Fussel/tooonpool.com, Berlin: S. 63/2
Gerstenberg Verlag GmbH & Co. KG, Hildesheim: S. 225
Getty Images Deutschland, München: S. 82 (2010 The Denver Post, MediaNews Group)
Gordon Training International, www.gordontraining.com, West Solana Beach, CA, USA: S. 66/2
Holbach, Amy, Tübingen: S. 299
iStockphoto, Berlin: S. 142 (skynesher); 145 (FatCamera); 147/1; 149/1 (Monkey Business Images); 155/2 (Family Veldman), 3 (Dean Mitchell); 170/1 (Olha Tsiplyar), 2; 191/2 (fatihhoca); 200/2; 201/1 (Floortje)
leiv Leipziger Kinderbuchverlag GmbH, Leipzig: S. 221/1
mauritius images GmbH, Mittenwald: S. 135 (Alamy/Viacheslav Iakobchuk); 139
Peter Hammer Verlag GmbH, Wuppertal: S. 209/3
Rowohlt Verlag GmbH, Reinbek: S. 211/2
Schley, Karsten, Lüneburg: S. 60/2,3
Schulz von Thun-Institut für Kommunikation, Hamburg: S. 59/2
Shutterstock Images LLC, New York, USA: S. 7 (Anton Gvozdikov); 12 (Trueffelpix); 13/1 (MT PhotoLife); 13/2 (phyZick); 33 (Jane0606); 41 (Franck Boston); 57 (oliveromg); 60/1 (Air Images); 111 (Robert Kneschke); 151 (gpointstudio); 155/1 (Robert Kneschke); 185 (michaeljung); 187/1 (Antonio Guillem), 2 (Olga Listopad), 3 (George Rudy); 188/1 (George Rudy), 2 (mike mols); 190 (pathdoc); 191/3 (Photographee.eu); 196 (zagorodnaya); 200/1 (DGLimages); 201/2 (Africa Studio); 207 (Robert Kneschke); 212/1 (Stephan Schlachter), 2 (surowa), 3 (Alena Ozerova); 213/1 (Yevhenii Chulovskyi), 2 (Grace Dimartino-Sullivan), 3 (MS555); 223 (Vitalinka); 233/1 (Norbert9), 2 (Norbert9), 3 (Fona); 240 (Fer Gregory); 243 (ayelet-keshet); 245 (Iakov Filimonov); 259/2 (Nikitin Victor); 278 (Juan Aunion); 316/2 (meunierd)
stock.adobe.com: S. 21 (Martin Konz); 29 (Monkey Business); 31 (thongsee); 112 (snyGGG); 201/3 (koi88)
Süddeutsche Zeitung Photo, München: S. 284
Thienemann-Esslinger Verlag GmbH, Stuttgart: S. 211/1,3
Tomaschoff, Jan/toonpool.com, Berlin: S. 61
Tulipan Verlag GmbH, München, 2016, (ISBN 978-3-86429-302-3), Nusret und die Kuh von Anja Tuckermann, Illustratoren: Mehrdad Zaeri, Uli Krappen: S. 221
Vandenhoeck & Ruprecht GmbH & Co. KG, Göttingen: S. 193
Verlag an der Ruhr: S. Gisela Braun (Autorin), Dorothee Wolters (Illustr.), 1998: S. 209/2
Verlag Friedrich Oetinger GmbH, Hamburg: S. 216; 221/2; 230
Verlag Handwerk und Technik GmbH, Hamburg: S. 147/2
Verlagsgruppe Beltz, Julius Beltz GmbH & Co. KG , Weinheim: S. 202; 219; 220